Temas Intrigantes do Direito Desportivo

Volume 2

Temas Intrigantes do Direito Desportivo

Volume 2

Organização:
Francisco Alberto da Motta Peixoto Giordani
Manoel Francisco de Barros da Motta Peixoto Giordani

LACIER

LACIER
Lacier Livraria e Editora
www.livrarialacier.com.br

Rua Doutor Quirino, 808 – Centro
CEP 13015-081 – Campinas, SP – Brasil

Março, 2024

Diretor: *Lacier José de Rezende*
Coordenação editorial: *Peter Fritz Strotbek*
Projeto de capa: *Fabio Giglio*
Projeto gráfico e editoração eletrônica: *The Best Page*

Esta é uma obra coletiva.
A responsabilidade pelo conteúdo de cada texto
é exclusiva do seu autor.

Ficha Catalográfica

Dados Internacionais de Catalogação na Publicação (CIP)
(Câmara Brasileira do Livro, SP, Brasil)

T278 Temas intrigantes do direito desportivo / Organização: Francisco Alberto da Motta Peixoto Giordani, Manoel Francisco de Barros da Motta Peixoto Giordani . — 1. ed. — Campinas, SP : Lacier Editora, 2024.
324 p. ; 17 x 24 cm. — (v. 2).

ISBN 978-65-88805-88-6

1. Direito desportivo — Legislação — Brasil. 2. Justiça desportiva. 3. Legislação desportiva — Aspectos jurídicos. I. Giordani, Francisco Alberto da Motta Peixoto. II. Giordani, Manoel Francisco de Barros da Motta Peixoto.

CDU 796.34(81)

Índices para catálogo sistemático:

1. Direito Desportivo

Angela Schmidt da Rosa – Bibliotecária – CRB-14/1171

Sumário

Apresentação

O futebol é tão fascinante que não cabe dentro de um único tema. Ou de dois, ou de vários temas. O esporte mais apaixonante do mundo chegou ao Brasil há 130 anos, e mesmo após tanto tempo continuará despertando incontáveis sentimentos, debates e extremo fascínio.

Este livro reúne uma seleta relação de bacharéis especializados em direito desportivo, um destes gêneros que jamais se esgotarão dentro ou fora das quatro linhas.

"Temas Intrigantes do Direito Desportivo" aborda os mais variados assuntos que orbitam nosso esporte, desde os mais conhecidos, como as questões trabalhistas que envolvem atletas e direitos de torcedores, até os mais atuais, como apostas esportivas, direitos de transmissão e mecanismos de combate à corrupção. Assuntos urgentes, intrigantes e envolventes, que continuarão a enriquecer o debate esportivo brasileiro pelas próximas décadas.

Reinaldo Carneiro Bastos
Presidente da Federação
Paulista de Futebol.

Prefácio

A cada dia observamos a complexificação das práticas desportivas, e a intensidade dos desdobramentos endógenos e exógenos que delas decorrem, com impacto sobre um sem-número de pessoas, adeptos ou não, atletas, dirigentes, autoridades públicas, entidades e organizações de direito público ou privado, internas e internacionais, para além dos consumidores desses espetáculos em que se celebram a cultura do esporte.

As relações jurídicas que nascem e desbordam do fenômeno esportivo de há muito, reconhece-se, transcendem às linhas em que esses eventos se encerram, até porque o desporto, enquanto prática organizada e expressão do grau de desenvolvimento do homem sobre o planeta, é um acontecimento que diz respeito à nossa própria evolução enquanto pessoas, ao mesmo tempo em que serve para explicar como nós mesmos nos compreendemos como seres humanos.

Todo evento desportivo, alcançando o que advém do antes e mesmo do depois de cada momento esportivo, em que uma prática desportiva é externalizada e se manifesta, compreendendo não só a organização dessa atividade mas sobretudo o que a partir dela se projeta, enseja um conjunto infinito de relações jurídicas, movimenta interesses e recursos de expressiva monta, a exigir que a regulação (ou mesmo a atuação) sobre os limites que tangenciam o lícito e o ilícito desses momentos estejam pautados por um mínimo de regras (coerentes e coordenadas) que preservem a essência do desporto e não o desvirtuem.

Não me refiro, exclusivamente, ao moral, ao ético e aos valores deontologicamente inerentes e pressupostos do momento esportivo, enquanto expressão sincera de saúde, de vigor e superação individual ou coletiva, a nos brindar atributos, valores e aprendizados para a boa convivência e habitabilidade do planeta.

A pretensão, contudo, é outra, a de pautar a necessidade de que alguma regulação sistêmica se atribua a esses acontecimentos, assegurando-lhes expressão e segurança em sua realização prática e dimensões de manifestação.

O direito desportivo, em sentido amplo, é e segue sendo esse locus privilegiado para a expressão e a realização técnica e científica, e para onde convergem essas demandas.

Nele deve encontrar sentido todas essas pretensões e conceitos.

Enfim, o direito desportivo deve ser compreendido como um todo sistematizado de regras e princípios, cujo pressuposto é disciplinar e atribuir efeitos, com alguma coerência e racionalidade, às múltiplas e mais variadas manifestações ou repercussões que decorrem das atividades desportivas, desde as mais elementares, inclusive.

Não se nega que existam princípios e requisitos comuns que atravessam o desporto, denotando as singularidades que o orientam, transversalidades que, inclusive, repercutem em suas mais infinitas expressões, no âmbito interno e mesmo no internacional.

Os diferentes ordenamentos jurídicos, aliás, vão se enriquecendo desses diversos significados, eis que mesmo eles passam a ter um sentido todo específico diante da atmosfera esportiva, muitos deles fundados na particularidade como nela se expressam e que, de não estarem orientados por uma mesma régua e sistematizados sob uma mesma base metodológica, acabam por desguarnecer a higidez e a integridade dos significativos valores que estão subjacentes, amparam e orientam toda manifestação desportiva, seja aquela de massa e bem-estar, ao alcance de todos, seja a de alto rendimento e com algum nível de profissionalismo, sujeita, por sua vez, a uma outra ordem de considerações.

Tanto no direito privado, como no direito público, o desporto alcança visibilidades e identidades que reivindicam e impõem uma ciência orientada por fundamentos sólidos, regras próprias que definam as particularidades desse episódio e em que nele se estabeleçam consequências que façam algum sentido para preservar a segurança jurídica de todos quantos envolvidos e atingidos por suas expressões, projeções e consequências.

E isso para não ignorar que todas essas relações jurídicas, em contínuo processo de mudança, fruto não só do avanço tecnológico da sociedade em que vivemos, mas sobretudo porque a humanidade vai ganhando formas de convivência e interação que mudam em um curtíssimo espaço de tempo, estão, igualmente, a influenciar o desporto e bem por isso a merecer a retaguarda e a tutela do Estado, esse mesmo Estado a quem cabe reconhecer bens e interesses jurídico-desportivos, dignos de compreensão e proteção diferenciados.

Essa percepção, aliás, só corrobora a demanda por uma justiça especializada (administrativa, judicial ou arbitral) para conhecer desses conflitos de interesses, constituída, tanto quanto possível, por profissionais que conheçam das especificidades dessas relações jurídicas e que não sejam, simplesmente, generalistas, já que o desporto (na medida em que se abandona a indiferença por sua magnitude e impacto na vida de milhares e sobre a economia mundial) não mais autoriza seja compreendido como esse espaço indiferente ou em que se reúnem, apenas, adeptos ou aficionados, pois é muito mais que isso.

Vamos caminhando nesse sentido.

Ainda que a passos menos rápidos que os desejados e ao contrário das mudanças e conceitos do mundo em que vivemos.

Mas esse é um percurso necessário.

Evolucional, se é possível assim dizer.

As reflexões estão aqui, aos nossos olhos.

Este livro as vocaliza, com trabalhos de acentuada qualidade, denotando a viva atualidade do tema e desta necessidade, cada vez mais retumbante.

Parabéns aos Coordenadores.

Cumprimentos aos autores.

Ganhamos todos nós, leitores e amantes do direito desportivo!

Luís Geraldo Lanfredi
Desembargador do Tribunal
de Justiça de São Paulo.

Responsabilidade pelo Pagamento Integral das Dívidas Trabalhistas e a Sociedade Anônima do Futebol: A Resposta Esperada?

Alessandra Christine Bittencourt Ambrogi de Moura(1)

Introdução

Satisfação da execução, entrega do bem da vida e efetivação de direito fundamental. Futebol, está fora desta dinâmica?

O fenômeno da conversão de clubes de futebol em sociedades anônimas tem se destacado como uma resposta à necessidade de captação de investimentos e profissionalização da gestão esportiva. Nesse contexto, pouco se fala em detrimento de quem a alteração legislativa se pautou.

Em vigor há pouco mais de dois anos, surge a preocupação sobre a responsabilidade da Sociedade Anônima em honrar integralmente as dívidas trabalhistas geradas antes, durante e depois da sua existência. De modo que, o objeto do presente artigo é trazer uma reflexão crítica da efetividade da Lei da Sociedade Anônima do Futebol frente aos direitos humanos do Atleta, utilizando-se como base teórica para a resolução das questões levantadas além dos Princípios norteadores dos Direitos Humanos, premissas do Direito Desportivo e do Direito do Trabalho.

Os questionamentos são vários, sustentados por diversos entendimentos jurídicos e sociais do tema, sobretudo diante de novos dispositivos legais e decisões judiciais, quanto ao tema, no arcabouço brasileiro que precisam ser conhecidos e analisados.

(1) Advogada. Mestre em Direito pela PUC/SP. Pesquisadora no Núcleo de Trabalho além do Direito do Trabalho na USP. Conselheira Seccional da OAB/SP (2022-2024). Corregedora Geral do Tribunal de Ética e Disciplina da OAB/SP (2022-2024). Vice-Presidente da Associação dos Advogados Trabalhistas do Estado de São Paulo (AATSP). Auditora do Tribunal de Justiça Desportiva de São Paulo do Futebol.

E de fato, com o crescimento da comercialização do futebol das últimas décadas, com o alto nível de endividamento dos clubes, execuções frustradas e ausência de efetiva quitação das obrigações trabalhistas têm gerado debates jurídicos significativos.

Nesse sentido, a justificativa do estudo reside na melhoria e aproveitamento da efetividade da execução trabalhista e responsabilização conjunta para garantia da dignidade humana.

Sendo certo das novidades incorporadas, ao cenário jurídico, econômico e social, incorporados pela Lei da Sociedade Anônima do Futebol, optou-se para o artigo pesquisa bibliográfica e documental, dos Direitos Humanos, do Direito do Trabalho e do Direito Desportivo.

1. Direitos humanos e esporte

Partindo da premissa de que cada ser humano é um ser moral e ao mesmo tempo racional, detentor de direitos e deveres, que deve apenas por existir, viver com dignidade, os direitos humanos surgem com o homem, que ignora a vida digna pautada apenas pelo merecimento.

Parece filosófico para início de estudo, mas não é, isto porque, ainda se discute se o esporte é um direito humano, assim como a ausência de pagamento de salário ou deságio deste pagamento fere direito humano. Esta importante premissa nos revela a face mais desumana da sociedade e do homem, que é a ausência de observância efetiva dos direitos humanos.

Neste ponto, não há como iniciar qualquer estudo de um direito e ramo do Direito, sem ao menos entender se o objeto de estudo respeita os preceitos de Direitos Humanos. Haja vista o caráter obrigacional aos compromissos estabelecidos na Declaração Universal de Direitos Humanos, ratificados pelo Brasil, que levaram a Constituição Federal do Brasil de 1988 a reconhecer a dignidade da pessoa humana como fundamento da República Federativa do Brasil.

Isto porque, a história mundial revela a necessidade da proteção dos direitos humanos e do efetivo regulamento para sua manutenção, de modo que traz direitos fundamentais do homem, como diretrizes impostas a todo o ordenamento e que devem conferir sentido e direção à atuação de todas as esferas da sociedade civil, pública ou privadas, incluindo as empresas.

E dentro desta construção da sociedade, Estado e Direito, que o Esporte como uma manifestação social, relaciona-se com os Direitos Humanos. Nesta toada, que a Constituição Federal de 1988, chamada de Constituição Cidadã, que também consagra Direitos Econômicos, consagrou como fundamentos do Estado Democrático de Direito à dignidade da pessoa humana, valores sociais do trabalho e livre iniciativa, conforme art. 1º[(2)]. E não parou por aí, foi a primeira vez, que no Brasil, o Esporte foi levado à 'status' constitucional como dever do Estado fomentar a prática (formal e não formal), e direito de cada ser humano, respeitando a autonomia das entidades desportivas, além de reconhecer que o Esporte é uma forma de promoção social[(3)].

Hoje, o fenômeno do Esporte tem se mostrado um grande agente de divulgação, propagação e respeito aos direitos humanos, de modo a ser seguido. Um grande passo foi realizado em 2022 pelo Comitê Olímpico Internacional, que estabeleceu um Quadro Estratégico para os Direitos Humanos, contendo planos de ação específicas para a organização dos Jogos Olímpicos, o que deixa claro que o mundo deve atenção ao Humano, a sua saúde, ao seu lazer, ao seu trabalho e sobretudo à fraternidade.

Neste aspecto, impende adentrar na manifestação do Esporte como Trabalho, visto que este é direito humano consagrado em nosso Estado como direito fundamental social, que assegura os demais direitos sociais, e consagrado no art. 7º do Pacto Internacional dos Direitos Econômicos, Sociais e Culturais, no plano internacional.

Nesse sentido, a justificativa do estudo para garantia da dignidade humana de todos envolvidos, parte única e exclusivamente da venda da mão de obra dos Atletas, equipe técnica e colaboradores dos clubes, até os consumidores e patrocinadores, que dependem unicamente de sua remuneração para assegurarem sua dignidade, que por outro lado, obrigatoriamente deve existir o Clube, seja ele associativo ou empresa para proporcionar desde o emprego ao entretenimento.

Sob este aspecto, destaca-se que a Lei da Sociedade Anônima do Futebol, surge como uma alternativa à manutenção e profissionalização da atividade econômica do futebol. Questiona-se: e para a satisfação do adimplemento das verbas alimentares?

2. Lei da Sociedade Anônima do futebol

> "A mercantilização, profissionalização e espetacularização são as principais características da sociedade desportivizada, onde se mesclam cifras (salários, investimentos, patrocínios etc.) e espetáculo (*marketing*, mídia etc.). E, ganham mais amplitude, quando entra em campo o futebol."[(4)]

---

(2) Art. 1º A República Federativa do Brasil, formada pela união indissolúvel dos Estados e Municípios e do Distrito Federal, constitui-se em Estado Democrático de Direito e tem como fundamentos: (...) III – a dignidade da pessoa humana; IV – os valores sociais do trabalho e da livre iniciativa; (*Vide* Lei n. 13.874, de 2019) (...).

(3) Art. 217. É dever do Estado fomentar práticas desportivas formais e não formais, como direito de cada um, observados: I – a autonomia das entidades desportivas dirigentes e associações, quanto a sua organização e funcionamento; II – a destinação de recursos públicos para a promoção prioritária do desporto educacional e, em casos específicos, para a do desporto de alto rendimento; III – o tratamento diferenciado para o desporto profissional e o não profissional; IV – a proteção e o incentivo às manifestações desportivas de criação nacional. (...)§ 3º O Poder Público incentivará o lazer, como forma de promoção social.

(4) MELO FILHO, Álvaro. Normas para estabilidade e sustentabilidade do futebol. *Revista Brasileira de Direito Desportivo*, São Paulo, vol. 19.

Inicia-se este capítulo citando os ensinamentos de Álvaro Melo Filho ao falar da ordem econômico-financeira no cenário do futebol, que no cenário global, anteriormente ao Brasil, países como Portugal(5), Espanha(6), Itália(7), Chile(8), como exemplos, também encontraram em regimes correlatos ao da sociedade anônima do futebol brasileira, solução para manutenção do esporte, já que sofreram prejuízos sociais com o alto endividamento dos clubes em decorrência de ausência de gestão financeira e possíveis crimes de lavagem de dinheiro.

Ao longo de sua história mundial, todas as problemáticas que envolveram o futebol, seja no campo de economia, social, política, ética, moral e, midiática, contribuíram para que o Brasil estimulasse, através de lei e projetos nacionais, a instituição e/ou revisão de governança e *compliance* dentro do esporte(9).

E, após grandes alterações legislativas, e recente reformulação de todo sistema desportivo, atores do esporte têm empreendido esforços na elaboração e aplicação de novos conjuntos de normas e regras a fim de reestruturar as entidades para evitar falhas futuras.

A lei da SAF, nesta toada, trouxe mecanismos de gestão do passivo das entidades de práticas desportivas, que estejam dispostas a tornar-se em um clube empresa na modalidade de sociedade anônima do futebol, a fim de alinhar padrões definidos externamente e que mitigam riscos legais, judiciais e reputacionais.

Estes mecanismos, previstos na lei da SAF(10), devem ser observados sob dois ângulos de vista. O primeiro ponto, pode ser visto, sob o aspecto da gestão interna da SAF, compreendida pelas normas de governança, que são os mecanismos de direção empresarial,

---

(5) Decreto-lei n. 10/2013 aprovou a Lei das Sociedades Desportivas (LSD).

(6) Real Decreto n. 1.251/1999 instituiu Sociedades Anónimas Desportivas (SAD).

(7) Primeiro país, Lei n. 91/1981, e em 1997 foi aprovado o regulamento que introduziria o futebol italiano ao mercado de capitais.

(8) Lei n. 20.019/2005 regulamentou as Sociedades Anônimas Desportivas Profissionais.

(9) Neste aspecto, frisa-se que, ao longo da história mundial, a instituição de um plano de governança e a revisitação acontece e todas as atividades econômicas, desde a década de 1930, logo após o crash da bolsa de Nova York, onde A pulverização da propriedade das empresas, por meio das ações nas bolsas de valores, permitiu o surgimento das diretorias executivas que contavam com profissionais contratados para conduzir as operações diárias e que certamente passaram a influenciar as tomadas de decisões das organizações. O poder passava a ser compartilhado entre os donos das empresas e administradores profissionais, o que trouxe uma gestão.

(10) Antes mesmo da promulgação da lei da SAF, com o mesmo intuito, de auxiliar os gestores das entidades componentes do Sistema Nacional do Desporto, o Ministério do Esporte buscou criar um instrumento didático e de fácil leitura, reunindo princípios básicos de boa governança espalhados em diversos normativos como: Lei Pelé (Lei n. 9.615/1998), Marco Regulatório das Organizações da Sociedade Civil (Lei n. 13.019/2014), Lei de Acesso à Informação (Lei n. 13.527/2011), Lei do PROFUT (Lei n. 13.155/2015).

previstos nas seções III (Da Governança da Sociedade Anônima do Futebol) e IV (Das Obrigações da Sociedade Anônima do Futebol) da Lei n. 14.193/2021(11).

Já o segundo ponto da gestão do passivo promovido pela lei da SAF, pode ser visto sob o aspecto do controle externo exercido sob a SAF, ou seja, é a gestão externa do passivo da SAF via judicial e extrajudicial, aqui apresenta-se a Recuperação Judicial, Recuperação Extrajudicial e o Regime Centralizado das Execuções(12), previstos no art. 13 da Lei da SAF, como medidas anteriores à decretação da morte empresarial que é a falência.

No entanto, muito pouco, falou sobre a responsabilização da SAF pelo pagamento das obrigações, civis e trabalhistas, anteriores à sua constituição, reservando-se apenas a citar a subsidiariedade, quando superado o prazo de 6 anos ou 10 para cumprimento do Plano de Credores originário do Regime Centralizado das Execuções.

O tema, não passou em branco, porque acrescentou como precedente para negociação forma diversa do previsto em lei através de negociação coletiva(13), em detrimento de exequentes.

3. Dívidas trabalhistas, execução trabalhista e responsabilidade

Os mecanismos de gestão externa do passivo da SAF, citados anteriormente, não se traduzem em inovações jurídicas. Historicamente, a Justiça do Trabalho já realizava o regime de concentração de execuções, mesmo a execução processual ser considerado um problema para a justiça no geral e para as partes no processo, isto porque os Princípios do Processo do Trabalho calçam os procedimentos para dar celeridade e efetividades das decisões, por se tratar, majoritariamente, de verbas de natureza alimentar.

Em aspecto legislativo o art. 765 da CLT(14) concebe ampla liberdade na direção do processo para satisfação dos processos trabalhistas. Não à toa, a Justiça do Trabalho,

---

(11) Arts. 4º a 12 da Lei.

(12) Propagada como um instrumento exclusivo para a modalidade esportiva do futebol, e inaugurando a seção do modo de quitação das obrigações, o Regime Concentrado de Execuções (RCE), está previsto nos arts. 14 a 24 da Lei n. 14.193/2021 para tratar dos passivos das entidades desportivas de futebol que assim o desejarem. Seu objetivo principal é reunir todas as execuções da SAF, cíveis e trabalhistas, perante um único juízo e, assim, otimizar a renegociação de seu passivo, permitindo a recuperação da SAF e consequente satisfação dos credores (único objetivo da execução – pacificação social).

(13) Art. 18. O pagamento das obrigações previstas no art. 10 desta Lei privilegiará os créditos trabalhistas, e cumprirá ao plano de pagamento dos credores, apresentado pelo clube ou pessoa jurídica original, definir a sua destinação. Parágrafo único. A partir da centralização das execuções, as dívidas de natureza cível e trabalhista serão corrigidas somente pela taxa referencial do Sistema Especial de Liquidação e de Custódia (Selic), ou outra taxa de mercado que vier a substituí-la.

(14) **Art. 765** – Os Juízos e Tribunais do Trabalho terão ampla liberdade na direção do processo e velarão pelo andamento rápido das causas, podendo determinar qualquer diligência necessária ao esclarecimento delas.

conhecida como a Justiça social, foi reconhecida em 2019, pelo CNJ, como órgão do Poder Judiciário, com menor taxa de congestionamento[15].

Sem adentrar nos fundamentos constitucionais que consubstanciam e sustentam o alcance da justiça social, oportunizada pela Justiça do Trabalho, fato este concretizado através de suas decisões, esta foi espelho e inovadora em seus procedimentos para a normatização desportiva.

No entanto, parece que a lei da SAF pincelou o que lhe parecia mais alcançável para o momento no tocante a priorização de pagamento de verbas de natureza alimentar, e é nesse contexto, que surge a preocupação sobre a responsabilidade da Sociedade Anônima em honrar integralmente as dívidas trabalhistas geradas antes, durante e depois a sua existência.

A lei, como citado, trouxe vários benefícios, em tese, para o clube, entretanto, o que vamos aprofundar é sobre a responsabilidade solidária da S.A.F frente aos empregados na justiça do trabalho.

O art. 9º da SAF, isenta a responsabilidade da sociedade anônima do futebol de débitos do clube, anteriores a sua constituição:

> Art. 9º A Sociedade Anônima do Futebol não responde pelas obrigações do clube ou pessoa jurídica original que a constituiu, anteriores ou posteriores à data de sua constituição, exceto quanto às atividades específicas do seu objeto social, e responde pelas obrigações que lhe forem transferidas conforme disposto no § 2º do art. 2º desta Lei, cujo pagamento aos credores se limitará à forma estabelecida no art. 10 desta Lei.

Veja que o dispositivo citado tem como objetivo claro, proteger os novos sócios e investidores dos clubes de futuras dívidas, que se analisada de maneira literal, apenas a letra fria, enseja grande injustiça.

A responsabilidade deve ser analisada de maneira mais aprofundada do ponto de vista jurídico, ainda mais no que tange aos contratos de trabalho. E neste aspecto a legislação trabalhista é clara em trazer a responsabilidade solidária no caso de sucessão de empregadores.

(15) "A Justiça do Trabalho tem a menor taxa de congestionamento (73%) na execução em relação aos órgãos do Poder Judiciário, em dados de 2019 do CNJ. A Justiça Estadual tem 82%. A Justiça Eleitoral, 80%. A Justiça Federal, 88%. A Justiça Militar estadual, 93%. Está também abaixo da média geral do Poder Judiciário de 82%. Mais da metade dos processos no Poder Judiciário ainda está na fase de execução (55,8%). Logo, precisam ser adotados meios para melhorar a efetividade da execução, como as ferramentas do BacenJud, Arisp, Infojud, Infoseg, Renajud, Simba, Siscondj, inserir o devedor no BNDT, além de outros." MARTINS. Sergio Pinto. *Revista da Faculdade de Direito*. CONCENTRAÇÃO DE EXECUÇÕES NO PROCESSO DO TRABALHO. v. 116 n. 2 (2021). Universidade de São Paulo. p. 89-110. Disponível em: https://www.revistas.usp.br/rfdusp/issue/view/12308. Acesso em: 1º dez. 2022.

Como é cediço, o art. 2º da lei da SAF traz as 3 possibilidades de Constituição da sociedade anônima do futebol, qual seja: pela transformação das associações civis, pela cisão do departamento de futebol do clube ou da pessoa jurídica original, com transferência do seu patrimônio relacionado a atividade de futebol, e a instituição da SAF por iniciativa de pessoa natural ou jurídica ou de fundo de investimento.

Assim, as hipóteses de criação de SAF por transformação da associação ou por cisão, opera-se a sucessão entre o clube e a SAF, enquanto na instituição da SAF por iniciativa de uma pessoa jurídica ou de o fundo de investimento tem-se pela SAF originária que se difere na responsabilidade.

Nesse sentido, o que toca na preocupação de inobservância dos direitos humanos, se dá na sucessão, haja vista a satisfação das obrigações trabalhistas anteriores e futuras podem ser sensivelmente afetadas pela interpretação literal dos arts. 2º, 9º e 10 da lei da SAF.

Importante destacarmos, que a Consolidação das Leis do Trabalho traz nos seus arts. 10 e 448 a figura da sucessão da empresa, que deixa claro que os direitos dos empregados não serão afetados no caso de mudança da estrutura empresarial, sendo os funcionários transferidos ou não ao novo empreendimento.

Ademais, o art. 448-A da CLT, deixa claro que havendo sucessão, as responsabilidades pelas obrigações trabalhistas passam a ser do sucessor, ou seja, da SAF.

No tocante à temática da sucessão trabalhista, oportunos são os ensinamentos de Carlos Henrique Bezerra Leite(16):

> "Vê-se que o legislador inovou ao dispor que a sucessão trabalhista, em princípio, implica responsabilidade apenas do sucessor pelas obrigações trabalhistas, ainda que estas tenham sido contraídas à época em que os empregados prestavam serviços para a empresa sucedida.
>
> Trata-se de clara violação do princípio da vedação do retrocesso social, na medida em que fragiliza o direito do trabalhador em ter a segurança de receber seus créditos, pois o empresário ou a sociedade empresária sucedida não será mais responsável pelas obrigações trabalhistas."

Ainda que assim, não fosse, o processo de instituição da SAF pode configurar um *"drop down"*, quando a transmutação do patrimônio para a SAF, que trata de uma transferência "para baixo", em que todo o patrimônio transferido pelo clube deverá ingressar na SAF, sob a forma capital, subscrito exatamente pelo clube — e que comporá o seu patrimônio, e o que por si só autoriza a extensão da pretensão responsabilizadora objetiva à "sucessora".

---

(16) BEZERRA LEITE, Carlos Henrique. *Curso de direito do trabalho*. 14. ed. São Paulo: SaraivaJur, 2022. p. 336.

Desta forma, não existe separação e redução patrimonial no plano do clube, mas uma mutação contábil, que passará a expressar, no lugar de vários elementos do ativo e eventualmente do passivo (formadores do patrimônio "dropado"), uma participação em outra sociedade: a SAF. Ou seja: troca-se a titularidade direta pela titularidade indireta, via participação societária na SAF, dos ativos do futebol. Não ocorre, portanto, esvaziamento, mas substituição patrimonial.

O que a lei, da maneira como está redigida, e à luz dos princípios do direito do trabalho, sugere são óbices intransponíveis para quem necessita receber seus créditos, principalmente trabalhistas que têm natureza eminentemente alimentar. Um completo incentivo ao descumprimento da lei.

Impende destacar que, a aplicação de quaisquer dispositivos previstos na lei da SAF a clubes de futebol, sobremaneira no que tange à responsabilização da esfera trabalhista, nada mais é do que um subterfúgio para desvirtuar por completo a legislação em comento, preconizando a imensa ocorrência de fraude contra credores e fraude à execução, o que deve ser repudiado pelos nossos tribunais.

O real intuito da criação da Lei da Sociedade Anônima do Futebol foi permitir que os clubes pudessem auferir investimentos de terceiros, sem que ficassem inviabilizados com a obrigação de quitar suas dívidas de uma só vez ou mesmo com a constrição dos valores investidos, o que obviamente afastaria qualquer interesse no negócio.

Como contrapartida, "criou mecanismos para vincular o pagamento das dívidas ao clube ou pessoa jurídica sucedidos (original), através de repasses de percentuais que a eles seriam destinados pela SAF, empresa que poderia ser fiscalizada pelos órgãos competentes, juntamente com seus gestores."(17)

Entrementes, a legislação trabalhista se sobrepõe ao preceito da lei que objetiva desobrigá-la do pagamento imediato das dívidas do clube ou pessoa jurídica originais (sucedidos), conforme disposto no art. 9º da Lei n. 14.193/202.

As sucessoras devem responder imediata e ilimitadamente pelas obrigações dos sucedidos incorre em fraude ao disposto no art. 448-A da CLT.

Os clubes de futebol são useiros e vezeiros na inadimplência, se revestindo em tarefa hercúlea de exigir, dentre outros, o pagamento de ações trabalhistas. Se é, sabidamente, uma tarefa dificultosa exigir dos clubes o pagamento de suas dívidas, imagine sem a contribuição da SAF, figura obrigatória nos planos de pagamento.

---

(17) BRITTO, Theotonio Chermont. *A utilização desvirtuada da Lei da Sociedade Anônima do Futebol*. Disponível em: https://www.conjur.com.br/2021-nov-11/opiniao-uso-desvirtuado-lei-sociedade-anonima-futebol/. Acesso em: set. 2023.

Não pode o legislador analisar de forma isolada os artigos que melhor aproveitam alguns clubes requerentes, mas, sim, a lei em todo o seu teor e escopo.

> O art. 13 da prefalada lei encontra-se isolado na Seção V ("Do Modo de Quitação das Obrigações") e versa única e exclusivamente sobre os meios alternativos facultados pela lei para o clube pagar suas dívidas, nada mais do que isso, o que vem causando interpretações equivocadas por parte de alguns magistrados e criando perigosos precedentes no sentido de aplicação ampla e irrestrita da Lei n. 14.193/2021 a qualquer agremiação esportiva.
>
> O simples fato de o legislador não fazer menção à sociedade anônima do futebol, mas apenas ao "clube ou pessoa jurídica original", em hipótese alguma comprova que tais entidades — isoladamente — fazem jus ao Regime Centralizado de Execuções, pois o referido dispositivo legal não versa sobre regras de pagamento previstas no art. 10 que expressamente exigem a presença da SAF como devedora solidária e garantidora do clube original (inciso I) ou na condição de acionista (inciso II).(18)

Por fim, não pode o credor trabalhista, obsequiosamente, aguardar eventual ausência de transferência ou repasse dos administradores para quitação das dívidas. O que falamos aqui é uma relação estabelecida entre Empregado e Empregador. O que se deve analisar, nesse momento, é a responsabilidade direta da SAF pelo pagamento.

4. Conclusão

O esporte, direito da pessoa humana, é um dos elementos do piso vital mínimo, que deve ser tutelado, protegido e garantida sua aplicação, organização e gestão, para que se cumpra sua função social em nosso Estado(19).

Dentre a Função Social dos Clubes e das Entidades de Prática Desportiva, está a necessidade de preservação de sua atividade, como fonte de emprego, renda, lazer, entretenimento e cultura, promoção e o respeito aos direitos humanos, em conformidade com diretrizes internacionais e nacionais, a maneira como os Clubes de futebol cumprem e se relacionam com seus Atletas, empregados, consumidores, fornecedores e investidores, é de interesse de toda a comunidade, pois a repercussão é imediata, seja de maneira negativa a contribuir para que violações ocorram, doutra forma, podem influenciar na promoção de condutas adequadas em respeito à dignidade humana.

---

(18) BRITTO, Theotonio Chermont. *A utilização desvirtuada da Lei da Sociedade Anônima do Futebol.* Disponível em: https://www.conjur.com.br/2021-nov-11/opiniao-uso-desvirtuado-lei-sociedade-anonima-futebol/. Acesso em: set. 2023.

(19) Na conclusão, parafraseia-se Paulo Feuz, ao destacar o esporte como um dos elementos da dignidade humana. FEUZ, Paulo Sergio. "O esporte como um dos elementos da Dignidade da Pessoa Humana no Estado Democrático de Direito". In: VARGAS, Angelo (Org). *Direito Desportivo:* diversidade e complexidade. Belo Horizonte: Casa da Educação Física, 2018.

A conversão de clubes de futebol em sociedades anônimas é uma prática que tem sido adotada em diversos países como uma forma de profissionalizar a gestão e buscar maior sustentabilidade financeira. Essa mudança geralmente envolve a transformação do clube em uma empresa, na qual a participação acionária é aberta a investidores, tornando o processo de tomada de decisões mais transparente e sujeito a práticas de governança corporativa.

A principal motivação por trás dessa mudança é buscar recursos financeiros adicionais, muitas vezes necessários para a construção ou reforma de estádios, contratação de jogadores de destaque, desenvolvimento de infraestrutura e investimento em categorias de base, entre outros aspectos. A ideia é atrair investidores que, ao adquirirem ações do clube, contribuam financeiramente para o desenvolvimento e sucesso da instituição.

Ao mesmo tempo, a transição para uma sociedade anônima no futebol pode gerar preocupações em relação à satisfação das verbas trabalhistas, uma vez que a letra fria da lei diz não ter obrigatoriedade de satisfação de débito das SAF's antes da sua aprovação.

Certo que é que o salário é a fonte de para todos os demais direitos fundamentais, que formam o piso vital mínimo.

Nesta toada, a conclusão é que o clube após a constituição da SAF deve ser responsável solidário nos direitos trabalhistas do empregado.

A sucessão empresarial pela SAF atrai os ônus, considerando os princípios norteadores do direito do trabalho, e principalmente dos direitos humanos, que trazem equilíbrio e proteção às relações contratuais trabalhistas, em virtude da desigualdade socioeconômica e vulnerabilidade do empregado.

Assim, conclui-se com uma síntese das análises realizadas, destacando a importância de uma legislação clara e abrangente para garantir a proteção dos direitos trabalhistas no contexto da Sociedade Anônima do Futebol. Além disso, propõe reflexões sobre a necessidade de mecanismos que assegurem a efetividade das decisões judiciais e a proteção dos trabalhadores no cenário esportivo.

Referências

BEZERRA LEITE, Carlos Henrique. *Curso de direito do trabalho*. 14. ed. São Paulo: SaraivaJur, 2022. p. 336.

BRASIL. *Constituição Federal.*

_______. *Lei n. 14.193/2021.*

BRITTO, Theotonio Chermont. *A utilização desvirtuada da Lei da Sociedade Anônima do Futebol.* Disponível em: https://www.conjur.com.br/2021-nov-11/opiniao-uso-desvirtuado-lei-sociedade-anonima-futebol/. Acesso em: set. 2023.

CONCENTRAÇÃO DE EXECUÇÕES NO PROCESSO DO TRABALHO. v. 116 n. 2 (2021). Universidade de São Paulo. P. 89-110. Disponível em: https://www.revistas.usp.br/rfdusp/issue/view/12308. Acesso em: 1º dez. 2022.

MELO FILHO, Álvaro. Normas para estabilidade e sustentabilidade do futebol. *Revista Brasileira de Direito Desportivo*, São Paulo, vol. 19.

ONU. *Declaração Universal dos Direitos Humanos.*

______. *Pacto Internacional dos Direitos Econômicos, Sociais e Culturais.*

VARGAS, Angelo (Org). *Direito Desportivo:* diversidade e complexidade. Belo Horizonte: Casa da Educação Física, 2018.

Noções e Perspectivas sobre o Esporte Paralímpico: Ênfase nos Jogos Paralímpicos

Ana Camila Barbosa Freire[1]

O esporte paralímpico tem sido propagado de forma mundial por anos, e tem caminhado para se igualar no mesmo nível de repercussão dos Jogos Olímpicos. No entanto, pouco se comenta sobre o esporte paralímpico, a sua origem, a forma de organização, como é feita a classificação dos atletas paralímpicos, quais modalidades se pode ver em um Campeonato Internacional como será nos próximos Jogos Paralímpicos de Verão 2024 em Paris.

Logo, é necessário esclarecer que os Jogos Paralímpicos são uma competição esportiva internacional para atletas com deficiência. Esses jogos são realizados semanas após os Jogos Olímpicos e seguem o mesmo formato, incluindo uma cerimônia de abertura, competições esportivas e uma cerimônia de encerramento.

O papel crucial dos Jogos Paralímpicos está no desempenho na promoção da inclusão, quebrando estigmas e mostrando a capacidade atlética impressionante dos competidores com deficiência. Acompanhar os atletas paralímpicos, em competição, se pode notar que são inspiradores que destacam a determinação, a habilidade e o talento deles de todo o mundo.

Quanto à prática de esportes, nos Jogos Paralímpicos, há uma variedade de esportes adaptados para atletas com diferentes deficiências. As modalidades podem incluir

(1) Advogada especialista em Negócios do Esporte e Direito Desportivo. É a atual Presidente da Comissão de Direito Desportivo da Subseção OAB Palmital. Presidente da Comissão Permanente de Justiça Desportiva no município de Palmital/SP. Vice-Presidente na Associação Mariliense de Esportes Inclusivos (AMEI). Auditora nos Tribunais de Justiça de Desportiva de Basquete (RJ), de Voleyball (SP) e no Superior Tribunal de Justiça Desportiva de Futsal da Liga Nacional Brasileira. Auditora Presidente na Comissão Nacional Disciplinar de MMA/*Kickboxing*. Conselheira Municipal dos Direitos da Pessoa com Deficiência na cidade de Marília/SP. Membro da Comissão OAB Mulher da Subseção OAB Palmital. Membro filiada ao IBDD. Escritora de artigos e palestrante. Voluntária em Projetos Sociais.

atletismo, natação, basquete em cadeira de rodas, ciclismo, esgrima em cadeira de rodas, futebol, entre outros.

É indispensável trazer à baila informações básicas sobre o esporte e os Jogos Paralímpicos:

1. Origem do esporte e jogos paralímpicos

O esporte é algo complexo e uma ferramenta para o desenvolvimento da pessoa, seja no aspecto psicológico, físico, intelectual e moral, debruçado sobre a vertente da educação, inclusão e saúde, promovendo a paz e a dignidade humana.

Com efeito, o desporto paralímpico se pode atribuir ao médico alemão Ludwig Guttmann, neurologista, que ano de 1944, criou um centro de atendimento a pacientes que se internavam no Hospital Stoke Mandeville na cidade de Aylesbury, na Inglaterra, a pedido do governo britânico, para cuidar de lesões medulares, cujo objetivo do centro era cuidar e reabilitar os pacientes, digam-se, os soldados e civis quando retornavam da Segunda Guerra Mundial.

Considerada a situação relatada como o marco da prática esportiva de pessoas com deficiência, isto porque o Ludwing Guttmann introduziu como formas de tratamento atividades esportivas, e ao estudá-las observou que há melhora no psicológico, inclusão social e na qualidade de vida dos pacientes, surgindo, então, à prática esportiva de pessoas com deficiência.

No Brasil, foram por meio de Robson Sampaio de Almeida e Sérgio Del Grande, ambos com paraplegia, que ao realizarem o processo de reabilitação nos Estados Unidos da América (EUA), fundaram no Rio de Janeiro e em São Paulo, respectivamente, em 1958, instituições pioneiras para a prática de basquetebol em cadeira de rodas (Clube do Otimismo e o Clube dos Paraplégicos), o qual foi o marco histórico no país.

Desde então, o paradesporto tomou mais força a qual se pode citar para exemplificar, Rio de Janeiro, em 1978, que foi a sede dos Jogos Pan-Americanos em Cadeiras de Rodas, além de o Brasil participar nos anos seguintes (1980, 1984 e 1988) de Jogos Paralímpicos em outros países, e já incluindo nesse momento atleta de Para-natação, Para-atletismo, Para-tênis e Para-judô.

Por fim, é cristalino dizer que desde o início do paradesporto no Brasil, houve muita evolução e difusão entre as pessoas, surgindo diversas equipes e modalidades, e sabe-se que não estagnará, visto que é um movimento que continuará em ascensão.

2. Elegibilidade, classificação e convocação dos atletas para os jogos paralímpicos

A elegibilidade para convocação em Jogos Paralímpicos é determinada por critérios específicos estabelecidos pelos Comitês Paralímpicos Nacionais (CPNs) e pelo Comitê

Paralímpico Internacional (CPI). Esses critérios variam de acordo com o esporte, a classe de deficiência e as regras específicas de cada modalidade. Alguns CPNs podem levar em consideração a ética e o comportamento dos atletas ao decidir sobre a convocação. Comportamentos antiéticos ou violações de códigos de conduta podem afetar a elegibilidade.

O atleta deve ter uma deficiência que o qualifique para participar dos Jogos Paralímpicos. A deficiência pode ser física, visual ou intelectual, e os critérios específicos dependem da natureza do esporte.

A classificação de atletas com deficiência nos Jogos Paralímpicos é um processo decisivo para garantir a equidade e a justiça nas competições esportivas. A classificação visa agrupar atletas com base em suas habilidades funcionais, permitindo que concorram contra outros atletas com níveis semelhantes de funcionalidade. A classificação varia de acordo com o esporte e busca garantir que as competições sejam justas e inclusivas.

Aqui estão algumas informações gerais sobre a classificação de deficiências nos Jogos Paralímpicos:

A classificação é realizada por uma equipe de classificadores especializados em cada esporte paralímpico. Esses profissionais avaliam a natureza e o grau da deficiência de um atleta. A avaliação envolve exames médicos, testes funcionais e, em alguns casos, observação de desempenho em treinamentos ou competições anteriores.

No que se refere às categorias de classificação, elas variam conforme o esporte. Por exemplo, no atletismo, os atletas podem ser classificados em categorias como amputados, paralisados cerebrais, deficientes visuais, deficientes intelectuais, entre outras.

Já em esportes como natação, as categorias podem incluir diferentes graus de comprometimento motor e sensorial.

No entanto, a classificação não é estática, podendo sofrer variação com o passar do tempo haja vista que a deficiência, a depender, pode sofrer uma alteração sendo agravada. Um exemplo recente é a da atleta paralímpica Jenifer Cristian da Silva da Associação Mariliense de Esportes Inclusivos (AMEI), categoria F12, arremesso de peso no atletismo. Jenifer foi diagnosticada com ceratocone (deficiência visual), e no atletismo a classificação inicial era F13 em 2018. No primeiro semestre do ano de 2023, Jenifer sentiu que a visão piorou e a confirmação veio de uma nova classificação oftalmológica durante as Paralimpíadas Universitárias, sendo, então, a sua classificação alterada para F12. Vale ressaltar, que Jenifer foi medalha de prata, no atletismo, arremesso de peso F12 nos Jogos ParapanAmericanos 2023, em Santigo, no Chile.

A classificação é um processo dinâmico, sujeito a revisões periódicas. À medida que as condições de saúde dos atletas podem mudar, é necessário reavaliar regularmente a classificação para garantir sua precisão.

Uma informação importante é que a "letra" se refere a modalidade em inglês, por exemplo, a letra "F" (de *field*, em inglês) é utilizada para provas de campo, como arremessos e lançamentos. A letra "T" (de *track*, em inglês) é utilizada para corridas de velocidade, fundo e saltos. A letra "S" (de *swimming*, em inglês) é utilizada para natação. Quanto menor a numeração, maior o grau de deficiência.

A convocação dos atletas paralímpicos para os Jogos Paralímpicos é um processo que envolve várias etapas e é coordenado pelos Comitês Paralímpicos Nacionais (CPNs) de cada país. No Brasil é feito pelo Comitê Paralímpico Brasileiro.

Antes de serem convocados, os atletas devem atender aos critérios de elegibilidade estabelecidos pelos CPNs e pelo Comitê Paralímpico Internacional (CPI). Isso inclui a conformidade com os critérios de classificação funcional específicos para cada esporte o que já foi explanado anteriormente.

Mister esclarecer que para-atleta é todo aquele que possui deficiência e que pratica as modalidades paralímpicas chanceladas pelo CPI (ou IPC), já o atleta paralímpico é quem participou de Jogos Paralímpicos.

Logo, por meio dos tipos de deficiências, serão definidas as modalidades paralímpicas que a pessoa pode se qualificar, ressaltando que poderá se enquadrar em mais de um tipo de modalidade esportiva.

Pois bem. Os atletas que atendem aos critérios de elegibilidade e passam pela classificação funcional são considerados aptos para representar seu país nos Jogos Paralímpicos.

Para a convocação, além da classificação da deficiência, alguns CPNs usam critérios adicionais, como padrões de pontuação ou desempenho, para selecionar os atletas. Isso pode incluir alcançar resultados específicos em competições qualificatórias ou cumprir determinados padrões de desempenho estabelecidos pelo CPI. Cada CPN tem seu próprio processo de seleção, que pode envolver comitês de seleção, técnicos e outras partes interessadas. O processo pode incluir a revisão do histórico de desempenho dos atletas, seu comprometimento com o treinamento e outros fatores relevantes.

Uma vez que os atletas são selecionados, o CPN faz um anúncio oficial da equipe paralímpica. Isso geralmente é feito por meio de conferências de imprensa, comunicados de imprensa ou nas redes sociais. Ressaltando que no Brasil, isso se dá por meio do CPB.

Finalmente, os atletas convocados representam seu país nos Jogos Paralímpicos. Lá, eles competem nas modalidades específicas para as quais foram selecionados, buscando alcançar seu melhor desempenho.

Ainda, é imprescindível que o atleta deve ter nacionalidade brasileira ou ser naturalizado brasileiro para o país que representa e estar filiado ao Comitê Paralímpico

Nacional correspondente. Os atletas que representam um país devem seguir as regras de elegibilidade estabelecidas pelo CPN desse país.

O atleta para que seja convocado para participar em Jogos Paralímpicos, em alguns casos, pode haver a exigência em participações de competições qualificatórias para garantir sua elegibilidade para os Jogos Paralímpicos. O desempenho nessas competições pode ser um fator determinante na convocação.

É fundamental que os atletas compreendam e atendam a todos os critérios de elegibilidade estabelecidos pelos CPNs e federações esportivas nacionais para garantir a participação nos Jogos Paralímpicos. Esses critérios são projetados para garantir a integridade, a justiça e a segurança dos atletas durante o evento.

3. Modalidades esportivas paralímpicas

Os esportes adaptados, também conhecidos como esportes paralímpicos, são modalidades esportivas projetadas para a participação de pessoas com deficiências. Esses esportes são adaptados para permitir que atletas com diferentes tipos de deficiência participem em condições justas.

3.1. Atletismo

O atletismo inclui uma variedade de provas, como corridas, arremesso de dardos, de peso entre outras, adaptadas para atletas com deficiências motoras, intelectuais ou visuais. O atleta paralímpico brasileiro da Associação Mariliense de Esportes Inclusivos (AMEI), Daniel Martins, é uma referência no atletismo se consagrando com conquistas como medalha de Prata nos 400m no Mundial Paris 2023; ouro nos 400m nos Mundiais de Dubai 2019, Londres 2017 e Doha 2015; ouro nos 400m nos Jogos Parapan-Americanos Lima 2019; ouro nos 400m nos Jogos Paralímpicos Rio e recordista mundial[(2)], representando seu país na categoria 400 metros T20 (corrida).

3.2. Judô

O judô paralímpico é uma modalidade disputada por atletas que têm deficiência visual sendo divididos em categorias de acordo com o peso corporal. Para exemplificar a modalidade, há duas atletas paralímpicas também da Associação Mariliense de Esportes Inclusivos (AMEI), a Alana Maldonado, cuja classificação é J2, conquistando títulos como Ouro no Mundial de Baku 2022; ouro nos Jogos Paralímpicos de Tóquio 2020; prata nos Jogos Parapan-Americanos de Lima 2019; ouro no Campeonato Mundial 2018 em Portugal; prata na Copa do Mundo 2018 na Turquia; ouro na Copa do Mundo 2019 e 2017 no Uzbequistão; prata nos Jogos Paralímpicos Rio 2016; bronze nos Jogos

(2) Disponível em: https://cpb.org.br/atletas/daniel-tavares-martins/.

Mundiais da IBSA 2015 na Coreia do Sul; prata nos Jogos Parapan-Americanos Toronto 2015[(3)] e a judoca paralímpica Rebeca Silva, classificação J2, com os títulos: Bronze no Mundial de Baku 2022; ouro no Pan-Americano do Canadá 2022; prata nos Jogos Parapan-Americanos Lima 2019; ouro na Copa do Mundo IBSA 2018 (Cazaquistão), bronze na Copa do Mundo IBSA 2018 (Turquia), ouro no Campeonato das Américas 2018 (Canadá) e 2017 (São Paulo)[(4)].

Ainda, temos outras modalidades esportivas paralímpicas, por exemplo, o Ciclismo, Basquetebol em Cadeira de Rodas, Esgrima em Cadeira de Rodas, Rugby em Cadeira de Rodas, Tênis em Cadeira de Rodas, Bocha, Goalball, Futebol PC (atletas com paralisia cerebral); Futebol de 5, Futebol de 7, Vôlei Sentado etc.

Essas são apenas algumas das modalidades de esportes adaptados. Existem muitas outras, cada uma projetada para acomodar diferentes tipos de deficiência e proporcionar oportunidades de participação em esportes para pessoas com diversas habilidades.

4. Entidades e organização do esporte e jogos paralímpicos

A organização dos Jogos Paralímpicos envolve várias etapas e entidades, desde a seleção da cidade anfitriã até a execução e realização do evento. Aqui estão os principais aspectos da organização dos Jogos Paralímpicos:

O Comitê Paralímpico Internacional (CPI) é a entidade internacional responsável por supervisionar e coordenar os Jogos Paralímpicos. Ele estabelece os princípios e valores do movimento paralímpico, define as regras e regulamentos para os esportes e garante que os Jogos Paralímpicos estejam alinhados com esses padrões.

O CPI seleciona a cidade anfitriã dos Jogos Paralímpicos em um processo semelhante ao dos Jogos Olímpicos. As cidades interessadas apresentam propostas, e a escolha é baseada em critérios como infraestrutura, acessibilidade, apoio público e compromisso com os valores paralímpicos.

Após a seleção da cidade anfitriã, é estabelecido um Comitê Organizador Local (COL) específico para os Jogos Paralímpicos. Este comitê é responsável por planejar, organizar e executar todos os aspectos do evento em colaboração com o CPI.

O COL desenvolve um plano mestre para os Jogos Paralímpicos, que inclui a construção ou adaptação de instalações esportivas, alojamento para atletas, locais para cerimônias de abertura e encerramento, sistemas de transporte acessíveis, entre outros.

Os atletas elegíveis para os Jogos Paralímpicos se inscrevem por meio de seus Comitês Paralímpicos Nacionais (CPNs).

---

(3) Disponível em: https://cpb.org.br/atletas/alana-martins-maldonado/.

(4) Disponível em: https://cpb.org.br/atletas/rebeca-de-souza-silva/.

Durante os Jogos Paralímpicos, o COL é responsável pela gestão diária das operações, garantindo a segurança dos participantes, o funcionamento adequado das instalações e a entrega de serviços essenciais, Além de organizar as cerimônias de abertura e encerramento, eventos que celebram a diversidade, a superação e o espírito paralímpico. Essas cerimônias envolvem apresentações artísticas, desfiles das delegações e acendimentos da tocha.

Os Jogos Paralímpicos têm um forte compromisso com a inclusão e acessibilidade. Aliás, o esporte paralímpico como um todo possui o compromisso supramencionado.

5. Aspectos sobre o *doping*

O *doping* nos Jogos Paralímpicos é uma questão séria que envolve o uso de substâncias proibidas ou métodos não permitidos para melhorar o desempenho dos atletas com deficiência. Assim como nos Jogos Olímpicos, a luta contra o *doping* nos Jogos Paralímpicos é conduzida pelo Comitê Paralímpico Internacional (CPI) em conformidade com as normas estabelecidas pela Agência Mundial *Antidoping* (WADA).

O CPI adota o Código Mundial Antidoping da WADA e implementa medidas específicas para os Jogos Paralímpicos. Os atletas são obrigados a cumprir as regras *antidoping*, que incluem testes regulares, tanto dentro como fora das competições.

A lista de substâncias e métodos proibidos é atualizada regularmente pela WADA e se aplica tanto aos Jogos Olímpicos quanto aos Paralímpicos. Inclui substâncias proibidas, métodos de *doping* e substâncias sujeitas a restrições em determinadas circunstâncias.

Como ocorre com os Jogos Olímpicos, os atletas paralímpicos podem ser submetidos a testes antidoping a qualquer momento, seja durante competições, em treinamentos ou fora de competições. Os testes podem incluir amostras de urina e sangue para detectar a presença de substâncias proibidas. Se um atleta é pego usando substâncias proibidas, ele enfrentará sanções, incluindo suspensões, desqualificações e a possível perda de medalhas e resultados.

Os programas realizados pelo CPI com foco na educação antidoping para atletas, treinadores e outras partes envolvidas nos Jogos Paralímpicos visam aumentar a conscientização sobre os riscos e consequências do doping, bem como promover a ética esportiva.

Mas, e o atleta que faz uso de medicamento controlado? Alguns atletas podem receber autorizações de uso terapêutico (TUE) para o uso de substâncias proibidas por razões médicas legítimas. Isso permite que atletas com necessidades médicas específicas participem dos Jogos Paralímpicos sem violar as regras antidoping.

A luta contra o *doping* nos Jogos Paralímpicos é fundamental para manter a integridade do esporte, promover competições justas e proteger a saúde e bem-estar dos atletas. A ética esportiva e o jogo limpo são valores fundamentais do movimento paralímpico.

O Brasil é uma potência no esporte paralímpico.

Referências

IBIRAREMA. Comitê Paralímpico Brasileiro. *Movimento Paralímpico.* Disponível em: https://www.cpb.org.br/. Acesso em: 02 abr. 2021.

______. *Constituição da República Federativa do Brasil de 1988.* Disponível em: http://www.planalto.gov.br/ccivil_03/constituicao/constituicaocompilado.htm. Acesso em: 18 out. 2023.

______. Comitê Paralímpico Brasileiro. *Atletas.* Disponível em: https://cpb.org.br/atletas/daniel-tavares-martins/. Acesso em: 12 dez. 2023.

______. Comitê Paralímpico Brasileiro. *Atletas.* Disponível em: https://cpb.org.br/atletas/alana-martins-maldonado/. Acesso em: 12 dez. 2023.

______ Comitê Paralímpico Brasileiro. *Atletas.* Disponível em: https://cpb.org.br/atletas/rebeca-de-souza-silva/. Acesso em: 12 dez. 2023.

MELLO, Marco Túlio de; OLIVEIRA FILHO, Ciro Winckler de. *Esporte Paralímpico.* São Paulo: Editora Atheneu, 2012.

TUBINO, Manoel J. G.; Tubino, Fábio M.; GARRIDO, Fernando A. C. *Dicionário Enciclopédico Tubino do Esporte.* Rio de Janeiro: Editora Senac Rio, 2007. p. 37.

A Coerção como Instrumento para "Neutralidade" Esportiva e Violação de Direitos Humanos

Andrei Schmidt Kampff de Melo[1]

1. Introdução

O esporte busca permanentemente uma neutralidade. Por sua natureza agregadora, ele tenta se distanciar dos problemas do mundo, buscando criar um ambiente neutro onde a única preocupação seja a competição. Dentro dessa ideia, ele tipifica regras internas que limitam manifestações dos atletas, atacando inclusive direitos fundamentais, como a liberdade de expressão.

Para garantir essa "neutralidade" desejada, o esporte se utiliza de mecanismos coercitivos. Esses funcionam também como freios para participação política de atletas, inclusive na proteção de Direitos Humanos.

Como exemplo muito evidente temos a Regra 50[2] da Carta Olímpica, uma espécie de "Constituição" do movimento olímpico. Ela se tornou foco de grandes discussões dentro do esporte às vésperas dos jogos de Tóquio 2021. A regra proíbe "manifestações políticas" de atletas no pódio e nas áreas de evento esportivo. As Federações Internacionais de futebol também têm regras que proíbem "manifestações políticas" nos eventos esportivos.

Historicamente, essas regras geraram questionamentos e protestos individuais de atletas. E eles foram punidos por essas manifestações. Um dos exemplos é o dos atletas norte-americanos que levantaram o punho no pódio num gesto antirracista nas Olimpíadas de 1968, no México. Thommy Smith e John Carlos, com base em regulamentos

(1) Jornalista formado pela PUC-RS. Advogado pela UFRGS-RS. Trabalha com esporte há 25 anos, tendo participado dos principais eventos esportivos do mundo. Criador do Portal Lei em Campo, colunista no *UOL* e Sócio na AK Direito na Comunicação e no Esporte. Pós-Graduado em Direito Esportivo. Mestre em Direito pela PUC-SP. Conselheiro do Instituto Ibero-Americano de Direito Esportivo. Membro da ANDDJ, do IBDD e Vice-Presidente da Comissão de Direitos na Comunicação na OAB-Lapa. Autor dos livros "#Prass38" e Direitos Humanos e Esporte, como "Caso George Floyd" mudou regras do jogo.

(2) Disponível em: https://www.fadu.pt/files/protocolos-contratos/PNED_publica_CartaOlimpica.pdf.

internos e nas sanções previstas, foram expulsos da delegação olímpica e banidos do esporte pelo Comitê Olímpico Internacional.

Muitos outros foram punidos no futebol, no futebol americano e em outros esportes, com base em regulamentos internos, mesmo defendendo direitos humanos, protegidos — inclusive — pela Carta Olímpica, que prevê nos princípios 2 e 4, o combate ao preconceito, a proteção da igualdade e da dignidade humana(3).

E, através desse poder coercitivo o esporte vinha encontrando uma "pseudo neutralidade", com poucos atletas dispostos a se manifestar em defesa de Direitos Humanos e enfrentar a possibilidade de sanção. Isso, até 25 de maio de 2020.

Nessa data morreu George Floyd, um negro, assassinado por um policial branco nos EUA. As imagens correram o mundo e rapidamente uma grande onda de protestos tomou conta do mundo. E, claro, chegou no esporte.(4)

De maneira espontânea, vários atletas esqueceram os regulamentos internos e a força coercitiva e começaram a se manifestar contra o racismo e pela igualdade, indo contra o interesse do movimento esportivo. Mas pela proporção que o movimento ganhou, com o reforço da posição da opinião pública e de patrocinadores, o esporte teve que ceder.

E mudar.

Pela pressão interna e externa, o esporte cedeu e a força coercitiva dos regulamentos não foi mais capaz de manter o esporte em "território neutro". A irritação provocando aprendizados no movimento autônomo do esporte. Atletas reforçando que Direitos Humanos são um auto-limite interno do próprio movimento esportivo.

2. Como esporte se organiza

Conceituar a Lex Sportiva passa a ser caminho necessário para entender a organização da cadeia esportiva e os caminhos coercitivos do esporte. Partindo do princípio de que essa Lex Sportiva é um sistema transnacional, não estatal e desterritorializado, ou seja, privado e sem limitações geográficas.

Diversos estudiosos da ciência jusdesportiva se debruçaram sobre conceitos desse sistema. O estudioso Mathieu Maisonneuve define-a como um

> "conjunto coerente de regras esportivas transnacionais formado pelas regras das federações esportivas internacionais, pelas regras do Comitê Olímpico

(3) Disponível em: https://www.fadu.pt/files/protocolos-contratos/PNED_publica_CartaOlimpica.pdf.

(4) Disponível em: https://ge.globo.com/basquete/nba/noticia/veja-atletas-que-foram-as-ruas-nos-eua-em-protesto-a-morte-de-george-floyd.ghtml.

Internacional e pelos princípios gerais do direito revelados ou concebidos por meio das sentenças do TAS (Tribunal Arbitral do Esporte)."[(5)]

Já Franck Latty é mais direto ao asseverar ser a Lex Sportiva como o "direito transnacional do esporte", de modo a consistir em "fenômeno análogo ao identificado pelos teóricos da *lex mercatoria* no campo de comércio internacional"[(6)].

Mark James define o direito desportivo como "a ordem jurídica transnacional a partir da qual se concebe o corpo normativo e a jurisprudência afeitos às federações esportivas internacionais; isto inclui, em particular, a jurisprudência do Tribunal Arbitral do Esporte e as normas jurídico-desportivas criadas e harmonizadas pelo mesmo"[(7)].

Analisando conceitos apresentados, o autor Jean Nicolau traz na obra Direito Internacional Privado do Esporte avança na reflexão sobre a ordem esportiva internacional:

> "ao aplicar os elementos acima aludidos ao caso em análise, observa-se que a ordem esportiva internacional é (i) um conjunto estruturado de normas imperativas capazes de responder as questões decorrentes da matéria por ela regida (denominado lex sportiva); (ii) capaz de conceber suas fontes (por meio do Comitê Olímpico Internacional e das federações internacionais), (iii) dotada de sujeitos e de órgãos suscetíveis de assegurar a posta em prática das normas por ela emanadas (é o caso, notadamente, da Agência Mundial Antidopagem e do Tribunal Arbitral do Esporte, a serem tratados posteriormente); e (iv) apto a satisfazer a uma condição mínima de efetividade (sequer os detratores da ordem esportiva internacional encontrariam argumentos para negar sua efetividade, a qual é respaldada, conforme será demonstrado adiante, pelo desenvolvimento de um sofisticado sistema de coerção fundado na imposição de sanções esportivas por órgãos judicantes especializados e inter-relacionados)."[(8)]

Para Hans Kelsen, ordem jurídica pode ser entendida como uma pluralidade de normas gerais e individuais, inclusive o contrato, que possuem o mesmo fundamento de validade, governam o comportamento humano e prescrevem, em outros termos, a forma como se deve comportar.[(9)]

Depois da análise de diferentes estudiosos, podemos entender a *Lex Sportiva* como uma ordem jurídica transnacional, privada, alimentada pela cultura esportiva,

---

(5) MAISONNEUVE, Mathieu. *L'arbitrage des litiges sportifs.*

(6) LATTY, Franck *et al. La lex sportiva:* recherche sur le droit transnational. Leiden, 2007. p. IX.

(7) JAMES, Mark. *Sports Law*. 2. ed. Houndmills: Palgrave Macmillan, 2013. p. 3-6.

(8) NICOLAU, Jean. *Direito Internacional Privado do Esporte*. São Paulo: Quartier Latin, 2019.

(9) KELSEN, Hans. The concept of legal order. *American Journal of Jurisprudence* (1982) 27 (1), p. 64.

regulamentos e decisões do Tribunal Arbitral do Esporte (TAS), que ganha validade na eficácia dos contratos estabelecidos pelas partes, tendo como cerne a pretensão de afirmação e autonomia do sistema e segurança jurídica entre as partes.

Desse entendimento de Lex Sportiva, chegamos à organização do esporte, um sistema sustentado por uma cadeia esportiva. Um regime associativo que permite ao esporte se organizar globalmente. E dentro dessa organização interna a força coercitiva dos regulamentos acaba tendo um papel relevante na busca pela neutralidade esportiva.

3. A coerção de Schauer e o pluralismo jurídico

Para o estudioso John Austin a coerção tem papel decisivo no direito, o que o diferencia de outras normas sociais e religiosas. Para o pensador, a "lei" é uma norma ou regra de conduta enquanto expressa uma "ordem", positiva ou negativa. Ou seja, um "comando" que é o desejo do "soberano" para que outro ser faça algo ou se omita em fazer.(10)

Segundo Austin, seria importante diferenciar os comandos em "jurídicos", "morais" e "divinos". Escreve o pensador:

> "em toda comunidade governada por um monarca, os súditos têm deveres para com o monarca; e em toda comunidade governada por um corpo soberano os súditos (incluídos os distintos membros da mesma coletividade) têm deveres para com este corpo em sua capacidade colegiada soberana. Em toda comunidade governada por um monarca, o monarca tem deveres para com os súditos. E, em toda comunidade governada por um corpo soberano, e colegiado, tem deveres para com os súditos (incluídos seus próprios membros considerados em separado)".(11)

Para Austin, portanto, os "comandos" — poder coercitivo — teriam relevância fundamental ao direito. Frederick Schauer não vai tão longe quanto Austin, mas não deixa de analisar a importância da coerção para o direito.

> "Una vez que entendemos a las sanciones como intentos del Estado de proveer motivaciones para la obediencia al derecho aparte de aquellas motivaciones que están basadas en el contenido mismo del derecho, para que así las personas se conduzcan de forma consistente con éste y com ello ejercer la coercion para que se acate el derecho simplesmente porque es el derecho."(12)

---

(10) J. Austin, 1832, p. 180.

(11) J. Austin, 1832, p. 293-294.

(12) SCHAUER, Frederick. 2015. Fuerza de Ley.

Para Schauer, muitas vezes o motivo de obedecer a lei é a espada que, de uma maneira ou outra, é apontada para o pescoço do indivíduo, o ameaçando na hipótese de descumprimento. E para isso. Segundo o autor, o direito se utiliza de um "arsenal coercitivo".

No capítulo 9 do livro "A força do direito", Schauer traz alguns desses "arsenais" coercitivos, dando destaque para a "Expulsão e outras incapacidades". Neste momento da obra, ele traz o exemplo da Máfia e do seu poder em fazer com que seus membros ajam de acordo com o que a organização determina.

> "Para la mayoría de los involucrados en esa forma de crimen organizado, quizás hasta para todos. Las ventajas materiales (incluído el poder) dadas por la membresía son lo suficientemente grandes como para que la amenaza de expulsión bien pueda ser tan potente en tanto que forma de coerción, como la amenaza de una ejecución violenta."(13)

O Direito atua dessa forma em parte porque habitamos um mundo heterogêneo, em que o bem comum é constantemente perturbado por sujeitos que procuram a satisfação de seus interesses particulares e mais ainda, nos situamos em uma atmosfera em que determinadas coisas, que pessoas benevolentes com boas intenções acreditam que as estão fazendo um bem, por tradição, cultura, religião.

Segundo Schauer, o Direito faz com que os indivíduos façam coisas que não desejam fazer. Deste modo, se há uma atribuição que o Direito pode executar melhor do que outras entidades e/ou ciências é a delimitação do comportamento. Diz Schauer; "la tesis de este libro de que la coerción tiene una importancia en la comprensión y explicación del fenómeno del derecho que la teoría del derecho ha menospreciado"(14).

Porém, Schauer entende que equiparar o Direito à "coerção ou ao amedrontamento de punição ou algum outro "mal" é um enorme engano"(15).

3.1. Pluralismo jurídico e associações esportivas

A teoria pluralista de direito compreende o direito como manifestação autônoma, pois ele surge da expressão da população e pode ou não ser oficial. Ou seja, o pluralismo decorre da existência de dois ou mais sistemas jurídicos, dotados de eficácia, concomitantemente em um mesmo ambiente.

(13) SCHAUER, Frederick. 2015. Fuerza de Ley.

(14) SCHAUER, Frederick. 2015. Fuerza de Ley.

(15) SCHAUER, Frederick. 2015. Fuerza de Ley.

Para Hans Kelsen o Direito não se distanciava da norma escrita; a ordem jurídica era considerada exclusivamente estatal; o ordenamento jurídico seria completo; e a vigência de uma norma depende de sua validade formal, ou seja, dos procedimentos para sua criação. Trata-se da compreensão do Direito como método científico, a partir de um processo lógico dedutivo de submissão dos fatos à Lei, através da declaração feita pelo intérprete(16).

Santos, no entanto, pondera que o "Estado nunca teve monopólio do Direito". Em paralelo à ilusão de um Direito estatal, sempre existiram ordens jurídicas supraestatais e ordens jurídicas infraestatais(17). Ou seja, o Direito teria um universo maior de entrelaçamentos, indo além do poder estatal na determinação das condutas exigidas.

Nessa linha, o autor e estudioso do Direito e suas relações, Marcelo Neves, em entrevista para o ConJur (Consultório Jurídico), dentro da ideia de um pluralismo jurídico, define que o transconstitucionalismo como o entrelaçamento de ordens jurídicas diversas, tanto estatais como transnacionais, internacionais e supranacionais, em torno dos mesmos problemas de natureza constitucional(18).

O esporte seria então, conforme trazido no capítulo 2 deste artigo, um movimento transnacional, em que há entrelaçamentos permanentes entre diferentes ordenamentos jurídicos. Uma intersecção permanente da *Lex Publica* com a *Lex Sportiva*. Entendendo as associações do esporte como entidades privadas, é sabido que elas são reguladas por um pluralismo de leis, normas e regras.

O pluralismo jurídico desse direito transnacional do esporte se expressa inclusive na Constituição Brasileira.

O art. 217 da Constituição Federal não só reconhece a Justiça Desportiva (privada) — e os regulamentos internos do movimento esportivo — como competente para resolver problemas relacionados à disciplina e à competição, como coloca um freio no Direito de Ação protegido pela mesma Carta no art 5º. Não se entende como uma proibição ao direito de todos de procurar à Justiça, mas como uma determinação estatal de caminhos que precisam ser respeitados para se buscar a justiça em casos desportivos, conforme explicitam os §§ 1º e 2º, do art. 217(19).

---

(16) BARROSO, Luis Roberto. Fundamentos Teóricos e Filosóficos do Novo Constitucionalismo Brasileiro (pós-modernidade, teoria crítica e pós-positivismo). In: ______. *A Nova Interpretação Constitucional*. Ponderação, Direitos Fundamentais e relações privadas. 2. ed. Rio de Janeiro: Renovar, 2006. p. 23-25.

(17) SANTOS, Boaventura de Sousa. *A Critica da Razão Indolente...*, p. 171.

(18) Disponível em: https://www.conjur.com.br/2009-jul-12/fimde-entrevista-marcelo-neves-professor-conselheiro.

(19) Constituição da República Federativa do Brasil.

E dentro dessa autonomia protegida inclusive constitucionalmente, as associações esportivas também se utilizam da sanção como instrumento coercitivo no processo autorregulatório a fim de que se cumpram as regras internas estabelecidas.

Na obra "A Força do Direito", Schauer, ao se referir sobre o "arsenal coercitivo" também reflete sobre a exclusão como ferramenta de pressão para que associações façam com que seus membros sigam os regulamentos internos. E usa o exemplo das associações religiosas:

> "Allí donde se percibe la exclusión como una sanción substancial y algo que debe ser evitado, la amenaza con ésta puede tener un efecto coercitivo significativo. Las comunidades religiosas han practicado por mucho tiempo la exclusión de miembros bajo las formas de apartamento."[20]

As associações esportivas também utilizam muito desse expediente para manter o monopólio associativo. Por exemplo, elas não permitem que clubes ou atletas participem de competições que não sejam organizadas — ou tenham a chancela — das próprias federações. E a regra, muitas vezes prevista nos Estatutos — suspensão ou mesmo banimento. Exercendo um poder coercitivo, as entidades esportivas têm essas regras primárias que determinam condutas e regras secundárias, de reconhecimento das regras, julgamento e imposição de sanções.

Apesar da previsão estabelecida pela CF no art 217 de provocar o judiciário respeitando as exigências de admissibilidade, o estatuto de diversas entidades de organização do desporto proíbe (com poucas exceções) que seus membros procurem a justiça comum de seus países para recorrer das decisões da justiça desportiva.

A FIFA, entidade máxima do futebol mundial, por exemplo, o faz no art. 59, §§ 2º e 3º de seu estatuto[21]. Isso quer dizer que todos aqueles que estão dentro da estrutura desportiva são fortemente desencorajados a procurar o judiciário comum para dirimir questões desportivas regulamentares e disciplinares.

> Art. 59.2 – O recurso aos tribunais comuns de direito é proibido, a menos que expressamente previsto nos regulamentos da FIFA. O recurso aos tribunais comuns de direito para todos os tipos de medidas provisórias também é proibido.

Art. 217 (...).

§ 1º O Poder Judiciário só admitirá ações relativas à disciplina e às competições desportivas após esgotarem-se as instâncias da justiça desportiva, regulada em lei.

§ 2º A justiça desportiva terá o prazo máximo de sessenta dias, contados da instauração do processo, para proferir decisão final.

(20) Schauer, Frederick. 2015. Fuerza de Ley.

(21) Disponível em: https://digitalhub.fifa.com/m/7af12a40897b1002/original/azwxwekfmx0nfdixwv1m-pdf.pdf.

> Art. 59.3 – As associações devem inserir uma cláusula em seus estatutos ou regulamentos, estipulando que é proibido entrar em disputa na associação ou disputas que afetam ligas, membros de ligas, clubes, membros de clubes, jogadores, oficiais e outros oficiais da associação em tribunais comuns, a menos que os regulamentos da FIFA ou disposições legais vinculativas prevejam especificamente ou estipulem o recurso a tribunais comuns.

A Confederação Brasileira de Futebol (CBF) reforça essa regra e segue a diretriz da entidade internacional inserindo em seu Estatuto os arts. 124 e 127, que preveem:(22)

> Art. 124 – Fica expressamente proibido postular, demandar ou recorrer à Justiça ordinária, exceto nas hipóteses admitidas pela FIFA.
>
> Art. 127 – Aquele que descumprir ou, de qualquer modo, concorrer para a infração da norma imposta pela FIFA e CONMEBOL, que veda demandar ou recorrer aos órgãos da Justiça ordinária, ficará sujeito à jurisdição, às penalidades e sanções estabelecidas nos Estatutos da FIFA, da CONMEBOL e da CBF.
>
> Parágrafo único – Caso a CBF tome conhecimento de qualquer medida ou ação na Justiça ordinária promovida em benefício de entidade de prática ou de administração do desporto, por si ou por terceiros, tal infração deverá ser imediatamente comunicada à CONMEBOL e à FIFA para as providencias cabíveis.

Finalmente, o Código Brasileiro de Justiça Desportiva (CBJD)(23) prevê punição de exclusão do campeonato ou torneio que estiver disputando e multa de R$ 100,00 a R$ 100.000,00 aos que procurarem o poder judiciário para pleitear matéria referente à disciplina e competições antes de esgotadas todas as instâncias da Justiça Desportiva, ou que se beneficiarem de medidas obtidas pelos mesmos meios por terceiro.

Já na "Família Olímpica", o Comitê Olímpico Internacional (COI), também se utiliza de meios em que a coerção acaba funcionando tendo papel importante para que a comunidade esportiva siga as regras da entidade. A Regra 50(24), que está na Carta Olímpica — uma espécie de "Constituição" do movimento olímpico —, proíbe "manifestações políticas" dos atletas em eventos esportivos. Este artigo foi usado historicamente para punir atletas e servia como freio para que atletas se posicionassem politicamente em eventos, inclusive na defesa de Direitos Humanos. Diz a Regra 50:

> 2. No se permitirá ningún tipo de manifestación ni propaganda política, religiosa o racial en ningún emplazamiento, instalación u otro lugar que se considere parte de los emplazamientos olímpicos.

---

(22) Disponível em: https://conteudo.cbf.com.br/cdn/202111/20211110180407_817.pdf.

(23) Disponível em: https://conteudo.cbf.com.br/cdn/201507/20150709151309_0.pdf.

(24) Disponível em: https://stillmed.olympic.org/media/Document%20Library/OlympicOrg/General/ES-Olympic-Charter.pdf.

Essas regras internas com força coercitiva historicamente têm servido de freios para a manifestação de atletas, inclusive em defesa de Direitos Humanos. A luta histórica pela liberdade segue importante, inclusive dentro do esporte.

4. A liberdade e o direito

A ideia de liberdade vem sendo debatida desde os primeiros grandes pensadores da humanidade. Um dos principais desafios dessa reflexão tem sido estabelecer se há limites e quais seriam as responsabilidades que essa liberdade traria.

Para Aristóteles, discípulo de Platão, considerado um dos maiores filósofos da Grécia Antiga, "a liberdade é a capacidade de decidir-se a si mesmo para um determinado agir ou sua omissão"(25).

Ou seja, Aristóteles coloca como elemento indispensável à liberdade a possibilidade de escolha. A missão do homem livre seria escolher caminho e postura diante das alternativas possíveis, realizando-se como decisão e ato voluntário e tendo sempre como cerne o ideal do "justo".

Para o filósofo grego a liberdade estaria na possibilidade de viver de acordo com as leis que a pessoa ajudou a elaborar:(26)

> "[...] é livre não aquele que vive sem leis ou contra a lei, mas aquele que vive de acordo com as leis que ele mesmo elaborou, ou às quais dá seu assentimento livre".

O conceito de liberdade perpassa a história, e mesmo milênios após Aristóteles, segue sendo objeto de reflexão e discussão na sociedade.

Immanuel Kant também avança nas reflexões acerca da liberdade. Para o pensador, a liberdade também é experiência do prático. Dentro dessa ideia, liberdade para Kant é agir segundo leis.

Para Kant, em um conceito positivo, mesmo a liberdade tem que estar submetida a leis, e se essas leis não são externamente impostas, elas são impostas internamente. Ele designa a liberdade como autonomia, ou a propriedade dos seres racionais de legislarem para si próprios. Liberdade e moralidade são indissociáveis. Ou seja, avança no estudo metafísico, científico, colocando o sujeito como elemento fundamental.

---

(25) RABUSKE, A. E. *Antropologia filosófica*. 7. ed. Petrópolis: Vozes, 1999. p. 89.

(26) FARIAS, M, C, B. *A liberdade esquecida:* Fundamentos ontológicos da liberdade no pensamento Aristotélico. São Paulo: Loyola, 1995. p. 174.

Kant entende que a liberdade passa a existir quando agimos pelo dever, quando este dever é determinado pela lei pura, e não pelas inclinações. Para Kant a liberdade é uma condição indispensável para que a ação moral tenha validade universal.

> [...] tornamo-nos conscientes de leis práticas puras do mesmo modo como somos conscientes de proposições fundamentais teóricas puras, na medida em que prestamos atenção à necessidade com que a razão as prescreve a nós e à eliminação de todas as condições empíricas, à qual aquela nos remete. [...] visto que a partir do conceito de liberdade nada pode ser explicado nos fenômenos mas que aqui o mecanismo natural sempre tem que constituir o fio condutor, que além disso também a antinomia da razão pura, se ela quiser elevar-se ao incondicionado na série das causas, tanto num caso como no outro enreda-se em representações inconcebíveis, enquanto o último (mecanismo) pelo menos possui utilidade na explicação dos fenômenos, assim jamais se teria chegado à façanha de introduzir a liberdade na ciência, se a lei moral, e com ela a razão prática, não tivesse sobrevindo e impingindo a nós esse conceito."[27]

Tratando-se de leis morais ou de normas jurídicas, o fundamento de ambos é a autonomia da vontade. Quanto aos deveres morais, os homens são responsáveis perante a si mesmos; na esfera jurídica, são responsáveis perante os demais.

Mas é preciso avançar e refletir sobre uma interpretação mais recente. Ronald Dworkin entende o direito como uma comunidade de princípios, e a liberdade teria papel central nessa relação.

Para o pensador, os membros dessa comunidade se reconhecem reciprocamente como livres e iguais. Existe um respeito às diferenças, que não pode ser confundido com altruísmo ou dever moral. Ele nasce de um sentimento de pertencimento, fruto das obrigações que são estabelecidas dentro dessa comunidade de maneira coletiva e respeitando esses princípios.

Portanto, o Direito seria um sistema aberto de princípios e regras. Para ele, a ideia positivista de que uma regra geral e abstrata poderia solucionar os problemas do Direito não responde aos problemas concretos apresentados.

Dentro dessa comunidade de princípios, o compromisso com a proteção de direitos humanos mostra-se decisivo para a interpretação dos seus atos. Ou seja, a autoridade precisa de uma atitude que preserve o igual respeito à dignidade de cada um.

Ronald Dworkin entende o Direito como integridade. Igualdade e liberdade estão sob esse guarda-chuva hermenêutico e ele avança na questão ética. Ele não defende uma

(27) *Crítica da razão prática.* Tradução e notas de Valerio Rohden. São Paulo: Martins Fontes, 2009. p. 106.

homogeneidade ética, mas o respeito de todos aos direitos de todos, como cidadãos dessa comunidade de princípios.

> "A integração ética com os atos coletivos de uma sociedade política se mostra apropriada apenas para os cidadãos tratados pela sociedade como membros plenos e iguais."[28]

E dentro dessa concepção do direito como integridade, fundado em uma democracia estabelecida por uma "comunidade de princípios", Dworkin também reflete a respeito da liberdade de expressão.

Para Dworkin, "a liberdade de expressão é necessária para que o povo governe o governo e não vice-versa"[29]. Ele também escreve que a liberdade de expressão..

> [...] é importante não só pelas consequências que tem, mas porque o Estado deve tratar todos os cidadãos adultos (com exceção dos incapazes) como agentes morais responsáveis, sendo esse um traço essencial ou 'constitutivo' de uma sociedade política justa.[30]

Sendo assim, deve ser levado em consideração que a liberdade de expressão constitui-se em um fim em si mesma, na medida em que "é, em si, um direito humano fundamental"

Ou seja, pela leitura de Aristóteles, Kant e Dworkin poderia se encontrar caminhos para entender que a liberdade é um poder individual de todos, que deve ser decisivo para estabelecer leis e princípios que norteiam a vida das pessoas. Mas Dworkin vai além, entendendo que a validade dessas leis e regras estaria diretamente relacionada ao consentimento dessa "comunidade de princípios", onde a proteção de direitos humanos, como a liberdade e a igualdade devem ser protegidos.

No esporte, essa "comunidade de princípios" reagiu e agiu depois da morte de George Floyd, exercendo a liberdade de expressão na proteção de direitos humanos, do inegociável direito à igualdade, protegido inclusive pelo movimento esportivo. E nem a força coercitiva dos regulamentos internos conseguiu frear o movimento.

5. A luta como direito

Herbert L.A. Hart em seu livro *"O Conceito do Direito"* reflete sobre patologias dentro de um sistema jurídico. Para o autor, um sistema jurídico existe quando há convergência entre os funcionários e os cidadãos comuns em relação ao direito. Entretanto, quando disparidades aparecem o sistema apresenta patologias[31].

---

(28) DWORKIN, R. The Partnership Conception of Democracy. *California Law Review*, 86, 1998.

(29) DWORKIN, 2006, p. 322.

(30) DWORKIN, 2005, p. 497.

(31) H. L. A Hart (1961), p. 129-130.

O esporte viveu uma "patologia" em seu movimento jurídico privado depois das manifestações coletivas de atletas em defesa da igualdade e contra o racismo dentro de eventos esportivos. Os atletas decidiram levantar uma bandeira, apesar da pressão coercitiva dos regulamentos internos.

Rudolf Von Ihering influenciou novos pensadores do direito subjetivo, não só mostrando o direito como sendo um exercício jurídico da liberdade, como também através da expectativa de direitos privados. E no cerne dessas ideias estaria a luta. Escreve Ihering no livro *A Luta Pelo Direito:*

> "Todos os direitos da humanidade foram conquistados na luta; todas as regras importantes do direito devem ter sido, na sua origem, arrancadas àqueles que a elas se opunham, e todo o direito, direito de um povo ou de um particular, faz presumir que se esteja decidido a mantê-lo com firmeza."(32)

Neste momento, importante também lembrar ensinamento de Rousseau: "***ceder à força constitui ato de necessidade, não de vontade; quando muito, ato de prudência. Em que sentido poderá representar um dever?***".(33)

A luta recente desencadeada com as manifestações no esporte após a morte de George Floyd em defesa da igualdade dentro do movimento esportivo tem transformado o jogo. Atletas venceram o déficit democrático do movimento esportivo, levantaram a bandeira da proteção de direitos humanos de maneira coletiva e estão transformando o esporte.

Os Comitês Olímpico e Paralímpicos dos Estados Unidos emitiram um comunicado em dezembro de 2020 informando(34) que não irão punir atletas que protestarem em defesa de justiça social e racial. A iniciativa foi tomada em conjunto com os atletas, e reforça o movimento global para que o esporte reveja regras que proíbem manifestações em defesa de direitos humanos de atletas em eventos esportivos. Além disso, foi pedido que a regra 50 da Carta Olímpica (que proíbe manifestações políticas) seja alterada.

O comunicado foi além e pediu desculpas por erros históricos. Sarah Hirshland, CEO do Comitê, disse que foi um erro os EUA terem punido atletas como João Carlos e Tommie Smith, que se tornaram personagens importantes no combate à segregação racial no país, quando em 1968 na Olimpíada do México, no pódio, levantaram o braço com o punho cerrado num gesto simbólico de combate ao preconceito.

---

(32) IHERING, Rudolf Von. *A Luta pelo Direito*. Rio de Janeiro: Forense, 1994. p. 1.

(33) ROUSSEAU, Jean-Jacques. *Do Contrato Social*. Tradução: Rolando Roque da Silva. Edição eletrônica: Ed. Ridendo Castigat Mores.

(34) Disponível em: https://leiemcampo.com.br/comite-olimpico-dos-estados-unidos-nao-punira-atletas-que-se-manifestarem-por-causas-sociais-e-raciais-em-competicoes/.

A posição dos Estados Unidos aumentou a pressão sobre a Regra 50. Na 9ª Cúpula Olímpica, realizada em dezembro de 2020, foi discutida a questão. O presidente da Comissão de Atletas lembrou que estava sendo feita uma consulta com todos os atletas do mundo sobre como garantir que eles possam se expressar em defesa de valores olímpicos, como a proteção de direitos humanos, respeitando seus colegas e não prejudicando o espírito dos jogos".

Após meses de consultas, a Comissão de Atletas do Comitê Olímpico Internacional (COI) recomendou[35] manter a proibição de protestos e manifestações políticas durante os Jogos Olímpicos de Tóquio. Além de incluir o pódio, a orientação também serve para o local em que os jogos acontecerem e nas cerimônias oficiais.

Apesar do veto, a Comissão pediu uma espécie de 'reestruturação' da Regra 50 da Carta Olímpica, e também uma maior clareza nas punições por violações à regra por atletas. Ao término da reunião, o COI afirmou que houve um avanço, apontando a flexibilização em alguns pontos.

A pesquisa com os atletas foi incluída no documento. Nela, 70% dos entrevistados acreditam que as competições e cerimônias oficiais não são espaço para manifestações e protestos.

Ao longo dos 11 meses, 3.547 atletas de 185 países e 41 modalidades esportivas foram ouvidas. Para 67%, o pódio também não deve ser palco de manifestações. Ainda no relatório, 48% dos atletas disseram que acreditam ser importante que sejam criadas "oportunidades para a expressão dos atletas durante os Jogos". Eles sugerem também que haja um momento durante a cerimônia de abertura do evento para a "solidariedade contra a discriminação".

Consultados, atletas reforçaram um freio interno à própria liberdade de expressão dentro do esporte. Mas a decisão devolveu estabilidade ao sistema jurídico, resolvendo a "patologia" criada com as manifestações.

No basquete, a NBA também cedeu. Depois de uma paralisação histórica em que os atletas não entraram em quadra em protesto contra o racismo, a Liga teve que negociar e ceder. Um dia depois da rodada que não houve, a NBA divulgou uma nota junto com a Associação de Jogadores dizendo que a temporada recomeçaria, depois de alguns acertos. Entre eles, a criação de uma aliança entre jogadores, técnicos e donos de franquias para promover maior engajamento na discussão de causas sociais; e também que a NBA usaria espaços publicitários para incentivar as pessoas a participarem de campanhas contra o preconceito[36].

---

(35) Disponível em: https://ge.globo.com/olimpiadas/noticia/comissao-internacional-de-atletas-recomenda-banimento-de-protestos-nas-olimpiadas.ghtml.

(36) Disponível em: https://www.uol.com.br/esporte/colunas/lei-em-campo/2020/09/01/unidos-atletas-nao-so-mudam-regras-como-ajudam-a-transformar-o-mundo.htm.

Já a FIFA, entidade maior do futebol, emitiu um comunicado logo após as manifestações de jogadores em várias partes do mundo contra o racismo depois da morte de George Floyd pedindo "bom senso" às Federações Internacionais.

O organismo que comanda o futebol mundial lembra que a aplicação das leis (que preveem penas para jogadores que mostrem mensagens políticas durante os jogos) é da responsabilidade dos organizadores das competições, mas pede que se use "bom senso e se tenha em consideração o contexto que envolvem estes eventos"(37).

Ou seja, desse diálogo transacional entre diferentes ordenamentos, desse pluralismo jurídico — *Lex Publica* e *Lex Sportiva* — e da pressão da manifestação dos atores do esporte, o movimento cedeu e teve que se readequar e nem a força coercitiva dos regulamentos internos conseguiu frear esse movimento.

6. A "inconstitucionalidade" da Regra 50

Mesmo tendo como ideia criadora preservar uma postura de "neutralidade" do movimento esportivo diante de disputas políticas, a regra 50 apresenta contradições até mesmo dentro da Carta Olímpica, uma espécie de "Constituição do Esporte".

Essa regra proíbe "em qualquer instalação Olímpica, qualquer forma de manifestação ou de propaganda política, religiosa ou racial". Acontece que em uma leitura atenta a essa Carta imediatamente nos deparamos com dois princípios que determinam como objetivo do Olimpismo o desenvolvimento harmônico da atividade esportiva, respeitando a dignidade da pessoa humana e a não discriminação.

O Princípio Fundamental n. 2(38), reforça o princípio basilar da dignidade da pessoa humana, visto ser um princípio de Direitos Humanos presente em diversos tratados internacionais, dos quais a imensa maioria dos países olímpicos são signatários, sendo inclusive um pilar do ordenamento jurídico brasileiro, expressado no art. 1º, inciso III, da Constituição Federal de 1988.

Já o princípio n. 4(39) da Carta Olímpica trata da não discriminação com base em raça, religião, política e sexo, relativos a um país ou pessoa. Ele reforça o que está estabelecido no art. 7º do Tratado de Roma(40) (tratado base de formação da União Europeia), bem como com os arts. 3º, 4º e 5º da CF/88, que promovem direitos iguais e repudia discriminações raciais, regionais, religiosas, em relação ao gênero ou de qualquer natureza.

---

(37) Disponível em: https://www.fifa.com/about-fifa/organisation/media-releases/stop-racism-stop-violence.

(38) Disponível em: https://nacoesunidas.org/wp-content/uploads/2018/10/DUDH.pdf.

(39) Disponível em: https://www.fadu.pt/files/protocolos-contratos/PNED_publica_CartaOlimpica.pdf.

(40) Disponível em: https://europa.eu/european-union/sites/default/files/docs/body/treaty_on_european_union_pt.pdf.

Importante lembrar também que a Organização Internacional do Trabalho (OIT), na Convenção n. 111[(41)], trata sobre a discriminação. Já no art. 1, a), entende por "discriminação toda e qualquer distinção, exclusão ou preferência, tendo por fundamento raça, cor, sexo, religião, opinião política, ascendência nacional ou origem social que vise destruir ou alterar a igualdade de oportunidades ou tratamento, sendo estas práticas vedadas no que concerne ao ambiente de trabalho".

A Declaração Universal dos Direitos humanos, nos arts. 1º e 2º, ao dispor que "todos os homens devem ser iguais em dignidade e direitos, não devendo haver discriminação de nenhuma espécie," sobrelevando o art. 19 do tratado, prevê a todos a liberdade de opinião e expressão sem nenhum tipo de interferências.

Mesmo entendendo ser o Comitê Olímpico Internacional uma entidade privada, tendo autonomia para criar regras, a Regra 50 cria um conflito interno. Ela representa um caminho de tolher a liberdade de expressão e a manifestação na proteção de causas de igualdade e justiça social, princípios da própria organização esportiva.

Outro aspecto importante a ser analisado é a natureza do esporte. Ele nasce com a ideia de aproximar povos e pessoas, não afastar. Esporte abraça, não recrimina. Manifestações em defesa da igualdade e do combate à discriminação estariam em conformidade com os princípios formadores do movimento.

E mesmo autônoma, nenhuma entidade anda dissociada da sociedade. O direito é "uno" e mantém diálogo permanente com todos, inclusive com as entidades esportivas. Por ser indivisível, as interpretações legais devem ser feitas levando-se em conta todo o ordenamento jurídico e não apenas regras isoladas, conforme ensina Pedro Lenza:

> "Devemos alertar o leitor que, modernamente, vem sendo dito que o Direito é uno e indivisível, indecomponível. O direito deve ser definido e estudado como um grande sistema, em que tudo se harmoniza em conjunto. A divisão em ramos do direito é meramente didática, a fim de facilitar o entendimento da matéria, vale dizer: questão de convivência acadêmica."[(42)]

6. Conclusão

Como se sabe, ao longo do tempo o esporte vem se utilizando do poder coercitivo dentro do movimento privado do esporte para fazer com que a comunidade esportiva respeite as regras estabelecidas, tentando manter o ambiente esportivo em "território neutro". Para isso, muitas vezes se posicionou contra a necessária proteção de Direitos Humanos.

(41) Disponível em: https://www.trt2.jus.br/geral/tribunal2/LEGIS/CLT/OIT/OIT_111.html.

(42) LENZA, Pedro. *Direito Constitucional Esquematizado*. São Paulo: Saraiva, 2012. p. 53.

O "Caso George Floyd", com a manifestação política de importantes membros da cadeia associativa e suas repercussões no esporte, ameaçou a "neutralidade" buscada pelo esporte.

Com as manifestações espontâneas e coletivas de atletas em defesa de Direitos Humanos e contra o racismo, houve irritações no sistema privado autônomo do esporte e os líderes do movimento jurídico desse sistema tiveram que ceder. Nem a força coercitiva dos regulamentos internos conseguiu frear a manifestação que tomou conta das quadras, campos e pistas.

Mesmo diante desse aprendizado que provocou mudanças, não há como menosprezar a importância da coerção para os regulamentos internos do esporte. Ela é importante aliada para os regulamentos internos desse sistema autônomo que tenta manter a desejada "neutralidade" esportiva.

Hart no prefácio de "O Conceito do Direito" afirma que o objetivo dele no livro foi "aprofundar a compreensão do direito, da coerção e da moral como fenômenos sociais diferentes, mas relacionados". Ou seja, Hart reconhece "direito", "coerção" e "moral" como distintos, mas não indiferentes um com o outro.

No livro "A Força do Direito", Schauer vai além. Embora ele não defenda a "coerção" como elemento indispensável ao direito, ele reforça a importância que ela tem para o direito.

O direito atuaria também de maneira coercitiva em parte porque habitamos um mundo heterogêneo, em que o bem comum é constantemente perturbado por sujeitos que procuram a satisfação de seus interesses particulares e mais ainda, nos situamos em uma atmosfera em que determinadas coisas, que pessoas benevolentes com boas intenções acreditam que as estão fazendo um bem, por tradição, cultura, religião.

Schauer nos diz que o Direito faz com que os indivíduos façam coisas que não desejam fazer. Deste modo, se há uma atribuição que o Direito pode executar melhor do que outras entidades e/ou ciências é a delimitação do comportamento.

O autor ensina que equiparar o direito à coerção ou ao amedrontamento de punição ou algum outro "mal" é um enorme engano. Para ele, o fundamental é refletir sobre como o aspecto coercitivo do direito nos auxilia a compreender por qual razão e em que momento pode-se necessitar dele para fazer coisas que outras entidades políticas e modelos de organização social são incapazes.

No esporte, o poder coercitivo das normas internas do esporte conseguiu segurar atletas de se posicionarem politicamente contra o preconceito durante muito tempo, mantendo a desejada neutralidade esportiva. Pelo menos, até o "Caso George Floyd"

Referências

ANDRADE, Christiano José de. *Interpretação Jurídica.* São Paulo: Revista dos Tribunais, 1992.

AUSTIN, John. Lectures on Jurisprudence, vol I. Londres: Editora John Murray, 1972.

BARROSO, Luis Roberto. Fundamentos Teóricos e Filosóficos do Novo Constitucionalismo Brasileiro (pós-modernidade, teoria crítica e pós-positivismo). In: ______. *A Nova Interpretação Constitucional.* Ponderação, Direitos Fundamentais e relações privadas. 2. ed. Rio de Janeiro: Renovar, 2006.

CALIXTO, Vinícius. Lex Sportiva *e Direitos Humanos.* Belo Horizonte: Editora D'Plácido, 2018.

CAMARGOS, Wladimyr. *Constituição e Esporte no Brasil.* Goiânia: Editora Kelps, 2017.

DWORKIN, Ronald. *O Império do Direito.* São Paulo: Martin Fontes, 1999.

FARIAS, M. C. B. *A liberdade esquecida:* Fundamentos ontológicos da liberdade no pensamento Aristotélico. São Paulo: Loyola, 1995.

HART, Herbert L. A. *O Conceito de Direito.* São Paulo: Martins Fontes, 2009.

IHERING, Rudolf Von. *A Luta pelo Direito.* Rio de Janeiro: Forense, 1994. p. 1.

JAMES, Mark. *Sports Law.* 2. ed. Houndmills: Palgrave Macmillan, 2013.

KELSEN, Hans. The concept of legal order. *American Journal of Jurisprudence,* (1982) 27 (1).

LATTY, Franck *et al. La lex sportiva:* recherche sur le droit transnational. Leiden, 2007.

LENZA, Pedro. *Direito Constitucional Esquematizado.* São Paulo: Saraiva, 2012. p. 53.

LYRA FILHO, João. *Introdução ao Direito Desportivo.* Rio de Janeiro: Pongetti, 1952. p. 104.

MAISONNEUVE, Mathieu. L'arbitrage des litiges sportifs.

NICOLAU, Jean. *Direito Internacional Privado do Esporte.* São Paulo: Quartier Latin, 2018.

SCHAUER, Frederick. *La Fuerza de Ley*, 2015.

Níveis de Prática Esportivo e suas Consequências para os Atletas

Caio Medauar[1]

1. Introdução

Desde os Jogos Olímpicos da Antiguidade[2], as competições esportivas movem multidões, geram riqueza e criam heróis e vilões. O fenômeno esportivo se tornou a maior parcela da indústria do entretenimento no mundo movimentando bilhões de dólares todos os anos.

O sistema desportivo que conhecemos hoje, passou a ser formado no século XIX, quando uma série de modalidades como Atletismo, Futebol, Rugby e Basquete consolidaram suas regras e suas estruturas, culminando com a criação do Movimento Olímpico e dos jogos Olímpicos da era moderna, base para boa parte do sistema desportivo atual.

Desde então passamos por um longo período de evolução, desde a prática majoritariamente amadora, em que os atletas e praticantes eram os associados dos clubes, até os dias de hoje em que temos verdadeiras celebridades do esporte, com atletas recebendo salários milionários.

Porém, os superatletas, com supersalários são apenas a ponta da pirâmide do esporte, que ainda mantêm inúmeros níveis de prática desportiva, razão pela qual, ao longo do tempo, o legislador buscou criar classificações que permitissem gerar um tratamento equânime dentro de cada nível esportivo, desde o "atleta de final de semana", passando pela formação esportiva, e tantas possibilidades da prática que as atividades esportivas tradicionais ou não permitem.

---

(1) Advogado especializado em Direito Desportivo pelo CEDIN. Diretor do Instituto Brasileiro de Direito Desportivo — IBDD. Membro da Comissão de Direito Desportivo da OAB/SP. Procurador Geral do TJD – Antidopagem. Ex-Sub-Procurador Geral do STJD do Futebol. Membro de diversos Tribunais Desportivos do país.

(2) Disponível em: https://www.eduolimpica.comiteolimpicoportugal.pt/Atividades/COP_Anexos_Atividades/ng4g_AknoEmQIJls1Ml4cA/Calendário,_Provas_e_Instalações.pdf.

Para os operadores do Direito Desportivo, conhecer e saber trabalhar e interpretar as classificações legais ou regulamentares é fundamental, uma vez que pode impactar diretamente na carreira de um atleta, na dosimetria das penas na Justiça Desportiva, na obtenção de recursos oriundos de leis de incentivo dentre tantas outras situações.

Tendo em vista que cada norma trata de diferentes formas o tema, optei por utilizar o termo "nível de prática", pois entendo que facilita a compreensão e pode atender a todos os capítulos, além de ser a terminologia utilizada na nova LGE.

Diante de recentes polêmicas em julgamentos de atletas no âmbito da Justiça Desportiva Antidopagem e da recente alteração da legislação esportiva no Brasil, entendi necessária uma provocação e uma contextualização, para que possamos, no âmbito de atuação de cada um, interpretar de forma mais justa as normas esportivas, preservando a ordem esportiva e a lisura das competições.

2. Níveis de Prática na Constituição e na Lei Pelé.

A Constituição de 1988 é um marco do direito desportivo brasileiro, pois graças a ela não só tivemos o reconhecimento dessa importante área jurídica, como também tivemos alguns conceitos que têm norteado a área desde então, inclusive para a definição dos níveis de prática tradicionais, nunca sendo demais reproduzir o art. 217 da nossa Carta Magna:

> SEÇÃO III
>
> DO DESPORTO
>
> Art. 217. É dever do Estado fomentar práticas desportivas formais e não formais, como direito de cada um, observados:
>
> I – a autonomia das entidades desportivas dirigentes e associações, quanto a sua organização e funcionamento;
>
> II – a destinação de recursos públicos para a promoção prioritária do desporto educacional e, em casos específicos, para a do desporto de alto rendimento;
>
> III – o tratamento diferenciado para o desporto profissional e o não profissional;
>
> IV – a proteção e o incentivo às manifestações desportivas de criação nacional.
>
> § 1º O Poder Judiciário só admitirá ações relativas à disciplina e às competições desportivas após esgotarem-se as instâncias da justiça desportiva, regulada em lei.
>
> § 2º A justiça desportiva terá o prazo máximo de sessenta dias, contados da instauração do processo, para proferir decisão final.
>
> § 3º O Poder Público incentivará o lazer, como forma de promoção social.

O primeiro conceito vem da divisão entre prática formal e prática informal, separando a prática lúdica e assistemática da prática organizada, conforme definido na Lei Pelé (Lei n. 9.615/98):

> Art. 1º O desporto brasileiro abrange práticas formais e não formais e obedece às normas gerais desta Lei, inspirado nos fundamentos constitucionais do Estado Democrático de Direito.
>
> § 1º A prática desportiva formal é regulada por normas nacionais e internacionais e pelas regras de prática desportiva de cada modalidade, aceitas pelas respectivas entidades nacionais de administração do desporto.
>
> § 2º A prática desportiva não formal é caracterizada pela liberdade lúdica de seus praticantes.

Note-se que a Lei Pelé focava a diferença na normatização, ou seja, na inserção daquela prática esportiva dentro de um sistema normativo desportivo, reconhecendo, inclusive, a validade das normas desportivas internacionais, do direito desportivo transnacional, comumente chamado de "*Lex Sportiva*".

E a maior parte do foco da legislação e do direito desportivo é voltado quase que exclusivamente à prática formal, sendo que a Constituição já trouxe em seu bojo que tal prática pode ser educacional e de alto rendimento. Assim, coube ao legislador ordinário conceituar tais níveis, separando-os como "manifestações esportivas":

> CAPÍTULO III
>
> DA NATUREZA E DAS FINALIDADES DO DESPORTO
>
> Art. 3º O desporto pode ser reconhecido em qualquer das seguintes manifestações:
>
> I – desporto educacional, praticado nos sistemas de ensino e em formas assistemáticas de educação, evitando-se a seletividade, a hipercompetitividade de seus praticantes, com a finalidade de alcançar o desenvolvimento integral do indivíduo e a sua formação para o exercício da cidadania e a prática do lazer;
>
> II – desporto de participação, de modo voluntário, compreendendo as modalidades desportivas praticadas com a finalidade de contribuir para a integração dos praticantes na plenitude da vida social, na promoção da saúde e educação e na preservação do meio ambiente;
>
> III – desporto de rendimento, praticado segundo normas gerais desta Lei e regras de prática desportiva, nacionais e internacionais, com a finalidade de obter resultados e integrar pessoas e comunidades do País e estas com as de outras nações.
>
> IV – desporto de formação, caracterizado pelo fomento e aquisição inicial dos conhecimentos desportivos que garantam competência técnica na intervenção desportiva, com o objetivo de promover o aperfeiçoamento qualitativo e quantitativo da prática desportiva em termos recreativos, competitivos ou de alta competição. (Incluído pela Lei n. 13.155, de 2015)

> § 1º O desporto de rendimento pode ser organizado e praticado: *(Renumerado do parágrafo único pela Lei n. 13.155, de 2015)*
>
> I – de modo profissional, caracterizado pela remuneração pactuada em contrato formal de trabalho entre o atleta e a entidade de prática desportiva;
>
> II – de modo não profissional, identificado pela liberdade de prática e pela inexistência de contrato de trabalho, sendo permitido o recebimento de incentivos materiais e de patrocínio. *(Redação dada pela Lei n. 9.981, de 2000)*

Assim, o legislador acrescentou às manifestações Educacional e de Rendimento, previstas na Constituição, o Desporto de Participação e o Desporto de Formação.

Essa separação tem como escopo principal dar maior efetividade a políticas públicas ou à organização da prática desportiva, uma vez que cada uma terá um objetivo diferente.

Desporto Educacional, tradicionalmente, se refere à iniciação ou aprendizado do esporte ou através do esporte. Por tal razão, ele pode estar inserido dentro da prática formal ou informal. As atividades praticadas no âmbito das aulas de educação física ou em escolinhas de esporte, majoritariamente ocorrem de maneira informal e lúdica, ao passo que competições de categorias de base e jogos escolares, principalmente abaixo de 13 anos, estarão inseridos na prática formal, sujeito a regras e normas.

O mesmo pode ser dito do Desporto de Participação, o qual, muito embora seja majoritariamente informal, pode ser inserido em sistemas desportivos, principalmente em competições festivas que englobam atletas e cidadãos comuns, tais como as corridas de rua.

Já o Desporto de Alto Rendimento e o Desporto de Formação pressupõe a prática formal. Os atletas que buscam o melhor resultado, através do alto rendimento, estão sujeitos às regras das respectivas modalidades, disputando competições organizadas por entidades desportivas nacionais e internacionais.

O Desporto de Formação foi criado, exatamente, para proteger a formação esportiva, com vistas às categorias de base de futebol principalmente, garantindo tanto a normatização da destinação de recursos públicos, como também, a legitimação da proteção dos clubes formadores no âmbito do Futebol.

Mesmo com o advento da Lei Geral do Esporte, ainda temos os mandamentos constitucionais, da mesma forma que não houve alteração, por exemplo, da Lei de Incentivo do Esporte (Lei n. 11.438/2006) a qual ainda exige, em seu art. 2º, que os projetos apresentados sejam separados por suas respectivas manifestações, ou seja, como educacional, participação ou rendimento.

Por fim, Carta Magna determina de forma categórica que o desporto de alto rendimento pode ser praticado de forma Profissional e Não Profissional, impondo que haja um tratamento diferenciado neste caso (princípio da diferenciação).

Muito importante separar a noção dos conceitos de desporto não formal da prática não profissional, sendo que esta visa sempre a melhora do desempenho esportivo, não sendo mera atividade lúdica. Muitos atletas olímpicos que praticam sua modalidade de forma não profissional, tem rotina de treinos e restrições maiores que atletas formalmente profissionais.

Ainda sob a égide da Lei Pelé, temos o foco dessa diferenciação na existência de relação de emprego entre o atleta e uma entidade de prática desportiva, considerando profissional a modalidade ou competição praticada por atletas profissionais:

> Art. 26. Atletas e entidades de prática desportiva são livres para organizar a atividade profissional, qualquer que seja sua modalidade, respeitados os termos desta Lei.
>
> Parágrafo único. Considera-se competição profissional para os efeitos desta Lei aquela promovida para obter renda e disputada por atletas profissionais cuja remuneração decorra de contrato de trabalho desportivo. *(Incluído pela Lei n. 10.672, de 2003)*

Portanto, o foco principal é o estabelecimento de uma profissão, ou seja, de uma atividade sujeita a legislação trabalhista, lembrando que a maior parte dessa regulamentação destina-se aos contratos do futebol, modalidade em que, mesmo atletas que ganham um salário-mínimo, necessitam do registro do contrato para atuar, ao passo que "atletas não profissionais" de outras modalidades, por vezes, recebem bolsas, patrocínios, e outros pagamentos muito superiores e não eram considerados profissionais.

Interessante, neste tocante, rememorar a ideia de Álvaro de Melo Filho, à época da promulgação da lei, ao comentar as disposições sobre a Prática profissional:

> "O título deste capítulo recoloca a temática em seu verdadeiro lugar, pois antes de se cogitar do desporto profissional ou da modalidade profissional, na verdade o que há é uma prática profissional independentemente da tipologia da modalidade desportiva. Dizia Hemingway que 'quando um desporto é suficientemente atrativo para induzir as pessoas a pagar para vê-lo, tem-se o germe do *profissionalismo*'. Por sinal, este capítulo, tendo em mira a regulamentação das atividades do *exercício profissional* dos atletas, concretiza a recomendação de Deveali de que *'es imprescritible conciliar el derecho del trabajo actual com las modalidades del ejercicio del deporte como profesión'*, até porque, na célebre fórmula de F. Battaglia, "não há trabalho que não se possa rebaixar a jogo, nem jogo que não possa elevar-se a trabalho."(3)

---

(3) MELO FILHO, Alvaro. *Novo regime jurídico do desporto:* comentários à Lei n. 9.615 e suas alterações. Brasília: Ed. Brasília Jurídica, 2001

Aqui é importante destacar o fato de que, na época da promulgação da Lei, pensava-se em prática profissional somente no futebol, havendo uma resistência injustificada em relação ao incentivo público para atletas profissionais, ao passo ser praticamente consenso na doutrina à época, sobre a necessidade de se encarar o profissionalismo quando o desporto passa a ser meio de vida para o atleta, independentemente da modalidade.

Não por acaso, a própria Lei Pelé, no ano de 2011, ganhou o art. 28-A, o qual criava a existência do atleta profissional autônomo, ou seja, sem vínculo de emprego:

> Art. 28-A. Caracteriza-se como autônomo o atleta maior de 16 (dezesseis) anos que não mantém relação empregatícia com entidade de prática desportiva, auferindo rendimentos por conta e por meio de contrato de natureza civil. *(Incluído pela Lei n. 12.395, de 2011)*
>
> § 1º O vínculo desportivo do atleta autônomo com a entidade de prática desportiva resulta de inscrição para participar de competição e não implica reconhecimento de relação empregatícia. *(Incluído pela Lei n. 12.395, de 2011)*
>
> § 2º A filiação ou a vinculação de atleta autônomo a entidade de administração ou a sua integração a delegações brasileiras partícipes de competições internacionais não caracteriza vínculo empregatício. *(Incluído pela Lei n. 12.395, de 2011)*
>
> § 3º O disposto neste artigo não se aplica às modalidades desportivas coletivas. *(Incluído pela Lei n. 12.395, de 2011)*

Toda a discussão sobre o profissionalismo acabou sendo sobrestada, com o advento da Lei de Incentivo ao Esporte (Lei n. 11.438/2006), que no § 2º do art. 2º, literalmente proibia a utilização de recursos para o pagamento de atletas profissionais, fazendo com que atletas olímpicos que recebiam vultosas bolsas, bolsa atleta ou patrocínios, voltassem a se declarar como não profissionais.

Portanto, esse era o panorama da legislação brasileira antes do advento da Lei Geral do Esporte, quando o esporte olímpico ainda era muito dependente de verbas públicas, mas com atletas de elite bem remunerados sendo considerados como não profissionais, como forma a não inviabilizar projetos esportivos.

Por fim, mas não menos importante, há uma classificação doutrinária relativamente aos níveis de formação esportiva dos indivíduos, com base em uma interpretação sistemática das normas atinentes à proteção do Clube Formador na Lei Pelé, e do Estatuto da Criança e do adolescente, uma vez que o legislador original da Lei Pelé entendia a formação esportiva como forma de formação profissionalizante.

Neste sentido, temos que o indivíduo que pratica o desporto formal até 14 anos incompletos será considerado educando e não atleta em formação. A partir dos 14 anos, até a assinatura de contrato de trabalho, temos o atleta em formação, e a partir da assinatura do primeiro contrato especial de trabalho desportivo, que pode ocorrer a partir dos 16 anos, passaríamos a ter um atleta profissional.

Note-se que tal sistemática, como as demais, espelha a realidade do futebol no Brasil, de forma a impedir que pessoas menores de 14 anos tenham restrições em sua liberdade de mudar de clube, o que acabou por gerar algumas distorções por parte do poder público, que em algumas situações, queria proibir clubes de futebol de manterem categorias de base inferiores a 14 anos.

Como se verá adiante, a nova Lei Geral do Esporte — LGE tentou mudar algumas dessas situações.

3. Níveis de prática desportiva na Lei Geral do Esporte

A Lei n. 14.597/2023 — Lei Geral do Esporte — LGE — foi criada com a intenção de consolidar em um único código, várias leis, incluindo a Lei Pelé. Contudo, referida norma sofreu inúmeros vetos quando de sua promulgação, mantendo-se, inclusive, a vigência da Lei Pelé, até para não deixar uma série de matérias sem regulamentação.

Portanto, as normas mencionadas no capítulo anterior, a exceção das disposições sobre os atletas profissionais — matéria que não sofreu veto — estão vigentes.

A primeira classificação que encontramos na nova lei trata da definição de esporte e seus objetivos:

> Art. 1º É instituída a Lei Geral do Esporte, que dispõe sobre o Sistema Nacional do Esporte (Sinesp) e o Sistema Nacional de Informações e Indicadores Esportivos (SNIIE), a ordem econômica esportiva, a integridade esportiva e o Plano Nacional pela Cultura de Paz no Esporte.
>
> § 1º Entende-se por esporte toda forma de atividade predominantemente física que, de modo informal ou organizado, tenha por objetivo a prática de atividades recreativas, a promoção da saúde, o alto rendimento esportivo ou o entretenimento.

Somente deste primeiro artigo podemos ver que o legislador separa o esporte em Organizado ou Informal, diferentemente da legislação anterior que tratava como formal e não formal.

Da mesma forma podemos vislumbrar os objetivos da prática esportiva divididos em "prática de atividades recreativas, a promoção da saúde, o alto rendimento esportivo ou o entretenimento."

A maior inovação da Lei, no entanto, é mudar a sistemática de manifestações esportivas para o termo "níveis de prática desportiva" a partir da Seção VI:

> Art. 4º A prática esportiva é dividida em 3 (três) níveis distintos, mas integrados, e sem relação de hierarquia entre si, que compreendem:
>
> I – a formação esportiva;

II – a excelência esportiva;

III – o esporte para toda a vida.

Vê-se aqui a primeira opção do legislador em fugir de classificações doutrinárias ou meramente jurídicas, para tentar refletir como o desporto se desenvolve na sociedade, e a partir dai regulamentar suas consequências jurídicas.

Já podemos perceber a mudança na definição quando falamos da Formação Esportiva:

Subseção II

Da Formação Esportiva

Art. 5º A formação esportiva visa ao acesso à prática esportiva por meio de ações planejadas, inclusivas, educativas, culturais e lúdicas para crianças e adolescentes, desde os primeiros anos de idade, direcionada ao desenvolvimento integral, e compreende os seguintes serviços:

I – vivência esportiva, com vistas à aproximação a uma base ampla e variada de movimentos, atitudes e conhecimentos relacionados ao esporte, por meio de práticas corporais inclusivas e lúdicas;

II – fundamentação esportiva, com vistas a ampliar e a aprofundar o conhecimento e a cultura esportiva, tendo por objetivo o autocontrole da conduta humana e a autodeterminação dos sujeitos, bem como a construção de bases amplas e sistemáticas de elementos constitutivos de todo e qualquer esporte;

III – aprendizagem da prática esportiva, com vistas à oferta sistemática de múltiplas práticas corporais esportivas para as aprendizagens básicas de diferentes modalidades esportivas, por meio de conhecimentos científicos, habilidades, técnicas, táticas e regras.

§ 1º A formação esportiva também compreende a possibilidade de participação de crianças e adolescentes em competições esportivas enquanto parte de seu aprendizado, sendo permitido o estabelecimento de vínculo de natureza meramente esportiva entre o menor de 12 (doze) anos e a organização esportiva.

§ 2º O menor, de 12 (doze) a 14 (quatorze) anos, não poderá ser alojado nas dependências do clube, ficando vedada a sua residência em domicílio estranho ao de seus familiares.

§ 3º O menor, de 12 (doze) a 14 (quatorze) anos, está sujeito ao pátrio poder e à decisão exclusiva de seus familiares, condicionada sua participação em competições à expressa autorização dos pais ou responsáveis e sua efetiva presença durante a participação do menor na competição.

Aqui temos um primeiro avanço ao reconhecer que o processo de formação esportiva não pode, de forma alguma, se vincular a possibilidade ou não de se assinar um contrato, como se via na legislação anterior, mas sim como instrumento não só de formação de atletas, mas sim de formação de pessoas melhores e mais saudáveis.

Cada modalidade esportiva tem um tempo e forma de desenvolvimento e formação, sendo consenso que as habilidades motoras e de coordenação são desenvolvidas até os 10 anos de idade, período em que uma boa formação, aliada aos aspectos lúdicos da prática desportiva é fundamental.

Portanto, é salutar enxergar o desporto educacional, protegido na Constituição de 1988, como engrenagem da formação esportiva e não modalidade separada, com destaque para o contido no § 1º supra mencionado, que coloca as competições nesta fase como algo menos importante, mas possível.

Por outro lado, nos parece que as restrições relativamente a alojamento de categorias de base ou vínculo esportivo buscam atingir somente a realidade de alguns clubes de futebol, e não o desporto como um todo.

Afinal de contas, crianças de todas as idades querem participar de competições, e para isso, em nosso sistema desportivo, essa participação estará ligada a alguma entidade de prática até para fins de registro e participação na competição.

Da mesma forma, fica evidente que a proibição de se alojar atletas menores de 14 anos, tem relação direta com a ineficiência do Estado em fiscalizar os clubes pelo país. Isso por que a realidade de muitos meninos e meninas que buscam um clube é absolutamente precária, sendo que o alojamento dos clubes, por vezes, é infinitamente melhor que as condições originais.

Apesar de ser uma prática antiga, e não regulada no Brasil, não há registro de eventual nocividade de internatos ou escolas em que a criança mora na escola e vê os pais nas férias.

Na prática, os alojamentos clandestinos continuarão a existir, dada a ineficiência na sua fiscalização por parte do Poder Público, mas os clubes sérios e estruturados não poderão acolher possíveis talentos desde tenra idade, mesmo que isso significasse para a criança uma melhora significativa em sua qualidade de vida.

Já o alto rendimento foi substituído pelo Termo Excelência Esportiva:

> Subseção III
>
> Da Excelência Esportiva
>
> Art. 6º A excelência esportiva abrange o treinamento sistemático direcionado à formação de atletas na busca do alto rendimento de diferentes modalidades esportivas, e compreende os seguintes serviços:
>
> I – especialização esportiva, direcionada ao treinamento sistematizado em modalidades específicas, buscando a consolidação do potencial dos atletas em formação, com vistas a propiciar a transição para outros serviços;

II – aperfeiçoamento esportivo, com vistas ao treinamento sistematizado e especializado para aumentar as capacidades e habilidades de atletas em competições regionais e nacionais;

III – alto rendimento esportivo, com vistas ao treinamento especializado para alcançar e manter o desempenho máximo de atletas em competições nacionais e internacionais;

IV – transição de carreira, com a finalidade de assegurar ao atleta a conciliação da educação formal com o treinamento, para que ao final da carreira possa ter acesso a outras áreas de trabalho, inclusive esportivas.

Mais uma vez o legislador tenta manter um "pé na realidade" no momento em que permite que a Formação Esportiva se interligue com a Excelência.

Em outras palavras, Excelência Esportiva não se confunde, necessariamente com o Alto Rendimento, termo este previsto na Constituição. Mas claramente a legislação permite uma atenção melhor aos atletas que buscam os melhores resultados e o melhor desenvolvimento dentro de cada modalidade.

Digno de louvor a preocupação do legislador com a transição de carreira do atleta de Alto Rendimento, o qual, muitas vezes, não está preparado para exercer outra função ou profissão quando não tem mais condições de disputar competições em alto nível.

Já o Esporte para Toda a Vida traz para o guarda-chuva da legislação desportiva o incentivo para que cada cidadão pratique esportes:

Subseção IV

Do Esporte para Toda a Vida

Art. 7º O esporte para toda a vida consolida a aquisição de hábitos saudáveis ao longo da vida, a partir da aprendizagem esportiva, do lazer, da atividade física e do esporte competitivo para jovens e adultos, e envolve os seguintes serviços:

I – aprendizagem esportiva para todos, para dar acesso ao esporte àqueles que nunca o praticaram, inclusive às pessoas com deficiência e em processo de reabilitação física;

II – esporte de lazer, para incorporar práticas corpóreas lúdicas como mecanismo de desenvolvimento humano, bem-estar e cidadania;

III – atividade física, para sedimentar hábitos, costumes e condutas corporais regulares com repercussões benéficas na educação, na saúde e no lazer dos praticantes;

IV – esporte competitivo, para manter a prática cotidiana do esporte, ao propiciar competições por faixas etárias àqueles advindos de outros níveis;

V – esporte social, como meio de inclusão de pessoas em vulnerabilidade social, com deficiência, em regime prisional, idosas e em instituições de acolhimento para crianças e adolescentes, entre outros segmentos de demanda de atenção social especial;

VI – esporte como meio de reabilitação, habilitação e saúde, para proporcionar à pessoa a continuidade, a manutenção e a estimulação corporal para o seu bem-estar físico, psíquico e social, com atenção primária aos idosos e às pessoas com deficiência.

É notório que o investimento em programas esportivos traz benefícios incalculáveis para qualquer comunidade. O Brasil é um país em que as pessoas se reunem para a prática desportiva regular, principalmente do futebol, sendo crescente o número de praticantes de voleibol, basquete, skate, surf e musculação independentemente da idade.

É consenso, igualmente, que a atividade física regular é importante para a preservação da saúde, prevenção de doenças e garantia de qualidade de vida na terceira idade.

Portanto o reconhecimento dessa gama infinita de atividades esportivas com algo que pode, e deve, ser objeto de políticas públicas e de eventual Plano Nacional para o desporto, é fundamental para o aumento da cultura da prática esportiva.

4. Atleta militar

A novel legislação ainda reconhece a categoria do Atleta Militar. Nos últimos ciclos olímpicos, vimos um aumento do movimento de atletas vinculados às forças armadas, sendo que o legislador reconheceu a existência de um "Subsistema Nacional do Esporte Militar":

> Subseção V
>
> Do Subsistema Nacional do Esporte Militar
>
> Art. 32. O Subsistema Nacional do Esporte Militar (Snem) congrega as ações, os programas e os projetos do Ministério da Defesa e das Forças Armadas e será coordenado pela Comissão Desportiva Militar do Brasil, pelas Comissões de Desportos do Exército, da Marinha e da Aeronáutica e pelas comissões ou entidades similares das Forças Auxiliares.
>
> § 1º O Snem tem por finalidade aprimorar as práticas esportivas em seus diversos níveis, no âmbito das Forças Armadas e em apoio ao esporte nacional, e promover inclusão social por meio do esporte nas organizações militares.
>
> § 2º As ações relacionadas ao esporte militar congregam o esporte nos 3 (três) níveis de prática esportiva desenvolvidos no âmbito das Forças Armadas e das Forças Auxiliares, as atividades de capacitação e educação física e, subsidiariamente, as atividades de sustentação e inclusão social por meio do esporte, conduzidas por intermédio de programas e projetos específicos, incluídos detecção e aproveitamento de novos talentos.
>
> § 3º O Ministério da Defesa deverá ser previamente consultado nas questões atinentes ao esporte militar e aos programas esportivos que incluam a participação de militares ou das Forças Armadas e das Forças Auxiliares.

A prática esportiva é algo inerente às atividades dos integrantes das forças armadas, sendo mundialmente difundidos jogos militares, sendo que o Brasil teve entre seus representantes o atleta mais ilustre e festejado de todos os tempos, o Rei Pelé[(4)].

---

(4) Disponível em: https://cmse.eb.mil.br/index.php/ultimas-noticias-categoria/743-soldado-nascimento-relembre-a-passagem-de-pele-pelo-exercito-brasileiro.

O Departamento de Desporto Militar do Ministério (DDM)[5] do Esporte coordena as ações voltadas a tal categoria, inclusive em relação à participação do país em eventos internacionais, assim como a coordenação de projetos sociais.

5. Atleta profissional na LGE

Por fim, mas não menos importante, temos que a LGE não pode fugir do princípio constitucional da diferenciação do desporto Profissional e Não profissional. Neste sentido, temos o conceito por exclusão, pois a lei trata do atleta profissional, sendo que todos aqueles atletas de alto rendimento que não sejam profissionais, serão considerados não profissionais.

Ainda cumprindo uma tradição legislativa, a conceituação do atleta profissional está inserida na seção destinada a regular as "Relações de Trabalho Desportivas", reconhecendo o atleta profissional como um trabalhador do Desporto, conforme consta da LGE:

> Art. 70. No nível da excelência esportiva, as relações econômicas que advêm da prática do esporte devem basear-se nas premissas do desenvolvimento social e econômico e no primado da proteção do trabalho, da garantia dos direitos sociais do trabalhador esportivo e da valorização da organização esportiva empregadora.
>
> Art. 71. O trabalhador da área do esporte desempenha atividades laborais permeadas por peculiaridades e especificidades, estabelecendo relações com as organizações esportivas, independentemente de sua natureza jurídica, por meio das formas previstas na legislação civil ou trabalhista.

Muito importante ter em mente que o legislador retoma a ideia original de se reconhecer o profissionalismo no esporte em decorrência da realidade e não da formalidade da existência do contrato especial de trabalho desportivo. Novamente nos socorremos de Álvaro de Melo Filho, que, mesmo sob a égide da Lei Pelé, já defendia o reconhecimento como profissionais, daqueles atletas que viviam para o desporto:

> "O adjetivo *profissional* refere-se a algo pertinente a uma profissão, significa a pessoa que faz alguma coisa por profissão. No Brasil, excetuando-se o atleta de futebol (Lei n. 6.354/76), nunca se reconheceu, legalmente, a profissão de desportista, embora se saiba que este "empenha no exercício desportivo as muitas e melhores energias de sua verba produtiva (Bruno Zauli)."[6]

---

(5) Disponível em: https://www.gov.br/defesa/pt-br/assuntos/esporte/departamento-de-desporto-militar-ddm.

(6) MELO FILHO, Alvaro. *Novo regime jurídico do desporto: comentários à Lei n. 9.615 e suas alterações*. Brasilia: Ed. Brasília Jurídica, 2001.

E a grande novidade da LGE, sem dúvida é o reconhecimento expresso da possibilidade do atleta ser considerado profissional mesmo que não tenha vínculo trabalhista com entidade desportiva, uma vez que tanto nos artigos supracitados, como no parágrafo único do art. 72, reconhece-se tal possibilidade, inclusive com recebimentos com natureza civil:

> Art. 72. A profissão de atleta é reconhecida e regulada por esta Lei, sem prejuízo das disposições não colidentes contidas na legislação vigente, no respectivo contrato de trabalho ou em acordos ou convenções coletivas.
>
> Parágrafo único. Considera-se atleta profissional o praticante de esporte de alto nível que se dedica à atividade esportiva de forma remunerada e permanente e que tem nessa atividade sua principal fonte de renda por meio do trabalho, independentemente da forma como recebe sua remuneração.

O maior exemplo que temos no passado recente foi o tenista Gustavo Kuerten, dono de inúmeros títulos importantes na carreira, incluindo 3 em Roland Garros, o ex-número um do mundo era considerado por muitos como um atleta não profissional, pois não mantinha qualquer vínculo de emprego com entidades de prática desportiva.

Na realidade, a maior parte da justa remuneração recebida pelo atleta decorria de premiação e patrocínios, sendo incontroverso que sua principal atividade era de atleta, inclusive participando das competições da ATP – Associação dos Tenistas Profissional, além de ter sido autuado pela Receita Federal para o recolhimento de impostos sobre seus rendimentos(7).

Portanto, temos uma evolução significativa da legislação, abolindo a necessidade de regulamentação do "atleta profissional autônomo", sendo necessária uma adequação da Lei de Incentivo ao Esporte, para que atletas profissionais que não tenha grandes rendimentos, possam se beneficiar dos projetos incentivados.

Da mesma forma, assim como nosso querido Guga Kuerten teve que prestar contas com a Receita Federal, temos convicção que a Justiça do Trabalho continuará a reconhecer vínculos de emprego naqueles contratos de "natureza civil" que apresentem os requisitos legais da relação de emprego.

Em outras palavras, a LGE não autorizou a burla aos direitos trabalhistas dos atletas profissionais sujeitos a não eventualidade e subordinação, uma vez que a onerosidade e a pessoalidade são inerentes à figura do atleta profissional, independente de ser empregado ou não.

---

(7) Disponível em: https://valor.globo.com/legislacao/noticia/2016/10/26/gustavo-kuerten-vai-ao-carf-fazer-defesa-contra-a-receita.ghtml.

6. Níveis de prática desportiva no sistema antidopagem — WADA

Tudo que foi escrito até aqui deve ser usado com ressalvas quando o assunto é antidopagem. Para garantir a aplicação mundial das regras antidopagem, a Wada (Agência Mundial Antidopagem), ao criar o Código Mundial Antidopagem, em 2003, passou a adotar termos e classificações específicas, evitando-se que legislações locais ou confusão com termos jurídicos utilizados normalmente gerarem mais disparidade na aplicação do Código Mundo a fora.

Assim, segundo o sistema de combate a dopagem, temos atletas de nível internacional, nacional, regional, recreacionais e os protegidos. Dentre os protegidos, separamos ainda como os menores de idade e os incapazes ou relativamente incapazes.

Importante notar que não há qualquer menção quando a condição de profissional ou não profissional, ou seja, tal condição é irrelevante para a configuração das infrações e análise da pena a ser aplicada.

A boa notícia aos estudiosos do Direito Desportivo é que a legislação antidopagem conceita cada nível em seus Códigos, sendo que, para este artigo, usaremos a redação do Código Brasileiro Antidopagem – 2021 (CBA). Assim é conceituado o atleta de nível internacional. Assim, temos a definição de atleta de nível internacional:

> Atleta de nível internacional: atleta que compete em nível internacional, conforme definido por cada Federação Internacional, de acordo com o Padrão Internacional para Testes e Investigações.[8]

Aqui reside uma questão importante. Não basta o atleta participar de competições internacionais para ser considerado como internacional em um processo antidopagem. Cada Federação Internacional terá uma definição diferente para atletas internacionais.

Em um caso recente de um nadador classificado para os jogos olímpicos de Tókio, cujo nome será preservado por questões de sigilo, travou-se uma discussão intensa no CAS, sendo que a Federação Internacional de Natação (FINA)[9], se manifestou no sentido de que, por suas regras, o atleta não era de nível internacional, pois não foi testado em uma competição por ela organizada (o teste foi realizado pela ABCD fora de competição), nem estava incluído no seu Grupo Alvo de testes.

Por outro lado, outra atleta de voleibol, testada no mesmo período antes dos Jogos de Tókio pela mesma ABCD, foi considerada pela Federação Internacional de

(8) Disponível em: https://www.gov.br/abcd/pt-br/composicao/regras-antidopagem-legislacao-1/codigos/copy_of_codigos/cbad_2021_v6.pdf/ – [anexo II do CBA (p. 127)].

(9) Disponível em: https://resources.fina.org/fina/document/2023/03/24/a6cc85ff-895b-464e-84b1-465065d5b-fa4/World-Aquatics-Doping-Control-Rules.pdf.

Voleibol(10) como atleta de nível internacional, reiterando que não se mencionará dados da atleta ou do processo para preservação do sigilo processual.

Resumidamente, o atleta de nível internacional está sujeito a testes fora de competição realizados pela Federação Internacional da modalidade, poderá ser incluído no Grupo Alvo de Testes, assim como terá como instância recursal em casos de infração de dopagem a Corte Arbitral do Esporte (CAS), além de ser testado, em regra, para todas as substâncias da Lista Proibida.

Já os demais atletas estarão inseridos no programa da Agência Antidopagem de cada país, no nosso caso a ABCD, sendo que o CBA traz a seguinte definição de atleta Nacional:

> Atleta de nível nacional: atleta que compete em nível nacional, assim considerados os não classificados como atletas de nível internacional por sua Federação Internacional, os que estão incluídos no programa Bolsa Atleta do Ministério da Cidadania, os que são jogadores de futebol afiliados a clubes que competem em competições de futebol de nível nacional, os que competirem ao mais alto nível de competição nacional da respectiva modalidade ou outros eventos que determinam ou contam para determinar quem é o melhor do país na categoria ou disciplina em questão e os que devem ser selecionados para representar o Brasil em eventos internacionais ou competições [anexo II do CBA (p. 127)].(11)

Tais atletas são objeto das ações antidopagem da ABCD e das Federações Nacionais. É a nata do desporto nacional, e o principal alvo dos testes e programas, sendo testados, em geral, para todas as substâncias proibidas.

Por fim, o CBA reconhece também que há a categoria dos atletas de nível regional, ou seja, que tenham atuação mais restrita:

> Atleta de nível regional ou local: atleta que não se enquadra no conceito de atleta de nível internacional ou nacional, e em relação ao qual possibilita-se à ABCD optar por realizar testes limitados ou simplesmente nenhum teste, analisar as amostras em busca de um número menor do que a lista completa de substâncias proibidas, exigir informações de localização limitadas ou não exigir nenhuma informação ou não exigir AUTs antecipadas, cabendo-lhe, em todo caso, aplicar as consequências previstas neste Código. (12)

---

(10) Disponível em: https://www.fivb.com/-/media/2022/coorporate/fivb/legal/regulations/fivb%20medical%20and%20anti-doping%20regulations%202023_clean_website_20230705.pdf?la=en&hash=9CC9EEF6E8A5B026C4E76754ED51F825.

(11) Disponível em: https://www.gov.br/abcd/pt-br/composicao/regras-antidopagem-legislacao-1/codigos/copy_of_codigos/cbad_2021_v6.pdf/ [anexo II do CBA (p. 127)].

(12) Disponível em: https://www.gov.br/abcd/pt-br/composicao/regras-antidopagem-legislacao-1/codigos/copy_of_codigos/cbad_2021_v6.pdf/ [anexo II do CBA (p. 127)].

Conforme se pode visualizar das definições até aqui, os níveis de atleta estão mais voltados a organização dos programas antidopagem do que propriamente para a condição pessoal de cada atleta, ou ainda para eventual punição aplicada.

Tal não ocorre quando falamos dos atletas protegidos e os recreacionais:

> "Pessoa protegida: atleta ou outra pessoa física que, no momento da violação de regra antidopagem: (i) não tiver completado dezesseis anos de idade; (ii) não tiver completado dezoito anos de idade e não estiver incluído em qualquer grupo alvo de testes e jamais tiver competido em qualquer evento internacional em uma categoria aberta; ou (iii) for absoluta ou relativamente incapaz, nos termos dos arts. 3º e 4º do Código Civil."(13)

Tal definição vem em linha com a maior aplicação de conceitos de Direitos Humanos na legislação antidopagem, implicando em uma "proteção" aos atletas mais vulneráveis. Porém, os atletas protegidos não continuam imputáveis para fins de aplicação de penas e cometimento de infrações.

Terão, contudo, um tratamento diferenciado em relação à aplicação da penalidade, pois não precisam demonstrar sua não intencionalidade nem seu grau de culpabilidade. Em outras palavras, independentemente da substância encontrada na amostra do atleta ou da de eventual infração praticada, será ônus da organização antidopagem ou da Procuradoria da JAD demonstrar intencionalidade ou grau de culpa, para se aplicar penas mais pesadas.

Em outras palavras, a presunção de intenção para substâncias não especificadas como anabolizantes e hormônios, ou ainda o rigor para a prova do grau de culpa não se aplicam aos atletas protegidos.

Por fim, temos por não obrigatória a publicação da punição de tais atletas.

Fundamental entender que o sistema admite que o atleta menor de idade, entre 16 e 18 anos não será protegido quando demonstrado que já participe de competições internacionais, exatamente para se evitar de se utilizar menores de idade de grande potencial para esquemas de doping, aproveitando-se do menor rigor da norma.

A última definição a ser tratada é da figura do atleta de nível recreativo:

> Atleta recreativo: aquele não incluído na definição de atleta de nível nacional e nível regional dado pela ABCD, excluindo aquele que, no prazo de cinco anos antes da violação de regra antidopagem, tiver sido atleta de nível internacional ou nacional, tiver representado o país em evento internacional em uma categoria aberta ou tiver sido incluído

(13) Disponível em: https://www.gov.br/abcd/pt-br/composicao/regras-antidopagem-legislacao-1/codigos/copy_of_codigos/cbad_2021_v6.pdf/ [anexo II do CBA (p. 133)].

em Grupo Alvo de Testes ou em outro grupo de informações de localização mantido por uma Federação Internacional ou Organização Nacional Antidopagem.[14]

Tal definição visa atingir aquele praticante de atividade física que, por algum motivo, disputa competições de alto rendimento, se submetendo a controle de *doping*, tendo, de forma geral, os mesmos benefícios dos atletas protegidos. Há competições de triatlo, ciclismo, atletismo e fisiculturismo, por exemplo, que permitem a participação de atletas não federados previamente.

O que se vê atualmente é a proliferação de atletas não federados que competem no mais alto nível, buscando excelência esportiva, não raro, com o uso de substâncias proibidas. Caso emblemático, ainda em tramitação perante a Justiça Desportiva Antidopagem, foi da Ciclista Fernanda Martello, que, mesmo sem ser Federada à CBC, ganhou uma tradicional prova de ciclismo, a frente das melhores colocadas no *Ranking* Nacional da Modalidade[15].

Tal situação tende a aumentar no Brasil, exatamente pela quantidade de provas e competições não incluídas em calendários oficiais, ou ainda, com participação mista, não sendo tão raro situações como as descritas em que atletas não federados tem desempenho muito superior aos federados.

Mas todos esses atletas têm em comum a alegação perante a ABCD e a Justiça Desportiva Antidopagem, de serem recreacionais, sujeitando-se às regras mais brandas, sobretudo para que não haja publicidade da aplicação da pena.

Por tal motivo que se deve ter muito cuidado em se interpretar tais casos, para que não se tenha injustiças e decisões discrepantes. O atleta que compete no mais alto nível, a ponto de rivalizar ou até ganhar de atletas federados, não pode ser considerado recreacional por se avaliar somente a formalidade de estar ou não federado.

Mais grave ainda é a profusão de competições "recreativas"[16] ou realizada à margem do sistema federativo, nas quais o incentivo ao uso de substâncias proibidas é escancarado, colocando em risco a saúde e a segurança dos praticantes de tais modalidades.

Sobretudo no Brasil e, que tanto a Lei Pelé, como a nova LGE, esta em seu art. 175, compete privativamente à ABCD — Autoridade Brasileira de Controle de Dopagem a adoção de políticas na área, independentemente do tipo de competição ou de atleta.

---

(14) Disponível em: https://www.gov.br/abcd/pt-br/composicao/regras-antidopagem-legislacao-1/codigos/copy_of_codigos/cbad_2021_v6.pdf/ [anexo II do CBA (p. 127-128)].

(15) Disponível em: https://bikeaospedacos.com.br/2022/09/26/fernanda-maceira-campea-letape-brasil-nao-sobe-podio/.

(16) Disponível em: https://www1.folha.uol.com.br/esporte/2019/04/confederacao-associa-evento-de-schwarzenegger-a-doping-e-anabolizantes.shtml.

Portanto, fundamental tanto para os advogados de defesa, mas principalmente para os aplicadores da legislação antidopagem, que entendam que a busca da excelência é forma de alto rendimento e incompatível com a definição de recreacional.

Da mesma forma ser fundamental que o estudioso do Direito Desportivo consiga entender e interpretar de forma sistemática os níveis de prática das Regras antidopagem.

7. Conclusão

A especificidade ou a especialidade do desporto é o fundamento principal da *Lex Sportiva,* sendo fundamental para que os operadores de Direito Desportivo não só estudem e entendam as normas e níveis de prática, lembrando que cada modalidade pode ter suas regras, tal como ocorre com o sistema da antidopagem.

Portanto, aplicar as regras de acordo com o sistema é fundamental para proteger a integridade do desporto, as regras e, ao final, seja no campo, na quadra ou nos tribunais, que se tenha sempre resultados justos.

Os Planos Coletivos no Âmbito da Câmara Nacional de Resolução de Disputas (CNRD) — Uma Análise da Portaria n. 013/2023 e os Planos Coletivos Vigentes

Desirée Emmanuelle Gomes dos Santos[1]

Introdução

Este artigo tem por finalidade uma análise da Câmara Nacional de Resolução de Disputas (CNRD), que está ligada à Confederação Brasileira de Futebol (CBF).

Uma análise direcionada aos Planos Coletivos, que embora tenham sua fundamentação no art. 42, § 6º-A, do Regulamento da CNRD, recentemente ganhou um novo capítulo, com a apresentação da Portaria CNRD n. 013/2023 que, dispõe sobre a dinâmica de apresentação e processamento dos planos de parcelamento.

Resguardando a confidencialidade que deve ser respeitada nos processos que compõe a Câmara, houve uma análise de como tem caminhado os parcelamentos instituídos dentro da especializada, após a apresentação dos regramentos a serem seguidos.

Em que pese termos situações jurídicas parecidas, tais como as execuções concentradas, previstas na Lei n. 14.193, de 2021, a efetividade direta das ações tomadas por um órgão interno da CBF, traz o diferencial que os credores buscam para a garantia dos pagamentos, de forma integral.

A CNRD, por meio do sistema associativo, encontra o respaldo necessário para a aplicação das sanções diretas aos clubes, ou aos seus jurisdicionados, demonstrando a especificidade e necessária existência da especializada.

---

(1) Advogada. Graduada em Direito na Universidade de Franca. Especialista em Direito Desportivo pelo *Instituto Iberoamericano de Derecho Deportivo*. Membro da Comissão Estadual de Direito Desportivo da Ordem dos Advogados do Brasil. Auditora em diversos tribunais desportivos do país.

A Câmara Nacional de Resolução de Disputas — CNRD

A Câmara Nacional de Resolução de Disputas (CNRD), é vinculada à Confederação Brasileira de Futebol (CBF), criada em 2015 que, busca solucionar os conflitos existentes nas relações do futebol brasileiro, aplicando os estatutos, regulamentos nacionais, advindos da CBF, e os internacionais, da FIFA.

Possui natureza de ente despersonalizado, composta por 12 (doze) membros, com presidente e vice-presidente, formando o colegiado de 10 (dez) membros, com mandato de 02 (dois) anos, permitindo duas reconduções de igual período cada. Os membros são divididos entre as divisões estabelecidas pelo Estatuto bem como pelo Regimento Interno, sendo competência do Presidente a determinação dos membros que comporão cada uma. Ainda contam com o órgão auxiliar, a Secretaria.

Considerando que as matérias advindas dos conflitos no futebol, possuem diversas vertentes, quando da sua instituição, dividiu-se suas frentes em: divisão sobre Intermediários; Divisão Trabalhista; Divisão Comercial e Divisão sobre Regulação.

A primeira busca dirimir os conflitos que envolvem os intermediários no mercado de trabalho, aplicando o que demanda a legislação específica da profissão, garantido que o negociado e dentro do que estabelece as regras, seja cumprido.

Já a divisão trabalhista traz como foco as relações de trabalho no meio do futebol. Quando da constituição da CNRD, talvez esta tenha sido a principal problemática, considerando que em sua maioria, as relações de trabalho são discutidas no âmbito da justiça do trabalho. Pontua-se que o próprio regulamento da CNRD prevê que o ajuizamento de ações nos Tribunais do Trabalho não prejudica os direitos adquiridos.

Como objeto de discussões acerca da competência, abriu-se entendimentos divergentes na análise da competência da matéria, há julgados em ambos os sentidos, garantindo o direito de seguir pela Justiça do Trabalho e, também de direcionamento à CNRD para seguimento dos autos.

A divisão comercial cuidará dos casos de disputas entre clubes.

A divisão sobre regulação que busca a solução dos casos, entre clubes e federações, de qualquer natureza, não interferindo naquilo que compete à Justiça Desportiva; regularidade dos registros e transferências; bem como, os descumprimentos das decisões da CNRD, CBMA e CAS.

Em que pese, ao primeiro momento a Câmara ter sido comparada à arbitragem e possuir como grau de recurso o Centro Brasileiro de Mediação e Arbitragem (CBMA), há alguns requisitos que não são observados quando da composição de um julgamento e, sendo assim, iniciou-se discussões sobre a sua equiparação à arbitragem, ou uma nova possibilidade de resolução de disputas, sendo esta última, em muitas análises, a mais predominante.

A CNRD encontra respaldo no sistema associativo, que visa garantir a aplicação dos regulamentos da entidade de administração do desporto.(2)

Quando em observância do que pressupõe o sistema associativo, o pacote de regramento instituído para a segurança das competições esportivas na modalidade futebol, será atribuído aos signatários, que por vontade própria se filiaram, conforme bem esclarece o Dr. Rafael Terreiro Fachada:

> "Quando tratamos da organização do sistema esportivo, pudemos explorar a distribuição de poder por ele. A FIFA não pode impor às associações nacionais ou às confederações continentais que a reconheçam como instituição organizadora do sistema mundial. O reconhecimento da FIFA ocorre por vontade das entidades que buscam a ela se filiar ou por ela serem também reconhecidas. O mesmo ocorre quando olhamos para a relação entre a CBF e as federações a ela filiadas. Nesse contexto, nenhuma das entidades mencionadas pode impor a observância da CNRD àqueles que não integram o sistema, mas podem colher a concordância aos seus Estatutos e regulamentos para permitir o ingresso no futebol associado — entre as regras previstas, está o respeito ao sistema jurisdicional do futebol, que inclui a CNRD."(3)

Considerando tal fato, aderem, por força dos Estatutos, à CNRD, para dirimir seus conflitos, apontando os dizeres de Alice Maria Salvatore Barbin Laurindo, em Elas Escrevem sobre Direito Desportivo:

> "Isso é, ao se registrar ou ao se filiar à referida entidade de administração do desporto, os partícipes da jurisdição desportiva concordam com suas normas internas, notadamente com seus regulamentos. Por consequência, também aceitam que eventual inobservância às referidas disposições sejam analisadas por órgãos judicantes associativos, como a CNRD."(4)

---

(2) BARRACCO, Roberto de Palma. *Contribuição para a Sistematização do Processo Desportivo:* Fundamentos da Jurisdição Esportiva. Dissertação de Mestrado, Programa de Pós-Graduação em Direito Processual Civil. São Paulo: Faculdade de Direito da Universidade de São Paulo, 2018. p. 228.

(3) FACHADA, Rafael Terreiro. *O exercício da tutela arbitral pela Câmara Nacional de Resolução de Disputas no Futebol Associado.* Dissertação de Doutorado, Programa de Doutorado em Direito. São Paulo: Pontifícia Universidade Católica de São Paulo, 2023. p. 43.

(4) LAURINDO, Alice Maria Salvatore Barbin. *Considerações acerca da Competência da Câmara Nacional de Resolução de Disputas Diante de Cláusulas Compromissórias não Excludentes.* Elas Escrevem sobre Direito Desportivo. Londrina/PR: Editora Thoth, 2023. p. 23

Dessa maneira, pode-se dizer que, os entes filiados ao sistema associativo do futebol, o fazem por autonomia, conforme assegura o art. 217, da CF[(5)], respeitando as normas criadas e estabelecidas pela FIFA, pela CONMEBOL, pela CBF.

Da competência

Como anteriormente mencionado, a CNRD busca solucionar, através de julgamentos, os conflitos e/ou disputas no âmbito do futebol, considerando para isto, a análise de todos os regulamentos da CBF.

Sua competência está em todo território nacional, sendo destinada às federações; as ligas de futebol vinculadas à CBF; os clubes; os atletas sendo eles profissionais ou não, ainda que registrados além das fronteiras do Brasil; aos intermediários devidamente registrados; os treinadores e todos aqueles que compõe a comissão técnica.

Entre as suas competências e atribuições, pode-se ressaltar que devem editar enunciados com efeitos vinculantes a respeito das questões de sua competência, ressalvando que não podem ser conflitantes com os regulamentos e normas da CBF; realizar instrução processual, buscando os esclarecimentos dos fatos, através de pessoas naturais ou, ainda, pessoas jurídicas filiadas à CBF; elaborar e dar vigência ao regimento interno; elaborar as custas que serão aplicadas nos autos, para os atos a serem praticados; conceder medidas de urgência; emitir instruções normativas; e, decidir sobre os casos omissos dos regramentos do futebol brasileiro.

Não se limitando somente as atribuições internas, sua competência vai além, dirimindo litígios entre clubes e atletas, envolvendo vínculo esportivo, ou ainda de natureza laboral, este último deve ser de interesse de ambas as partes que sejam avaliados pela CNRD.

Ainda, busca analisar os casos envolvendo a compensação por formação ou mecanismo de solidariedade nacional, ou mesmo o da FIFA[(6)], conflitos entre intermediários de forma personalíssima, ou aqueles entre os clubes.

---

(5) Art. 217. É dever do Estado fomentar práticas desportivas formais e não formais, como direito de cada um, observados: I – a autonomia das entidades desportivas dirigentes e associações, quanto a sua organização e funcionamento; II – a destinação de recursos públicos para a promoção prioritária do desporto educacional e, em casos específicos, para a do desporto de alto rendimento; III – o tratamento diferenciado para o desporto profissional e o não profissional; IV – a proteção e o incentivo às manifestações desportivas de criação nacional. § 1º O Poder Judiciário só admitirá ações relativas à disciplina e às competições desportivas após esgotarem-se as instâncias da justiça desportiva, regulada em lei. § 2º A justiça desportiva terá o prazo máximo de sessenta dias, contados da instauração do processo, para proferir decisão final. § 3º O Poder Público incentivará o lazer, como forma de promoção social. Disponível em: https://www.planalto.gov.br/ccivil_03/constituicao/constituicao.htm. Acesso em: 25 jan. 2024.

(6) "O mecanismo de solidariedade é uma espécie de compensação por formação, isto é, uma forma de recompensar os clubes que formaram o atleta pelos investimentos realizados com a sua profissionalização. Disponível em: https://leiemcampo.com.br/aspectos-do-mecanismo-de-solidariedade-pela-otica-da-fifa-e-da-lei-geral-do-esporte. Acesso em: 26 jan. 2024.

Entre as inúmeras competências, previstas no Regulamento específico, compete à análise dos descumprimentos das decisões emitidas pela própria, pelo CBMA em fase recursal, ou as decisões emitidas pelo CAS.

Das decisões

Quando das decisões da CNRD, é certo que elas devem ser através de maioria simples de votos, devendo ser fundamentadas e escritas, em até 30 (trinta) dias corridos, do fim da fase probatória.

Aqueles com competência para ajuizar procedimentos na CNRD podem requerer tutela de urgência, que deverá ser apreciada, junto do recolhimento das custas(7). A decisão de urgência pode ser dada pelo Presidente, antes mesmo de determinar relator para o caso, não deixando de oportunizar a ampla defesa, oportunizando à parte contrária a sua manifestação, em prazo exíguo. Esta decisão é irrecorrível.

As decisões emitidas pelas CNRD podem ser objeto de recurso ao Centro Brasileiro de Mediação e Arbitragem (CBMA), contando como parte, de forma obrigatória, a CBF, como recorrida(8).

Em que pese existirem divisões internamente, conforme a matéria a ser julgada, estas não possuem caráter de duplo grau de jurisdição, não podendo utilizar-se de outra divisão, como segunda instância. Ou seja, um processo julgado na divisão trabalhista, não se pode recorrer à Divisão Comercial, por exemplo.

Da efetividade das sanções

As decisões emitidas pela CNRD, podem conter sanções que, poderão ser cumulativas ou não, destinadas a qualquer pessoa.

Poderão ser, entre elas, compostas por advertência, multa a ser revertida à CBF, multa revertida à parte interessada, fixação de prazo para obrigações financeiras, multa por litigância de má fé.

Ainda, pode-se identificar bloqueios de repasses e/ou devolução de premiações, proibição de registrar novos atletas por períodos completos, perda do Certificado de Clube Formador, enquanto intermediários perda da possibilidade de registro de novos contratos, suspensão do registro e, consequente, proibição da atividade.

---

(7) Disponível em: https://conteudo.cbf.com.br/cdn/202209/20220923095301_131.pdf. Acesso em: 26 jan. 2024.

(8) Conforme o art. 36 do Regulamento da CNRD: *"Os recursos das decisões finais da CNRD devem ser interpostos no Centro Brasileiro de Mediação e Arbitragem (CBMA), instituição arbitral independente e imparcial, sediada na cidade do Rio de Janeiro, e serão processados na forma do Regulamento de Arbitragem Esportiva do CBMA, observados este Regulamento e a legislação aplicável".*

Importante mencionar que em casos de descumprimento das decisões transitadas em julgado, a competência é da CNRD em aplicar qualquer eventual sanção. É considerada, inicialmente, descumprida as decisões que não são voluntariamente iniciadas em até 10 (dez) dias corridos da intimação. Podendo o referido procedimento de descumprimento ser iniciado de ofício, ou a requerimento da parte.

Planos coletivos e a Portaria n. 013/2023

Quando se olha a efetividade das decisões emitidas por qualquer órgão judicial no âmbito do futebol, em sua maioria, se esbarra na ausência de pagamentos, considerando, especialmente, as imensas dívidas as quais os clubes brasileiros se encontram.

Desse modo, visualiza-se a situação de ter o direito adquirido, transitado em julgado, porém, sem a concretização do objetivo final, sendo o recebimento dos valores devidos.

Para alguns casos, a exemplo, na Justiça do Trabalho, com o intuito da solução da falta de pagamento, vislumbraram a constituição das execuções concentradas, que buscam reunir todas as dívidas direcionadas ao mesmo CNPJ e pagá-las em ordem de preferência, ou conforme as decisões dos magistrados, após análise do caso.

As execuções concentradas encontram respaldo na Lei n. 14.193, de 2021.(9)

Quando se fala das decisões em âmbito da CNRD que, também consta de divisões trabalhistas, buscou-se a solução e concentração das obrigações financeiras por meio dos Planos Coletivos, que garantem, com base no regulamento da própria Câmara, a possibilidade de parcelamento dos débitos.

Em que pese a finalidade seja parecida, as execuções concentradas não limitam as atuações dos clubes, tais como ocorrem, eventualmente nos planos coletivos. Estes, quando do não cumprimento, podem, entre outras sanções, impossibilitar o registro de novos atletas, o que afeta diretamente a gestão do clube, até o efetivo cumprimento dos pagamentos, na forma que foram apresentados.

Os Planos Coletivos foram instituídos por meio da Portaria CNRD n. 013/2023, em 11 de julho de 2023, que dispõe sobre o regramento a ser considerado. Visualizou-se a necessidade da Portaria e regulamentação complementar após o recebimento e necessidade de continuidade de 08 planos apresentados.

---

(9) Art. 15. O Poder Judiciário disciplinará o Regime Centralizado de Execuções, por meio de ato próprio dos seus tribunais, e conferirá o prazo de 6 (seis) anos para pagamento dos credores. § 1º Na ausência da regulamentação prevista no *caput* deste artigo, competirá ao Tribunal Superior respectivo suprir a omissão. § 2º Se o clube ou pessoa jurídica original comprovar a adimplência de ao menos 60% (sessenta por cento) do seu passivo original ao final do prazo previsto no *caput* deste artigo, será permitida a prorrogação do Regime Centralizado de Execuções por mais 4 (quatro) anos, período em que o percentual a que se refere o inciso I do *caput* do art. 10 desta Lei poderá, a pedido do interessado, ser reduzido pelo juízo centralizador das execuções a 15% (quinze por cento) das suas receitas correntes mensais. Disponível em: https://legis.senado.leg.br/norma/34657133/publicacao/34657345. Acesso em: 25 jan. 2024.

É importante mencionar que, antes da efetivação do parcelamento, os credores devem ter seu direito de se manifestar a respeito.

Os planos coletivos são analisados em autos apartados, de modo que, os processos originários que, entrarão no plano de parcelamento são suspensos, até o efetivo cumprimento e, serão processados na Divisão de Regulação.

Na instauração do procedimento, o devedor, aquele que tem por obrigação cumprir as decisões estabelecidas pela CNRD, tem de expor os motivos pelos quais deverão ser reunidas as dívidas, bem como a forma que se dará o efetivo pagamento, indicando os processos que serão abarcados pelo Plano Coletivo apresentado. Os valores devem ser atualizados, considerando a forma definida em sentença ou acordo realizado, incluindo os honorários advocatícios.

Em eventual discordância dos cálculos apresentados pelo devedor, o credor deve apresentar pontualmente os valores que entende serem pagos e, persistindo, o painel julgador do processo individual, ou seja, o originário, decidirá o valor a ser pago.

Quando apresentados os motivos pelos quais deve ser instituído o Plano Coletivo, o devedor apresentará a forma como serão pagos os devedores envolvidos na reunião dos processos e, para isto, pode considerar como forma de pagamentos, os independentes ou lista de prioridades[10].

Dos casos de planos coletivos

É de conhecimento público que, atualmente encontram-se 08 (oito) Planos Coletivos ativos, na CNRD, de 07 (sete) clubes brasileiros diferentes.

Em respeito à confidencialidade estabelecida no art. 38, do Regulamento da CNRD[11], não será mencionado o que prevê cada um pormenorizado.

Ainda que não mencionado, interessante pontuar que os Planos Coletivos apresentados pelos devedores, não seguem efetivamente uma regra, conforme a própria Portaria n. 13/2023 traz, de modo que, cada um deles, existirá de maneira ímpar.

Como exemplo, um dos processos ativos na CNRD, o devedor se encontra em recuperação judicial e, para tanto, deve ser tratado de forma individualizada, para que

---

(10) "Pagamentos independentes: o devedor apresenta um plano de pagamento considerando valores específicos ou percentuais da dívida a serem pagos a todos os credores a partir de um mesmo momento e de forma independente ao longo de um determinado período de tempo, ou seja, sem que os pagamentos tenham influência entre si. Pagamentos por lista de prioridades: o devedor apresenta um plano de pagamento de valor fixo a cada período de tempo determinado, com o direcionamento dos valores conforme prioridades entre os credores a serem estabelecidas, com lista a ser seguida." Disponível em: https://conteudo.cbf.com.br/cdn/202307/20230711221443_642.pdf. Acesso em: 26 jan. 2024.

(11) Disponível em: https://conteudo.cbf.com.br/cdn/202209/20220923095301_64.pdf. Acesso em: 25 jan. 2024.

os credores junto ao Tribunal de Justiça não se vejam prejudicados, bem como estes da especializada.

Neste caso em comento, quando da apresentação das intenções de constituição do Plano, foi informado que, em que pese há a recuperação judicial, naquela há um grupo específico para os créditos da jurisdição da CNRD, que serão pagos sem deságio.

Em princípio, na jurisdição especializada, os grupos foram divididos em créditos trabalhistas, créditos quirografários e créditos de ME e EPP, contando com 27 (vinte e sete) credores.

Ainda que com algumas objeções acerca das correções monetárias, pontuando que, as sentenças têm a obrigação de apresentar de que forma ocorrerão, quando do parcelamento, houve por bem, com base na Portaria CNRD n. 013/2023 padronizar, com o único objetivo de tratamento equânime entre os envolvidos. Soma-se, também, ao pleito das insatisfações, acerca do direcionamento de valores de transferências, para o efetivo cumprimento das obrigações, não sendo acatado, considerando a confidencialidade dos contratos, bem como dos valores efetivamente envolvidos.

Conforme apresentado, foi deferido integralmente.

Nos exemplos, em caráter ímpar, ainda há que se pontuar outro Plano Coletivo apresentado, o qual consta de interferências da Lei n. 14.193/2021, a respeito da Sociedade Anônima do Futebol (SAF), sendo esta responsável pelo cumprimento integral das decisões tomadas. Soma-se ao fato, a Recuperação Judicial, também já existente.

Ao contrário do exemplo anteriormente mencionado, a este foi oportunizado que os credores solicitassem a participação em referido parcelamento. Sendo formado por 55 (cinquenta e cinco) credores, composto pelos créditos trabalhistas, créditos quirografários e créditos de ME e EPP.

As objeções, em sua maioria, somam-se ao anterior mencionado, pontuando ao caso, especificamente, o pleito pelo vencimento antecipado de parcelas não pagas, com multa, quando descumpridas as parcelas previstas e, também, expresso pedido de proibição de registro de novos atletas.

Juridicamente, pontuou-se a respeito da permanência irretocável das partes dos autos originários, mesmo após a composição da SAF, sendo ela a responsável direta pelos pagamentos negociados e, não só, é quem possui os direitos perante a federação e confederação, para prosseguimento em eventuais campeonatos e, sendo assim, deve ser alcançada nas sanções que forem impostas, participando dos efetivos planos de parcelamento.

Em que pese as objeções apresentadas, o parcelamento foi deferido integralmente, apresentando as garantias para o devido cumprimento, constando de sanções, tais como: proibição de registro de novos atletas, que pode ser suspensa através do efetivo pagamento, ou em casos reiterados, poderá ensejar em suspensão de, no mínimo, 6 meses, independente do pagamento em atraso.

Considerando a especificidade de cada situação, há outro caso em que, ainda que apresentado o Plano Coletivo, composto do parcelamento, abriu-se prazo para que os credores pudessem aderir ao planejado, pontuando ao devedor, que efetuasse a reserva dos valores até ser efetivamente homologado.

E dentro deste, no estabelecimento da preferência no recebimento de valores, se deu por primeiro e segundo, aos credores trabalhistas ou de direito de imagem e, por último àquelas dívidas oriundas de processos de assuntos diversos.

Por se tratar de procedimento individualizado e de grande monta, as objeções apresentadas encontraram respaldo em diversos pontos, tais como: preocupação com pagamentos que eram condicionais ao recebimento de proventos de terceiros, bem como insatisfação quanto ao tempo que perdurará a dívida, até o arquivamento dos autos.

Consta de pedido expresso, conforme preceitua o Regulamento, em seu art. 40, § 3º, III[(12)], a respeito de proibição de registro de novos atletas, até o efetivo cumprimento do parcelamento.

De maneira personalíssima, o presente prevê a possibilidade de negociar com os credores condições de pagamento específicas, como antecipação do pagamento da dívida, com possibilidade de deságio, que não possam interferir na ordem já pré-estabelecida do adimplemento. Prevê ainda, a observância de direitos constitucionais de igualdade, de modo que não haja diferenciação entre os credores e, ser concedido direito de prioridade a idosos, considerando, certamente, a Lei n. 10.048/2000[(13)].

Pontua-se que, as obrigações impostas por meio do Plano Coletivo, não se extinguem ou se perdem no tempo, em caso de cisão em SAF. É assegurado o direito às partes em se constituir e/ou se organizar como tal, mas devem garantir a qualquer tempo o cumprimento das obrigações previamente estabelecidas, por força do Art. 2, da Lei n. 14.193, de 2021, a lei da SAF.

Ainda que pontualmente estabelecidas as consequências do inadimplemento por parte do devedor, neste caso, não houve repasse dentro do prazo estabelecido pela Ordem Processual, de modo que, fora determinado, de maneira inédita, o bloqueio de registro de novos atletas, até o efetivo pagamento.

---

(12) Disponível em: https://conteudo.cbf.com.br/cdn/202209/20220923095301_64.pdf. Acesso em: 25 jan. 2024.

(13) "Art. 1º As pessoas com deficiência, as pessoas com transtorno do espectro autista, as pessoas idosas com idade igual ou superior a 60 (sessenta) anos, as gestantes, as lactantes, as pessoas com criança de colo, os obesos, as pessoas com mobilidade reduzida e os doadores de sangue terão atendimento prioritário, nos termos desta Lei." Disponível em: https://www.planalto.gov.br/ccivil_03/leis/l10048.htm. Acesso em: 25 jan. 2024.

Conclusão

Conforme se observa, a CNRD é órgão para dirimir conflitos, instituído entre as partes por meio do sistema associativo.

Sua competência está destinada para as matérias que envolvem os conflitos existentes no âmbito do futebol, assegurando o julgamento com a especificidade que a temática merece.

Ainda que os demais sistemas jurídicos existentes na legislação brasileira, pudessem atuar nas decisões das causas analisadas pela Câmara, é certo que a celeridade traz o interesse, bem como, o conhecimento específico do que se é julgado, apresentando relevante segurança jurídica.

Considerando, ainda, a celeridade dos atos realizados pela CNRD, buscou-se, no próprio Regulamento, assegurar a concentração das execuções, considerando que, ainda que não se possa generalizar, em sua grande maioria, os clubes constituem em mora com muitos daqueles que atuam a seu favor e, dessa maneira, possuem débitos a serem quitados em várias frentes, entre as próprias entidades, com atletas, técnicos e intermediários.

Com isso, criou os Planos Coletivos, com regramento próprio para sua constituição, porém, com as formas de trabalho individualizadas, considerando a realidade vivida por cada clube.

Quanto a efetividade das decisões, é possível que elas afetem as entidades de prática do desporto com mais afinco, considerando que podem, entre outras sanções, ser afetadas pela proibição de registro de novos atletas, o que se trata da parte, senão a principal, uma das, mais importantes de um clube de futebol.

Por fim, é importante que, ainda que existam realidades diferentes em cada Plano constituído junto à CNRD, em sua base deve-se garantir os princípios do direito, bem como, que entre eles, não se possa punir um clube de maneira totalmente diferente, quando em inadimplemento, posto que, compõe o mesmo sistema associativo, com regramentos iguais, ainda que com realidades financeiras e territoriais diferentes.

As sanções devem ser impostas, considerando o grau de culpabilidade, intencionalidade, bem como equidade, garantido que o futebol brasileiro seja mais jogado dentro das quatro linhas, do que entre os tribunais.

Referências

BARRACCO, Roberto de Palma. *Contribuição para a Sistematização do Processo Desportivo:* Fundamentos da Jurisdição Esportiva. Dissertação de Mestrado, Programa de Pós-Graduação em Direito Processual Civil. São Paulo: Faculdade de Direito da Universidade de São Paulo, 2018.

DINAMARCO, Cândido Rangel. *Limites da sentença arbitral e de seu controle jurisdicional.* In: DINAMARCO, Cândido Rangel. *Nova era do processo civil.* São Paulo: Malheiros, 2004.

______. *A arbitragem na teoria geral do processo.* São Paulo: Malheiros, 2013.

FACHADA, Rafael Terreiro. *O exercício da tutela arbitral pela Câmara Nacional de Resolução de Disputas no Futebol Associado.* Dissertação de Doutorado, Programa de Doutorado em Direito. São Paulo: Pontifícia Universidade Católica de São Paulo, 2023.

______; PEREIRA, Mohara Coimbra do Nascimento de Sá. O Cumprimento de Decisões na Câmara Nacional de Resolução de Disputas. In: SOUZA, Gustavo Lopes Pires da; SANTOS, Desirée Emmanuelle Gomes dos (Coords.). *Direito Desportivo Exclusivo:* Perspectivas Contemporâneas. Belo Horizonte: Editora D'Plácido, 2017. p. 61-69.

LAURINDO, Alice Maria Salvatore Barbin. *Considerações acerca da Competência da Câmara Nacional de Resolução de Disputas Diante de Cláusulas Compromissórias não Excludentes.* Elas Escrevem sobre Direito Desportivo. Londrina/PR: Editora Thoth, 2023.

______. *Os limites da execução privada e as possíveis interações com a jurisdição estatal* — Considerações a partir da Câmara Nacional de Resolução de Disputas da Confederação Brasileira de Futebol. Trabalho de Conclusão de Curso. São Paulo: Faculdade de Direito da Universidade de São Paulo, 2020.

Disponível em: https://www.planalto.gov.br/ccivil_03/constituicao/constituicao.htm. Acesso em: 25 jan. 2024.

Disponível em: https://legis.senado.leg.br/norma/34657133/publicacao/34657345. Acesso em: 25 jan. 2024.

Disponível em: https://conteudo.cbf.com.br/cdn/202209/20220923095301_64.pdf. Acesso em: 25 jan. 2024

Disponível em: https://conteudo.cbf.com.br/cdn/202209/20220923095301_785.pdf. Acesso em: 25 jan. 2024.

Disponível em: https://conteudo.cbf.com.br/cdn/202307/20230711221443_642.pdf. Acesso em: 25 jan. 2024.

Disponível em: https://www.planalto.gov.br/ccivil_03/leis/l10048.htm. Acesso em: 25 jan. 2024.

Disponível em: https://leiemcampo.com.br/aspectos-do-mecanismo-de-solidariedade-pela-otica-da-fifa-e-da-lei-geral-do-esporte. Acesso em: 26 jan. 2024.

Disponível em: https://conteudo.cbf.com.br/cdn/202209/20220923095301_131.pdf. Acesso em: 26 jan. 2024.

Duração do Trabalho dos Atletas Profissionais

Domingos Sávio Zainaghi(1)

Ainda que nos custe muitas vezes entender que um atleta seja empregado e tenha, em razão dessa condição, todos os direitos que os demais trabalhadores possuem, verdade é que se trata de um trabalhador.

Felizmente já se perdeu na noite dos tempos os entendimentos em sentido contrário, embora para alguns isto lhes cause incompreensível revolta.

A Lei n. 6.354/76, que era exclusiva aos atletas de futebol, já trazia limitação ao trabalho dos atletas profissionais:

> Art. 6º O horário normal de trabalho será organizado de maneira a bem servir ao adestramento e à exibição do atleta, não excedendo, porém, de 48 (quarenta e oito) horas semanais, tempo em que o empregador poderá exigir fique o atleta à sua disposição.

Restava evidente que os atletas profissionais de futebol tinham como incluído na duração do trabalho o treinamento e a exibição.

A Lei n. 9.615/98, em sua redação original não tratou da duração semanal e nem diária do trabalho dos atletas.

Somente em 2011, com as alterações ocorridas por força da Lei n. 12.395/2011, o legislador inclui um parágrafo ao art. 28 da Lei n. 9.615/98, e, ainda o fez com impropriedade, pois afirmou que a jornada desportiva é de 44 horas semanais.

Em razão do texto da lei, vozes se apressaram para afirmar que atletas não teriam a limitação de 8 horas diárias de trabalho, ante o silêncio da lei que só tratou da duração semanal.

---

(1) Mestre e Doutor em Direito do Trabalho pela PUCSP. Pós-Doutorado em Direito do Trabalho pela *Universidad Castilla-La Mancha*, Espanha. Pós-graduado em Comunicação Jornalística pela Faculdade Casper Líbero. Pós-Graduado em Ciências Humanas pela PUC-RS. Membro das academias: Paulista de Direito, Paulista de Letras Jurídicas e Nacional de Direito Desportivo. Presidente honorário da *Asociación Iberoamericana de Derecho Del Trabajo y de la Seguridad Social* e do *Instituto Iberoamericano de Derecho Deportivo*. Advogado. Professor do curso de mestrado em Direito do UNIFIEO.

Aos apressados eu respondia em textos e palestras que se o texto era silente quanto a jornada a Constituição da República não é, pois o inciso XIII, do art. 7º assim se pronuncia:

> XIII – duração do trabalho normal não superior a oito horas diárias e quarenta e quatro semanais, facultada a compensação de horários e a redução da jornada mediante acordo ou convenção coletiva de trabalho;

Verdade é que demandas judiciais reclamando o pagamento de horas extras quase não existiram, pois os clubes dificilmente exigiriam mais de oito horas de trabalho de seus atletas.

Um ponto que preciso destacar negativamente à jornada, pois este termo indica dia de trabalho e jamais duração semanal, um erro indesculpável. Este erro foi consertado na Nova lei Geral do Esporte, que sofre severas críticas, mas neste ponto acertou, como vemos abaixo:

> Art. 97 (...).
>
> (...)
>
> VI – deverá ser observado período de trabalho semanal regular de 44 (quarenta e quatro) horas;

O artigo acima é direcionado aos atletas da modalidade futebol, pois nos artigos aplicáveis aos atletas das demais modalidades nada fala a lei. E, ainda, manteve o erro quanto à ausência da limitação diária, com o que teremos outra vez a discussão desnecessária sobre a jornada de oito horas.

E como fica a duração do trabalho dos demais atletas?

A resposta está no inciso XIII, do art. 7., da CRFB transcrito acima, ou seja, nem mesmo aos atletas da modalidade futebol seria necessário dizer algo redundante e, ainda, ser omissa a lei quanto à duração diária.

Portanto seja qual for a modalidade praticada pelo atleta, ele terá limitação diária de trabalho em oito horas e duração semanal de quarenta e quatro horas.

E o que se inclui como período de trabalho? Seria somente o adestramento e a exibição como dizia a revogada Lei n. 6.354/76?

Creio que além dos dois elementos acima, hodiernamente podemos incluir os tratamentos de regeneração muscular e o comparecimento para tratamentos visando a participação dos atletas em partidas.

Outro tema tormentoso quando tratamos de atletas profissionais é o relativo a concentração. Esta é tradicional no futebol, e assim a Nova Lei Geral do Esporte (Lei n. 14.597/23) a trata, quando somente especificou aos atletas da modalidade futebol?

> Art. 97 (...).
>
> (...)
>
> I – não poderá a concentração, se conveniente à organização esportiva contratante, ser superior a 3 (três) dias consecutivos por semana, desde que esteja programada qualquer partida, prova ou equivalente, amistosa ou oficial, e deverá o atleta ficar à disposição do empregador por ocasião da realização de competição fora da localidade onde tenha sua sede;

Ao prever apenas à modalidade futebol a concentração, fica claro que para as demais modalidades não se pode exigir concentração aos atletas, ou seja, qualquer período de concentração será somado á duração do trabalho.

Já, para os atletas da modalidade futebol, o período de concentração previsto na lei não será computado na duração do trabalho dos atletas.

Não cabe aqui discutir se a concentração é algo anacrônico atualmente, mas é fato que o legislador a previu, e temos de interpretar o texto legal.

A concentração há décadas é prevista no futebol, pois os clubes no início do profissionalismo determinavam que seus atletas se concentrassem para que se evitasse que os jogadores recebessem propostas para que não jogassem corretamente, ou seja, que traíssem seus clubes recebendo algum valor financeiro, mas nos tempos pós início do período do profissionalismo, a concentração foi e é utilizada para que os atletas se alimentem corretamente e descansem. Por tais motivos o legislador a previu.

O período de concentração, desde que no máximo de três dias consecutivos por semana e dê-se que haja partida programada, esse período não será computado na duração do trabalho.

Mas deve-se prestar atenção no texto da lei. O máximo são 3 (três) dias consecutivos por semana. Se um clube tem uma partida numa quinta-feira e determina que seus atletas se concentrem desde terça-feira desta semana, serão dois dias, de modo que, se o clube tiver outra partida no domingo, não poder/a exigir que os atletas se concentrem, e se o fizer, o terá de pagar como horas extras real período, e neste caso excluem-se as 8 (oito) horas de sono, mas as demais horas serão computadas na jornada e na duração diária.

Impropriamente o legislador colocou os períodos de viagens no mesmo inciso, e que pode levar a conclusões equivocadas, pois não se trata de período de concentração, mas sim de período de viagem, que foi inserido após uma vírgula, com o que concluo que em tais períodos o atleta tem de ficar à disposição do empregador, mas será computado na jornada, excetuando-se o período de sono.

O legislador no inciso II do mesmo art. 97, fez uma confusão ao tratar do período de concentração dos atletas convocados para seleções:

> II – poderá ser ampliado o prazo de concentração, independentemente de qualquer pagamento adicional, quando o atleta estiver à disposição da organização que regula a modalidade.

A relação jurídica existente entre seleções e atletas não é de emprego, não existindo qualquer necessidade de se tratar da concentração nestes casos, mas, como dizia o saudoso professor Wagner Giglio, conformemo-nos.

Por fim, a lei traz mais um ponto sobre a concentração no inciso III:

> III – não serão devidos acréscimos remuneratórios em razão de períodos de concentração, de viagens, de pré-temporada fora da sede e de participação do atleta em partida, em prova ou equivalente, salvo previsão contratual diversa;

O texto da lei deixa clara a inexistência de obrigação de acréscimos remuneratórios aos períodos de concentração, o que devemos ter em mente que desde que preenchidos os requisitos do inciso I, do mesmo art. 97.

Quanto aos períodos de viagens, pré-temporada e participação em, partidas fora da sede, existe uma contradição entre o previsto no inciso I e a previsão do inciso III.

A contradição reside quanto às partidas fora da sede, pois o inciso I, conforme explicado acima, declara que tais períodos o atleta está à disposição do empregador, ao passo que no III, afirma não ser devido acréscimo remuneratório em razão dessa atuação.

Como a lei não traz palavras inúteis, o inciso primeiro deixa com clareza solar, que o período em que o atleta é obrigado a participar de atividades fora da localidade sede do clube empregador ele está à disposição deste, e por consequência terá direito ao cômputo na duração do trabalho, o inciso III vai de encontro a esta previsão.

E como resolver isso? A meu ver a resolução está na utilização do princípio protetor, mais precisamente do princípio do *in dúbio pro mísero*, que é aquele pelo qual entre duas normas em conflito, deve o intérprete adotar a melhor para o empregado.

Logo, ainda que o inciso III diz que não existirão acréscimos remuneratórios, a previsão do inciso I que descalara que esses períodos o atleta estará à disposição do clube, e conforme prevê o art. 4º, da CLT, tais períodos serão remunerados, sobrepondo-se à previsão do inciso terceiro.

Sobre o repouso semanal remunerado, ainda vige a previsão constante da Lei n. 9.615/98, que afirma assim em seu art. 28:

> IV – repouso semanal remunerado de 24 (vinte e quatro) horas ininterruptas, preferentemente em dia subsequente à participação do atleta na partida, prova ou equivalente, quando realizada no final de semana.

Como qualquer trabalhador, o atleta tem direito a um dia de repouso semanal, prevendo a lei que seja preferentemente e não obrigatoriamente no dia seguinte à realização de partida, prova ou equivalente, quando estas ocorram em finais de semana.

Enfim, o atleta tem direito a um dia de repouso para fazer o que bem entender, exercendo seu direito constitucional ao lazer, e não comparecer ao clube para qualquer atividade, o que, se ocorrer, o atleta terá direito a receber em dobro as horas não descansadas.

Os atletas têm direito ao intervalo intrajornada e ao interjornada, como qualquer outro trabalhador, sendo que a inobservância destes descansos sujeitará os clubes ao pagamento de valores aos atletas como previsto na CLT, subsidiariamente aplicada.

Escravidão nos Esportes de Combate? O Polêmico Contrato do *One Championship*

Elthon José Gusmão da Costa[1]

Com o líder do setor, o *UFC*, tendo estabelecido o padrão por anos, lutadores de *MMA*, e de outros esportes de combate ao redor do mundo, que assinam para competir várias vezes com qualquer organização, muitas vezes, se veem presos a cláusulas de não concorrência, extensões automáticas do fim do contrato e outras estipulações restritivas sobre coisas como direitos de imagem e associações de patrocínio.

Como contratados independentes (ou *independent contractors*, como assim são considerados tais atletas nos EUA, sede do *UFC*), os lutadores têm menos proteções do que teriam como empregados. Seu direito de formar um sindicato não é garantido[2]. Ademais, se forem demitidos, não poderão solicitar seguro-desemprego e uma lesão no trabalho não lhes garante a indenização que empregados comuns geralmente têm direito.

No caso do *UFC*, tratei, em minha obra, em capítulo específico a respeito da questão[3] quanto à definição jurídica do lutador de *MMA* nos EUA: contratado independente (autônomo) ou funcionário do evento?

---

(1) Advogado trabalhista e desportivo. Membro da Ordem do Mérito Judiciário do Trabalho do Tribunal Superior do Trabalho no Grau Oficial. Especialista em Direito Desportivo (Cers). Pós-Graduado em Direito Processual Civil (Unileya). Mestrando em *International Sports Law (ISDE)*. Diretor jurídico do CNB (Conselho Nacional de Boxe). Diretor do Departamento Jurídico da CBKB (Confederação Brasileira de Kickboxing). Diretor do Departamento Jurídico da *WAKO Panam (World Association of Kickboxing Comissions Región Panamericana)* e da CBMMAD (Confederação Brasileira de MMA Desportivo). Membro do núcleo de estudos O Trabalho além do Direito do Trabalho: Dimensões da Clandestinidade Jurídico-Laboral (NTADT), da Faculdade de Direito da USP. Auditor do TJDU-DF. Membro da Comissão de Direito Desportivo da OAB-DF. Membro do Instituto Brasileiro de Direito Desportivo (IBDD). Colunista do *website* "Lei em Campo" (Coluna "Luta e Desporto").

(2) BIRREN, Genevieve F. E. *et al.* Mixed Martial Artists: Challenges to Unionization. *Marquette Sport Law Review*, v. 28, n. 1, 17 dez. 2017. p. 84-106. Disponível em: http://scholarship.law.marquette.edu/sportslaw/vol28/iss1/4, p. 88-89. Acesso em: 11 out. 2023.

(3) COSTA, Elthon José Gusmão da. *Aspectos jurídicos do desporto MMA*. 1. ed. São Paulo: Mizuno, 2023.

Sobre as controvérsias desse contrato do *UFC* frente à legislação trabalhista brasileira (e considerando que, com atletas lutando aqui no Brasil, o contrato seria, em tese, passível de apreciação pela justiça trabalhista brasileira), recomendo a leitura do artigo "*O contrato desportivo do atleta de MMA à luz do direito trabalhista brasileiro*", de minha autoria[4].

Em relação aos demais shows que promovem esportes de combate, nova polêmica surgiu referente aos contratos do evento asiático *One Championship* com seus atletas, cujas cláusulas foram trazidas à luz pelo site norte-americano de notícias esportivas *Bloody Elbow*[5] através de processo que tramita na justiça brasileira, qual seja, a Ação de Execução de Título Extrajudicial n. 0750699-31.2021.8.04.0001, disponível para consulta pública, ajuizado por ex-agente do atleta de *MMA* Adriano Moraes, ex-campeão do evento *One Championship*[6].

A maioria dos contratos de *MMA* têm vários pontos de controvérsia[7]. O *UFC* tem certas cláusulas que são pouco vantajosas para os atletas. Em 2008, o lutador do peso meio-médio do *UFC*, Jon Fitch, se recusou a assinar um acordo de cessão perpétua de seus direitos de imagem ao *UFC* para uso em um jogo de videogame. Como resultado, a promoção ameaçou cortar os laços com todos os talentos que treinavam na academia de Fitch, a *AKA*. Isso incluía lutadores como o candidato ao título Josh Koscheck e o futuro campeão Cain Velasquez. Fitch e o resto da *AKA* acabaram concordando com os termos[8].

No entanto, parece que o *ONE Championship* supera o *UFC* nesse quesito, de uma maneira nada positiva.

O contrato relevado na reportagem dá à promoção, no item 2, o direito mundial de fabricar, distribuir ou vender bens e serviços retratados ou decorados com o perfil

---

(4) Escrito para o livro "O Direito Desportivo do Trabalho: panorama, crítica e porvir", também da Lacier Editora.

(5) HEYNES, Stephie. Bloody Elbow exclusive: Leaked ONE Championship contract raises concerns. *Bloody Elbow*, 5 out. 2023. Disponível em: https://bloodyelbow.com/2023/10/05/one-championship-one-sided-contracts. Acesso em: 6 out. 2023.

(6) O *One Championship* (denominado *One Championshi*p ou simplesmente *ONE*, sendo conhecido como *One Fighting Championship* (*ONE FC*) até janeiro de 2015, é uma promoção multinacional de esportes de combate fundada em 14 de julho de 2011 por Chatri Sityodtong e Victor Cui. Originalmente focado em artes marciais mistas (*MMA*), o *One* se expandiu para realizar regularmente eventos com *Muay Thai*, *kickboxing* e lutas de *submission grappling*, além de ter promovido anteriormente lutas de boxe e *Lethwei*. O *One* realizou seu primeiro evento em 3 de setembro de 2011 no *Singapore Indoor Stadium* e, desde então, já realizou mais de 200 eventos em toda a Ásia, tendo feito o primeiro nos EUA em maio de 2023.

(7) COSTA, Elthon José Gusmão da. A exclusividade nos contratos de lutadores profissionais de MMA: há prestação de trabalho intermitente? *Lei em Campo*, 10 abr. 2023. Disponível em: https://leiemcampo.com.br/a-exclusividade-nos-contratos-de-lutadores-profissionais-de-mma-ha-prestacao-de-trabalho-intermitente. Acesso em: 6 out. 2023.

(8) BONSIGNORE, Joseph. Jon Fitch Gone from UFC, Dana White Declares War – The Full Story (UPDATED). *Bleacher Report*, 20 nov. 2008. Disponível em: https://bleacherreport.com/articles/83776-jon-fitch-gone-from-ufc-dana-white-declares-war-the-full-story-updated. Acesso em: 6 out. 2023.

do atleta, incluindo, sem limitação, folhetos, pôsteres, brinquedos, jogos, videogames de computador, jogos eletrônicos ou outras novidades de software interativo, e assim por diante.

Basicamente, esses são os direitos de *merchandising*, que foram incorporados aos direitos promocionais, se não, vejamos:

> 2. DIREITOS PROMOCIONAIS E OUTROS DIREITOS
>
> (...)
>
> (c) fabricar, distribuir ou vender bens e serviços que representem ou sejam decorados com o Perfil do Atleta, incluindo, sem limitação, folhetos, pôsteres, brinquedos, jogos, jogos de computador/vídeo/eletrônicos ou outros *softwares* interativos, souvenirs, novidades, livros, discos, vídeos, tecidos, vestuário, alimentos, bebidas e produtos similares e por meio de prêmios e promoções que contenham ou incorporem ou explorem tal Perfil ("Direitos de *Merchandising*"). Os Direitos Conexos e os Direitos de Merchandising concedidos em favor da Empresa deverão, para evitar dúvidas, sobreviver à morte do Atleta e deverão ser vinculados ao seu do Atleta e serão vinculantes para seus sucessores, herdeiros e representantes pessoais.
>
> 2.2 Os Direitos Promocionais, Direitos Conexos e Direitos de Merchandising (coletivamente denominados neste documento como "Direitos Comerciais") são concedidos em favor da Empresa em caráter perpétuo (no que diz respeito aos Direitos Conexos e Direitos de Merchandising) e em nível mundial, de forma livre e gratuita. (tradução nossa)

O que também é interessante é que esses direitos conexos e direitos comerciais, concedidos em favor da empresa, "*deverão, para evitar dúvidas, sobreviver à morte do atleta e devem ser vinculados aos sucessores, herdeiros e representantes pessoais*". (traduçao nossa)

O contrato não inclui nenhuma compensação pelos direitos conexos e de *merchandising* que são concedidos em favor da empresa perpetuamente.

Isto é diferente do contrato padrão do *UFC*, onde os lutadores recebem um (pequeno) pagamento de *royalties* por todas as mercadorias vendidas com a imagem dos lutadores (fora as mercadorias do evento, nas quais eles não recebem nenhum pagamento) e os direitos do *UFC* sobre sua imagem terminam dois anos após o fim do contrato[9].

---

(9) EPSTEIN, Lawrence. Article II: Grant of Ancillary Rights. *In*: SNOWDEN, Jonathan. The Business of Fighting: A Look Inside the UFC's Top-Secret Fighter Contract. *Bloody Elbow*, 14 maio 2013. Temos um segundo contrato, chamado de contrato de direitos de mercadoria, com todos os nossos atletas. E esse acordo foi concebido para compensar nossos atletas por qualquer produto em que usemos seu nome e imagem — um cartão de troca, um brinquedo. Para todos os produtos que criamos com o logotipo do UFC, a marca do UFC e o nome e a imagem do lutador, dividimos a receita com os atletas com base nesse acordo... (ele) estabelece especificamente a porcentagem da receita que o atleta receberá por qualquer produto de marca que inclua seu nome e imagem. Tradução nossa. Disponível em: https://bleacherreport.com/articles/1516575-the-business-of-fighting-a-look-inside-the-ufcs-top-secret-fighter-contract. Acesso em: 6 out. 2023.

Ainda, os contratos do *ONE Championship* permitem a extensão do acordo pelo tempo em que o lutador estiver lesionado. Se um lutador se recusar a participar de uma luta, o *ONE* pode prorrogar o contrato conforme o item 3, *in verbis*:

> 3. PARTICIPAÇÃO EM PARTIDAS
>
> (...)
>
> 3.2. O Atleta deverá participar do número mínimo de Partidas especificado no item 2 da Cronograma 1, que a Empresa deverá fazer o possível para promover. Para os fins desta Cláusula, a Empresa poderá cumprir sua obrigação de promover uma Partida quando a Empresa tiver feito uma oferta ao Atleta para promover uma Partida e o Atleta tiver recusado ou deixado de não participar da mesma. Se uma Partida for uma partida preliminar ou um undercard de um evento principal ou evento principal ou de destaque e esse evento principal ou de destaque for cancelado, adiado ou suspenso por qualquer motivo qualquer, a falha ou incapacidade de realizar a Partida não será considerada como descumprimento por parte da Empresa e a Empresa não será responsável perante o Atleta pelo Prêmio em dinheiro ou qualquer outra compensação relacionada a isso.
>
> 3.3. A Empresa poderá exigir que o Atleta, de tempos em tempos, assine e entre em um contrato ou acordo separado para reger determinadas Partidas ou eventos e, no caso de qualquer conflito ou inconsistência entre as disposições deste Contrato e de outro contrato ou acordo, as disposições desse outro contrato ou acordo prevalecerão.
>
> 3.4. A Empresa terá o direito de determinar as datas e os locais de todas as Partidas a seu critério exclusivo e absoluto e absoluto critério. No caso de uma Partida ser adiada por qualquer motivo, a Empresa poderá, a seu critério exclusivo e absoluto, prorrogar o Prazo por um período igual ao número de dias decorridos entre a data original programada para a Partida e a data em que a data em que a Partida de fato ocorrerá.

Não há um "ocaso" como o que vimos no *UFC* recentemente[10]. Não há uma data final rígida, além da qual o promotor não possa estender o prazo, mesmo que o lutador recuse uma luta. Também não há um número máximo de declinações de uma luta.

Por um breve período, o *UFC* tinha um máximo de 18 meses para prorrogar seu contrato se o atleta continuasse recusando lutas, mas, aparentemente, eles voltaram a ter o mesmo número até que o período de expiração seja atingido.

Aparentemente, o *ONE Championship* também pode continuar prorrogando o contrato se o atleta recusar lutas, mas eles não têm prazo de validade em seus contratos.

Como acontece com a maioria das outras promoções de *MMA* e com os contratos mais antigos do *UFC*[11], os lutadores que se aposentam do *ONE* podem ter seus contratos congelados perpetuamente.

---

(10) COSTA, Elthon José Gusmão da. O destino de Ngannou: o UFC e a liberdade de atuação do atleta de MMA. *Lei em Campo*, 17 jan. 2023. Disponível em: https://leiemcampo.com.br/o-destino-de-ngannou-o-ufc-e-a-liberdade-de-atuacao-do-atleta-de-mma. Acesso em: 6 out. 2023.

(11) COSTA, Elthon José Gusmão da. A cláusula arbitral nos atuais contratos do UFC. *Lei em Campo*, 11 set. 2023. Disponível em: https://leiemcampo.com.br/a-clausula-arbitral-nos-atuais-contratos-do-ufc. Acesso em: 6 out. 2023.

Isso é, mais uma vez, um retrocesso à antiga maneira de fazer negócios do *UFC*, o que basicamente significa dizer que não há como um lutador ficar de fora do contrato do *ONE Championship* se não lutar.

O contrato prevê ainda que o acordo será regido pelas leis de Cingapura, sede do *One*, se não, veja-se:

> 32. LEI APLICÁVEL E JURISDIÇÃO
>
> Este Contrato será regido e interpretado de acordo com as leis de Cingapura. Qualquer controvérsia, contratual ou não, decorrente ou relacionada a este Contrato (inclusive qualquer questão relativa à sua existência, validade ou rescisão) deverá ser encaminhada e finalmente resolvida por arbitragem em Cingapura, de acordo com as Regras de Arbitragem do Centro Internacional de Arbitragem de Cingapura ("SIAC") até o momento em vigor, cujas regras são consideradas incorporadas por referência nesta cláusula. O tribunal de arbitragem será composto por um árbitro a ser nomeado pelo Presidente do SIAC. O idioma da arbitragem será o inglês e a arbitragem será regida pela Lei de Arbitragem Internacional (Cap. 10). (tradução nossa)

Importante ressaltar que, muito embora haja previsão de resolução através de juízo arbitral, há elementos no contrato que apontam para provável relação trabalhista entre atleta e evento.

Em Cingapura, embora o ambiente de trabalho permaneça pouco regulamentado até hoje pelos padrões europeus, nos últimos anos houve um fluxo crescente de leis para tratar de questões específicas relacionadas ao amadurecimento da economia e da força de trabalho no país.

Os funcionários agora têm mais direitos e proteções. Isso pode ser visto nos novos direitos legais de licença, como as leis que regulamentam a licença-paternidade, licença-maternidade, licença-adoção e licença parental compartilhada, e a extensão recentemente anunciada da Lei do Trabalho (*EMPLOYMENT ACT*) para categorias mais amplas de funcionários.

Porém, em Cingapura a Lei do Trabalho[(12)] (*EMPLOYMENT ACT*), não define de forma clara a figura do empregado, portanto, muitas vezes deve ser feita referência à jurisprudência para determinar quem é empregado.

A este respeito, é provável que nenhum fator isolado seja conclusivo para determinar quem é um funcionário e todas as circunstâncias relevantes devem ser levadas em consideração.

Em linhas gerais, a lei abrange todos os funcionários (independentemente da nacionalidade) que estejam sob um contrato de serviço com um empregador, exceto: qualquer

(12) Disponível em: https://sso.agc.gov.sg/act/ema1968.

pessoa empregada em um cargo gerencial ou executivo que ganhe mais de *S$* 4.500 como salário mensal básico; qualquer marinheiro; qualquer trabalhador doméstico; qualquer pessoa empregada por um Conselho Estatutário ou pelo Governo.

Fatores que podem ser relevantes para definir quem é empregado ou não incluem questões como o grau de controle exercido pela pessoa que solicita o serviço, a forma de pagamento envolvida, a quantidade de restrições impostas à pessoa que presta o serviço e até que ponto a pessoa que presta o serviço assume qualquer risco de perda ou compartilha qualquer chance de obter lucro. Assim, por exemplo, trabalhadores temporários, independentes ou voluntários podem ou não ser empregados, dependendo de tais fatores (CHANDRAN, 2021, p. 16-17[(13)]).

Importante ressaltar os demais pontos controversos do contrato, que demonstram o nível de controle que a companhia exerce sobre o atleta.

O contrato inclui uma cláusula que prevê que o lutador deve obter aprovação da promoção antes de mudar de nome (!).

O *ONE* também teria o direito de criar e operar sites usando o referido nome, além de também poder demitir um lutador se ele tiver dívidas que possam fazer com que sua bolsa de luta seja penhorada.

Ademais, a menos que obtenha consentimento prévio por escrito do *ONE*, o lutador não pode se referir a si mesmo como atual ou ex-campeão do evento, sendo que o cinturão de campeão permanecerá como propriedade da promoção, portanto não poderá ser usado ou exibido em público sem autorização, devendo ser devolvido mediante solicitação.

O *ONE Championship* também parece ser bastante restritivo quanto ao que os lutadores podem dizer à mídia. Na verdade, se levarmos em conta os contratos, os lutadores não podem fazer nenhuma aparição na mídia sem a aprovação prévia do evento.

O documento prevê, na seção 14.1, o seguinte: "*o atleta deverá ser tratado de forma confidencial, não sendo divulgadas quaisquer informações relacionadas à existência e às disposições deste contrato, e a qualquer contrato celebrado em conformidade com este contrato, às negociações relacionadas a este contrato e às informações de propriedade de cada uma das empresas e das afiliadas das empresas*". (tradução nossa)

Eles não só não podem falar sobre seus contratos, como também devem "*tomar todas as medidas razoáveis para minimizar o risco de divulgação de informações confidenciais*". Se um atleta lutar pelo *ONE Championship*, não só seu pronunciamento para a mídia terá de ser bem controlado, mas também o do resto da sua equipe.

(13) CHANDRAN, Ravi. *Labour Law in Singapore*. 1. ed. Holanda: Kluwer Law International B.V., 2021. p. 16-17.

O lutador não pode "*depreciar, perturbar, danificar, prejudicar ou interferir de outra forma no interesse comercial ou na reputação da empresa ou de suas afiliadas, na marca ONE ou em qualquer agência de publicidade, rede ou emissora patrocinada, atual ou proposta*". (tradução nossa)

Em outros eventos, existem cláusulas que limitam a capacidade do lutador de dizer qualquer coisa que prejudique o relacionamento com o patrocinador, mas a linguagem do *ONE* é um pouco mais forte e um pouco mais clara.

Assim como as disposições em relação aos direitos de imagem no *ONE Championship*, os contratos da promoção também incluem uma linguagem que estende sua cláusula de "manifestação do atleta" muito além do tempo em que este está realmente lutando pelo *ONE*.

Portanto, se alguém já competiu sob a bandeira do *ONE Championship*, parece que está contratualmente obrigado a não depreciar ou revelar qualquer negócio da empresa pelo resto de suas vidas.

Como vimos, fica claro que as restrições impostas pelo contrato ao atleta poderiam enquadrá-lo como empregado do evento, conforme a doutrina trabalhista sugere em relação ao foro do contrato, Cingapura.

O *MMA* se anuncia como um mundo de "autônomos", lutadores que essencialmente operam seus próprios negócios e fazem parcerias com promotores para acordos de curto prazo, levando seus talentos aos fãs ávidos por esportes de combate. A realidade, entretanto, parece muito diferente.

Estrutura, Competência e Funcionamento do Juizado de Defesa do Torcedor Responsável pelo Julgamento dos Crimes Previstos na Lei Geral do Esporte

Fabricio Reali Zia[1]

O Juizado do Torcedor foi estabelecido pela Lei n. 12.299/10, que introduziu o art.41-A no antigo Estatuto de Defesa do Torcedor (Lei n. 10.671/03). Trata-se de evolução do conceito de justiça cível e criminal, com regime próprio e competência especializada para a questão desportiva. A recente Lei Geral do Esporte (Lei n. 14.597/23), no art. 180, também reforçou a criação e estabeleceu a competência dos Juizados do Torcedor nos seguintes termos: "Os juizados do torcedor, órgãos da justiça comum com competência cível e criminal, poderão ser criados pelos Estados e pelo Distrito Federal para o processamento, o julgamento e a execução das causas decorrentes das atividades reguladas nesta Lei". A valorização da experiência dos juizados do torcedor é, inclusive, diretriz do Plano Nacional pela Cultura de Paz no Esporte, conforme dispõe o art. 181, inciso V, da LGE. De fato, a especialização da matéria pelo órgão judiciário voltado às questões esportivas possibilita ao magistrado um contato maior com todos os segmentos públicos e privados que participam, regulam e promovem o evento, permitindo o conhecimento do sistema e o aprofundamento de questões particulares importantes para o funcionamento hígido de toda a estrutura que envolve matéria relevante e com especificidades próprias. Deve o magistrado velar pela autonomia da organização esportiva na forma disposta na Carta Olímpica e pela integridade do sistema transnacional denominado *Lex Sportiva*. A própria legislação estabelece programas e ações para o esporte

(1) Juiz de Direito Auxiliar do Juizado Especial Criminal Central da Comarca de São Paulo e também do Anexo Judicial de Defesa do Torcedor. Professor da Escola Paulista da Magistratura de Processo Penal e Processo Civil. Mestre em Direitos Fundamentais e Mestre em Direito Médico.

nas diferentes esferas governamentais, tendo por objetivo adotar as medidas necessárias para erradicar ou reduzir as manifestações antiesportivas, como a violência, a corrupção, o racismo, a xenofobia, a homofobia, o sexismo e qualquer outra forma de discriminação (art. 11, XVII, LGE).

No âmbito do Poder Judiciário do Estado de São Paulo, o Juizado de Defesa do Torcedor tem por competência processar e julgar, na Comarca de São Paulo, os crimes de menor potencial ofensivo e os previstos na Lei Geral do Esporte (que revogou o Estatuto de Defesa do Torcedor), bem como os conexos a eles, *praticados em eventos futebolísticos ou em decorrência deles*, sem prejuízo das regras de conexão do Código de Processo Penal. Foi estabelecido em 2014 por provimento do Conselho Superior da Magistratura (CSM n. 2.203/14, com as modificações introduzidas pelo provimento CSM 2258/15) e desde então funciona de forma permanente no Fórum Central Criminal e ainda, em caráter itinerante, em todo o Estado de São Paulo nos locais destinados à realização de eventos futebolísticos. Ao estabelecer também a presença do Magistrado diretamente nos estádios, a implantação desse modelo itinerante pelo Tribunal de Justiça contribui para inibir a violência e os casos de racismo no futebol, experiência que tem sido exitosa especialmente por dar uma resposta ágil e eficaz em face daqueles que infringem a Lei. A inibição da criminalidade ocorre tanto em razão da presença no estádio do Poder Judiciário, quanto em relação a medidas penais aplicadas ao infrator no local imediatamente após o cometimento do fato, contribuindo para a manutenção da paz e permitindo que os torcedores e suas famílias se sintam seguros para desfrutar desse evento que faz parte da cultura brasileira.

De forma permanente, o Anexo Judicial do Torcedor está vinculado ao Juizado Especial Criminal da Capital, localizado no Fórum Criminal Central, sistema que é composto por dois juízes de direito, sendo um titular e outro auxiliar, com competência cumulativa. De forma itinerante, o Anexo Judicial funciona em todo o Estado de São Paulo em instalações cedidas pela entidade de prática desportiva detentora do mando de jogo ou pela entidade responsável pela organização da competição. Nos estádios como o Neo Química Arena, Allianz Parque, Morumbi e Vila Belmiro, existem locais destinados ao funcionamento do Anexo Judicial de Defesa do Torcedor, com sala de audiência e estrutura para equipamentos de computação e informática para o regular desenvolvimento das atividades, sendo a entidade responsável pelo evento esportivo quem zela pela guarda e conservação desses equipamentos. Na falta de local destinado ao funcionamento do Anexo itinerante, este funciona em unidade móvel do Poder Judiciário, devidamente aparelhada, posicionada em local seguro e próximo ao da realização do evento.

A unidade judiciária itinerante presente nos estádios de futebol é composta por um juiz, dois escreventes, um oficial de justiça, um representante do Ministério Público, um Defensor Público e um Delegado de Polícia. Atualmente a unidade da polícia civil especializada responsável pelos crimes ocorridos em eventos esportivos é a Delegacia de

Polícia e Repressão e Análise aos Delitos de Intolerância Esportiva (DRADE). Além dessa estrutura, também fazem parte a Polícia Científica (IC) e o Instituto Médico Legal (IML). Quanto à Polícia Militar, existe um Batalhão especializado que tem como principal atribuição agir em ações de controle de distúrbios civis, sendo empregado em ações de policiamento preventivo em praças desportivas e eventos artísticos-culturais, que é o 2.º Batalhão de Choque. A instalação do Juizado do Torcedor Itinerante ocorre nos jogos em que há necessidade de sua presença, verificado pela estimativa de público superior a um certo número de torcedores; também nos clássicos, ou seja, no confronto entre times de futebol com notável rivalidade esportiva; ou por outros critérios definidos em conjunto pelas autoridades que atuam no sistema. As instituições que integram o Conselho do Juizado do Torcedor são: a Polícia Militar, representada pelo Comandante do 2.º Batalhão de Choque; a Polícia Civil, representada pelo Delegado responsável pela DRADE; membros do Ministério Público, composto pelos Promotores que atuam no Juizado do Torcedor e Procuradores de Justiça designados pelo Procurador-Geral de Justiça; e Magistrados do Juizado do Torcedor, sendo dois Juízes de Direito e, ainda, dois Desembargadores designados pela Presidência do Tribunal de Justiça do Estado de São Paulo que exercem a função de coordenação e presidência do sistema.

Além de seu funcionamento permanente no Fórum Criminal Central, a presença do Poder Judiciário diretamente no estádio possui diversos efeitos positivos. Dentre elas, permite ao magistrado a compreensão melhor da estrutura de segurança dos jogos, aproveitando a expertise de outras instituições que atuam diretamente no local, como as Polícias Militar e Civil que são compostas por unidades especializadas e passam por treinamentos e protocolos próprios da atividade que exercem. Assim, o contato mais próximo permite ao juiz compreender diversos aspectos envolvidos que estruturam o evento, de forma a conciliar suas decisões com a realidade que observa, garantindo maior efetividade a medidas que contribuam com a segurança dos torcedores e de suas famílias, sem se descurar do sistema legal próprio às atividades desportivas que a regem. Como afirmado, a autonomia é atributo da organização esportiva em todo o mundo, na forma disposta na Carta Olímpica, e limita a atuação do Estado, conforme reconhecido pela Assembleia Geral da Organização das Nações Unidas (ONU) e inscrito na Constituição Federal, e visa a assegurar que não haja interferência externa indevida que ameace a garantia da incerteza do resultado esportivo, a integridade do esporte e a harmonia do sistema transnacional denominado *Lex Sportiva* (art. 26, LGE).

De outra sorte, as decisões judiciais proferidas no local pelo Juizado itinerante, com a aplicação imediata de penalidade ao torcedor infrator, acarretam efeito desestimulador da reiteração de condutas criminosas por parte de outras pessoas que se encontram no evento. Isso permite isolar o fato delituoso logo após o cometimento da infração para que não contamine outros torcedores, sobretudo em locais que se concentram milhares de pessoas. A resposta do Estado, portanto, é imediata, tomada no próprio local do evento, gerando efeito pedagógico exemplificador, inibindo outros de trilharem o mesmo caminho ao agir no foco que poderia vir a se tornar um princípio de grande tumulto generalizado. Pela nossa experiência, a presença do Magistrado, dos membros do Ministério Público, Defensoria, e Delegado de Polícia, no local do evento, com ciência dos expectadores, da torcida organizada, dos times, e dos dirigentes esportivos, também é outro fator desestimulante para a prática de infração penal, pois a presença visível das autoridades reforça a percepção de que o Estado se faz presente para uma rápida e eficaz atuação caso seja necessário. Desta forma, sob esses diversos prismas, o Juizado Itinerante dentro dos grandes eventos nos estádios tem contribuído, e muito, para a diminuição da violência no futebol, como demonstram os números desde a instalação do Juizado do Torcedor no Estado de São Paulo. Foram proferidas, desde sua instalação, mais de 1.800 decisões judiciais. Em 2016, ano seguinte à instalação do Juizado do Torcedor, deram entrada 156 casos novos referentes à criminalidade no esporte, enquanto no ano posterior, em 2017, o número reduziu para 79, demonstrando uma diminuição expressiva de casos no período de um ano ao outro em razão da atividade atuante e inibitória do Juizado do Torcedor. Essa média de 80 casos novos por ano tem se mantido com o passar do tempo, o que reforça a ideia de que os casos de violência no futebol mantêm-se em patamares estáveis e muito abaixo do que antes de sua instalação no Estado de São Paulo. No ano de 2023, por exemplo, foram proferidas mais de 380 decisões judiciais, e dentre elas ocorreram 90 julgamentos de casos com sentenças criminais, o que demonstra uma atuação expressiva e firme na identificação e punição dos infratores criminais, com penas que variam de prisão, multas ou afastamento dos estádios de futebol.

Quanto aos delitos de responsabilidade do Juizado do Torcedor, todos os crimes da legislação anterior do Estatuto de Defesa do Torcedor foram repetidos na nova legislação da Lei Geral do Esporte, os quais integram a competência da justiça criminal especializada. Novos tipos penais também foram criados, como por exemplo, o crime de *corrupção privada no esporte* (art. 165, LGE), que é tipificado na forma de exigir, solicitar, aceitar ou receber vantagem indevida, ou também oferecer, prometer, entregar ou pagar ao representante da organização esportiva privada vantagem indevida, a fim de realizar ou de omitir ato inerente às suas atribuições, com pena de dois a quatro anos, e multa. A criminalização da corrupção no esporte visa proteger a ordem econômica esportiva, bem como coibir a manipulação ilícita dos resultados dos eventos, sobretudo porque o fato criminoso altera de forma fraudulenta uma dada realidade, violando as regras da livre e idônea competição.

Em relação aos crimes contra a *paz no esporte*, como a promoção de tumulto, incitação ou prática de violência e invasão do local restrito aos competidores, foi dada ênfase a penas *impeditivas de comparecimento à arena esportiva*, pelo prazo de três meses a três anos, convertendo a pena em prisão quando ocorrer o descumprimento injustificado da restrição imposta (§ 3.º, art. 201, LGE). Membros da torcida organizada que em evento esportivo promover tumulto, praticar ou incitar a violência, praticar condutas discriminatórias, racistas, xenófobas, homofóbicas ou transfóbicas ou invadir local restrito aos competidores, aos árbitros, aos fiscais, aos dirigentes, aos organizadores ou aos jornalistas, serão impedidos de comparecer a eventos esportivos pelo prazo de até 5 (cinco) anos (art. 182, § 2º, LGE). Não sendo possível ainda contar com os recursos tecnológicos de reconhecimento facial nos estádios, a própria Lei prevê que ao juiz compete determinar o estabelecimento que o agente deverá comparecer no período compreendido entre duas horas antecedentes e duas horas posteriores à realização das partidas. No Estado de São Paulo há atualmente 35 torcedores afastados, e tem sido determinado o recolhimento ao 2º Batalhão de Choque localizado na capital ou em outras unidades da polícia militar ou da polícia civil próximas ao domicílio do infrator. Alguns estádios já estão implantando controle facial e biométrico, o que permitirá a fiscalização da medida no próprio local do evento. Há ainda projeto piloto da Secretaria de Segurança Pública do Estado de São Paulo de identificação facial em andamento. A própria Lei Geral do Esporte, de 14/06/23, estabelece o prazo de dois anos, a contar de sua entrada em vigor, para que haja nos estádios o monitoramento por imagem das catracas e com identificação biométrica dos espectadores, assim como central técnica de informações para viabilizar o monitoramento por imagem do público e o cadastramento biométrico para o acesso à arena esportiva com capacidade para mais de vinte mil pessoas (art. 148, LGE).

É de se ponderar que o número de casos julgados pelo Juizado do Torcedor deve aumentar, especialmente a partir da entrada em vigor da Lei Geral do Esporte. Não necessariamente pelo aumento da violência nos estádios, mas porque a Lei passou a criminalizar condutas antes inexistentes ou que até então eram tidos como de pouca visibilidade, como a corrupção particular no esporte e os crimes de manipulação de resultados, delitos que vêm ganhando notoriedade pelo aumento de sua prática em razão da modificação do mercado de apostas, bem como por sistemas mais modernos de investigação. O mercado de apostas é regulado pela Lei n. 13.756/18, modificada por normas posteriores como a Medida Provisória n. 1.182/23, que regulamenta a exploração da loteria de apostas da quota fixa pela União — mercado das *"bets"*, o qual movimenta bilhões de reais por ano. A modificação recente da bolsa de apostas, ao se permitir que o usuário aposte em resultados como número de cartões amarelos, escanteios, pênaltis, expulsões etc., permite que apenas um jogador participe do esquema criminoso em alterar ou falsear o resultado esportivo. Como se sabe, é diretriz do esporte a incerteza do resultado, prevendo a LGE normas de prevenção e combate à manipulação com o objetivo de afastar a possibilidade de conluio intencional, ato ou omissão que visem a alteração indevida do resultado ou do curso de competição esportiva, atentando contra a imprevisibilidade da competição, prova ou partida esportiva (art. 177, LGE). Dentre os tipos penais, estão previstos na Lei os arts. 198, 199 e 200, com competência do Juizado do Torcedor para o julgamento desse tipo de delito. Os artigos citados tratam dos crimes contra a incerteza do resultado esportivo, crimes que violam a integridade do esporte. O art. 198 se assemelha ao tipo penal da corrupção passiva prevista no Código Penal, que é o agente que solicita ou aceita, para si ou para outrem, vantagem ou promessa de vantagem para qualquer ato ou omissão destinado a alterar ou falsear o resultado da competição esportiva. O art. 199, a seu turno, se assemelha ao tipo penal da corrupção ativa, que é aquele que dá ou oferece vantagem com o fim de alterar ou falsear o resultado. Ambos os delitos são crimes formais, ou seja, não há necessidade para a sua consumação que haja a alteração do resultado esportivo, bastando a prática da conduta de solicitar/aceitar ou dar/oferecer a vantagem, independentemente da efetiva alteração ou falsificação do resultado. E, por fim, o art. 200, que é aquele que frauda, por qualquer meio e de qualquer forma, o resultado da competição. Não há necessidade, para se consumar o delito, do recebimento de qualquer vantagem, podendo ser movido pelo sentimento pessoal, por exemplo. Os três delitos citados são de ação pública incondicionada, e possuem penas de 2 (dois) a 6 (seis) anos de reclusão e multa, motivo pelo qual não cabem os institutos despenalizadores do procedimento previsto na Lei n. 9.099/95. Desta forma, com o alargamento da tutela penal na LGE e a modificação do mercado de apostas, o volume de casos no Juizado do Torcedor tende a aumentar por trazer essa nova realidade para o julgamento da Vara especializada, não se vinculando necessariamente o aumento de número de processos aos casos de *violência* ou *racismo* nos estádios.

Em São Paulo, por força da experiência adquirida pelo Juizado do Torcedor, algumas medidas têm sido implementadas com êxito para a manutenção da ordem e da paz nos jogos. Uma delas é a proibição da venda de bebidas alcoólicas em estádios de futebol durante o evento desportivo. Com efeito, a Lei Geral do Esporte estabelece como condição de acesso e permanência do espectador no recinto esportivo não estar embriagado ou sob efeito de drogas (art. 158, IX, LGE). Uma parte das ocorrências, especialmente quanto aos crimes de desobediência, desacato ou princípio de tumulto, tem sido causado por torcedores embriagados ou sob efeito de drogas. Dessa forma, embora haja projeto de Lei no Estado de São Paulo quanto à liberação de venda de bebida alcoólicas nos estádios, sugerimos que a discussão da proposta que ocorre no âmbito da Assembleia Legislativa possa ser precedida de consulta pública aos integrantes do sistema, para permitir aos Parlamentares colher dos atuantes da estrutura do Juizado do Torcedor a expertise haurida, como estabelece o art. 181, V, da LGE. Inclusive, caso a augusta Casa opte pela liberação, sugerimos antes projetos-piloto para compreender o alcance e a profundidade da medida, possibilitando serem mensurados os índices e confrontadas as realidades, justificando assim a liberação caso fique evidenciado não causar impacto significativo quanto ao incremento do número de infrações penais nos estádios, objetivo primário da legislação federal voltada ao esporte. Outra medida que vem sendo adotada em São Paulo é a torcida única para os clássicos paulistas, fato que tem contribuído de forma relevante para reduzir as ocorrências criminais nos estádios e durante o trajeto. Essas medidas restritivas podem, evidentemente, ser superadas, desde que exista ambiente propício para o retorno de ambas as torcidas e, ainda, que o índice de criminalidade nos estádios não sofra incremento significativo a ponto de prejudicar o próprio evento. Entretanto, ressaltamos a adoção de cautela quanto à introdução abrupta de modificações nesses grandes eventos esportivos em razão de seu impacto imediato com consequências e efeitos que, por atingir milhares de pessoas, podem modificar de forma significativa os índices de violência nos estádios de futebol.

Quanto à competência do Juizado do Torcedor itinerante, presente nos estádios, os crimes submetidos a julgamento por essa unidade judicial é aquele ocorrido dentro da arena ou até em um raio de *5 mil metros* ao redor do local de realização do evento, ou mesmo durante o trajeto, que esteja previsto na Lei Geral do Esporte ou que lhe seja conexo. Quanto ao procedimento, constatado o flagrante, o infrator é preso pela Polícia Militar e levado imediatamente para a lavratura do auto de prisão em flagrante perante a Delegacia de Polícia Civil (DRADE). O expediente, assim que concluído, é enviado de forma eletrônica ao Juizado do Torcedor, momento que o infrator é encaminhado à presença da autoridade judiciária. Antes da audiência com o juiz, o autor da infração tem direito à entrevista com o Defensor Público. Na audiência, sendo o caso do procedimento previsto na Lei n. 9.099/95, qual seja, as infrações penais em que a pena máxima não supera dois anos, aplica-se o procedimento previsto no art. 76 do diploma especial. O Ministério Público na audiência propõe um acordo, transacionando o direito de punir do Estado com a aplicação imediata de alguma medida, estando presentes os pressupostos objetivos e subjetivos previstos na Lei para a oferta. É nesse momento que são aplicadas ao infrator sanções como afastamento do estádio, penas pecuniárias, ou outro tipo concernente ao delito praticado. Caso o infrator aceite a proposta formulada pelo Ministério Público, o acordo é submetido ao juiz para verificação dos pressupostos, sendo homologado no mesmo ato se o magistrado anuir ao negócio jurídico que foi firmado. Caso o infrator recuse as medidas que lhe são impostas mediante transação, os autos serão enviados ao Juizado Permanente do Fórum Central, e o infrator responderá ao processo judicial criminal se submetendo a uma sentença. Se for condenatória, será a ele imposta as penas previstas na Legislação Penal quanto ao delito que praticou, além do constar o registro em sua folha de antecedentes e a perda da primariedade. Pode ainda o juiz, no momento da audiência ou depois dela, caso verifique a necessidade, determinar ao infrator medidas cautelares diversas da prisão, com o objetivo de assegurar a manutenção da ordem e o escopo da Lei que é a paz e a segurança dos torcedores e de suas famílias nos eventos desportivos. De outra sorte, caso o delito tenha a pena superior ao limite estabelecido pelo procedimento da Lei n. 9.099/95, e o crime seja da competência do Juizado do Torcedor, o rito a ser seguido é o da legislação processual penal comum. Assim, é realizada no local a audiência de custódia referente à prisão. Na própria audiência, o juiz irá avaliar a legalidade, a necessidade e a adequação da continuidade da prisão ou de eventual concessão de liberdade, com ou sem a imposição de outras medidas cautelares. Não é julgado, neste momento, o crime em si, apenas o ato da prisão e a sua manutenção. É o que ocorre, por exemplo, quanto aos crimes de racismo praticados no estádio de futebol. Esse delito não se submete ao procedimento do Juizado Especial, tramitando por isso de acordo com a legislação processual penal comum. Assim, sendo crime de competência do Juizado do Torcedor, será o juiz plantonista do estádio que fará a audiência de custódia. Não sendo o delito de competência da justiça especializada do esporte, o auto de prisão em flagrante é encaminhado ao juiz plantonista competente para que seja feita a audiência de custódia.

A título de exemplo da atuação do Juizado do Torcedor itinerante, no jogo pela semifinal da Copa do Brasil ocorrido no Neo Química Arena em 25.07.2023, após o gol do time do São Paulo, alguns torcedores do Corinthians jogaram no campo garrafas de água e outros objetos, configurando o delito penal previsto no art. 201 da LGE (princípio de tumulto). A equipe de segurança identificou os torcedores infratores utilizando as precisas câmeras existentes no estádio, os quais foram presos e conduzidos pela Polícia Militar à Delegacia especializada, lavrando-se o auto de prisão em flagrante. Logo em seguida foi realizada a audiência judicial com os infratores e aplicada a sanção de afastamento dos jogos da equipe do Corinthians por 12 (doze) meses, em todos os jogos da equipe, onde o clube fosse mandante ou visitante, dentro ou fora do Estado de São Paulo, em todos os campeonatos, sejam nacionais ou estaduais, tanto durante a semana quanto no final de semana. Os autores foram sancionados a comparecer ao Batalhão da Polícia Militar duas horas antes do início do jogo, lá permanecendo durante o jogo e só saindo quinze minutos após o término da partida. Desta forma, esse tipo de medida tomada imediatamente no local da infração contribuiu para a manutenção da ordem e para a redução dos índices de violência no futebol, segregando da participação das torcidas os infratores que nada contribuem para promover a paz, os quais prejudicam o espetáculo do evento.

Quanto à matéria cível, os casos de tutelas provisórias ou de urgência, cautelares ou antecipatórias relacionadas ao evento esportivo, podem ser apreciadas pelo magistrado de plantão do Juizado do Torcedor itinerante, fundado no poder geral de cautela da autoridade judiciária, e depois encaminhado ao juízo competente para reavaliar e medida, processando-se o caso.

Por fim, o Juizado de Defesa do Torcedor nesses nove anos de existência vem haurindo grande expertise pela profícua atividade que tem exercido, sobretudo o acompanhamento próximo de toda a estrutura que envolve o futebol de São Paulo que abriga não só os maiores times do país, como promove partidas de campeonatos estaduais, regionais, nacionais e internacionais, possuindo estádios modernos com capacidade para milhares de pessoas, realizando grandes partidas do futebol brasileiro. Assim, a experiência do Juizado do Torcedor do Estado de São Paulo advinda dessa intensa atividade tem servido de modelo para outros Estados da Federação. Recentemente o Conselho Nacional de Justiça criou um Grupo de Trabalho (GT), instituído por meio da Portaria CNJ n. 219/2023, que reunirá, em um relatório final, as propostas, as diretrizes e as ações para aprimorar os instrumentos da Justiça na área desportiva, promovendo maior segurança nos eventos, com participação de membros que atuam no sistema do Juizado do

Torcedor de São Paulo. Ressaltamos, por isso, que a atuação do Juizado, tanto de forma permanente como de forma itinerante dentro dos estádios de futebol, e a resposta rápida e eficaz da Justiça especializada em todos os âmbitos de sua atuação, contribui para a manutenção da paz nesses grandes eventos desportivos, garantindo a manifestação festiva e amigável dos torcedores e suas famílias, permitindo que se sintam seguros em frequentar os estádios para torcer pelo time do coração, promovendo e prestigiando a própria cultura brasileira.

Do Valor Indenizatório da Formação Esportiva à Luz do Art. 227 da Constituição Federal de 1988

Filipe Orsolini Pinto de Souza[1]

Introdução

Nas discussões sobre a situação do esporte brasileiro, é natural que os envolvidos destaquem a importância da formação de atletas como mecanismo de evolução quantitativa e qualitativa no que diz respeito aos resultados nacionais e internacionais. Em outras palavras, para que o Brasil tenha mais e melhores atletas de alto rendimento, que possam elevar o nível das competições e acumular mais conquistas em jogos olímpicos e mundiais, diz-se que é preciso cuidar da base.

Não há dúvida de que é preciso cuidar da formação de atletas para que seja possível identificar e promover os nossos talentos. Com um trabalho de base efetivo, abrangente e especializado, teremos melhores competições nacionais e melhores representantes nas competições internacionais. Evidentemente que tratar da formação de atletas não é uma tarefa que possa ser designada para uma ciência, apenas. Muitas disciplinas são indispensáveis para trabalhar o tema, inclusive o Direito, razão pela qual é relevante e oportuno discutir as regras aplicáveis à formação de atletas.

---

(1) Mestre em Direito Desportivo pela Pontifícia Universidade Católica de São Paulo — PUCSP. Mestre em Direito Desportivo Internacional pelo *Instituto Superior de Derecho y Econo*mia — ISDE (Espanha). Pós-Graduado em Direito Desportivo pela Escola Superior de Advocacia da OAB/SP. Pós-Graduado em Direito Empresarial pela Fundação Getúlio Vargas — FGV. Graduado pela FACAMP — Faculdades de Campinas. Participante do Programa de Negociação da Harvard *Law School Executive Education*. Membro da Comissão de Direito Desportivo da OAB Seção São Paulo. Conselheiro do Instituto Brasileiro de Direito Desportivo — IBDD. Membro do Comitê Brasileiro de Arbitragem — CBAr. Membro da *Association Internationale des Avocats du Football* — AIAF. Colunista do Portal Lei em Campo. Professor de Direito Desportivo das Faculdades de Campinas — FACAMP, da Faculdade de Direito de Sorocaba — FADI Sorocaba, da Escola Superior de Advocacia da OAB/SP e do *Instituto Superior de Derecho y Economia* — ISDE (Espanha), além de outros cursos de graduação e pós-graduação. Advogado Sócio de Brocchi e Souza Sociedade de Advogados.

Desde a Lei n. 9.615, de 24 de março de 1998, conhecida como Lei Pelé, parcialmente revogada pela Lei n. 14.597, de 14 de junho de 2023, conhecida como Lei Geral do Esporte, a legislação brasileira se dedica a regulamentar a formação de atletas, sob a denominação de formação esportiva.

Como toda atividade essencialmente humana, a legislativa igualmente traz consigo erros e acertos, os quais são identificados no texto da lei que é aprovada e passa a integrar o ordenamento jurídico. As regras vigentes sobre a formação esportiva, que estão na Lei Geral do Esporte, não são tão diferentes daquelas agora superadas, incluídas na Lei Pelé, ou seja, os debates sobre os tais erros e acertos seguem a mesma direção.

É verdade que tanto a Lei Pelé quanto a Lei Geral do Esporte dedicaram poucos artigos para a formação esportiva, mas o seu conteúdo é amplo e bastante impactante para o esporte, especialmente por ter como protagonista o ser humano na fase da criança, do adolescente e do jovem, que goza de especial proteção constitucional e infraconstitucional.

Entre os diversos assuntos controvertidos da regulamentação da formação esportiva na legislação nacional, que abrange todas as modalidades, pretende-se discutir, neste estudo, a indenização devida à organização esportiva formadora, ou clube formador, caso esteja impossibilitada de assinar o primeiro contrato especial de trabalho esportivo com o atleta que formou, seja por oposição desse atleta ou por ter se vinculado a outra organização esportiva, sem autorização daquela que foi a sua formadora, indenização que será limitada ao montante correspondente a 200 vezes os gastos efetuados para a formação do atleta, tudo como previsto no art. 99, § 5º, II, da Lei Geral do Esporte.

Pelas diretrizes legalmente estabelecidas para que um clube possa ser considerado formador e, portanto, tenha condições de exigir a indenização mencionada, o valor que se alcança pelo multiplicador de 200 vezes constitui um número bastante significativo, não raro na esfera dos milhões de reais.

Ao se analisar um contrato de formação e se estimar o valor indenizatório devido à organização esportiva formadora, é natural que isso traga algum espanto para o atleta em formação envolvido na operação, especialmente pelos efeitos dessa quantia para o prosseguimento de sua vida esportiva e, em alguns casos, da sua carreira de atleta profissional. Ao se deparar com uma multa de R$ 10.000.000,00 para um atleta de 17 anos, que receba uma ajuda de custo de R$ 1.000,00, por exemplo, é quase que instintiva a pergunta: mas a lei permite isso?

Como nem sempre as circunstâncias dos casos concretos diante da dinâmica do mercado permitem uma análise mais profunda sobre os contornos jurídicos da indenização prevista em lei, especificamente em ações judiciais, aproveita-se este espaço para percorrer a Constituição Federal e, espera-se, deixar algumas reflexões sobre a adequação de tão relevante instituto jurídico, a partir de estudos doutrinários, estimulado pelos debates promovidos no Painel "Clube Formador", organizado pela Sociedade Brasileira de Direito Desportivo[(2)].

1. Do valor indenizatório do contrato de formação esportiva na Lei Geral do Esporte

A Constituição Federal de 1988 contemplou o desporto enquanto direito social e, portanto, integrante do rol dos direitos humanos fundamentais e elemento da dignidade da pessoa humana, dedicando-lhe o art. 217, pelo qual "*é dever do Estado fomentar as práticas desportivas formais e não formais, como direito de cada um*"[(3)].

Evidentemente que o constituinte fez constar o desporto no texto constitucional pela sua relevância para o ser humano, e não apenas na sua vertente do profissionalismo, que envolve trabalho e atividade econômica, como ensinam Luiz Alberto David Araújo e Vidal Serrano Nunes Júnior:

> A Constituição, no Capítulo "Da Ordem Social", em que estão concentrados os direitos que têm por propósito o resgate da dignidade humana para todos os cidadãos, prevê o direito ao desporto. Os direitos sociais objetivam a formação do ser humano integral: agente da sociedade, das relações de trabalho, construtor do mundo moderno e, ao mesmo tempo, um ser relacional, humano, que, desse modo, deve integrar sua vida com o lazer, o convívio familiar e a prática desportiva.
>
> Assim, o desporto, quer como forma de lazer, quer como parte da atividade educativa, quer ainda em caráter profissional, foi incorporado ao nosso sistema jurídico no patamar de norma constitucional.[(4)]

Justamente pela natureza do Direito ao Desporto, enquanto direito de cada um, o constituinte atribuiu objetivamente ao Estado o dever de fomento, que há de ser compreendido de maneira ampla e abrangente. O mandamento constitucional não faculta ao poder público fomentar o desporto, mas o obriga a fazê-lo, sem qualquer restrição da vertente a ser promovida, embora, no caso da destinação dos recursos públicos, tenha

---

(2) SOCIEDADE BRASILEIRA DE DIREITO DESPORTIVO. Clube Formador. *Youtube*, 9 nov. 2021. Disponível em: https://www.youtube.com/watch?v=vkVkbpzVi_U&t=3157s. Acesso em: 28 nov. 2023.

(3) BRASIL. *Constituição da República Federativa do Brasil 1988*. Disponível em: http://www.planalto.gov.br/ccivil_03/constituicao/constituicao.htm. Acesso em: 04 dez. 2023.

(4) ARAÚJO, Luiz Alberto David; NUNES JÚNIOR, Vidal Serrano. *Curso de Direito Constitucional*. 23. ed., rev. e atual. Santana de Parnaíba: Manole, 2021. p. 558.

definido a prioridade ao desporto educacional, como se extrai do inciso II do art. 217, explicado por Paulo Sérgio Feuz e José Tadeu Rodrigues Penteado:

> A destinação de recursos públicos para a promoção prioritária do desporto educacional é o mais importante dos princípios constitucionais atinentes às práticas desportivas, nascido de uma opção político-legislativa do constituinte originário, ao eleger a modalidade educacional do desporto para utilização dos recursos públicos, primordialmente da arrecadação tributária, ou seja, através de receita derivada do contribuinte, para que o Poder Público, através do aparelho estatal, promova seu adequado gerenciamento em conformidade com a finalidade pública definida na Carta Constitucional, como um dos objetivos do Estado para alcançar os anseios sociais.(5)

Diante da diretriz do constituinte no sentido de que o Estado deve priorizar o desporto educacional, a Lei Geral do Esporte, tal qual já havia sido feito pela Lei Pelé, trouxe dispositivo com a sua definição:

> Art. 10. Considera-se esporte educacional aquele praticado nos sistemas de ensino e em formas assistemáticas de educação, evitando-se a seletividade e a hipercompetitividade de seus praticantes, com a finalidade de alcançar o desenvolvimento integral, físico e intelectual, do indivíduo e a sua formação para o exercício da cidadania e para a prática do lazer, visando à integração social dos estudantes e à melhoria de sua qualidade de vida.(6)

É verdade que a expressão desporto educacional já sugere o seu significado, mas o texto legal contribui com a compreensão de que se trata daquele que se pratica nas escolas e universidades, envolvendo, obviamente, os estudantes, o que encontra respaldo na doutrina de Álvaro Melo Filho:

> Preliminarmente, impende fixar-se o conceito de desporto educacional, beneficiário da prioridade outorgada pelo constituinte no repasse de recursos financeiros estatais. Com efeito, esta vertente desportiva aquinhoada no Texto Maior alberga duas vertentes — desporto escolar + desporto universitário —, entendendo-se como escolar aquele praticado nas escolas de ensino fundamental e médio enquanto o universitário é desenvolvido no

(5) FEUZ, Paulo Sérgio; PENTEADO, José Tadeu Rodrigues. O Direito da Criança ao Esporte no Brasil. In: GIORDANI, Francisco Alberto da Motta Peixoto; GIORDANI, Manoel Francisco de Barros da Motta Peixoto Giordani (Orgs).. *Direito Desportivo Aspectos Penais e Trabalhistas Atuais*. São Paulo: LTr, 2017. p. 111.

(6) BRASIL. *Lei Geral do Esporte*. Brasília/DF. Disponível em: http://www.planalto.gov.br/ccivil_03/_ato2023-2026/2023/lei/L14597.htm. Acesso em: 4 dez. 2023.

âmbito das instituições de ensino superior, vale dizer, faculdades, centros universitários e universidades.[7]

Parece consenso, em todas as discussões sobre a formação esportiva, que o modelo ideal seria a presença efetiva do esporte dentro das escolas e universidades, oportunizando-se aos estudantes o contato com as mais diversas modalidades desportivas. Essa ampliação quantitativa da base de praticantes permitiria, certamente, que crianças e adolescentes encontrassem a identificação com determinado esporte e criassem o desejo do aperfeiçoamento que, eventualmente, poderia alcançar o profissionalismo. Por outro lado, caso o estudante não se identificasse com alguma modalidade com a finalidade de se especializar naquela prática, simplesmente colheria os benefícios do esporte para a sua saúde e para a sua formação plena enquanto cidadão.

O paradigma de integração entre esporte e escola é trazido pelos Estados Unidos da América, conhecidos mundialmente pela concessão de bolsas de estudos nas universidades para os atletas que se destacam nas mais variadas modalidades, bem como a transição dos atletas universitários para o profissionalismo pelo sistema denominado "*draft*".

O Estado brasileiro, no entanto, não consegue cumprir o mandamento constitucional de promover o desporto educacional, embora isso lhe seja prioritário, prejudicando-se aquilo que se entende como modelo mais adequado de formação esportiva. Como uma espécie de terceirização do seu dever, o Estado brasileiro acaba por repassar às organizações esportivas de prática, conhecidas como clubes, a função de fazer esporte no país. Esse fato é bastante importante quando se avalia a formação esportiva no Brasil, em critérios quantitativos e qualitativos, pois os clubes são privados e, portanto, exclusivos, enquanto o dever de fomento do Estado é de natureza pública e deve ser inclusivo.

Não obstante se tenha um cenário paradoxal quando analisado sob a perspectiva da Constituição Federal de 1988, o fato é que aos clubes brasileiros é transferida a incumbência de promover, no Brasil, desde a formação esportiva até o profissionalismo. E tudo isso custa muito caro.

Se o Estado não cumpre o seu dever de fomentar o desporto em todas as suas vertentes, até mesmo o desporto educacional — que deveria ter prioridade, terceirizando--se aos clubes aquilo que é a sua função —, surge a demanda para que existam leis e políticas públicas aptas a contribuírem para essa incumbência transferida ao setor privado, sob o justo pretexto de que o fomento não pode se confundir e sequer se restringir ao financiamento.

Para pavimentar esse caminho da terceirização do fomento desportivo do Estado aos clubes, que são privados, o legislador constitucional concebeu, entre outros mecanismos,

(7) MELO FILHO, Álvaro. *Nova Lei Pelé:* avanços e impactos. Rio de Janeiro: Maquinária, 2011. p. 51.

o sistema da formação esportiva, já existente na Lei Pelé e, agora, previsto no art. 4º, I, da Lei Geral do Esporte.

Por ser a formação esportiva uma atividade originariamente do Estado que, ao ser transferida ao setor privado, carrega consigo a necessidade de que sejam feitos altos investimentos, o legislador infraconstitucional haveria de encontrar uma forma de contribuir com essas despesas ou, ao menos, conceber algum meio de ressarcimento.

Ao longo dos anos, verifica-se que o Estado cria políticas públicas para viabilizar o custeio do esporte, como as tradicionais leis de incentivos ao esporte, existentes na esfera federal, em muitos estados e outros tantos municípios, sendo uma parte importante dessas regras para que os clubes possam se valer dos referidos benefícios direcionada à formação esportiva.

De qualquer modo, como resposta direta à justa demanda dos clubes que investem na formação de atletas, o instituto da formação esportiva trouxe a possibilidade da celebração de Contrato de Formação Esportiva, que confere à organização formadora desportiva, desde que observados determinados requisitos, o direito de celebrar o primeiro contrato especial de trabalho esportivo com o atleta por ela formado, sob pena de ser indenizada quando ficar impossibilitada de fazê-lo, seja por oposição do atleta ou quando o atleta se vincular, de qualquer forma, a outra organização esportiva, sem autorização daquela que o formou:

> Art. 99. A organização esportiva formadora de atleta terá o direito de assinar com ele, a partir de 16 (dezesseis) anos de idade, o primeiro contrato especial de trabalho esportivo, cujo prazo não poderá ser superior a 3 (três) anos para a prática do futebol e a 5 (cinco) anos para outros esportes.
>
> (...)
>
> § 5º A organização esportiva formadora fará jus a valor indenizatório se ficar impossibilitada de assinar o primeiro contrato especial de trabalho esportivo por oposição do atleta, ou quando ele se vincular, sob qualquer forma, a outra organização esportiva, sem autorização expressa da organização esportiva formadora, observado o seguinte:[8]

Se o objetivo do legislador infraconstitucional era garantir que a organização esportiva formadora conseguisse efetivar o seu direito de assinar com o atleta em formação o primeiro contrato especial de trabalho desportivo, evidentemente que haveria de estabelecer um valor indenizatório que desestimulasse a oposição do atleta ou a sua vinculação a outra organização esportiva de prática, razão pela qual estabeleceu que "*a indenização será limitada ao montante correspondente a 200 (duzentas) vezes os gastos comprovadamente efetuados com a formação do atleta, especificados no contrato referido no § 3º*

(8) BRASIL. *Lei Geral do Esporte*. Brasília/DF. Disponível em: http://www.planalto.gov.br/ccivil_03/_ato2023-2026/2023/lei/L14597.htm. Acesso em: 4 dez. 2023.

deste artigo". A doutrina de Luis Guilherme Krenek Zainaghi contribui para esse entendimento:

> O clube formador terá direito de preferência na assinatura do primeiro contrato de trabalho desportivo com o atleta por ele formado. Entretanto, na hipótese de o atleta recusar-se assinar o contrato de trabalho ou transferir-se para outra equipe sem autorização expressa da entidade formadora, esta terá jus a uma indenização limitada a duzentas vezes os gastos comprovados com a formação do atleta, ou seja, todas as despesas previstas no parágrafo segundo do art. 29, bem como eventuais valores pagos a título de bolsa de aprendizagem. Destacamos que a lei impõe essa indenização nos casos em que a impossibilidade se dá por vontade do atleta, ou seja, se o clube dispensar o atleta ou mesmo se este não estiver regularmente registrado no clube, a indenização é indevida.(9)

Ao indicar o multiplicador, a lei estabelece como base de cálculo todos os gastos efetuados com a formação do atleta, desde que possam ser comprovados e estejam previamente especificados no contrato de formação esportiva. No inciso IV do § 6º do art. 99 da Lei Geral do Esporte, que trata do conteúdo obrigatório do contrato de formação esportiva, verifica-se ser obrigatória a "*especificação da natureza das despesas individuais ou coletivas com o atleta em formação, para fins de cálculo da indenização com a formação esportiva*"(10).

Em termos práticos, para se ter noção dos valores apurados a partir do multiplicador e da base de cálculo estabelecidos pelo legislador, é oportuno trazer um exemplo. Hipoteticamente, se uma organização esportiva formadora paga R$ 1.000,00 de ajuda de custo ao seu atleta em formação, bem como apura um gasto mensal de R$ 2.000,00 com esse atleta em formação, decorrente das despesas com alojamento, alimentação, vestuário, comissão técnica, departamento médico e fisioterapia — apenas para listar algumas das rubricas —, e o vínculo de formação já dura 24 meses, o valor indenizatório perfaz a quantia de R$ 14.400.000,00.

Para completar o caso hipotético em análise, se a organização esportiva formadora manifestar o interesse em exercer o direito de assinar o primeiro contrato especial de trabalho esportivo com esse atleta em formação, aos 17, como permite o art. 99, *caput*, da Lei Geral do Esporte, mas esse atleta em formação se opuser ou se vincular a outra organização esportiva formadora, aquela fará jus ao recebimento de indenização no valor de R$ 14.400.000,00, desde que cumpridos os demais requisitos previstos na legislação.

---

(9) ZAINAGHI, Luis Guilherme Krenek. *A formação desportiva e o direito do trabalho:* a criança e o adolescente no esporte. Leme, SP: Mizuno, 2021. p. 68.

(10) BRASIL. *Lei Geral do Esporte*. Brasília/DF. Disponível em: http://www.planalto.gov.br/ccivil_03/_ato2023-2026/2023/lei/L14597.htm. Acesso em: 4 dez. 2023.

Esse é o contexto da legislação vigente sobre a formação esportiva, especialmente em relação ao valor indenizatório a que faz jus a organização esportiva formadora nas hipóteses legalmente previstas, desde os antecedentes constitucionais até as regras da Lei Geral do Esporte.

2. Da proteção à criança, ao adolescente e ao jovem no art. 227 da Constituição Federal de 1988

Não obstante o instituto da formação esportiva esteja regulado pela Lei Geral do Esporte, a sua análise e aplicação diante de casos práticos não pode se restringir aos dispositivos da lei especial, ao passo que está inserida em um ordenamento jurídico hierarquizado, devendo obediência à Constituição Federal, como ensina Goffredo Telles Junior:

> Isto significa, apenas, que, havendo leis inferiores e superiores, não pode uma lei inferior contrariar disposição competente de lei superior a ela: uma lei municipal não pode contrariar disposição competente de lei estadual, e uma lei estadual não pode contrariar disposição competente de lei federal.
>
> Convém lembrar que, no alto da hierarquia legislativa, predomina, soberana, a Lei Magna, a Constituição do Brasil, com domínio geográfico e domínio de competência sobrepostos aos domínios de todas as demais leis. Contra a Constituição Federal, nenhuma lei prevalece, nenhuma impera.[11]

A compreensão de que o ordenamento jurídico é dotado de hierarquia, na qual Constituição Federal ocupa a posição mais elevada, exige que qualquer estudo jurídico passe pelas suas diretrizes. No caso do desporto, enquanto atividade humana desenvolvida em variadas vertentes, desde o lazer até o profissionalismo, é possível encontrar respaldo em diferentes dispositivos da Constituição Federal, como o art. 6º, que trata dos direitos sociais, ou o art. 170, que trata dos princípios da ordem econômica. Ao se tratar da formação esportiva, entretanto, há de se visitar o texto constitucional naquilo que se refere aos direitos da criança e do adolescente, como adverte José Tadeu Rodrigues Penteado:

> Dessa forma, as entidades públicas ou privadas, beneficentes ou filantrópicas, comunitárias ou desportivas, não podem utilizar o trabalho de crianças ou adolescentes, no esporte ou fora dele, sem observar as premissas de proteção calcadas no texto da Constituição de 1988.[12]

---

(11) TELLES JUNIOR, Goffredo. *Estudos*. São Paulo: Saraiva, 2016. p. 63.

(12) PENTEADO, José Tadeu Rodrigues. *Direito Desportivo Constitucional:* o Desporto Educacional Como Direito Social. Belo Horizonte: Editora Dialética, 2021. p. 83.

Entre outros dispositivos relacionados às crianças, aos adolescentes e aos jovens, destaca-se o art. 227, *caput*, da Constituição Federal, que se torna, portanto, objeto deste estudo:

> Art. 227. É dever da família, da sociedade e do Estado assegurar à criança, ao adolescente e ao jovem, com absoluta prioridade, o direito à vida, à saúde, à alimentação, à educação, ao lazer, à profissionalização, à cultura, à dignidade, ao respeito, à liberdade e à convivência familiar e comunitária, além de colocá-los a salvo de toda forma de negligência, discriminação, exploração, violência, crueldade e opressão.[13]

Da leitura do dispositivo transcrito, verifica-se que o constituinte atribuiu as responsabilidades de proteção integral da criança, do adolescente e do jovem, à família, à sociedade e ao Estado, demonstrando que o assunto deve ser tratado por todos, dada a sua importância. E, sobretudo, proteger integralmente a criança, o adolescente e o jovem é tema de "*absoluta prioridade*", para não deixar dúvida sobre a sua condição, ainda que a expressão possa incorrer em pleonasmo — segundo o *Dicionário Houaiss da Língua Portuguesa*, prioritário é o "*que tem prioridade, mais importante, preferencial*"[14].

A excessiva preocupação do constituinte em indicar, com clareza, a postura a ser seguida pela família, pela sociedade e pelo Estado, no que diz respeito à proteção integral da criança, do adolescente e do jovem é abordada pela obra de Luiz Alberto David Araujo e Vidal Serrano Nunes Júnior:

> Inegavelmente, quando da promulgação da Constituição, o País vivia (e ainda vive) um momento social difícil, em que havia marginalização da criança, que era colocada de lado no processo de integração social. Tal preocupação fez com que o constituinte de 1988 destinasse longo capítulo à família, à criança, ao adolescente, ao jovem e ao idoso.[15]

A amplitude do art. 227 da Constituição Federal oferece, por si, a proteção integral à criança, ao adolescente e ao jovem, mas, não bastasse isso, o legislador infraconstitucional entendeu oportuno incluir no ordenamento jurídico pátrio a Lei n. 8.069/90, que institui o Estatuto da Criança e do Adolescente, com mecanismos específicos de implementação do mandamento constitucional, como reconhecem Maria Celina Bodin de Moraes e Ana Carolina Brochado Teixeira:

> O art. 227 da Constituição Federal de 1988 é fruto de uma "virada hermenêutica" sobre a concepção da relevância dos direitos da criança e do

(13) BRASIL. *Constituição da República Federativa do Brasil 1988*. Disponível em: http://www.planalto.gov.br/ccivil_03/constituicao/constituicao.htm. Acesso em: 04 dez. 2023.

(14) HOUAISS, Antônio; VILLAR, Mauro de Salles. *Dicionário Houaiss da Língua Portuguesa*. Rio de Janeiro: Objetiva, 2001. p. 2.300.

(15) ARAÚJO, Luiz Alberto David; NUNES JÚNIOR, Vidal Serrano. *Curso de Direito Constitucional*. 23. ed., rev. e atual. Santana de Parnaíba: Manole, 2021. p. 576.

> adolescente. Tanto que é inovador quanto ao tratamento da população infantojuvenil por uma Constituição, pois dedica à criança e ao adolescente um dos mais expressivos textos consagradores de direitos fundamentais da pessoa humana, cujo conteúdo foi, posteriormente, explicitado pelo Estatuto da Criança e do Adolescente, Lei n. 8.069/1990 (v. art. 3º).(16)

O art. 227 da Constituição Federal não traz consigo o vocábulo "esporte" ou "desporto", mas não há dúvida de que a proteção integral dele decorrente alcança a prática esportiva, seja pela menção ao lazer, seja pelo conteúdo da proteção integral almejada pelo constituinte. De qualquer forma, o Estatuto da Criança e do Adolescente, que é concebido com lastro no referido dispositivo constitucional, supera qualquer questionamento ao ser expresso sobre a inclusão do esporte dentro daquilo que há de ser assegurado quando se trata da criança e do adolescente:

> Art. 4º É dever da família, da comunidade, da sociedade em geral e do poder público assegurar, com absoluta prioridade, a efetivação dos direitos referentes à vida, à saúde, à alimentação, à educação, ao esporte, ao lazer, à profissionalização, à cultura, à dignidade, ao respeito, à liberdade e à convivência familiar e comunitária.
>
> (...)
>
> Art. 16. O direito à liberdade compreende os seguintes aspectos:
>
> (...)
>
> IV – brincar, praticar esportes e divertir-se;(17)

Em linha com o texto constitucional, a relevância do Estatuto da Criança e do Adolescente para o estudo do instituto da formação esportiva é abordada pela doutrina de Luis Guilherme Krenek Zainaghi:

> O Estatuto da Criança e do Adolescente (Lei n. 8.069/1990) é uma lei bastante ampla, tratando de vários aspectos, tanto no âmbito do Direito Civil e Penal, mas também questões relacionadas ao trabalho e à prática esportiva, dispondo que é direito da criança e do adolescente a liberdade de prática esportiva:(18)

Para interpretação e aplicação da proteção integral estabelecida no texto constitucional e na legislação infraconstitucional, entende-se pela observância do princípio

(16) MORAES, Maria Celina Bodin de; TEIXEIRA, Ana Carolina Brochado. Art. 227. In: CANOTILHO, J. J. Gomes *et al* (Coords.). *Comentários à Constituição do Brasil*. 3. ed. rev. atual. São Paulo: SaraivaJur, 2023. p. 2232.

(17) BRASIL. *Estatuto da Criança e do Adolescente*. Disponível em: https://www.planalto.gov.br/ccivil_03/leis/l8069.htm. Acesso em: 04 dez. 2023.

(18) *Op. cit.*, p. 43.

do melhor interesse da criança, como explicam Maria Celina Bodin de Moraes e Ana Carolina Brochado Teixeira:

> O princípio do "melhor interesse da criança" é corolário da doutrina da proteção integral, que perpassou os mandamentos da Constituição Federal de 1988. Tal doutrina sustenta que a criança e o adolescente têm direitos específicos a serem protegidos. O dever de proteção não se limita ao Estado, mas se estende à família e à sociedade, constituindo-se em um dever social. Sua condição prioritária deve-se ao fato de serem pessoas em desenvolvimento, cuja personalidade deve ser promovida, mediante a garantia do exercício de direitos fundamentais.
>
> Tal princípio é a concretização do comando normativo da dignidade da pessoa humana, no âmbito da infância e da juventude.[19]

Os conceitos da proteção integral à criança, ao adolescente e ao jovem e o princípio do melhor interesse da criança são essenciais para a verificação de conformidade do instituto da formação esportiva em relação ao texto constitucional e, sobretudo, para que o direito possa ser adequadamente interpretado e aplicado em casos concretos, especificamente naqueles em que atletas em formação e organizações esportivas de prática formadoras, ou clube formadores, entram em disputa e recorrem ao Poder Judiciário.

3. Do valor indenizatório da formação esportiva à luz do art. 227 da Constituição Federal de 1988

Quando a Lei Geral do Esporte, ao tratar do valor indenizatório da formação esportiva, dispõe que a "*indenização será limitada ao montante correspondente a 200 (duzentas) vezes os gastos comprovadamente efetuados com a formação do atleta*"[20], acaba por tornar qualquer pequeno investimento feito na formação do atleta um valor indenizatório bastante elevado, que, na maioria das vezes, torna-se proibitivo.

Para conferir maior concretude à proposição, é oportuno trazer outro exemplo. Se a organização esportiva de prática é certificada como formadora e celebra contrato de formação esportiva com um determinado atleta e, por ocasião do exercício do direito de assinar o primeiro contrato especial de trabalho esportivo, ou seja, no mínimo após um ano de vigência do contrato de formação esportiva, consegue comprovar gastos no valor total de R$ 10.000,00 com a formação do atleta, a indenização terá o valor de R$ 2.000.000,00.

---

(19) *Op. cit.*, p. 2.233.

(20) BRASIL. *Lei Geral do Esporte*. Brasília/DF. Disponível em: http://www.planalto.gov.br/ccivil_03/_ato2023-2026/2023/lei/L14597.htm. Acesso em: 4 dez. 2023.

Naturalmente que qualquer preço que se estipule, para qualquer que seja o negócio jurídico a ser celebrado, depende das circunstâncias em que está inserido. Suponha-se que o atleta em formação do exemplo oferecido seja alguém do nível de Neymar ou Vinícius Júnior, ou seja, jogadores que são desejados por simplesmente qualquer clube do mundo. Evidente que R$ 2.000.000,00 significam muito pouco ou quase nada a ser pago como valor indenizatório à organização esportiva formadora. Alguns clubes brasileiros também teriam interesse o bastante e receita o suficiente para pagarem os R$ 2.000.000,00 a título de valor indenizatório e efetivarem a contratação de um atleta do nível dos mencionados exemplificativamente. Mesmo que o valor indenizatório envolvendo jogadores como Neymar ou Vinícius Júnior alcançassem os R$ 10.000.000,00, muitos clubes do mundo e, até mesmo do Brasil, considerariam o investimento baixo para efetuar a contratação das tais grandes estrelas.

Desse exemplo, emerge a questão: quantos jogadores do nível de Neymar e Vinícius Júnior existem no futebol brasileiro ou em qualquer outra modalidade a justificar que a lei, geral e abstrata, tenha a previsão de valor indenizatório "*correspondente a 200 (duzentas) vezes os gastos comprovadamente efetuados com a formação do atleta*"(21)?

Em maio de 2023, a Ernst & Young publicou o "*Levantamento Financeiro – Clubes Brasileiro 2022*"(22), com dados muito importantes para a análise da adequação da previsão legal sobre o valor indenizatório dos contratos de formação esportiva:

— 52% das receitas decorrentes de direitos de transmissão e premiação dos campeonatos, incluindo valores fixos e variáveis, estão concentradas em 5 clubes;

— 55% das receitas decorrentes de transferências de jogadores, incluindo cessão dos direitos econômicos e/ou empréstimos de atletas, bem como mecanismo de solidariedade, estão concentradas em 5 clubes;

— 59% das receitas decorrentes de patrocínios, *royalties* de produtos licenciados, lojas, mídias digitais, vendas de camisas, publicidade e outros, estão concentradas em 5 clubes;

— 49% do total arrecadado no ano de 2022 está concentrado em 5 clubes (Flamengo, Palmeiras, Corinthians, São Paulo e Internacional).

Para melhor compreender o significado da concentração das receitas do futebol brasileiro em 5 clubes, importante expor os dados constantes do Relatório de Gestão de

(21) BRASIL. *Lei Geral do Esporte*. Brasília/DF. Disponível em: http://www.planalto.gov.br/ccivil_03/_ato2023-2026/2023/lei/L14597.htm. Acesso em: 4 dez. 2023.

(22) ERNST & YOUNG. *Levantamento Financeiro dos Clubes Brasileiros 2022*. Disponível em: https://www.ey.com/pt_br/media-entertainment/levantamento-financeiro-dos-clubes-brasileiros-2022. Acesso em: 4 dez. 2023.

2022 da CBF[(23)], pelos quais existem 1.276 clubes ativos no Brasil, sendo 850 profissionais e 426 amadores.

Pelo mesmo Relatório de Gestão de 2022 da CBF, existem 8.003 atletas profissionais registrados no Brasil, sendo 7.789 no futebol masculino e 214 no futebol feminino. Na condição de atletas amadores, são 37.281 registrados no futebol masculino e 3.571 registrados no futebol masculino.

Outra informação relevante para este estudo diz respeito à condição dos atletas profissionais brasileiros. De acordo com os dados mais recentes localizados sobre o tema, que foram divulgados pela Diretoria de Registro e Transferência da CBF em 2016, em relação ao ano de 2015, considerando-se os contratos de trabalho registrados na entidade, 82,40% dos atletas recebiam, à época, até R$ 1.000,00, enquanto 13,68% recebiam entre R$ 1.000,01 e R$ 5.000,00. Entre a minoria, que representa aproximadamente 5%, 1,35% recebiam de R$ 5.000.01 até R$ 10.000,00, 1,77% recebiam de R$ 10.000,01 até R$ 50.000,00, 0,40% recebiam de R$ 50.000,01 até R$ 100.000,00, 0,28% recebiam de R$ 100.000,01 até R$ 200.000,00, 0,12% recebiam de R$ 200.000,01 até R$ 500.000,00 e, por fim, apenas 1 jogador, representando 0,00%, recebia acima de R$ 500.000,01[(24)]. A despeito de serem dados que ainda carecem de atualização pela CBF, permitem compreender o cenário econômico do futebol brasileiro de maneira adequada, certamente.

Analisando-se os dados indicados, verifica-se que os 5 clubes que concentram a metade das receitas do futebol brasileiro representam 0,39% de todos os clubes registrados na CBF. Se considerarmos apenas os 850 clubes que são registrados como profissionais, o número alcança 0,58% do total. Em relação aos atletas, considerando-se os parâmetros e valores da época da pesquisa disponível, aproximadamente 2,5% recebiam mais do que 12 salários mínimos, e 82,40% recebiam pouco mais de 1 salário mínimo.

O que se quer demonstrar a partir dos números reproduzidos neste estudo é que a riqueza do futebol brasileiro está concentrada em um percentual ínfimo de clubes e jogadores. A imensa maioria de todos os clubes e jogadores do futebol brasileiro simplesmente não possui condições financeiras de, dignamente, suportar as suas despesas e prover o seu sustento.

Não é despiciendo lembrar que os números disponíveis se referem ao futebol, que é a modalidade proeminente do esporte brasileiro, bem como não é despiciendo lembrar também que o instituto da formação esportiva se aplica a todas as modalidades esportivas praticadas no Brasil.

---

(23) CONFEDERAÇÃO BRASILEIRA DE FUTEBOL. *Relatório de Gestão 2022*. Disponível em: https://conteudo.cbf.com.br/cdn/202306/20230601132734_85.pdf. Acesso em: 4 dez. 2023.

(24) CONFEDERAÇÃO BRASILEIRA DE FUTEBOL. *Raio-X do futebol: salário dos jogadores*. Disponível em: https://www.cbf.com.br/a-cbf/informes/index/raio-x-do-futebol-salario-dos-jogadores. Acesso em: 4 dez. 2023.

A reflexão que se extrai dessa análise é que o legislador concebeu um sistema de formação esportiva, especificamente pelo valor indenizatório de 200 vezes os gastos comprovadamente efetuados com a formação do atleta, que não parece ser adequado à realidade, pois não se pode considerar como realidade, ou ter como parâmetro para a elaboração de uma lei geral e abstrata, aquilo que vive uma minoria economicamente privilegiada. O próprio ordenamento jurídico apresenta mecanismo de defesa contra uma previsão que não é razoável ou proporcional, mas antes de retomar o referido dispositivo, é interessante refletir sobre algo que se verifica na prática, ainda que, para este caso, seja oferecida uma situação hipotética.

Hipoteticamente, um atleta de futebol de 15 anos de idade, nascido e criado em uma região fria do Sul do Brasil, recebe e aceita uma proposta para se vincular a uma organização esportiva formadora cuja sede está na região Nordeste do país, com temperaturas altas durante o ano todo. Suponha-se que esse jogador enfrente algumas dificuldades de adaptação ao novo clima, aos costumes e à própria escola em que se matriculou.

Com foco e determinação, mas não sem as dificuldades indicadas, o referido atleta completa um ano de vigência do contrato de formação esportiva, e o clube formador passa a ter o direito de com ele assinar o primeiro contrato especial de trabalho esportivo, sob pena de fazer jus ao valor indenizatório correspondente a 200 vezes todos os gastos comprovadamente efetuados com a formação esportiva.

Nesse contexto, o atleta, agora com 16 anos, recebe uma proposta de um clube da sua cidade para continuar jogando futebol e, pela localização, voltar a morar em sua casa, com a sua família, onde nasceu e foi criado. Pode até ser que as condições esportivas oferecidas pelo clube da região Nordeste, com o qual possui contrato de formação esportiva, sejam melhores em relação às condições do clube localizado perto de sua casa, mas, naquele contexto, o mais importante ao atleta é voltar para a casa, sentir-se bem com a sua família e no seu lugar, ao mesmo tempo em que usufrui da oportunidade de praticar esporte.

Movido pelo desejo de retornar ao lar, o referido atleta, que sequer tem destaque ou figura como promessa do esporte que pratica, procura a organização esportiva formadora para endereçar a solicitação de liberação, mas o clube invoca o contrato de formação esportiva, especificamente a cláusula relativa ao valor indenizatório, dizendo que comprovadamente gastou R$ 10.000,00 com a sua formação esportiva e, portanto, a liberação será feita apenas mediante pagamento de R$ 2.000.000,00. Por se tratar de um atleta em formação, sem qualquer destaque e oriundo de família sem condições financeiras, como a maioria da população brasileira, o jogador não tem a menor condição de pagar o valor indenizatório. O clube de sua cidade, que fez o convite para voltar para casa, não é um dos 5 clubes que concentra metade da receita do futebol brasileiro e mal consegue suportar as contas de consumo que permitem manter a sua estrutura em funcionamento.

Nesse exemplo, é justo que o atleta seja impedido de voltar para sua casa e permaneça jogando futebol, por não ter condições de adimplir o valor indenizatório de R$ 2.000.000,00?

Como anunciado anteriormente, não há dúvida de que o clube que investe na formação de atletas deve ser protegido, inclusive para que possa manter a sua atividade formadora, já que "*é certo que o investimento nas categorias de base é uma das mais importantes ferramentas dos clubes brasileiros para o propósito alusivo ao equilíbrio de suas receitas*"[25], como reforça Guilherme Augusto Caputo Bastos, mas igualmente não há dúvida de que o valor indenizatório previsto na legislação vigente não está adequado à realidade do futebol brasileiro, ou melhor, do esporte brasileiro.

Evidentemente que a desconexão entre o texto legal e a realidade econômica já configura relevante elemento para refletir sobre a necessidade de mudança, mas, não bastasse isso, a previsão do valor indenizatório vigente há de ser analisada sob a perspectiva do art. 227 da Constituição Federal, especialmente nos casos concretos em que a proteção integral da criança, do adolescente e do jovem bem como o princípio do melhor interesse da criança são colocados em risco.

De acordo com a lista dos clubes formadores divulgada pela CBF em 06 de dezembro de 2023[26], apenas 50 clubes brasileiros possuem o certificado de clube formador e, portanto, podem se valer dos respectivos direitos. Isso representa 3,91% dos clubes ativos no Brasil, devidamente registrados na CBF, considerando-se, novamente, apenas o futebol. Parece que, além das possíveis desconformidades com o texto constitucional, o instituto do clube formador não foi bem aceito pelo mercado, haja vista a baixa adesão, o que ratifica a necessidade de reflexão sobre as suas balizas.

Ao percorrer este estudo sobre o valor indenizatório da formação esportiva à luz do art. 227 da Constituição Federal, é quase que natural pensar que o legislador infraconstitucional se baseou na minoria economicamente privilegiada para estabelecer os parâmetros de cálculo da compensação, mantendo atual a afirmação de Marcelo Proni Weishaupt, ao discorrer sobre os esforços para a reforma do futebol brasileiro nos idos dos anos 1990, inclusive pela Lei Pelé, no sentido de que, "*quando se cuidou da modernização, não se pensou nos quinhentos times nem nos catorze mil jogadores profissionais; pensou-se apenas em duas ou três dezenas de equipes e nas suas torcidas*"[27].

---

(25) BASTOS, Guilherme Augusto Caputo. *Direito Desportivo*. Belo Horizonte: Casa da Educação Física, 2018. p. 329.

(26) CONFEDERAÇÃO BRASILEIRA DE FUTEBOL. *Certificado de Clube Formador*. Disponível em: https://www.cbf.com.br/a-cbf/informes/registro-transferencia/certificado-de-clube-formador. Acesso em: 08 dez. 2023.

(27) PRONI, Marcelo Weishaupt. *A metamorfose do Futebol*. Campinas, SP: UNICAMP. IE, 2000. p. 185.

4. Conclusão

A formação esportiva é um tema de extrema importância para o esporte, mas, sobretudo, para formação dos seres humanos e, naturalmente, para a construção da nossa sociedade, já que poucas das crianças, adolescentes e jovens que se submeterem ao processo de formação se tornarão atletas profissionais, mas todos certamente poderão fazer a diferença na sociedade, de maneira positiva ou não.

Entre os vários aspectos jurídicos da formação esportiva, o direito da organização esportiva formadora ao recebimento de valor indenizatório correspondente a 200 vezes os gastos comprovadamente efetuados é um assunto que merece atenção.

As disposições da Lei Geral do Esporte referentes ao valor indenizatório, que seguem as diretrizes outrora estabelecidas pela Lei Pelé, fazem com que a quantia apurada possa alcançar patamares muito elevados, mesmo nos casos em que os investimentos não são sequer relevantes, justamente pelo multiplicador de 200 vezes.

Cotidianamente, os efeitos provocados pelo valor indenizatório apurado nos casos concretos causam transtornos às partes envolvidas, especialmente aos atletas em formação. Se, por um lado, é justo proteger os clubes que substituem o Estado no seu dever constitucional de fomento das práticas desportivas, por outro lado, a formação esportiva envolve crianças, adolescentes e jovens, que recebem tratamento especial dispensado pela própria Constituição Federal e pela legislação infraconstitucional dela decorrente.

É preciso estudar o assunto para encontrar o equilíbrio entre a atividade socioeconômica desenvolvida pelos clubes e a proteção integral da criança, do adolescente e do jovem, em observância ao princípio do melhor interesse da criança. O fato de uma criança, um adolescente ou um jovem se tornar um atleta inserido no instituto da formação esportiva não lhe retira a condição de ser um sujeito que goza de especial proteção constitucional e infraconstitucional.

Parece oportuno que se discuta o instituto jurídico da formação esportiva não apenas pelas possíveis colidências do valor indenizatório com o art. 227 da Constituição Federal, mas também pela baixa adesão dos clubes brasileiros ao sistema concebido, buscando o equilíbrio para que as partes sejam igualmente protegidas e contempladas, com razoabilidade e proporcionalidade.

Não é objeto deste estudo oferecer objetivamente uma solução para o tema em discussão, mas discorrer sobre os seus contornos como forma de estimular o debate para uma revisão do instituto da formação esportiva. De qualquer forma, ousando oferecer algumas premissas que podem ser contempladas em eventual reforma, sugere-se refletir sobre a regulamentação a ser feita pelo próprio movimento privado do esporte, com foco no ressarcimento das despesas e considerando-se as diferentes realidades de atletas e clubes, em cada modalidade.

O que não se pode deixar de observar, jamais, seja para a manutenção do sistema vigente, seja para a concepção de um novo sistema, no esporte ou fora dele, é o respeito à Constituição Federal.

Referências

ARAÚJO, Luiz Alberto David; NUNES JÚNIOR, Vidal Serrano. *Curso de Direito Constitucional*. 23. ed., rev. e atual. Santana de Parnaíba: Manole, 2021.

BASTOS, Guilherme Augusto Caputo. *Direito Desportivo*. Belo Horizonte: Casa da Educação Física, 2018.

BRASIL. *Constituição da República Federativa do Brasil 1988*. Disponível em: http://www.planalto.gov.br/ccivil_03/constituicao/constituicao.htm. Acesso em: 04 dez. 2023.

______. *Estatuto da Criança e do Adolescente*. Disponível em: https://www.planalto.gov.br/ccivil_03/leis/l8069.htm. Acesso em: 04 dez. 2023.

______. *Lei Geral do Esporte*. Brasília/DF. Disponível em: http://www.planalto.gov.br/ccivil_03/_ato2023-2026/2023/lei/L14597.htm. Acesso em: 4 dez. 2023.

CONFEDERAÇÃO BRASILEIRA DE FUTEBOL. *Raio-X do futebol:* salário dos jogadores. Disponível em: https://www.cbf.com.br/a-cbf/informes/index/raio-x-do-futebol-salario-dos-jogadores. Acesso em: 4 dez. 2023.

______. *Certificado de Clube Formador*. Disponível em: https://www.cbf.com.br/a-cbf/informes/registro-transferencia/certificado-de-clube-formador. Acesso em: 08 dez. 2023.

______. *Relatório de Gestão 2022*. Disponível em: https://conteudo.cbf.com.br/cdn/202306/20230601132734_85.pdf. Acesso em: 4 dez. 2023.

ERNST & YOUNG. *Levantamento Financeiro dos Clubes Brasileiros 2022*. Disponível em: https://www.ey.com/pt_br/media-entertainment/levantamento-financeiro-dos-clubes-brasileiros-2022.

MELO FILHO, Álvaro. *Nova Lei Pelé:* avanços e impactos. Rio de Janeiro: Maquinária, 2011.

MORAES, Maria Celina Bodin de; Teixeira, Ana Carolina Brochado. Art. 227. In: CANOTILHO, J. J. Gomes *et al* (Coords.). *Comentários à Constituição do Brasil*. 3. ed. rev. atual. São Paulo: SaraivaJur, 2023.

PRONI, Marcelo Weishaupt. *A metamorfose do Futebol*. Campinas, SP: UNICAMP. IE, 2000.

SOCIEDADE BRASILEIRA DE DIREITO DESPORTIVO. Clube Formador. *Youtube*, 9 nov. 2021. Disponível em: https://www.youtube.com/watch?v=vkVkbpzVi_U&t=3157s. Acesso em: 28 nov. 2023.

TELLES JUNIOR, Goffredo. *Estudos*. São Paulo: Saraiva, 2016.

ZAINAGHI, Luis Guilherme Krenek. *A formação desportiva e o direito do trabalho:* a criança e o adolescente no esporte. Leme, SP: Mizuno, 2021.

Reflexos da Violência nos Contratos de Trabalho Desportivos

Firmino Alves Lima[1]

Introdução

A violência no esporte não é fato novo pois são registrados atos violentos contra atletas desde os primórdios do esporte e, por vários anos, tais ocorrências nunca foram novidade, mas eram fatos mais isolados. Sua ocorrência no ambiente esportivo, abrange tanto agressões físicas quanto morais, e constitui um fenômeno complexo com diversas origens, com significativas implicações nos contratos de trabalho dos atletas.

Na atualidade, tal situação assume uma intensidade sem precedentes. Infelizmente vivemos em uma sociedade que proclama verdadeira apologia à violência, mesmo os meios midiáticos, permeando todos os setores de nossa sociedade o que tornam inevitáveis os seus reflexos no esporte.

O presente texto tem a intenção de abordar os reflexos de comportamentos violentos nos contratos de trabalho desportivos fora das "quatro linhas", tratando de atos violentos externos praticados pelas entidades de prática e desportiva e por terceiros, contra atletas e, até mesmo, contra suas famílias.

1. Situações atuais de práticas violentas

Atualmente o esporte enfrenta um grave problema que é a violência física e moral em diversas esferas em que seus praticantes, árbitros, dirigentes e até mesmo a mídia, vem sofrendo. Basta registrar alguns casos de violência explícita ou ameaças a atletas como os seguintes:

a) A esposa do lateral direito Fagner, do Corinthians, sofreu ameaça de um torcedor via *Instagram*. A mensagem foi divulgada por Henrique, um dos filhos do atleta corintiano. "Seu marido é um vagabundo"[2];

---

(1) Juiz do Trabalho Titular da 1ª Vara do Trabalho de Piracicaba. Mestre e Doutor em Direito do Trabalho pela Faculdade de Direito da Universidade de São Paulo.

(2) *UOL Esporte*. Disponível em: https://www.uol.com.br/esporte/futebol/ultimas-noticias/gazeta-esportiva/2023/07/07/esposa-de-fagner-sofre-ameaca-de-torcedor-do-corinthians-em-rede-social-voces-vao-ver-o-que-vai-acontecer.htm. Acesso em: 11 dez. 2023.

b) O jogador Willian, também do Corinthians, registrou boletim de ocorrência depois de receber ameaças como: "Ou joga por amor ou joga por terror". As filhas do atleta também foram ameaçadas. A Polícia Civil de São Paulo prendeu um homem por suspeita de escrever a ameaça contra o jogador(3);

c) A torcida do ABC do Rio Grande do Norte invade centro de treinamento após derrota para depredar três veículos de atletas, ainda no meio do campeonato(4);

d) Centenas de torcedores invadem centro de treinamento do São Paulo como protesto pela má fase do time, encerrando o treinamento com agressões a três atletas, subtração de material esportivo do clube, tentativa de invasão de vestiário, somente sendo contidos com reforço da Polícia Militar(5);

e) Vice-Presidente do Flamengo que estava junto com sua filha em uma loja em *Shopping* se envolve em confusão torcedores cobrá-lo sobre a situação do time, chegando às vias de fato e tendo o dirigente e sua filha serem ofendidos e ameaçados de morte(6).

O atleta Vini Jr. acusa um segurança de estádio espanhol de ter lhe exibido uma banana quando estava sendo revistado(7).

Um atleta do Caxias do Sul foi agredido por um segurança do Internacional em uma confusão estabelecida ao final de uma disputa de pênaltis, o que foi relatado pelo árbitro na súmula da partida(8).

Nos casos acima, constata-se situações de violência física praticada por clubes, torcedores e até terceiros contra atletas e dirigentes, com agressões e ameaças inclusive a familiares dos atletas. Violências morais como ofensas e práticas de racismo não são mais incomuns.

Como foi possível notar, os atletas também acabam sendo expostos a esta verdadeira atmosfera de violência, que pode ser praticada por todos os envolvidos em uma

---

(3) *UOL Esporte*. Disponível em: https://g1.globo.com/sp/sao-paulo/noticia/2022/06/02/policia-de-sp-prende-suspeito-de-ameacar-jogador-willian-do-corinthians-pelas-redes-sociais.ghtml. Acesso em: 11 dez. 2023

(4) *Globo Esporte*. Disponível em: https://ge.globo.com/rn/futebol/times/abc/noticia/2015/07/apos-invasao-ao-ct-tecnico-do-abc-critica-violencia-e-pede-calma-torcida.html. Acesso em: 11 dez. 2023.

(5) *Globo Esporte*. Disponível em: https://ge.globo.com/futebol/times/sao-paulo/noticia/2016/08/em-protesto-organizada-do-sao-paulo-invade-ct-e-acaba-com-treino.html. Acesso em: 11 dez. 2023.

(6) *Globo G1*. Disponível em: https://g1.globo.com/rj/rio-de-janeiro/noticia/2023/09/19/vereador-marcos-braz-se-envolve-em-confusao-com-torcedor-em-shopping-na-barra.ghtml. Acesso em: 11 dez. 2023.

(7) *UOL Esporte*. Disponível em: https://www.uol.com.br/esporte/futebol/ultimas-noticias/2023/06/17/estafe-de-vini-jr-acusa-seguranca-de-estadio-de-agressao-racista-com-banana.htm. Acesso em: 11 dez. 2023.

(8) *PORTAL DO COLORADO*. Disponível em: https://portaldocolorado.com.br/seguranca-do-internacional-agrediu-um-jogador-do-caxias/. Acesso em: 12 dez. 2023.

atividade esportiva profissional. Os cânticos "uh, vai morrer!", "vou dar porrada eu vou" e outros tantos, parece que cada dia ganham mais força. Em grande parte, são realizadas por pessoas que se dizem torcedores, mas que não passam de facínoras procurando externar seus instintos violentos, geralmente alimentado pelas frustrações esportivas, quando não muito potencializado por álcool e drogas. Mas não são somente eles, quando não muitas vezes praticadas pelos próprios integrantes da entidade de prática desportiva ou incentivados por eles. São situações seríssimas, a ponto de atacarem fisicamente ou seu patrimônio, e até ameaçarem a vida de um atleta, ou o pior, de seus familiares. Cabe agora uma análise jurídica de tais situações.

2. Caracterização e classificação dos atos violentos contra o atleta

O atleta profissional de qualquer modalidade sempre viveu a tensão de poder estar cercado de atos violentos a serem praticados por diversas pessoas que compõem o ambiente esportivo, o que é muito grave. Isso sempre fez parte do esporte, especialmente da cultura do futebol, promovendo ameaças com o intuito de amedrontar um atleta ou equipe adversária, para tentar prejudicar seu rendimento. Talvez o fato mais marcante a respeito, foi o ingresso do ditador argentino Jorge Rafael Videla no vestiário do Peru na Copa do Mundo de 1978. A par das controvérsias sobre os motivos que cercam a acachapante goleada de 6 a 0 que classificou a equipe da casa para a final, o ambiente ditatorial e de graves ofensas aos direitos humanos vividos naquela época, inclusive com extermínio sistemático de opositores por "desaparecimentos", não permite duvidar do caráter intimidatório da "visita"(9), cujo propósito é confirmado por vários cronistas.

Mas em vários casos mais recentes acima apontados, a violência não parte do adversário como forma intimidatória ou como represália, mas volta-se para a própria equipe que torce, administra ou, de certo modo, participa do ambiente competitivo, o que tem sido cada vez mais comum, lamentavelmente.

A realização de tais atos pode se dar em qualquer local, seja dentro da área destinada à competição, bem como aqueles praticados fora dela, ou seja, qualquer ambiente externo à arquibancada, nos arredores da praça esportiva, instalações de treinamento e outros locais mais comuns para os atletas.

Por conta dos agentes dos atos de violência relacionados ao esporte, há de se distinguir entre os atos violentos cometidos por:

a) Atletas, durante todas as atividades competitivas, cuja análise fica vinculada aos regramentos esportivos, não sendo objeto do presente texto;

---

(9) *O Estadão*, 21 jun. 1978: Videla entra no vestiário dos jogadores peruanos e fala sobre 'solidariedade'.Ariel Palacios, 21.06.2010. Disponível em: https://www.estadao.com.br/internacional/ariel-palacios/21-de-junho-de-1978-videla-entra-no-vestiario-dos-jogadores-peruanos-e-fala-sobre-solidariedade/. Acesso em: 13 dez. 2023.

b) Representantes da entidade de prática desportiva, integrantes de comissões técnicas, dirigentes, organizadores, trabalhadores de qualquer espécie de algum modo relacionados com ela e torcedores;

c) Terceiros estranhos a qualquer atleta ou equipe, sem qualquer interesse na competição, mas que cause danos aos atletas profissionais.

É importante também distinguirmos quais são as origens e a quem se dirige a prática do ato violento como:

a) Qualquer pessoa ligada ao adversário;

b) Qualquer pessoa ligada à própria equipe, por qualquer meio de afinidade;

São necessárias tais distinções, para poder entender melhor a prática de um ato violento, sabendo onde ele foi praticado, quem foi seu agente e quem teria sido sua vítima, já que tais elementos do ato serão fundamentais para a caracterização das implicações jurídicas do contrato de trabalho desportivo.

3. Situação específica da violência no esporte

Muita gente pode falar que agressões e ofensas são ínsitas do esporte pois é natural a pressão, a cobrança, enfim as exigências feitas para os atletas, treinadores, dirigentes e todos aqueles que participam da atividade esportiva de alto rendimento.

Mas há limite para tudo.

Em primeiro lugar a prática de agressão física ou ameaça de agressão, ou mesmo de morte, não encontra abrigo em nenhuma situação, muito menos a esportiva. Não parece haver qualquer dúvida que tais situações são vedadas para todo e qualquer ramo da sociedade, inclusive o esportivo.

Porém, quando se trata de ofensa verbal e/ou moral, a situação deve ser examinada com maior cuidado. O esporte tem tratamento diferenciado por todos os ramos do direito, em face de suas especificidades. As relações jurídicas que envolvam uma atividade esportiva possuem características especiais e, portanto, diferenciadoras. Assim, não poderia deixar de ser, ao tratar de situações que agridam a dignidade do atleta, as especificidades do mundo esportivo não permitem uma aplicação rasa dos princípios gerais de tratamento não violento, frise-se, em termos verbais.

Como bem assevera João Leal Amado, o contrato de trabalho desportivo é um contrato de trabalho *sui generis*, a relação de trabalho do trabalhador desportivo é eivada de especificidades, dotada de assinaláveis particularidades, é uma relação especial, peculiar, atípica, singular[10]. Esta especificidade estabelece que algumas regras do contrato de trabalho geral acabam por ser flexibilizadas para atendimento das necessidades da prática desportiva, ainda que observando determinados limites. O referido princípio tem uma função de adaptar as regras gerais do direito do trabalho aos princípios de sustentação da atividade desportiva, procurando harmonizá-las para atender às necessidades dos contratantes. Álvaro Melo Filho deixa bem claro que a autonomia tipológica do contrato de trabalho desportivo implica em abandono do sistema de "enquadramento único", porque dotado de assinaláveis particularidades a requerer um tratamento específico[11].

A especificidade do contrato de trabalho desportivo pode, em parte, relativizar a intenção protetiva do Direito do Trabalho, mas nunca aniquilar, ou simplesmente desconsiderar sua existência, pois irá fraturar um de seus pilares mais importantes. Entre os quais se encontram os princípios da proteção à vida e à saúde, a proibição de discriminação, a proibição da violação da dignidade, da honra, intimidade ou privacidade de cada atleta, como direitos gerais de qualquer cidadão.

Segundo Alfredo Montoya Melgar, enquanto pessoa, o trabalhador e, portanto, o atleta profissional, é titular de um feixe de direitos fundamentais que são mantidos no âmbito do contrato de trabalho, sem prejuízo de determinadas adaptações ou modalizações que procuram equilibrar os interesses do atleta trabalhador e do empresário, no caso a entidade de prática desportiva, onde a existência de uma relação laboral condiciona o exercício do direito fundamental[12].

Manuel Carlos Palomeque López afirma que os direitos constitucionais laborais têm origem específica ou razão de ser exclusiva ou principal no âmbito das relações do trabalho. São os direitos constitucionais especificadamente laborais e, portanto, direitos específicos voltados para qualquer contrato de trabalho. Porém, o mestre espanhol afirma que outros direitos constitucionais de caráter geral e, por isso, não especificadamente laborais, também devem ser respeitados em todas as situações das relações do trabalho, por adquirirem um conteúdo ou dimensão laboral superveniente, produzindo uma impregnação laboral de titularidade geral ou inespecífica. Assim, os classifica como direitos constitucionais laborais inespecíficos[13].

---

(10) AMADO, João Leal. Desporto, Direito e Trabalho: uma reflexão sobre a especificidade do contrato de trabalho desportivo. In: *Direito do Trabalho Desportivo:* os aspectos da Lei Pelé frente às alterações da Lei n. 12.395/2011. Organização e coordenação Alexandre Agra Belmonte, Luiz Phillipe Vieira de Mello, Guilherme Augusto Caputo Bastos. São Paulo: LTr, 2013. p. 11.

(11) MELO FILHO, Álvaro. Principiologia Constitucional do Desporto e os Princípios Juslaborais Típicos das Relações Trabalhistas Atleta-Entidade Desportiva. In: *Direito do Trabalho Desportivo:* os aspectos da Lei Pelé frente às alterações da Lei n. 12.395/2011. Organização e coordenação Alexandre Agra Belmonte, Luiz Phillipe Vieira de Mello, Guilherme Augusto Caputo Bastos. São Paulo: LTr, 2013. p. 29.

(12) MONTOYA MELGAR, Alfredo. *Op. cit.*, p. 309.

(13) *Ibidem*, p. 95.

Podemos, portanto, concluir que os direitos humanos atingem todas as relações jurídicas humanas públicas e privadas e, por consequência, as relações de trabalho. As enunciações de tratamento respeitoso abrangem todas as relações da sociedade e, também, as relações de trabalho, sendo direitos fundamentais inespecíficos nas relações de trabalho.

Dentro das atividades esportivas, na realidade vivida até hoje, a prática de violência verbal vinha sendo bastante tolerada, mesmo sem limites, somente ocorrendo marcos chave quando foram inseridos freios contra as ofensas discriminatórias de um modo geral, e as manifestações racistas de um modo particular.

É fato que a forma de tratamento de atletas é bastante diferenciada de um trabalhador comum, com maior intensidade e pressão, a ponto de serem exigidas limitações inaceitáveis para qualquer contrato de trabalho comum. Tal qual o trabalho artístico, o desporto tem uma cultura própria, marcada pela alta pressão exigida em face da necessidade de resultados positivos. Acaba sendo exigida muito maior disciplina para alcançar o alto desempenho demandado, mesmo porque o espírito é competitivo por excelência, guardando muita similaridade com o ambiente militar. Com a contínua e, muitas vezes, desenfreada exigência de resultados positivos (antes por paixão, agora também por mercantilização do esporte), a tradição de tratamentos rudes da chefia da entidade desportiva para o atleta, ou mesmo da própria torcida, infelizmente, acaba sendo muito comum. Muitos técnicos costumam se dirigir aos seus comandados com o uso de impropérios ou ofensas, em voz alta e aparência intimidatória. Seriam condutas inaceitáveis em diversas atividades laborais, mas que a cultura do esporte aceita sem grandes preocupações. Não pode ser assim.

No calor das competições, principalmente impulsionados pelo passionalismo ou pelo espírito violento de alguns, os tratamentos ofensivos ou agressivos parecem ser absolutamente comuns e, dentro da cultura esportiva, se tornam costumeiramente aceitáveis. Desde tratamentos de dirigentes e técnicos dirigidos a atletas, os quais não seriam aceitos em qualquer contrato de trabalho. Já, no contrato de trabalho desportivo, podem ser tolerados com certa naturalidade, por integrar a sua cultura.

A linha que separa uma prática de violência verbal punível, de uma conduta normalmente aceita no ambiente desportivo, é muito tênue. Tratamentos rudes, exigências desmedidas, punições aparentemente injustificadas e pressões de toda a espécie são atitudes que seriam consideradas sintomas de práticas de assédio e violência em muitos contratos de trabalho, porém, tratados com certa indiferença em um contrato de trabalho desportivo. A gestão por estresse é ínsita ao ambiente desportivo, e não poderia ser diferente, a pressão pelo resultado positivo é incomensurável por parte de todos os envolvidos, especialmente os dirigentes e torcedores. O problema é quando ela passa dos limites razoáveis. O ato de torcer se materializa também nas cobranças sistêmicas, ladeadas por agressões verbais de toda espécie, com gritos, ofensas, gestos obscenos, provocações e toda a sorte de ações que facilmente poderiam caracterizar assédio e violência em outros ambientes laborais. O sentido de dignidade do ser humano do atleta muitas vezes é relativizado em nome do sucesso da atividade desportiva. Apesar de tais costumes serem tolerados, o atleta, como qualquer pessoa, tem direito a um tratamento digno, como o mais elementar dos direitos.

O ponto nuclear do debate passa pelas formas de tratamento, utilizando-se uma classificação das formas mais comuns de violências psíquicas ocupacionais opressoras e violentas, como a gestão por estresse, a gestão por injúria e a gestão por *psicoterror*. Todas elas caracterizam violência psíquica ocupacional, que é definida pela Organização Mundial da Saúde como:

> "o uso intencional da força física ou do poder, real ou por ameaça, contra a própria pessoa, contra outra pessoa, ou contra um grupo ou comunidade que pode resultar, ou tem alta probabilidade de resultar, em morte, lesão, dano psicológico, alterações do desenvolvimento ou de privação."(14)

Por seu turno, a Organização Internacional do Trabalho (OIT) afirma que violência laboral é:

> "toda a ação incidente ou comportamento que se afasta de uma situação razoável, mediante a qual uma pessoa é agredida, ameaçada, humilhada ou lesionada por outra no exercício de sua atividade profissional ou como consequência direta desta. É denominada violência interna no âmbito laboral quando tem lugar entre os trabalhadores, incluindo-se chefes, diretores e supervisores e, *violência externa* ocorre entre trabalhadores, diretores e supervisores com qualquer outra pessoa presente no local de trabalho."(15)

Por fim, foi aprovada em 2019 pela Organização Internacional do Trabalho (OIT), a importantíssima Convenção n. 190, que é um marco universal ao definir, pela primeira vez, um conceito amplo do que seja "violência e assédio no mundo do trabalho" e indica quais medidas devem ser tomadas para prevenir e lidar com isso, e seus responsáveis. A referida Convenção ainda não foi ratificada pelo Brasil, havendo forte pressão das vozes mais progressistas sobre o Congresso Nacional, dado ao enorme número de situações de

---

(14) ORGANIZAÇÃO MUNDIAL DA SAÚDE. WHO (1995). WHO Global Consultation on Violence and Health. Violence: a public health priority. Geneva, World Health Organization, 1996. In: *World Report on Violence and Health*, p. 5. Disponível em: http://www.who.int/violence_injury_prevention/violence/world_report/en/FullWRVH.pdf. Acesso em: 15 fev. 2014.

(15) ORGANIZAÇÃO INTERNACIONAL DO TRABALHO. *Repertorio de recomendaciones prácticas sobre la violencia en el lugar de trabajo en el sector de los servicios y medidas para combatirlas*. Ginebra. Oct. 2003. Disponível em: http://www.ilo.org/wcmsp5/groups/public/---ed_protect/---protrav/---safework/documents/normativeinstrument/wcms_112578.pdf. Acesso em: 05 mar. 2014.

violência e assédio ocorridos no Brasil. Ela define violência e assédio com um conceito agregador de figuras assemelhadas:

> Art. 1º. 1. Para efeitos da presente Convenção: (a) o termo "violência e assédio" no mundo do trabalho refere-se a um conjunto de comportamentos e práticas inaceitáveis, ou de suas ameaças, de ocorrência única ou repetida, que visem, causem, ou sejam susceptíveis de causar dano físico, psicológico, sexual ou económico, e inclui a violência e o assédio com base no género;

Trata-se de um conceito amplo, mas extremamente importante no tema em questão, já que qualquer situação daquelas acima expostas, claramente se encaixa dentro dos comportamentos acima apontados. Em todas elas, os atletas, como trabalhadores que são, sofrem abusos, ameaças ou ataques em circunstâncias relacionadas com o seu trabalho, com reflexos fisiológicos e psíquicos, com inegável caráter ilícito e merecedores de severa repressão por parte da ordem jurídica.

Importante relatar que os termos da Convenção são aplicáveis a qualquer tipo de trabalho, segundo o seu art. 2º e tais atos são caracterizadas em diversas situações, sendo importante relatá-las para ter a noção de aplicabilidade espacial da referida norma sobre os contratos de trabalho.

> Art. 3º A presente Convenção aplica-se à violência e ao assédio no mundo do trabalho que ocorrem durante o trabalho, relacionados com o trabalho ou decorrentes do trabalho:
>
> (a) no local de trabalho, incluindo nos espaços públicos e privados onde são um local de trabalho;
>
> (b) nos locais onde o trabalhador é remunerado, descansa ou toma uma refeição, ou usa as instalações sanitárias, de lavagem e vestiário;
>
> (c) durante deslocações, viagens, treinamentos, eventos ou atividades sociais relacionadas com o trabalho;
>
> (d) através de comunicações relacionadas com o trabalho, incluindo as facilitadas pelas tecnologias da informação e comunicação;
>
> (e) no alojamento fornecido pelo empregador; e
>
> (f) durante o trajeto entre o domicílio e o local de trabalho.

É impressionante a capacidade de aplicação da referida norma nos casos de violência no esporte acima relatadas pois, praticamente todas as situações, e todos os locais possíveis em que um atleta possa estar, pode ser vítima de atos de violência previstos pela referida Convenção. Veja que situações tanto a praça esportiva, como vestiários, deslocações, viagens e atividades sociais relacionadas com o trabalho serão extensões do local de trabalho e, também, a ser mais destacada, a prática de violência por meios tecnológicos (*d*). A última talvez seja a forma mais grave, dada a hiperexposição que a caracteriza.

Ainda que não vigente em nosso país, e espera-se que tal ratificação ocorra mais rápido possível, a referida Convenção é um norte a ser tomado para a análise de caracterização de situações de violência nas relações de trabalho desportivas.

A par das normas da OIT ainda não vigentes, mas extremamente auxiliares na configuração, se faz importante uma análise das principais formas de gestão perversa acima apontadas que, por sua vez, auxiliam profundamente na caracterização de situações de violência no trabalho desportivo. São as formas mais comuns de violência psíquica ocupacional relacionada ao trabalho, como as situações de estresse, de *psicoterror* e de injúria. Cabe uma breve descrição de cada uma delas.

A situação de violência por estresse é caracterizada por abuso do poder diretivo, que intensifica o trabalho e as cobranças por resultados, para que seja atingido um aumento da produtividade ou metas pré-estabelecidas. Ela resulta em um significativo aumento de pressão (daí a palavra estresse) sobre os empregados que desencadeiam danos de ordem psicológica. A pressão no esporte é ínsita de sua prática, mas não é possível tolerar situações abusivas. Com tais condutas, mediante subordinação excessiva, procura-se extrair do atleta os melhores resultados possíveis, porém pode ocasionar inúmeros danos de ordem psíquica ou psicossomática. O caso da famosa ginasta Simone Biles é um exemplo como somente a pressão dos resultados lhe causou severos danos psíquicos. A supercampeã norte-americana deixou a competição de ginástica artística nos Jogos Olímpicos de Tóquio em 2020, afirmando que sofria situações de pressão capazes de chegar ao ponto de perder o controle de sua posição quando estivesse no ar[16]. A atleta apontou que em situações de alto estresse ela ficava "surtada", apontando o auto-afastamento como necessidade de cuidar de sua saúde mental.

Situação mais grave é a do *psicoterror*, uma forma muito mais acentuada de violência por estresse, e que nos casos expostos anteriormente, passa a ser uma prática comum dentro do esporte, lamentavelmente. Trata-se de um pernicioso sistema de obtenção de resultados mediante a geração de um péssimo ambiente de trabalho dominado pela opressão sistemática, geralmente pela instituição de ameaças, até mesmo conceituado nos Estados Unidos como *workplace terrorism*. Podemos qualificar tal situação como uma forma extrema de violência psíquica laboral, implementando medo em caso de insucesso, desde a prática de "castigos", o afastamento da equipe e até a ameaça de morte do próprio atleta, ou de sua família[17]. Este terror pode ser praticado tanto internamente como por terceiros.

(16) *CNN BRASIL*. Simone Biles volta a competir após dois anos de pausa para cuidar da saúde mental. 05 ago. 23, Disponível em: https://www.cnnbrasil.com.br/esportes/simone-biles-volta-a-competir-depois-de-afastamento-pela-saude-mental/. Acesso em: 13 dez. 2023.

(17) FULLERTON C. S.; URSANO R. J.; REEVES J.; SHIGEMURA J.; GRIEGER T. A. (2006). Perceived safety in disaster workers following 9/11. *The Journal of Nervous and Mental Disease*, 194(1), 61–63.

Já a situação de violência ocupacional por injúria é uma situação semelhante à anterior, no entanto, as táticas de pressão são diversas, não somente utilizando ameaças, como procurando reiteradamente oprimir o atleta mediante constantes agressões morais dos mais diversos tipos. Nela são utilizadas uma série de técnicas de humilhação. O agressor persegue a submissão da vítima e, sob intensa e crescente pressão, procura obter melhores resultados. São aquelas situações nas quais o atleta é cobrado de seus resultados mediante a criação de um ambiente hostil por meio de tratamentos não civilizados que agridem a sua dignidade e a integridade moral. Geralmente é caracterizado pelo uso de ofensas de ordem pessoal, valendo-se de linguagem inadequada ou agressiva como impropérios ou ofensas gravíssimas, procurando lhes atingir o brio pessoal e, assim, obter melhores resultados. Neste grupo pode ser incluído o *bullying* e a sua mais atual versão, o *cyberbulling*, que são definidos pela Federação Internacional de Basquete (FIBA)[(18)] em seu regramento sobre discriminação extremamente interessante, no qual descreve tais práticas no item 130, "a", em tradução livre, como:

> a. ***Bullying***. *Bullying* (ou *cyberbullying* se praticado *online*) pode incluir sem limitações não desejadas, repetida e intencionalmente, comportamento agressivo usualmente entre colegas e pode envolver um desequilíbrio de poder real ou perceptível. Como *Bullying* pode ser incluídas práticas como ameaças, espalhar boatos ou falsidades, atacar alguém física ou verbalmente e excluir alguém deliberadamente.

Todas as formas de violências psíquicas ocupacionais acima descritas são condutas que resultam na geração de sofrimento psíquico por parte do atleta trabalhador ou por conta dele, e que geram graves repercussões na sua saúde física e mental. Na relação de trabalho esportiva é vivida uma relação de hipersubordinação[(19)]do atleta para o clube, não só se obrigando a atuar para a entidade praticante do esporte, como também submetendo-se a severas restrições em sua vida pessoal, com o poder de gerar danos mais severos ainda. Claro que, independentemente da aceitação ou da prática comum, aquelas que levarem à degradação da condição humana do trabalhador, devem ser repelidas pela ordem jurídica.

4. Responsabilidade e consequências para os contratos de trabalho

Após uma rápida visão sobre os atos violentos contra atletas profissionais, cabe a este texto, como seu maior propósito, a ousada tentativa de definir as consequências dos

(18) FIBA. *Fiba Internal Regulations*. Book 1. General Provisions. Disponível em: https://www.fiba.basketball/internal-regulations/book1/general-provisions.pdf. Acesso em: 22 jun. 2023.

(19) DALLEGRAVE NETO, José Affonso. "Dano Praticado por Atleta Profissional", Organização e coordenação Ministros Alexandre Agra Belmonte, Luiz Philippe Vieira de Mello e Guilherme Augusto Caputo Bastos. São Paulo: LTr, 2013. p. 231.

referidos atos nos contratos de trabalho desportivo. Ousada porque não é, e nem pode ser exaustiva, mas o texto pretende servir de uma espécie de encaminhamento para análises jurídicas de tais atos e suas implicações.

Inicialmente temos que dividir os reflexos dos atos violentos nas relações de trabalho em dois grupos: o das consequências trabalhistas desportivas *stricto sensu* e o grupo das implicações de responsabilidade civil, atreladas à discussão no âmbito trabalhista.

Assim serão analisadas situações acima específicas e suas implicações em cada grupo destacado, iniciando-se uma análise em relação à responsabilidade civil das entidades de prática desportiva em face de atos violentos.

4.1. Responsabilidade civil da entidade de prática desportiva

Qualquer situação que venha a ocasionar qualquer espécie de dano aos atletas como resultado de violência, deixará evidente que a responsabilidade da entidade de prática desportiva é de natureza objetiva, na forma do parágrafo único do art. 927 do Código Civil (Lei n. 10.406/2002). Uma das obrigações fundamentais do empregador, no caso a entidade de prática desportiva, é propiciar aos empregados, no caso os atletas, um meio ambiente de trabalho sadio, em respeito ao princípio da incolumidade, definido por José Cairo Jr., na qual o empregador, ou tomador de serviços, se obriga a manter a integridade física e psíquica do empregado durante o período em que este estiver submetido ao seu poder de direção[(20)], no caso dos atletas mediante um poder exponenciado de direção sobre suas atividades. Tal princípio, baseia-se nos arts. III e XXV da Declaração Universal dos Direitos do Homem, no qual a saúde física e mental compõem as principais colunas de sustentação do direito à vida. Ao exercer qualquer forma de trabalho, o atleta tem o direito ao respeito de sua saúde física e mental, como um dos mais importantes e fundamentais direitos da existência humana.

O Supremo Tribunal Federal já pacificou a jurisprudência sobre o tema da responsabilidade objetiva do empregador ao fixar o tema 932 com repercussão geral, portanto vinculante, na situação de atividade laboral desenvolvida apresentar exposição habitual a risco especial, maior em comparação que os demais membros da coletividade[(21)]:

> O art. 927, parágrafo único, do Código Civil é compatível com o art. 7º, XXVIII, da Constituição Federal, sendo constitucional a responsabilização objetiva do empregador por danos decorrentes de acidentes de trabalho, nos casos especificados em lei, ou quando a atividade normalmente desenvolvida, por sua natureza, apresentar exposição habitual a risco especial, com potencialidade lesiva e implicar ao trabalhador ônus maior do que aos demais membros da coletividade.

---

(20) CAIRO JR., José. *O Acidente do Trabalho e a Responsabilidade Civil do Empregador*. São Paulo: LTr, 2003. p. 69.

(21) Supremo Tribunal Federal. Tema 932. Disponível em: https://portal.stf.jus.br/jurisprudenciaRepercussao/verAndamentoProcesso.asp?incidente=4608798&numeroProcesso=828040&classeProcesso=RE&numeroTema=932. Acesso em: 16 dez. 2023.

O art. 9º da Convenção n. 190 da OIT menciona o dever de proteção do empregador, no caso a entidade de prática desportiva, contra a violência nos termos ali apontados, o que a torna responsável por qualquer situação de violência que um atleta venha a sofrer:

> Art. 9º Cada Membro deverá adoptar leis e regulamentos que exijam que os empregadores **tomem medidas adequadas proporcionais ao seu grau de controlo para prevenir a violência e o assédio no mundo do trabalho**, incluindo a violência e o assédio com base no género, e em particular, desde que seja razoavelmente exequível, para: (a) adotar e implementar, em consulta com os trabalhadores e os seus representantes, uma política do local de trabalho sobre a violência e o assédio; (b) **ter em conta a violência e o assédio e os riscos psicossociais associados na gestão da saúde e da segurança no trabalho**; (c) **identificar os perigos e avaliar os riscos de violência e assédio, com a participação dos trabalhadores e seus representantes, e tomar medidas para prevenir e controlar os mencionados perigos e riscos;** e (d) proporcionar aos trabalhadores e a outras pessoas interessadas informação e formação, em formatos acessíveis e apropriados, sobre os perigos e riscos de violência e assédio identificados e as medidas de prevenção e protecção associadas, incluindo os direitos e responsabilidades dos trabalhadores e de outras pessoas envolvidas relativamente à política referida na alínea a) do presente artigo. (g.n.)

A atividade da prática desportiva profissional é inquestionavelmente atividade de risco, seja dentro do campo ou quadra, ou fora dela, com a obrigação da entidade contratante cuidar de seus atletas para qualquer situação que seja potencialmente perigosa, como, no mínimo, dever lateral do empregador de proteção diante da notória atmosfera de violência que orbitam nas atividades desportivas.

Como apontou o saudoso Álvaro de Melo Filho[(22)]:

> "O contrato de seguro desportivo é fundamental quando se trata de atletas profissionais cujas competições, não raro, se confundem numa verdadeira guerra (...)
>
> Outrossim, não se pode olvidar o fato de que o desporto faz emergir momentos de violência em que a razão cede lugar à paixão e os atletas 'projetam' as outras equipes e até companheiros como 'inimigos', fruto da hipercompetitividade e rivalidade massificadas pelos órgãos de comunicação transformando a arte do jogo na arte da guerra."

O grande professor cearense fala sobre a obrigação das entidades de prática desportiva de manterem seguro para acidentes ocorridos dentro da prática desportiva, mas deixa claro o ambiente belicoso que vem sendo adicionado às competições, e cuja "guerra"

---

(22) MELO FILHO, Álvaro de. *Novo regime jurídico do desporto:* Comentário à Lei n. 9.615 e suas alterações. Brasília: Brasília Jurídica, 2001. p. 164.

transcende dos campos e quadras para as arquibancadas, suas adjacências ou qualquer outro lugar, lamentavelmente.

O art. 84 da Lei n. 14.597/2023 aponta que é obrigação da entidade de prática desportiva, em seus itens II, IV e VI, por conta da obrigação de manter condições de prática desportiva, proporcionar condições de trabalho dignas e contratar seguro de vida e de acidentes pessoais. Portanto, sem sombra de dúvidas, a entidade de prática desportiva tem o dever de proporcionar segurança contra atos violentos como atos indignos, provendo ações que visam blindar seus atletas, diante do clima de guerra acima mencionado, o que preconiza a Convenção 190 da OIT. Trata-se de um dever decorrente do risco assumido ao promover a atuação de atletas com sua camisa, como um dos deveres laterais de segurança que o empregador se encontra obrigado a fornecer e que integra o próprio contrato em si.

Importante apontar que a Lei n. 14.597/2023, repetindo previsão da Lei n. 10.671/2002, conhecida como o *Estatuto do Torcedor* revogado pela norma atualmente em vigência, em seu art. 150, II, exige da organização esportiva responsável pela organização da competição, contratar seguro de acidentes pessoais, cujo beneficiário será o portador de ingresso, válido a partir do momento que ingressar no estádio.

Fica claro que, diante de tal previsão, se o próprio espectador da atividade profissional, seja torcida organizada ou não, possui um direito à segurança dentro das praças esportivas, não seria diferente ao atleta que, além dos riscos inerentes à sua atividade, *e.g.* contusões, ainda possui o significativo risco de ser vítima de atos violentos, que pode ocorrer não somente nas praças esportivas, mas em qualquer lugar.

Mas enfrenta-se outro problema muito mais explosivo ainda.

A questão das torcidas organizadas hoje é tão delicada, que a própria Lei n. 13.497/2023 previu responsabilidades para elas e seus dirigentes, o que já havia sido previsto na Lei n. 10.671/2002 (Estatuto do torcedor revogado pela Lei n. 14.597). Torcida organizada, para os efeitos da Lei n. 13.497/2023, em seu art. 178, parágrafo segundo, é uma entidade de direito privado a pessoa jurídica de direito privado ou existente de fato que se organiza para fins lícitos, especialmente torcer por organização esportiva de qualquer natureza ou modalidade. Sempre existiram diversas torcidas organizadas, porém, desde os anos 90 do século passado, tais grupos de torcedores passaram a praticar e até mesmo estimular atos violentos em uma cultura contrária à fraternidade como elemento essencial do esporte, principalmente confrontos com outras torcidas de outros times, chegando ao absurdo de marcarem dia e local para um conflito. As praças esportivas passaram a ser locais de verdadeiras guerras e até mesmo, mortes. Na verdade, o fenômeno das torcidas organizadas desafia legisladores e estudiosos de diversas áreas, posto que a reunião para mera atividade de torcer para alguma equipe, em muitos casos, desviou para outros caminhos, em especial a cultura da violência, professada até mesmo em seus cânticos. Tanto que a sua situação preocupa a sociedade, a ponto de o legislador criminalizar práticas comuns entre torcidas organizadas, com pena de reclusão ou impedimento de comparecimento às praças desportivas (art. 201, *caput* e seu § 1º)[(23)].

Há uma relação intrínseca entre clube e torcida, mormente quando a entidade de prática desportiva subvenciona ou mesmo sustenta tais torcidas, assumindo um risco na sua manutenção por conta de atos violentos praticados por tais criaturas hostis, que se dizem torcedores. Forma-se uma perniciosa relação entre torcidas organizadas e seus clubes, muitas vezes motivadas por objetivos escusos. Daí, fica evidenciado o risco que o atleta se encontra submetido à violência, não somente aquela do campo ou quadra, mas do seu entorno.

É certo que a atual Lei Geral do Esporte prevê responsabilidade civil de forma objetiva e solidária da torcida organizada pelos danos causados por qualquer um de seus integrantes em diversas situações, inclusive com responsabilização dos próprios dirigentes (§§ 5º e 6º do art. 178). Mas no que tange à danos a atletas praticados por torcedores, a responsabilidade ainda persiste para a entidade de prática desportiva. Os clubes não estão isentos de responsabilidade, pois já havia entendimento assentado no sentido da entidade de prática desportiva ser considerada responsável objetivamente, até mesmo pelos atos das torcidas organizadas, conforme entendimento do enunciado 447 da V Jornada de Direito Civil promovida pelo Conselho da Justiça Federal[(24)] em 2012, e que diz:

> As agremiações esportivas são objetivamente responsáveis por danos causados a terceiros pelas torcidas organizadas, agindo nessa qualidade, quando, de qualquer modo, as financiem ou custeiem, direta ou indiretamente, total ou parcialmente.

Assim temos como fatores determinantes do risco acentuado do entorno da atividade esportiva os seguintes aspectos, capaz de atrair a excepcionalidade do parágrafo único do art. 927 do Código Civil:

a) dever de incolumidade do atleta como trabalhador

b) notória situação de violência dentro das praças desportivas e imediações, a ponto de se exigir do organizador do evento seguro específico para os espectadores;

---

(23) BRASIL. Lei n. 14.597/2023 – Lei geral do esporte. Art. 201. Promover tumulto, praticar ou incitar a violência ou invadir local restrito aos competidores ou aos árbitros e seus auxiliares em eventos esportivos: Pena – reclusão, de 1 (um) a 2 (dois) anos, e multa. § 1º Incorrerá nas mesmas penas o torcedor que: I – promover tumulto, praticar ou incitar a violência em um raio de 5.000 m (cinco mil metros) ao redor do local de realização do evento esportivo ou durante o trajeto de ida e volta do local da realização do evento; II – portar, deter ou transportar, no interior da arena esportiva, em suas imediações ou no seu trajeto, em dia de realização de evento esportivo, quaisquer instrumentos que possam servir para a prática de violência; III – participar de brigas de torcidas.

(24) CONSELHO DA JUSTIÇA FEDERAL. V Jornada de Direito Civil. Organização Ministro Ruy Rosado de Aguiar Jr. Brasília: CJF, 2012. Disponível em: https://www.cjf.jus.br/cjf/corregedoria-da-justica-federal/centro-de-estudos-judiciarios-1/publicacoes-1/jornadas-cej/vjornadadireitocivil2012.pdf. Acesso em: 16 dez. 2023.

c) previsões de criminalização de atos de torcedores;

d) responsabilização objetiva das torcidas organizadas e seus dirigentes.

Assim, não resta qualquer dúvida que, mesmo fora da prática desportiva em si, o próprio ambiente desportivo seja dotado de risco. A atividade do atleta é bastante incomum em comparação aos demais trabalhadores pelo risco envolvido caracterizado pelos componentes acima citados.

Assim, ainda que o ato violento seja praticado por terceiro, em face da notória diferença do contrato de trabalho desportivo com qualquer outro, considera-se então que a entidade de prática desportiva, a empregadora, como objetivamente responsável por danos decorrentes de violência sofrida pelos atletas, estando obrigada a reparar diversos tipos de dano que possam ocorrer, sejam danos morais e/ou extrapatrimoniais. Na situação de constatação de danos de natureza patrimonial, especialmente os danos à capacidade atlética ou mesmo a saúde psíquica do atleta, poder-se-á, diante da situação verificada, o pagamento de indenização por incapacidade, incluindo-se neste caso indenização para o pagamento de despesas de tratamento, os lucros cessantes e qualquer outro prejuízo sofrido, especialmente no caso desportivo, a reparação da perda de uma chance.

4.2. Implicações práticas trabalhistas da violência contra atletas

Dentro do espectro trabalhista, podemos analisar algumas situações bem pontuais em termos de práticas de violência.

a) Violência por estresse causada pela entidade de prática desportiva através de seus integrantes, dirigentes, chefes de equipe, e quaisquer pessoas que executem atos a mando da própria entidade, bem como causada por pessoas alheias à entidade de prática desportiva mas relacionadas de alguma forma à prática esportiva, especialmente os torcedores.

Dependendo da gravidade da situação verificada e, caso ela se torne insustentável a manutenção do contrato de trabalho, considerar-se-ia subsidiariamente a situação de rescisão indireta do contrato de trabalho conforme disposição trabalhista (art. 90, IV, da Lei n. 14.597/2023. No caso de situação violenta praticada pela entidade de prática desportiva, a possibilidade de configuração da modalidade em questão fica bem mais fácil de ser caracterizada, sendo que, somente em situações menos frequentes, mas também amplamente possíveis, poderia ocorrer tal violência causada por terceiros, especialmente por torcedores. No último caso, a prática de violência por estresse haverá de ser reiterada capaz de impossibilitar a manutenção do contrato de trabalho, ainda que tal caracterização seja bastante subjetiva.

Assim, dependendo da gravidade da prática também, a submissão a situação violenta poderá gerar direito do atleta a uma indenização por dano moral (ou extrapatrimonial como aponta a Lei n. 13.467/2017 a partir do art. 223-A do texto consolidado), assim caracterizada de forma exemplificativa e não taxativa, nos tipos de danos previstos nos arts. 223-B, 223-C e 223-D (a última nos casos de contratação de direito de imagem por meio de pessoa jurídica constituída para tal finalidade).

b) Violência por *psicoterror* causada pela entidade de prática desportiva através de seus integrantes, dirigentes, chefes de equipe, e quaisquer pessoas que executem atos a mando da própria entidade, incluindo-se também diante de práticas assim definidas por pessoas alheias à entidade de prática desportiva, mas relacionadas de alguma forma à prática esportiva, especialmente os torcedores.

Essa modalidade é de extrema gravidade, instaurando o clima de terror sobre o atleta e, em vários casos, sobre a sua família. Neste caso, a caracterização de modalidade de rescisão indireta fica muito mais fácil de ser configurada caso demonstrada, tanto nas ameaças contra o atleta ou mesmo para sua família pois, muitas delas não conseguem obter condições para viver no local da prestação da atividade desportiva. O ambiente de trabalho sob ameaças é extremamente danoso, e a mera existência de tal prática já configura motivo mais que suficiente para considerar a prática de falta grave do empregador, capaz de impedir a manutenção do contrato de trabalho desportivo. Uma das situações mais comuns, e não poucas vezes facilitada ou até mesmo estimulada pela direção de entidades de prática desportiva, é a invasão de centros de treinamento, hotéis, concentrações, aeroportos e outros locais, onde os atletas possam sofrer grave constrangimento pelas "cobranças", como já visto anteriormente, até com ameaças de morte.

Ainda que não se apure que houve favorecimento ou até estímulo por parte dos dirigentes das entidades de prática desportiva, o que seria muito mais grave, há de se mencionar a sua negligência ao impedir ameaças.

c) Situação de violência por injúria causada pela entidade de prática desportiva através de seus integrantes, dirigentes, chefes de equipe, e quaisquer pessoas que executem atos a mando da própria entidade é uma situação mais delicada.

A rescisão indireta do contrato de trabalho desportivo é plenamente cabível quando o ambiente de manutenção do atleta na entidade de prática desportiva for insustentável por práticas injuriosas. Nesse caso, a situação de gestão por injúria há de ser repetidamente praticada e não, somente, um caso isolado. São frequentes as situações de dirigentes e, principalmente, membros da comissão técnica, ofenderem constantemente os atletas, tornando o ambiente hostil, degradado e intimidativo. Especialmente certos técnicos são conhecidos pelo trato grotesco com ofensas muito graves aos atletas, de forma corriqueira, sendo uma linha muito tênue o que seja uma injúria reiterada de uma cobrança mais ríspida de resultados. Todo esse cenário se torna muito mais difícil de ser distinguido, já que tem sido comum e, lamentavelmente até existe uma certa cultura, na prática de tais atos como ações motivadoras.

Violência por injúria causada por pessoas alheias à entidade de prática desportiva, mas relacionadas de alguma forma à sua existência, especialmente os torcedores e as torcidas organizadas é uma situação extremamente complexa. Não há como afastar tal possibilidade pela existência de uma conduta reiterada e abusiva para sua caracterização, dependendo de situações extremamente graves e pontuais a ponto de tornar impossível a manutenção da prática desportiva. Como exemplo podemos citar violências de cunho discriminatório como o comportamento homofóbico de torcedores contra determinados atletas da sua própria equipe, situação que tem preocupado demasiadamente as entidades de administração do desporto. A situação vivida pelo atleta Richarlyson quando defendia as cores do São Paulo, no início deste século, foi muito grave. Parte da respectiva torcida criticava suas atuações com conotação homofóbica. Não menos grave ocorreu quando o referido atleta foi contratado por uma outra equipe, a sua torcida o recebeu de forma hostil, até soltando rojões contra ele. Nessas situações, a responsabilidade da entidade de prática desportiva somente irá cessar quando ela tomar todas as medidas ao seu alcance para que tal ambiente seja abolido, como expõe o próprio art. 9º da Convenção n. 190 da OIT, o que há de ser uma medida efetiva contra a prática de violência injuriosa e não apenas mero discurso vazio.

5. Conclusão

Os casos de violência física e moral sofridos por atletas, dirigentes, e suas famílias, pedem um enérgico combate se tornando um grande desafio na atualidade. Somente poderá ser coibida se as entidades de prática desportiva tomarem ações efetivas contra sua prática. E para tanto, devem ser responsabilizadas pelos danos causados pois, daí haverá vontade efetiva da entidade em procurar cessar tais práticas, e não ficar somente no mero discurso.

Os atos violentos estão sendo crescentes e as modalidades são cada dia mais variadas. Eles afetam juridicamente os contratos de trabalho desportivos, considerando as suas especificidades e, tendo como seu integrante, as obrigações das entidades esportivas de garantir um ambiente de trabalho seguro e sadio.

Toda a sociedade deve combater a cultura da violência, para que ela não ocorra também no esporte, pois longe está de ser um dos seus princípios. Mas o esporte é balizador de diversos modelos dentro da sociedade, ao ponto que coibir a violência trará uma enorme contribuição contra a referida cultura, ainda que tal combate deva ser de uma forma transversalizada. Jogo limpo é jogo sadio, sem violência de qualquer natureza.

O Direito de Arena sobre as Transmissões Radiofônicas das Partidas de Futebol

Flavia Zanini[1]
Luis Eduardo Barbosa[2]

Introdução

O direito à imagem encontra-se resguardado nos termos do art. 5º, inciso X, da Constituição Federal[3], o qual o incorporou ao conjunto dos direitos e garantias fundamentais, estabelecendo a possibilidade de compensação pecuniária em caso de sua transgressão.

O Código Civil brasileiro igualmente disciplina o direito de imagem, categorizando-o como um direito da personalidade. Em conformidade com o disposto no art. 20[4],

(1) Advogada. Doutora e Mestre em Direito Desportivo — PUC/SP. Pós-Graduada em Gestão de Clubes de Futebol pela UNISINOS/Grêmio. Formada no Programa Executivo — Aperfeiçoamento em Gestão de Esportes pela FGV/FIFA/CIES. Presidente da Sociedade Brasileira de Direito Desportivo — SBDD. Membro da Comissão de Direito Desportivo da OAB-SP e OAB-PR. Vice-presidente da 6ª Comissão Disciplinar do STJD do Futebol. Presidente da 2ª Comissão do TJD da Liga Gaúcha de Futsal. Coordenadora do Núcleo de Direito Internacional do Trabalhista e Desportivo da ESA-SP. Professora de Direito Desportivo em diversas universidades e cursos. Membro do Instituto Ibero-americano de Direito Desportivo.

(2) Advogado. Formado pela UCAM — Universidade Cândido Mendes, pós-graduado em direito desportivo, trabalho e processo do trabalho. Diretor Geral e Vice-Presidente do Conselho Deliberativo da SBDD. Membro da Comissão de Direito Desportivo da OAB-RJ, da Subseção Barra da Tijuca e da OAB-ES. Membro do Grupo de Estudos de Direito Desportivo da FND-UFRJ. Auditor do TJD da Liga de Futsal do Rio Grande do Sul e do Tribunal de Justiça Desportiva Unificado do Estado do Espírito Santo.

(3) Art. 5º Todos são iguais perante a lei, sem distinção de qualquer natureza, garantindo-se aos brasileiros e aos estrangeiros residentes no País a inviolabilidade do direito à vida, à liberdade, à igualdade, à segurança e à propriedade, nos termos seguintes:

X – são invioláveis a intimidade, a vida privada, a honra e a imagem das pessoas, assegurado o direito a indenização pelo dano material ou moral decorrente de sua violação;

(4) Art. 20. Salvo se autorizadas, ou se necessárias à administração da justiça ou à manutenção da ordem pública, a divulgação de escritos, a transmissão da palavra, ou a publicação, a exposição ou a utilização da imagem de uma pessoa poderão ser proibidas, a seu requerimento e sem prejuízo da indenização que couber, se lhe atingirem a honra, a boa fama ou a respeitabilidade, ou se se destinarem a fins comerciais

dentre outras disposições, é expressamente proibida a exposição ou utilização da imagem de indivíduo sem sua prévia autorização, especialmente se tal utilização indevida afetar sua honra, reputação, respeito ou visar propósitos comerciais. Todavia, salienta-se que existem circunstâncias em que o uso da imagem prescinde de consentimento, como, por exemplo, quando necessário para a administração da justiça ou a preservação da ordem pública.

O art. 11[(5)] do Código Civil é taxativo ao dispor, que os direitos da personalidade são intransmissíveis e irrenunciáveis, não podendo o seu exercício sofrer qualquer limitação voluntária, salvo as exceções previstas em lei.

O Direito de Arena configura-se como um instituto jurídico que versa sobre a prerrogativa conferida às entidades de prática desportiva para negociar a transmissão ou retransmissão das imagens de quaisquer eventos nos quais participem, atribuindo a cada atleta escalado para a partida a sua correspondente parcela de participação, notadamente em jogos de futebol. Este direito refere-se à exploração comercial da imagem do jogador durante a realização de uma partida, envolvendo a transmissão ao vivo, reprises, destaques e demais formas de exibição que envolvam a sua participação no evento esportivo. Essa faceta dos direitos desportivos visa assegurar aos atletas uma compensação justa pelo uso comercial de sua imagem em meios de comunicação, reconhecendo o valor que sua presença agrega às transmissões esportivas.

Desde a promulgação da Lei Pelé (9.615/98) se discute sobre a possibilidade de os clubes cobrarem das emissoras de rádio o direito de arena em decorrência da transmissão das partidas de futebol por eles disputadas.

Os distintos elementos do futebol brasileiro foram assimilados pela mídia, que passou a auferir ganhos financeiros em decorrência da expressiva preferência nacional por tal modalidade esportiva. Este artigo visa questionar, se a transmissão de jogos de futebol representa um elemento de lucro das emissoras de rádio e se seria devido aos clubes e aos atletas o direito de arena incidentes sobre essa transmissão?

O presente estudo não pretende apresentar uma posição definitiva sobre o tema, mas sim levar a uma reflexão da possibilidade ou não da cobrança do direito de arena sobre a transmissão radiofônica sobre as partidas de futebol.

O Direito de Arena e a lei

A origem do Direito de Arena remonta ao ano de 1973, quando foi instituído pela legislação de Direitos Autorais (Lei n. 5.988/1973). Nesse período, o art. 100[(6)] dessa

(5) Art. 11. Com exceção dos casos previstos em lei, os direitos da personalidade são intransmissíveis e irrenunciáveis, não podendo o seu exercício sofrer limitação voluntária.

(6) Art. 100. A entidade a que esteja vinculado o atleta, pertence o direito de autorizar, ou proibir, a fixação, transmissão ou retransmissão, por quaisquer meios ou processos de espetáculo desportivo público, com entrada paga.

normativa delineava o Direito de Arena como uma prerrogativa dos clubes, concedendo-lhes a permissão para a transmissão, por meio eletrônico, de eventos esportivos que envolvessem a cobrança de ingressos. Consoante à legislação vigente, cabia aos clubes repassar aos atletas participantes 20% (vinte por cento) dos valores provenientes das emissoras (parágrafo único do art. 100).

A Lei Zico promulgada em 1993 (Lei n. 8.672/1993) revogou o art. 100 da legislação de Direitos Autorais, tendo em 1998, a Lei Pelé (Lei n. 9.615/98) revogado a Lei Zico, mas ambas as legislações mantiveram o direito de arena em suas disposições em seus arts. 24 e 42 respectivamente.

No que concerne ao Direito de Arena, a Lei Pelé preservou a titularidade desse direito pelos clubes, bem como a manutenção do percentual de 20% (vinte por cento) destinado aos atletas. No entanto, a necessidade de cobrança de ingresso para que os jogadores obtivessem tal remuneração foi abolida.

Apesar da existência do Direito de Arena na legislação por um longo lapso temporal, os atletas não foram contemplados financeiramente por esse direito até 1997, quando os Sindicatos dos Atletas Profissionais de São Paulo, Rio de Janeiro, Minas Gerais e Rio Grande do Sul ingressaram com uma ação buscando o pagamento da cota de 20% (vinte por cento) devida aos jogadores.

Em setembro de 2000, foi firmado um acordo entre os sindicatos e o Clube dos 13, que representava as federações estaduais e a Confederação Brasileira de Futebol (CBF). Consoante ao acordo, os sindicatos passaram a receber 5% (cinco por cento) referentes ao Direito de Arena, transferindo esse montante aos atletas no mesmo ano. As pendências financeiras acumuladas até então foram parcialmente regularizadas. Ressalta-se que os efeitos desse acordo, por meio da atuação da Federação Nacional dos Atletas Profissionais de Futebol, foram estendidos a outros estados.

Embora o acordo não impedisse que os atletas, de forma individual, buscassem judicialmente as diferenças relacionadas ao percentual do Direito de Arena, que culminou com a distribuições de milhares de reclamações trabalhistas contra os clubes por todo o país, com a promulgação da Lei n. 12.395/2011, que modificou parcialmente a Lei Pelé, o percentual devido aos atletas pela transmissão dos jogos foi reduzido para 5% (cinco por cento), que passaram a ser pagos exclusivamente aos sindicatos, encarregados do subsequente repasse aos jogadores, conforme disposto no § 1º do art. 42[7].

Parágrafo único. Salvo convenção em contrário, vinte por cento do preço da autorização serão distribuídos, em partes iguais, aos atletas participantes do espetáculo

(7) Art. 42. Pertence às entidades de prática desportiva o direito de arena, consistente na prerrogativa exclusiva de negociar, autorizar ou proibir a captação, a fixação, a emissão, a transmissão, a retransmissão ou a reprodução de imagens, por qualquer meio ou processo, de espetáculo desportivo de que participem.

§ 1º Salvo convenção coletiva de trabalho em contrário, 5% (cinco por cento) da receita proveniente da exploração de direitos desportivos audiovisuais serão repassados aos sindicatos de atletas profissionais, e

O art. 46 do Decreto n. 7.984/2013, regulamenta a forma como o pagamento do direito de arena deve ser realizado aos jogadores partícipes do evento, cuja transmissão foi negociada pelo clube.

Desde a promulgação das Leis dos Direitos Autorais (Lei n. 5.988/1973), Zico (Lei n. 8.672/1993) e Pelé (Lei n. 9.615/98) o direito de negociar a transmissão das partidas de futebol pertenciam a ambos os clubes, que disputavam a partida, mas tal panorama veio a ser modificado em 2020.

Isto porque o Poder Executivo promulgou a Medida Provisória 984/2020 alterando o art. 42 da Lei Pelé[(8)], a qual estabelece que os direitos de transmissão ou reprodução das partidas esportivas pertencem ao clube que atua como mandante na partida alterando assim o que determinava anteriormente a Lei Pelé, que os dividia entre o clube que detinha o mando de campo e o adversário na partida.

A Medida Provisória n. 984/2020 teve seu prazo de vigência encerrado no mesmo ano, sem que fosse apreciada pelo Congresso Nacional, razão pela qual perdeu sua validade. Somente no ano de 2021 é que foi promulgada a Lei n. 14.205, que alterou a Lei Pelé determinando ser do clube mandante da partida o direito de negociar a transmissão das partidas em que for o mandante.

A Lei n. 14.205/2021 também determinou em seu § 6º[(9)], que no caso de partidas sem que haja a definição do mando a captação, a fixação, a emissão, a transmissão, a retransmissão ou a reprodução de imagens, por qualquer meio ou processo, dependerão da anuência dos clubes participantes.

Já a Lei n. 14.597/2023, chamada de Nova Lei Geral do Esporte, dispõe em seu art. 160[(10)] que pertence às organizações esportivas mandantes o direito de arena, mas

---

estes distribuirão, em partes iguais, aos atletas profissionais participantes do espetáculo, como parcela de natureza civil.

(8) Art.42. Pertence à entidade de prática desportiva mandante o direito de arena sobre o espetáculo desportivo, consistente na prerrogativa exclusiva de negociar, autorizar ou proibir a captação, a fixação, a emissão, a transmissão, a retransmissão ou a reprodução de imagens, por qualquer meio ou processo, do espetáculo desportivo.

§ 1º Serão distribuídos, em partes iguais, aos atletas profissionais participantes do espetáculo de que trata o *caput*, cinco por cento da receita proveniente da exploração de direitos desportivos audiovisuais, como pagamento de natureza civil, exceto se houver disposição em contrário constante de convenção coletiva de trabalho.

(9) § 6º Na hipótese de realização de eventos desportivos sem definição do mando de jogo, a captação, a fixação, a emissão, a transmissão, a retransmissão ou a reprodução de imagens, por qualquer meio ou processo, dependerão da anuência das entidades de prática desportiva de futebol participantes.

(10) Art. 160. Pertence às organizações esportivas mandantes o direito de arena, que consiste no direito de exploração e comercialização de difusão de imagens, abrangendo a prerrogativa privativa de negociar, de autorizar ou de proibir a captação, a fixação, a emissão, a transmissão, a retransmissão e a reprodução de imagens, por qualquer meio ou processo, de evento esportivo de que participem.

§ 1º (VETADO).

teve seu § 1º, que destinava 5% (cinco por cento) da receita proveniente da exploração de direitos de difusão de imagens de eventos aos desportivos aos atletas, vetado pelo Presidente da República.

O futebol e o rádio

A história do rádio e do futebol estão intrinsecamente ligadas em nosso país. As transmissões radiofônicas das partidas de futebol ajudaram esse esporte como o mais querido e praticado em todas as idades e hoje por ambos os gêneros.

É fundamental compreender o contexto histórico para discernir a autêntica relevância do rádio na vida das pessoas. Hoje, diante da presença da internet e de vários outros meios para acompanhar eventos em tempo real, os adeptos têm a oportunidade de engajar-se de diversas formas nas partidas de futebol, seja por meio das redes sociais ou plataformas de apostas esportivas online e outros.

Contudo, no alvorecer do século passado, apenas dois meios de comunicação de massa estavam disponíveis: um jornal impresso e o rádio. Ao longo do tempo, o jornal foi progressivamente tornando-se obsoleto, uma vez que o rádio proporcionava uma gama mais ampla de entretenimento. Assim, gradualmente, a audiência migrava dos jornais impressos para o rádio.

Nesse contexto que emergem as transmissões esportivas promovidas pela Rádio Nacional, ainda na década de 1930. A rádio ostentava alcance por todo o território brasileiro, um privilégio que a esmagadora maioria das estações não desfrutava. Isso resultou na aquisição de numerosos adeptos, especialmente dos times sediados no estado do Rio de Janeiro (onde a Rádio Nacional estava localizada), conferindo às transmissões uma abordagem jornalística mais robusta.

À medida que as transmissões de jogos se intensificavam com o tempo, a identidade futebolística do Brasil foi moldada. As mitologias e símbolos do futebol, assim como os antagonismos entre as agremiações, tiveram sua gênese nas narrativas de especialistas habilidosos que difundiam plenamente a intensidade dos confrontos por meio das transmissões da Rádio Nacional para todas as regiões do país.

A inicial transmissão radiofônica de uma partida de futebol no Brasil suscitou divergências. Conforme Soares(11), esse evento teve lugar em 1931 durante o embate entre as seleções paulista e carioca, com narração a cargo de Nicolau Tuma. Em contraponto, de acordo com a historiadora Lia Calabre(12), a primeira partida ocorreu em 1927, também envolvendo as seleções paulista e carioca.

(11) SOARES, E. *A bola no ar* — o rádio esportivo em São Paulo. São Paulo: Summus; 1994

(12) CALABRE, Lia. *A Era do rádio*. Rio de Janeiro: Jorge Zahar, 2002. p. 16

Efetivamente, existem registros datados da década de 1920 de transmissões esportivas no Rio de Janeiro. No entanto, pesquisadores apontam que a narração de Tuma pode ser considerada como marco nas transmissões esportivas do Brasil por ser uma narração completa, lance a lance.

Na década de 1920, as transmissões radiofônicas eram predominantemente compostas por informações sobre partidas, comumente realizando a leitura de telegramas contendo os resultados. No contexto do Rio de Janeiro, Amador Santos emerge como uma figura proeminente na narrativa das transmissões esportivas. Segundo depoimentos da época, esse narrador adotava um estilo tranquilo ao relatar e enfrentava considerável resistência por parte dos dirigentes dos clubes cariocas[(13)].

A referida resistência manifesta-se em virtude do receio de que as transmissões radiofônicas conduzam à redução da frequência do público nos estádios, ocasionando prejuízos financeiros decorrentes da diminuição das receitas provenientes da venda de ingressos. Autores que abordam a história do rádio no Brasil atribuem a Amador Santos a realização da primeira transmissão esportiva no país, supostamente conduzida pela Rádio Clube do Brasil, durante os anos de 1920.

O que inicialmente despertava incertezas, com o decorrer do tempo e apesar dos desafios, tornou-se popular entre o público. A esfera esportiva começou (durante a fase inicial da profissionalização e da permissão para a publicidade radiofônica) a cativar patrocinadores e, consequentemente, fontes de financiamento.

A posição das emissoras de rádio

No ano de 2008 a Associação Brasileira de Emissoras de Rádio e Televisão (ABERT) e a Associação das Emissoras de Rádio e Televisão do Estado do Paraná — AERP distribuíram contra o Clube Atlético Paranaense, atualmente Club Athletico Paranaense — CAP, ação condenatória de obrigação negativa, com pedido de antecipação de tutela visando que independentemente de qualquer retribuição pecuniária, o Clube se abstivesse de criar qualquer dificuldades às transmissões radiofônicas das partidas envolvendo a agremiação por qualquer emissora associada a ABERT e a AERP.

A necessidade da distribuição da ação judicial se deu pelo fato de o CAP no dia 10 de maio de 2008 ter comunicado a todas as emissoras de rádio, que para transmissão radiofônica de suas partidas de futebol pelo Campeonato Brasileiro de 2008 como mandante ou visitante seria objeto de contrapartida financeira de R$ 15.000,00 (quinze mil reais) o preço por partida ou R$ 456.000,00 (quatrocentos e cinquenta e seis mil reais) pelo pacote de 38 (trinta e oito) jogos.

(13) Disponível em: https://agenciabrasil.ebc.com.br/geral/noticia/2022-08/cem-anos-do-radio-no-brasil-relacao-historica-entre-radio-e-esporte.

Os autores da ação alegam que:

a. A Lei Pelé não autoriza a cobrança de "direito de arena" pela transmissão radiofônica de eventos esportivos, autoriza apenas a cobrança pela transmissão da imagem do evento.

b. O direito de arena é uma exceção ao direito de imagem dos atletas e, por ser norma que restringe direitos, deve ser interpretada restritivamente.

c. No caso das transmissões radiofônicas, o "som" não vem do evento esportivo, mas do narrador e dos comentaristas, os quais são terceiras pessoas que não integram nem o evento nem a imagem do evento.

d. O silêncio do legislador com relação à cobrança de transmissões radiofônicas é, na verdade, uma escolha.

i. Já houve tentativa de modificar a Lei Pelé para excluir o vocábulo "imagens" do art. 42, contudo, o projeto de lei respectivo foi aprovado com uma emenda a qual retirou a possibilidade de que o áudio fosse produto passível de negociação pelos clubes[(14)].

ii. A Lei n. 12.663/2012 atribuiria à FIFA, dentre outras vantagens, a propriedade exclusiva dos direitos relacionados às imagens, aos sons, e a outras formas de expressão dos eventos relacionados à Copa do Mundo de 2014 justamente porque, pela Lei Pelé, não seria possível cobrar pelas transmissões radiofônicas.

e. A doutrina também corrobora o entendimento de que qualquer cobrança pela transmissão radiofônica de um evento esportivo é ilegal[(15)].

f. As transmissões radiofônicas são narrativas e comentários realizados por terceiros, impregnados de subjetividade, sem que haja qualquer vinculação com a imagem dos atletas, o que afasta também a possibilidade de cobrança com base num pretexto direito de imagem dos atletas.

g. O direito personalíssimo à narração e aos comentários do evento esportivo pertence, evidentemente, ao narrador e aos comentaristas, e não ao clube.

Dessa forma, a descrição de uma partida de futebol, os comentários durante a transmissão e a reportagem jornalística representam a divulgação de direitos personalíssimos dos indivíduos do meio radiofônico no exercício das garantias constitucionais de

(14) BONIN, Ana Paula Cabral *et. al.* A transmissão radiofônica de jogos de futebol: a incoerente gratuidade de um espetáculo esportivo? In: *Revista Brasileira de Ciências do Esporte*, 2015. Disponível em: https://www.scielo.br/j/rbce/a/LW6hkVpCFPbLjkfn3yHjpSt/?lang=pt.

(15) GRAZIANNO, Ana Lúcia *et. al. Revista Jurídica*, Unicuritiba, n. 1, nov. 2004, p. 31 e 38.

liberdade de expressão e de imprensa (arts. 5º, IX, e 220). Ressaltam, ainda os autores, que não é necessário, que os profissionais estejam presentes fisicamente nos estádios para realizar a transmissão radiofônica, já que o podem realizar nos estúdios, bastando para tanto visualizarem as imagens transmitidas pelas empresas detentoras dos direitos televisivos.

Além disso, alegam os autores da ação, quanto aos limites ao exercício do direito de propriedade do CAP o seguinte:

a. O direito de propriedade do CAP não é afetado de forma alguma pelo fato de os direitos de arena não contemplarem a possibilidade de cobrança pela transmissão radiofônica, já que o CAP continua tendo ampla autonomia para administrar seu estádio e negociar com a federação organizadora do campeonato o seu uso.

b. Os direitos de arena dizem respeito aos eventos que ocorrem no estádio, e não com a propriedade em si, pois sequer é necessária a presença *in loco* dos profissionais de rádio para a narração dos jogos.

c. Ainda que o direito de propriedade pudesse ser arguido como justificativa para a cobrança não se trataria de direito absoluto, havendo limites ao seu exercício, inclusive em atenção ao seu dever de atender à função social.

i. A Lei Pelé restringiria o direito de propriedade da arena, sem deixar dúvidas de que eventual cobrança se limitaria à exploração da imagem, coibindo-se a cobrança por transmissões radiofônicas.

ii. A exploração da atividade radiofônica no Brasil não é negócio lucrativo para a maioria absoluta das emissoras(16). Assim, a cobrança indevida pretendida pelo CAP tornaria proibitiva a liberdade de imprensa e a livre iniciativa dos rádios, privando parte considerável da população do acesso à transmissão do evento esportivo e, em última análise, prejudicando o direito à informação.

d. Emissoras de rádio exploram atividade pública de competência da União(17) e se submetem ao princípio da legalidade estrita, devendo plena obediência às normas emanadas do poder outorgante.

Por fim, alegam os autores da ação que:

a. Seria incontroverso haver uma relação simbiótica entre rádio e futebol, cada qual beneficiando o outro à sua maneira.

---

(16) Pesquisa realizada pela Fundação Getúlio Vargas e disponibilizada no seguinte endereço: https://www.abert.org.br/web/raiox. Acesso em: 18 out. 2021.

(17) Funcionam mediante concessão, autorização ou permissão pública, conforme o art. 32 da Lei n. 4.117, de 27 de agosto de 1962 ("Código Brasileiro de Telecomunicações").

b. A tese de que rádios enriqueceriam sem causa pela transmissão gratuita é igualmente válida no sentido oposto: clubes enriquecerão sem causa se, além de serem beneficiados pela ampla veiculação de seus jogos e divulgação do esporte, passarem a se beneficiar também por meio de cobrança, sendo certo que o rádio é essencial para que os torcedores não fiquem privados de acompanhar e torcer por seus clubes de futebol.

c. Ainda que não houvesse benefício mútuo, não haveria que se falar em enriquecimento sem causa, já que as atividades das rádios são exercidas legalmente dentro dos limites delegados pela União, incumbindo a elas arcar com todos os custos de sua atividade econômica (manutenção de antenas, remuneração de funcionários, narradores, etc.) e, acima de tudo, sem que haja obrigação de pagar qualquer retribuição aos clubes pela transmissão dos eventos esportivos.

Tanto a 5ª Vara Cível do Foro Central da Comarca de Curitiba, quanto a 7ª Turma do Tribunal de Justiça do Estado do Paraná proferiam decisões favoráveis a ABERT e a AERP, declarando o direito de seus associados a transmitirem os jogos do CAP na condição de mandante ou não, independente de qualquer contraprestação financeira, ante a ausência de amparo legal para tal fim.

O Club Athletico Paranaense (CAP), em face do acórdão emitido pela 7ª Turma do Tribunal Regional de Justiça do Estado do Paraná, interpôs Recurso Especial, alegando que a decisão limitou-se a analisar a causa sob a perspectiva da aplicação do art. 42 da Lei Pelé, deixando de examinar a questão à luz da alegação de que sua pretensão encontra respaldo nos princípios da legalidade (CF/1988, art. 5º, II), no direito de propriedade (CC/2002, art. 1.228, CF/1988, arts. 5º, XXII, e 170, II) e na vedação legal ao enriquecimento sem causa (CC/2002, art. 884 e 885).

Por conseguinte, a instância local foi instada a se pronunciar por meio do recurso declaratório, o que, segundo o CAP, não ocorreu, uma vez que a ausência de previsão legal para a cobrança da transmissão radiofônica impossibilitaria a alegação de enriquecimento sem causa — desconsiderando, entretanto, a argumentação referente aos investimentos realizados pelas entidades desportivas para a realização do evento. Isso sem contar ao direito de propriedade e aplicação dos dispositivos da LINDB, que não houve qualquer pronunciamento.

Em seu Recurso Especial o CAP sustenta que, mesmo com a complementação do julgamento pelo acórdão proferido em sede de Embargos de Declaração, todas as questões discutidas e os dispositivos legais suscitados na presente controvérsia, não teriam sido minuciosamente examinadas pelo Tribunal de Justiça do Paraná, a saber:

(i) o reconhecimento da mesma proteção jurídica conferida ao direito de transmissão da imagem, mediante aplicação analógica do art. 42 da Lei n. 9.615/98, em virtude do disposto nos arts. 1º e 5º da Lei de Introdução ao Código Civil.

(ii) a interpretação e aplicação corretas do princípio da legalidade no âmbito do Direito Privado, contrastando com o princípio da estrita legalidade incidente nas relações de Direito Público, à luz dos arts. 5º, Inciso II, e 37, *caput*, da Constituição Federal.

(iii) a violação e afronta à propriedade privada, resguardada pelos arts. 1.228 do Código Civil, 59, inciso XXII, e 170, inciso II, da Constituição Federal.

(iv) o manifesto enriquecimento sem causa das empresas de rádio em detrimento dos clubes de futebol, contrariando o princípio estabelecido nos arts. 884 e 885 do Código Civil.

Diante disso, o CAP alegou a nulidade da prestação jurisdicional pelo Tribunal de Justiça do Paraná, o que foi acolhido pelo Superior Tribunal de Justiça.

Com o retorno do processo ao Tribunal de Justiça do Paraná a 7ª Turma em julho de 2023, reanalisando caso proferiu decisão favorável ao CAP, declarando que o clube possui direito de cobrar pela transmissão de seus jogos no estádio ou estúdio, mesmo que a transmissão ocorra pelo rádio ou pelo YouTube.

Posteriormente em outubro de 2023 o próprio Tribunal de Justiça do Paraná, através de sua 1ª Vice-Presidência acolheu o pedido da ABERT e da AERP e suspendeu a decisão da 7ª Turma do Tribunal de Justiça do Paraná, que autorizava a cobrança das emissoras de rádio pela transmissão dos jogos do CAP.

A posição dos clubes

Os Clubes em contraposição a Associação Brasileira de Emissoras de Rádio e Televisão (ABERT) sustentam o direito à cobrança em razão da transmissão radiofônica dos eventos que participam, fundamentalmente, pela aplicação do art. 42 da Lei Pelé, que disciplina o chamado "direito de arena".

Em razão disso defendem que:

(i) que sua pretensão encontra amparo no princípio da legalidade (CF/1988, art. 5º, II).

(ii) no direito de propriedade (CC/2002, art. 1.228, CF/1988, arts. 5º, XXII, e 170, II).

(iii) na vedação legal ao enriquecimento sem causa (CC/2002, art. 884 e 885), este sob a perspectiva dos investimentos realizados pelas entidades desportivas dos quais não participam as emissoras de rádio, que apenas usufruiriam dos resultados obtidos com a transmissão radiofônica dos eventos.

(iv) que a ausência de previsão legal expressa para a cobrança almejada não justifica outorgar às emissoras de rádio o direito à exploração gratuita do evento esportivo, à luz do que dispõem os arts. 4º e 5º, da LINDB.

(v) que o reconhecimento da legitimidade da cobrança pelo direito de transmissão radiofônica pelos clubes de futebol não contrariaria o direito de imprensa, uma vez que a própria Lei Pelé limita o viés jornalístico da transmissão a flagrantes do evento (3% por cento do tempo total), de modo que qualquer exploração adicional, para além da referida fração, perde a natureza jornalística.

Alegam os Clubes que a proteção constitucional ao direito à imagem é exclusiva ao seu titular. O direito de arena seria garantido para as transmissões de imagens captadas em eventos públicos, conforme estipulado pela Lei Pelé e por sua alteração pela Lei n. 12.935/2011.

Destacam os Clubes que a legislação ordinária não contempla a prerrogativa do clube detentor do estádio, onde ocorrem os eventos esportivos, de exigir compensações pelo uso de suas instalações para transmissão radiofônica.

Contudo, a ausência de disposição expressa na lei não impediria que o clube, enquanto detentor do estádio e organizador do evento, exercesse o direito advindo da propriedade constitucionalmente protegida para estabelecer condições e cobrar pelo uso de suas instalações.

O clube detentor do estádio efetuou a construção e manutenção de suas instalações por meio de substanciais investimentos e expressivas despesas. O evento por ele promovido representa o principal recurso para suportar os custos relacionados a tais instalações.

A transmissão radiofônica de eventos esportivos, notadamente do futebol, configura uma atividade de elevada rentabilidade para as emissoras de rádio.

Ao auferir lucros por meio da utilização do espetáculo e das instalações do estádio para seus empreendimentos e ganhos, a ausência de remuneração ao clube proprietário caracteriza um enriquecimento indevido da emissora à custa do referido clube.

Alegam, ainda, que a primeira legislação promulgada no país acerca do tema não se restringiria à transmissão da imagem; a legislação em vigor atualmente não veda a extensão, simplesmente não a menciona; a Lei da Copa conferiu à FIFA o direito de exigir remuneração pela transmissão radiofônica. A prática adotada pelos países ocidentais é pautada na cobrança pelas transmissões radiofônicas.

A inexistência de norma explícita não excluiria o direito do proprietário de estabelecer condições para a utilização de seu estádio. Os princípios constitucionais sobre a propriedade e o princípio civil relacionado ao enriquecimento sem causa conferem ao detentor do estádio o direito de exigir remuneração pela transmissão radiofônica dos eventos por ele promovidos.

O alegado benefício dos clubes provenientes da cobertura jornalística é verídico, contudo, é igualmente verdadeiro que as emissoras obtêm lucros por meio do patrocínio de seus programas. Essas vantagens devem ser consideráveis, haja vista que as empresas desembolsaram quantias significativas pelas cotas disponibilizadas pela FIFA, e, até onde se tem conhecimento, não manifestaram objeções.

A resposta veementemente desfavorável à iniciativa das rádios desconsidera a realidade de outros países e se fundamenta na alegação de que o decorrer do tempo consagrou um privilégio, argumentando pela manutenção do enriquecimento injustificado à custa dos clubes, o que carece de respaldo jurídico.

Assim o direito dos clubes deve ser avaliado de maneira proporcional às circunstâncias econômicas, tanto das emissoras quanto dos clubes, por meio da aplicação analógica dos princípios da legislação concernente ao direito de arena, assegurando um tempo mínimo necessário para a cobertura jornalística, com distribuição de uma porcentagem aos atletas.

Conclusão

O futebol brasileiro é um fenômeno cultural e econômico no Brasil e somos o maior exportador de jogadores do mundo. Tanto o governo, como meio de controle social, quanto a mídia visando a lucratividade financeira souberam explorar esses ativos.

A televisão e o rádio perceberam no futebol uma fonte financeira atrativa, passando a incorporá-lo de maneira intensiva em suas programações, por meio da comercialização de espaços publicitários.

As transmissões de partidas de futebol agora fazem parte de uma extensa programação de diversas emissoras de televisão abertas, fechadas, canais na internet e, principalmente, de rádio, as quais compartilham o universo do futebol com seus telespectadores e ouvintes, respectivamente.

Contudo, é notável que numa primeira leitura da Lei Pelé somente a mídia televisiva seria obrigada a remunerar pelos direitos de transmissão. O rádio estaria isento dessa obrigação devido à redação do art. 42, que abrangeria exclusivamente a cobrança relativa à imagem veiculada neste meio.

A Lei Pelé estaria concentrada apenas na dimensão visual da transmissão dos jogos de futebol, deixando de abordar as componentes auditivas e vocais. Ela determina que parte das receitas obtidas pelos clubes com áudio e visual (art. 42) deve ser distribuída entre os jogadores, em conformidade com o art. 5º da Constituição, ou seja, reconhecendo o direito individual do jogador, mas não do clube.

Uma alteração posterior na Lei Pelé (MP n. 502/2010, que culminou na Lei n. 12.395/11) chegou a prever a inclusão do áudio como um elemento passível de negociação pelos clubes, sendo que em decorrência de uma emenda parlamentar proposta pelo senador Álvaro Dias do Estado do Paraná[18] resultou na remoção dessa adição.

Os meios radiofônicos alegam, que a transmissão acaba por divulgar o futebol de maneira desonerada, razão pela qual estariam desobrigados a ressarcir os clubes.

Quanto à esta alegação, diante dos novos meios de comunicação, os principais clubes de futebol do Brasil dispõem de outras alternativas para promover sua marca, como a televisão (que remunera pelos direitos de transmissão dos jogos) e a internet (onde cada clube mantém seu site oficial). Assim, é plausível supor que, na contemporaneidade, o rádio depende mais do futebol do que o futebol depende do rádio.

Após a análise acima deliberada urge a questão A Lei Pelé assegura o direito ao acesso gratuito à informação esportiva para fins jornalísticos e educativos? As emissoras de rádio exploram o futebol para além da cobertura jornalística e educativa, convertendo o esporte em um produto altamente lucrativo? A televisão está obrigada a remunerar pelos direitos de transmissão; tal obrigatoriedade se estende às emissoras de rádio?

Dessa forma, ao concluir este estudo, propomos um estímulo à investigação das questões aqui levantadas, não com o propósito de encerrar o debate, mas sim de fomentar mais discussões acadêmicas sobre o tema, especialmente no que tange à pertinência ou inconsistência da gratuidade da transmissão radiofônica integral dos jogos de futebol no Brasil, que somente terá um fim, após uma análise da matéria pelo Supremo Tribunal Federal.

(18) Disponível em: https://tudoradio.com/noticias/ver/5091-projeto-propoe-que-radios-paguem-direito-de-arena-para-transmissao-de-futebol.

"Confiança, Direito e (Ir)responsabilidade das SAFs por Dívidas da Entidade Esportiva"

Francisco Alberto da Motta Peixoto Giordani(1)

Confiança! Que vocábulo importante! Base para as relações entre os homens, para que ocorram em ambiente de paz, harmonia e tranquilidade, logo, para a vida em sociedade, logo, para o Direito! Confiança, tão necessária, máxime num mundo em que se procura, muitos — inacreditavelmente tantos! — o fazem, contorná-la — às vezes, de forma velada/disfarçada/adocicada, outras, abertamente/de maneira afrontosa/sem consideração alguma para com o que quer que seja, dependendo da "força"/"influência" que alguém julgue ter, em comparação com o(s) outro(s) que pretende iludir/ilaquear/enganar —, num mundo em que, como consequência disso, a desconfiança ganha maior terreno — e com que velocidade —, provocando alterações nos espíritos, depressão, insegurança, receios, abrindo flancos em diversos valores humanos, fazendo com que a vida seja vivida em sobressaltos, mantendo as pessoas na defensiva, tirando-lhes a iniciativa, colocando o receio no lugar da determinação para agir, esta tão importante para a realização do ser humano! Creio não ser preciso muito dizer para que se veja de sua relevância, para o Direito! O grande Jorge Mosset Iturraspe, com enorme sensibilidade, própria dos grandes espíritos, a esse respeito, assim se expressou(2):

> "*La 'confianza', que da paz y tranquilidad, debe estar en la base de las relaciones que el hombre de hoy entabla. No la inseguridad, que altera los estados de ánimo, deprime, pone mal y saca a las personas de sus quehaceres y afanes habituales. Sin confianza no puede existir una vida de relación apetecible digna de ser vivida. Si nos sospechamos, los unos a los outros, actuamos a la defensiva, anticipando los*

(1) Advogado. Desembargador Federal do Trabalho aposentado. Membro do Instituto Brasileiro de Direito Desportivo. Autor de livros jurídicos e de poesias, também de diversos artigos jurídicos em livros e revistas especializadas. Participou da coordenação de várias obras jurídicas. Palestrante.

(2) Jorge Mosset Iturraspe, em prefácio ao livro de Celia Weingarten, "La Confianza en el Sistema Jurídico", Mendonza: Ediciones Jurídicas Cuyo, 2002. p. 09.

> *ataques que presumimos, y restringiendo las posibilidades de nuestro quehacer, de nuestros esfuerzos e iniciativas.*
>
> *Pero, muy lamentablemente, el mundo que nos ha tocado vivir no es de los que despiertan confianza, entre otras cosas, porque el amor, la fraternidad, la solidaridad, la caridad, entre otros valores humanos, están en franca decadencia o retirada."*

Essa confiança, tão cara e necessária à vida, como é palmar, também se estende ao Estado, de modo que em um País, para que bem se desenvolva e bem nele se viva, a sociedade conta e precisa contar que a confiança que deposita no Estado, em suas mais variadas manifestações, seja aquando da elaboração e posterior execução de uma lei, seja aquando do julgamento de uma causa submetida à apreciação de seus órgãos competentes para apreciá-la não será frustrada/defraudada. Ou não é assim?

Parece não ser difícil imaginar as consequências nefastas para um País, quando a sociedade perde a confiança, tem-na abalada, sentem-na desmoronando, em casos mais extremos, reduzida a pó, levada ao vento — não raro, levando junto suas riquezas, para outros centros, no exterior, ou, internamente, "transferindo", de maneira indevida, de uns(vários, milhares, milhões) bolsos para outro(s, poucos) — ao ver que os que dirigem-no atuam em desacordo ao que legitimamente esperado, não de modo subjetivo, que fica ao sabor do que cada um de seus membros pode pretender e/ou entende por certo, mas, de maneira mais direta/objetiva, com base nos valores e as normas vigentes em dado momento, claro que isso não significa vedação de mudanças, cristalizando o que há e como está, mas desde que respeitada a confiança que se criou, válida e naturalmente, nos que integram-no, o que implica o respeito aos seus valores e normas, como referido, ou seja, mudanças são possíveis e mesmo bem-vistas, desejadas mesmo e então recebidas com satisfação (o que aumentará, robustecerá a confiança em seus dirigentes), mas quando visem/possibilitem, aprimorem uma maior aproximação àqueles, e não quando os ignore/desrespeite/"atropele"/passe por cima, mormente se em flagrante prejuízo à sociedade ou uma porção desta. Vejamos o que isto pode significar/significa, no ponto que ora nos ocupa.

Conquanto tendo em vista o poder de polícia do Estado, muito interessante a lição de Celia Weingarten, quanto a atuação que cabe ao Estado, para não defraudar a confiança nele depositada, *verbis*:

> "*Como es sabido, es función del Estado ejercer el poder de policía, en el ámbito mercatorio, con las consiguientes atribuciones de fiscalización sobre las empresas que operan en el mercado. Sin embargo, este control estatal se ha ido debilitando en los últimos años, especialmente con la filosofía neoliberal de esta postmodernidad, y ésto ha llevado a que se produjeran distintos hechos traumáticos que han*

> *sacudido al sistema económico en general, verbigracia, productos alimenticios en mal estado, intoxicaciones, etc.*
>
> *Cuando una persona confía en una empresa, lo hace con la confianza de que el Estado monitorea y controla lo que ocurre en el mercado y que las empresas cumplen con todos los requisitos que impone la ley, desde la forma de manufacturar un producto (fármacos, alimentos, etc.) hasta su comercialización adecuada, etc.*"(3)

Bem se vê, então, que o consumidor confia na empresa, mas não apenas nela, e só por ela própria, mas, antes, pela confiança anterior e maior que deposita na atuação do Estado, geradora daquela confiança na empresa; a mesma e insigne autora dilucida o motivo pelo qual as coisas assim se passam:

> "*El consumidor como sujeto pasivo del sistema económico no conoce con precisión los datos de las empresas, porque éstas, que tienen obligación de proporcionarlos no lo hacen, o bien porque la información induce a confusión, situación que castiga al consumidor, y no sólo por las consecuencias de la desinformación sino también porque la incertidumbre se transform[a en riesgos que implican una falta de supervisión del Estado en el proceso económico.*
>
> *Un sistema económico empresarial que opera fundamentalmente en base a la confianza, requiere de una vigilancia estricta a los efectos de crear y mantener la confianza en las empresas, ello con una doble función: por un lado, para dotar de una mejor protección a los intereses de los usuarios y por el outro, para proteger a todo el sistema, porque el incumplimiento por una empresa de las obligaciones con sus consumidores puede llevar a una desconfianza generalizada respecto de outras entidades del sistema, es decir la crisis de una empresa puede arrastrar al sistema a una crisis o desconfianza generalizada.*"(4)

A mesma confiança, sob outra perspectiva, é necessária, absolutamente necessária, se tenha e se deposite no Estado, quando o Estado legisla, e quando o Estado julga! Daí mesmo o respeito ao ato jurídico perfeito e ao direito adquirido, bem como a coisa julgada. O Estado não pode frustrar a confiança das pessoas, quando atua, quer como Estado Legislador, quer como Estado Juiz, pelas dramáticas consequências que um tal agir provocaria/provoca no tecido social, abalando, com perigosa intensidade, suas estruturas, por deixar sem pilares de sustentação, as relações entre as pessoas, ruindo, portanto, a confiança, sem a qual, o desenvolvimento de uma sociedade fica comprometido, e no extremo, ela própria, lembrando a quantidade de desastres na história da Humanidade que principiaram com situações inicialmente tidas como pequenas, incapazes de maiores desdobramentos...

---

(3) WEINGARTEN, Celia. *La Confianza en el Sistema Jurídico*. Mendonza: Ediciones Jurídicas Cuyo, 2002. p. 149-150.

(4) *Ibidem*, p. 150-151.

Vale acrescentar, outrossim, para bem situar a necessidade da confiança, sua estreita relação com a cooperação, com a qual, também, tanto contamos, melhor tanto precisamos, no curso de nossas vidas, numa sociedade que tem, entre suas características, ser complexa e individualista (nossa, e como é!)[5], o que nos diz o culto Carlos Rosenkrantz, quando assevera:

> "*El recurso más funcional para la cooperación es la confianza. La confianza en los demás es el mejor y más veloz disparador de la cooperación, en tanto nos permite actuar contando con que los demás harán lo necesario para que la cooperación sea posible, incluso ello requiere que posterguen sus aspiraciones e intereses más inmediatos o que eviten aprovechar las circunstancias en beneficio propio.*"[6]

No que tange, especificamente, ao Direito do Trabalho, portanto, com estreita relação com o que trata este singelo estudo, na vertente Direito do Trabalho Esportivo, Stéphane Darmaisin, discorrendo sobre "o contrato moral e relações individuais de trabalho", afirma: "*O estado de colaboração é a forma ideal de toda relação de trabalho*", e também que "*... a colaboração não é possível senão da mesma forma que uma relação de confiança exista entre as partes*"[7].

Outra importante observação faz Carlos Rosenkrantz, no sentido de que "*La confianza — y esto es, a mi entender, absolutamente definitório – presupone estar dispuestos a creer en otros o estar dispuestos a ponernos en manos de otros, y a sentirnos seguros haciéndolo*"[8]; e ainda: "*Cuando su contraparte sabe que usted puede vigilarla, o bien recurrir al poder coativo del Estado para reparar todo incumplimiento de las obligaciones asumidas, es más probable que haga lo esperado, convicción que seguramente generará en usted confianza en ella, lo que,*

---

(5) *"Ahora bien, la cooperación no es un hecho natural, inevitable, ni una actividad para la que estemos genéticamente determinados — como sí parecen estarlo las hormigas y las abejas, por ejemplo —. Existen circunstancias contextuales, como la imposibilidad de una comunicación fluida entre quienes pretenden cooperar, y circunstancias motivacionales, como nuestra tendencia a dar prioridad a nuestro propio bienestar, las cuales operan como dificultades, e incluso como impedimentos, para la realización de actividades en común. En virtud de ello, la cooperación depende de que seamos capaces de generar los recursos necesarios para resolver o, al menos, para circunvalar las circunstancias contextuales, motivacionales y de otra índole que pudieran impedirnos cooperar".* ROSENKRANTZ, Carlos. Confianza en el Derecho. In: BERGMAN, Marcelo; ROSENKRANTZ, Carlos (Coords.). *Confianza y Derecho en América Latina.* México: Fondo de Cultura Económica — FCE e Centro de Investigación y Docencia Económicas — CIDE, 2009. p. 100.

(6) ROSENKRANTZ, Carlos. Confianza en el Derecho. In: BERGMAN, Marcelo; ROSENKRANTZ, Carlos (Coords.). *Confianza y Derecho en América Latina.* México: Fondo de Cultura Económica — FCE e Centro de Investigación y Docencia Económicas — CIDE, 2009. p. 100-101.

(7) DARMAISIN, Stéphane. *Le Contrat Moral.* Paris: LGDJ, 2000; *apud* GIACOMUZZI, José Guilherme. *A Moralidade administrativa e a Boa-fé da Administração Pública* — o conteúdo dogmático da moralidade administrativa. São Paulo: Malheiros, 2002. p. 248, em nota de rodapé n. 73.

(8) ROSENKRANTZ, Carlos. Confianza en el Derecho. In: BERGMAN, Marcelo; ROSENKRANTZ, Carlos (Coords.). *Confianza y Derecho en América Latina.* México: Fondo de Cultura Económica — FCE e Centro de Investigación y Docencia Económicas — CIDE, 2009. p. 100-1011.

a su vez, hará más racional para ella confiar en usted dado que, debido a su confianza en ella, usted seguramente tendrá los incentivos necesarios para cumplir, a su vez, con las obligaciones acordadas."(9)

Diante de falhas/equívocos que possam ocorrer (rectius: ocorrem), pelos mais variegados motivos, o eminente autor que se vem de referir, põe em evidência o papel que ao Direito cabe desempenhar nesse contexto, o qual bem demonstra que é fundamental e, por isso, não pode "quebrar" a confiança nele depositada, porquanto, se no Direito não se pode/poderá acreditar, se se tem a confiança nele defraudada/frustrada/abalada, como esperar a confiança, e também a cooperação entre as pessoas? "*El derecho suple las falencias de comunicación que siempre se dan en escala social, mostrando qué es lo que debe esperarse de los demás, señalando las reglas o normas que todos deben cumplir, y estableciendo, mediante sus instituciones, los procedimientos necesarios — el procedimiento judicial es uno de ellos — para determinar qué exigen estas reglas o normas cuando no hay acuerdo acerca de su contenido o interpretación*"(10). Como é bem de ver, então, há reconhecer/valorizar/cuidar para que o Direito possa e efetivamente, possa e atenda ao fim a que se destina(11); outrossim, não se deve olvidar de que:

> "*las interacciones sociales no están mediadas por la ley de modo predominante sino por la confianza entre los ciudadanos. Más relevante aún, todos los sistemas legales operan no sólo con base en la confianza que los ciudadanos se tienen entre sí sino en la que tiene al sistema mismo... Por supuesto, esta disposición a reportar descansa en la confianza de que estos sistemas producirán, de manera confiable, los resultados esperados.*"(12)

Claro que, disposições como essas da SAF, podem levar/levam a que, em boa/larga medida, parte da sociedade, designadamente os mais vulneráveis, aqui os atletas profissionais, passem a não ter mais a mesma confiança que poderiam ter no Estado Legislador e no Estado Juiz, emprestando (maior) consistência ao sentir de que o Estado brasileiro,

---

(9) ROSENKRANTZ, Carlos. Confianza en el Derecho. In: BERGMAN, Marcelo; ROSENKRANTZ, Carlos (Coords.). *Confianza y Derecho en América Latina*. México: Fondo de Cultura Económica — FCE e Centro de Investigación y Docencia Económicas — CIDE, 2009. p. 108.

(10) *Ibidem*, p. 111.

(11) São também do insigne jurista de que estou me valendo de suas lições, a seguinte passagem: "*El derecho es un mediador en nuestras interacciones, razón por la cual deberíamos esforzarnos por contribuir de manera personal, como miembros de nuestra comunidad politica, a su afianzamiento*". ROSENKRANTZ, Carlos. Confianza en el Derecho. In: BERGMAN, Marcelo; ROSENKRANTZ, Carlos (Coords.). *Confianza y Derecho en América Latina*. México: Fondo de Cultura Económica — FCE e Centro de Investigación y Docencia Económicas — CIDE, 2009. p.115.

(12) DE GREIFF, Pablo. El Esclarecimiento de la Verdad, la Confianza y la Norma de Derecho. In: BERGMAN, Marcelo; ROSENKRANTZ, Carlos (Coords.). *Confianza y Derecho en América Latina*. México: Fondo de Cultura Económica — FCE e Centro de Investigación y Docencia Económicas — CIDE, 2009. p. 225.

como os da América Latina em geral, possui um discurso e mesmo legislação que protege os mais vulneráveis, mas que, em realidade, isso não se verifica, como previsto em seu ordenamento jurídico. Pablo de Greiff, após mencionar os pensadores Fruhling e Claus Offe, que abordaram essa questão, em um parágrafo, fala da explicação daquele sobre isso e reproduz excerto da visão deste, para asseverar que o povo não confia nos sistemas constitucionais da América Latina, para proteção dos direitos humanos porque:

> "*Esto, por supuesto, articula la misma idea que subyace en la explicación ofrecida por Fruhling acerca del fracaso de los sistemas constitucionales para la protección de los derechos en América Latina: la gente no confía en estas instituciones porque sospecha (justificadamente) que los valores que ellas encarnan no 'tiene suficiente sentido para un número suficientemente grande de personas como para motivar su apoyo continuado a la instituición y el cumplimiento de sus normas'. Entonces, el problema de la confianza institucional es, en último término, un problema de valores. 'Confiar en una instituición' implica conocer sus reglas constitucionales, sus valores, así como las normas que son compartidas por sus participantes y que ellos consideran vinculantes.*"(13)

Destarte, sendo tão relevante e necessária, a confiança teria/tem mesmo de ser considerada pelo Direito, como de fato aconteceu/acontece, de modo a sempre ser tida em conta, nas relações, as mais diversas, que se verifiquem, o que atesta a sempre crescente importância ao princípio da boa-fé, que contém, tem como pilar a confiança.

Para demonstrar o que vem de ser dito, de evocar os valiosos ensinamentos do sempre (mas sempre mesmo) festejado Karl Larenz, a respeito do princípio da boa-fé, em monumental livro, no qual abre um tópico de um capítulo, que já nele, traz uma profunda lição, contida no asserto de ser/ver *"LA BUENA FE COMO PRINCIPIO FUNDAMENTAL DE LA RELACIÓN OBLIGATORIA"*, para, pouco adiante, expor que:

> "*El principio de la 'buena fe' significa que cada uno debe guardar 'fidelidade' a la palabra dada y no defraudar la confianza o abusar de ella, ya que ésta forma la base indispensable de todas las relaciones humanas.*"(14)

O respeitado jurista Diez Picazo, que certamente fez por merecer essa consideração, acerca do princípio da boa fé, dilucida que ele impõe a obrigação de "*guardar*

(13) DE GREIFF, Pablo. El Esclarecimiento de la Verdad, la Confianza y la Norma de Derecho. In: BERGMAN, Marcelo; ROSENKRANTZ, Carlos (Coords.). *Confianza y Derecho en América Latina*. México: Fondo de Cultura Económica — FCE e Centro de Investigación y Docencia Económicas — CIDE, 2009, p. 233-234.

(14) Karl Larenz, "Derecho de Obligaciones, tomo I, Madrid, Editorial Revista de Derecho Privado, 1958, p. 142.

fidelidad a la palabra dada, no defraudar la confianza de los demás, no abusar de la confianza de los otros, conducirse conforme cabe esperar de cuantos con honrado proceder intervienen en tráfico jurídico"(15).

No mesmo sentido, José Guilherme Giacomuzzi, se posiciona, asseverando(16): "*Irrefutável, no entanto, é que a proteção da confiança é um dos principais elementos materiais decorrentes da boa-fé, transcendendo, por evidente, o campo civil, e merecendo especial atenção*".

Para Sainz Moreno, a boa fé para o direito corresponde a valida fé, que diz com a confiança, de maneira que:

> "*Na linguagem jurídica, a expressão 'boa fé' reflete o valor ético-social designado por esse conceito na linguagem cotidiana — o valor da confiança, mas reduzido a seu valor jurídico. Isto é, reduzido somente àquela confiança que é juridicamente válida. Na expressão 'boa fé', o adjetivo 'boa' não alude somente à bondade em sentido ético ou na crença ou ignorância em sentido psicológico, senão ao valor jurídico da validez. 'Boa fé' equivale a válida fé, isto é, confiança aceitável pelo Direito. Que[m] de boa fé, no sentido usual da expressão, espera algo que não é juridicamente aceitável (porque viola a lei, porque infringe os usos, porque carece de todo amparo jurídico) não tem boa fé em sentido jurídico. Assim, pois, a noção de boa fé em sentido jurídico incorpora o valor ético social da confiança, mas reduz seu âmbito de referência: não faz referência a toda confiança psicologicamente certa, senão somente àquela que, por mais que exista no sentido psicológico, é válida no sentido jurídico por não encontrar nos usos sociais ou no Direito um limite à sua validez*"(17)*; quero acreditar que a confiança em que o Estado Legislador e o Estado Juiz, elaborem leis, um e decida outro, de acordo e com absoluto respeito e observância da Constituição, dos valores e princípios que alberga, Tratados Internacionais a que o Brasil aderiu, é uma confiança válida, aceitável pelo Direito! É possível ser diferente?*(18)

---

(15) PICAZO, I. Diez. *Fundamentos de derecho patrimonial civil*. t. I. Madrid: Edit. Civitas, 1978, *apud* CLEVES, María José Viana. *El Principio de Confianza Legítima en el Derecho Administrativo Colombiano*. Bogotá: Universidade Externado de Colombia, 2007. p. 39-40.

(16) GIACOMUZZI, José Guilherme. *A Moralidade administrativa e a Boa-fé da Administração Publica* — o conteúdo dogmático da moralidade administrativa. São Paulo: Malheiros, 2002. p. 266.

(17) MORENO, Fernando Sainz. La buena fe en las Relaciones de la Administración con los Administrados. Madrid, *Revista de Administración Pública* — *RAP*, n. 89, mayo/ago. 1979, p. 309, *apud* CARVALHO E SOUSA, Guilherme. *A Responsabilidade do Estado e o Princípio da Confiança Legítima* — a experiência para o direito brasileiro. Rio de Janeiro: Lumen Juris, 2014. p. 63-64.

(18) Despiciendo não será registrar que há entendimentos em prol de uma autonomia do princípio da confiança legitima, e há outros que mantém-no, de algum modo, ligado ao da boa fé, não sendo aqui o campo propício para ingressar nesse debate, por não interferir no estudo que se está levando a efeito.

Com o escopo de recordar a importância da confiança na relação de emprego, se se anela que dure e com proveito, interessante a lição de Marco Tulio Zanini, *verbis*:

> *"Desta forma, há uma forte relação entre as condições de trabalho estabelecidas sobre normas e procedimentos formais e informais e os níveis de confiança dentro de uma organização, que funcionam como base para a criação de cooperação espontânea.*
>
> *Por outro lado, sua ausência pode significar o uso ineficiente dos recursos humanos ou a carência de melhores esforços para alcançar níveis superiores de cooperação. A gestão baseada no controle direto e na monitorização do trabalho, que fazem uso maior de mecanismos de coerção, está geralmente focado em resultados individuais de curto prazo, admitindo, no geral, alta rotatividade dos empregados."*[19]

Peço vênia, pela sua acrescida importância para o tema que ora é tratado, para reproduzir mais um excerto dos ensinamentos do inolvidável Karl Larenz, que contém alerta a ser atentamente observado, no sentido de que[20]:

> *"Pero este juicio no se obtiene a través del criterio subjetivo del que hace la apreciación en caso de litigio, por conseguiente, del juez, sino que se tomará como módulo el pensamiento de un intérprete justo e equitativo, es decir, que la sentencia ha de ajustarse a las exigencias generalmente vigentes de la justicia, al criterio reflejado en la conciencia jurídica del pueblo o en sector social al que correspondan los participantes (p. ej., comerciantes, artesanos, agricultores), en tanto ello no sea contrario a las exigencias y a contenido objetivo de los valores descritos en las palabras 'fidelidad' y 'crédito' (es decir, confianza)".*

Transcrito o importante ensinamento, de fazer-se a seguinte indagação: corresponde às exigências de Justiça, à consciência jurídica, aos valores, princípios e regras do nosso ordenamento jurídico, ao desenho constitucional, que os trabalhadores, **alguns deles**, no caso, os atletas profissionais, que já não receberam, a tempo e modo, o que lhes era devido, decorrente do contrato especial de trabalho esportivo celebrado com determinada entidade esportiva, mormente seus estipêndios, com seu caráter alimentar, ainda se vejam, a meio do caminho, já percorrido em distâncias diversas/variadas, mas mesmo após judicialmente reconhecido em processo judicial, com todas as suas dificuldades, que um operador do direito sabe e não pode ignorar, "surpreendidos" com a entidade esportiva, "passando", de forma "providencial" — considerando suas obrigações/dívidas —, por

(19) ZANINI, Marco Tulio. *Confiança* — O principal ativo intangível de uma empresa. Rio de Janeiro: Elsevier, 2007. p. 13.

(20) LARENZ, Karl. *Derecho de Obligaciones*. Tomo I. Madrid: Editorial Revista de Derecho Privado, 1958. p. 143.

meio de uma negociação — que, exitosa, vai "segurar" aos atos normalmente verificados/praticados/exigidos para quitação destas —, a virar uma Saf (que não significa alguma forma abreviada de exprimir "se SAFar", mas uma Sociedade Anônima de Futebol) e com isso ter o recebimento do que lhe seja devido passado a ser algo de recebimento mais incerto e/ou perigosamente postergado, sabe-se lá se e para quando, contando que um dia chegue esse quando...

Isso magoa, profunda e irremediavelmente, o princípio da igualdade, de estatura constitucional, portanto, de acrescida importância, destarte, o que justifica essa disparidade de tratamento, em relação aos outros trabalhadores, de uma forma geral? Obnubilar não se deve, melhor, não se pode, a importância do princípio da igualdade para a harmonia, para o bom convívio e andamento das relações dentro de um Estado, provocando, sob certo aspecto, benfazeja estabilidade, na autorizada lição de Lúcia Valle Figueiredo[21]:

> *"O princípio da igualdade, já averbamos, coloca-se como vetor fundamental no texto constitucional...*
>
> *O princípio da igualdade é a mola propulsora do Estado de Direito."*

Relevante, outrossim, a palavra de Sérgio Fernando Moro, acerca do princípio ora enfocado, realçando sua importância para um Estado Democrático, e para evitar que os mais vulneráveis sucumbam frente ao que desejam os mais forte:

> *"Não pode haver dúvida acerca do papel central ocupado pelo princípio da igualdade em um Estado Democrático de Direito. Tal princípio, ao lado das liberdades e dos direitos de defesa fundamentais, constitui o fundamento desse modelo de Estado.*
>
> *Sem um mínimo de igualdade inexiste democracia. Os mais fracos sucumbiriam ante a vontade dos mais forte. Outrossim, é o princípio da igualdade que fornece a garantia de que as políticas públicas perseguirão o benefício de toda a comunidade."*[22]

Cumpre recordar, ainda, que: *"Só com dois pratos iguais é que não se vicia a balança da justiça"*[23], e da forte ligação do princípio da igualdade com o princípio da dignidade

(21) FIGUEIREDO, Lúcia Valle. "Estado de Direito e Devido Processo Legal", artigo incluído em *Cadernos de Soluções Constitucionais*, 01, publicação em coedição da Malheiros Editores e da ABCD, 2003. p. 139-140.

(22) MORO, Sérgio Fernando. *Desenvolvimento e Efetivação Judicial das Normas Constitucionais*. Max Limonad, 2001. p. 113.

(23) MARTINS, Alfredo Soveral. *Direito Processual Civil*. 1. vol. Fora do Texto, 1995. p. 170.

da pessoa humana, como já salientado por Sérgio Abreu, com as seguintes tintas: "*Articula-se o princípio da igualdade com o princípio da dignidade da pessoa humana*"(24).

Diga-se mais, pois além do Princípio da Igualdade, ainda o Princípio da Proporcionalidade, também de envergadura constitucional(25), resta atingido, pois, qual a proporcionalidade que se verifica no deixar, praticamente "descobertos" os direitos reconhecidos, na situação examinada, aos trabalhadores atletas profissionais, principalmente sendo créditos de natureza alimentar, para "viabilizar"/facilitar a transformação de uma entidade esportiva em SAF, não seria/é o caso de procurar-se outras possibilidades para isso, que não a de se voltar para (rectius: em desfavor/contra) os mais vulneráveis, deixando-os prejudicados em meios de como fazer valer seus direitos, recebendo o que lhes é devido, em prol de um negócio envolvendo uma entidade esportiva e interessados em adquiri-la? Cortar rente as possibilidades dos atletas profissionais em receber o que lhe é devido não pode ser visto como a medida mais adequada para estimular a celebração de referido negócio! Há absurda falta de proporcionalidade em uma disposição de tal jaez, que agride o devido processo legal substantivo, padecendo, pois, de inaceitável falta de racionalidade, além de "passar por cima" da Magna Carta, o que não há permitir!

Despiciendo por certo não será, ter bem presente na memória a relevância do princípio da proporcionalidade, com vistas a que seja respeitada a racionalidade, na atuação do Estado, na produção normativa inclusive, proibindo excessos e arbítrio (o que, como demonstrado neste singelo estudo, é sucesso verificado, porquanto se ressente a Lei da SAF, da necessária e adequada racionalidade), é ler e reter:

> "*João Batista Lopes, com habitual precisão, arremata: 'Essa é a razão pela qual a doutrina, após a ampla incidência desse postulado sobre os múltiplos aspectos em que se desenvolve a atuação do estado — inclusive sobre a atividade estatal de produção normativa — adverte que o princípio da proporcionalidade, essencial à racionalidade do Estado Democrático de Direito e imprescindível à tutela mesma das liberdades fundamentais, proíbe o excesso e veda o arbítrio do poder, extraindo a sua justificação dogmática de diversas cláusulas constitucionais, notadamente*

(24) ABREU, Sérgio. O Princípio da Igualdade: A (In)Sensível Desigualdade ou a Isonomia Matizada. In: PEIXINHO, Manoel Messias; GUERRA, Isabella Franco; NASCIMENTO FILHO, Firly (Orgs.). *Os Princípios da Constituição de 1988*. Rio de Janeiro: Lumen Juris, 2001. p. 261.

(25) "*O princípio da proporcionalidade inegavelmente se densifica no Direito Penal. Não se trata de princípio expresso no texto constitucional, mas não se pode deixar de reconhecer sua existência na ordem jurídica, seja como derivação do Estado de Direito, como prefere Roxin, ou, como sustenta Bandeira de Mello, da legalidade, ou mesmo, segundo Guerra Filho, como princípio fundamental não derivado de qualquer outro. Na Doutrina Penal, Queiroz, considera que o referido princípio é o mais importante do Direito Penal, na medida em que tudo no Direito Penal é proporcionalidade, pois tudo o que se discute na esfera penal passa pelos juízos de necessidade, adequação, proporcionalidade, isto é, intervenção jurídico-penal*". MELLO, Sebástian Borges de Albuquerque. O Princípio da Proporcionalidade no Direito Penal. SCHMITT, Ricardo Augusto (Org.). *Princípios Penais Constitucionais — Direito e Processo Penal à luz da Constituição Federal*. Edições Podivm, 2007. p. 206.

> *daquela que veicula, em sua dimensão substantiva ou material, a garantia do* due process of law' *(Tutela Antecipada no Processo Civil Brasileiro, p. 74)*."[26]

Além disso, choca-se, sob qualquer ângulo que se queira enxergar, com a sólida e hodierna visão que se tem acerca dos contratos e suas relevância e função, que repudia, com veemência, possa sua celebração entre os contratantes, redundar em prejuízo para terceiros, no caso enfocado, os atletas profissionais, é dizer, há ser considerada a impossibilidade, nos dias que correm muito especialmente, de que um contrato celebrado para atender aos interesses dos que dele participam, venha a prejudicar terceiros, mormente um trabalhador, o que deve (rectius: há de) ser reputado inadmissível. Por superiormente demonstrar este sentir, cedo o passo a eminente Profª Roxana Cardoso Brasileiro Borges, que dilucida que[27]:

> *"O contrato tem a finalidade sócio-econômica de satisfazer os interesses das partes, principalmente com base num mecanismo de troca. Sua finalidade não é prejudicar terceiros. Se o mecanismo de satisfação de interesses das partes prejudica terceiros, violando seus direitos, há ilicitude, desvirtuando-se o pacto de sua função sócio-econômica normal, devendo ser corrigido. A ultrapassagem dos limites da função social do contrato caracteriza abuso do direito de contratar, conforme a combinação entre os arts. 421 e 187 do Código Civil, equiparando-se a atuação das partes (tradicionais) a ato ilícito, que pode gerar danos a pessoas que não participaram da formação do vínculo contratual. O dano gerado a terceiros por um vínculo contratual implica, então, responsabilidade para as partes (tradicionais) que pactuaram algo lesivo aos direitos de outrem, passando a ser obrigados a reparar o dano. Por exemplo: se as partes de um contrato são causadoras de um dano ambiental, ainda que este decorra diretamente da conduta de apenas uma delas, todas são responsáveis por sua reparação, pois mesmo a parte que não realiza a conduta material diretamente vinculada ao dano, atua indiretamente motivando-o e esperando proveitos da atividade realizada pelo outro contratante. Se o contrato é firmado em função de uma atividade poluidora, todas as partes deste contrato respondem pelos danos ambientais causados, não apenas a parte que se obrigou a realizar materialmente a atividade poluidora que também é de interesse dos demais contratantes."*

Aqui chegando, é hora de consignar que um contrato é celebrado para surtir efeitos dentro em uma sociedade, o que, naturalmente, acaba por projetá-lo dentro da

---

(26) LOPES, João Batista, *apud* MESQUITA, Eduardo Melo de. *O Princípio da Proporcionalidade e as Tutelas de Urgência*. Juruá Editora, 2006. p. 65-6, nota de rodapé n. 65.

(27) BORGES, Roxana Cardoso Brasileiro. Contrato: o Clássico ao Contemporâneo — a Reconstrução do Conceito, artigo inserto na *Revista do Programa de Pós-Graduação em Direito da Universidade Federal da Bahia*, 2006, n. 13, p. 45.

mesma, ou, como superiormente dito pela Profª Teresa Ancona Lopez: "*Hoje, com a consagração do princípio da função social do contrato, vemos não mais ser possível o contrato só ter eficácia em relação às partes, não podendo nem prejudicar nem beneficiar terceiros (res inter alios acta, allis nec podest nec nocet). Sem dúvida, o contrato tem relevância como 'fato social', não existe isolado na sociedade. Em consequência, todo acordo de vontade repercute também nos interesses alheios. É como uma pedra jogada em um lago que vai formando círculos infinitos*"[(28)].

Conquanto se referindo, especificamente, ao quanto se liga o CDC a uma nova leitura do contrato, aplicáveis, mutatis mutandis, à situação enfocada, os ensinamentos do eminente Marcos Cáprio Fonseca Soares, porquanto as preocupações que aponta, relativamente ao novo sentir da teoria contratual, bem podem ser estendidos ao quanto desenvolvido neste singelo artigo, pelas suas repercussões no meio social, e atento a que o CDC tem por escopo proteger a parte/classe mais fraca (o consumidor) e aqui se anela a proteção de uma classe também mais — e acentuadamente — fraca (o trabalhador atleta profissional), que não pode ser prejudicado, pela transformação da entidade esportiva em uma SAF — não, claro, pela transformação, que pode, embora não seja uma certeza, mas sim uma forte possibilidade de, substancialmente, ajudar diversas entidades esportivas a ultrapassar suas dificuldades —, quanto aos prejuízos, ao dano que lhe é imposto/impingido, por conta do que concertado pelos convenentes no respectivo contrato, os quais, insisto, não podem, em seus ajustes, pactuarem de forma tal, que prejudiquem terceiros (ou segundos); são suas as seguintes palavras: "*Pondere-se que o CDC expressa uma nova teoria contratual (leia-se concepção/teoria social do contrato). Isso significa, dentre outras coisas, que não só o momento da manifestação de vontade importa (momento do consenso), mas, sobretudo, os efeitos contrato na sociedade*"[(29)].

Realmente, não há mais qualquer espaço para que se veja um contrato como algo que interesse apenas aos que nele intervém, desconectado com o meio social em que produzirá seus efeitos e, o que não é, por certo, menos relevante, a consideração pela situação social e econômica dos que estarão sob o seu raio de ação, o que provoca inconciliável cizânia com a visão hodierna do contrato; aliás, como superiormente afirma a ilustre Professora Cláudia Lima Marques[(30)]: "*a nova concepção do contrato é uma concepção social deste instrumento jurídico, para a qual não só o momento da manifestação da vontade (consenso) importa, mas em que também e principalmente os efeitos do contrato na sociedade serão levados em conta e em que a condição social e econômica das pessoas nele envolvidas ganha em importância*".

---

(28) LOPEZ, Teresa Ancona. Princípios Contratuais. In: FERNANDES, Wanderley (Coord.). *Fundamentos e Princípios dos Contratos Empresariais*. série GV *law*. 1. ed. 2. tir. São Paulo: Saraiva, 2009. p. 20.

(29) SOARES, Marcos Cáprio Fonseca. A Interpretação do Conjunto contratual sob a Perspectiva do diálogo das Fontes. In: MARQUES, Cláudia Lima Marques (Coord.). *Diálogo das Fontes* — do Conflito à Coordenação de Normas do Direito Brasileiro. São Paulo: Revista dos Tribunais, 2012. p. 288.

(30) MARQUES, Cláudia Lima. A Chamada Nova Crise do Contrato e o Modelo de Direito Privado Brasileiro: Crise de Confiança ou de Crescimento do Contrato?. MARQUES, Cláudia Lima (Coord.). *A nova Crise do Contrato* — Estudos sobre a Nova Teoria Contratual. São Paulo: Revista dos Tribunais, 2007. p. 27 28.

No que tange à função social do contrato, como ensina o saudoso Prof. Antonio Junqueira de Azevedo(31): "*A ideia de função social do contrato está claramente determinada pela Constituição, ao fixar, como um dos fundamentos da República, o valor social da livre iniciativa (art. 1º, inciso IV); essa disposição impõe, ao jurista, a proibição de ver o contrato como um átomo, algo que somente interessa às partes, desvinculado de tudo o mais. O contrato, qualquer contrato, tem importância para toda a sociedade e essa asserção, por força da Constituição, faz parte, hoje, do ordenamento positivo brasileiro — de resto, o art. 170,* caput, *da Constituição da República, de novo, salienta o valor geral, para a ordem econômica, da livre-iniciativa. O antigo princípio da relatividade dos efeitos contratuais precisa, pois, ser interpretado, ou re-lido, conforme a Constituição*". Há trazer à colação, outrossim, quanto ao ponto de que ora me ocupo, pela excelência da exposição, a palavra autorizada da ilustre Teresa Negreiros, que, com grande sensibilidade, faz notar que: "*A noção de função social convida o intérprete a deixar de lado uma leitura do direito civil sob a ótica voluntarista, e a buscar em valores sociais que o ordenamento institui como fundamento de todos os ramos do Direito — sejam eles predominantemente públicos ou privados — novos horizontes de aplicação dos tradicionais princípios norteadores do direito dos contratos. Assim, muito além da liberdade individual, passam a integrar a axiologia contratual a justiça, a igualdade, a solidariedade, e demais valores que, sob a ótica civil-constitucional, são essenciais à tutela da dignidade humana no âmbito da ordem econômica*"(32). Estou em que esses ensinamentos se aplicam a situação sobre a qual se discorre neste singelo escrito. Vale salientar, em outra lição que também se alinha com o quanto aqui explorado: "*O controlador das empresas tem um poder-dever insculpido na exploração empresarial cujo escopo da função social o conduz aos ditames não mais com as características egoísticas e única do lucro, mas também, com os princípios da ordem econômica constitucional, fundada na valorização do trabalho humano e na livre iniciativa, tendo por fim assegurar a todos existência digna, conforme os ditames da justiça social*"(33).

O ensinamento que se colhe do quanto exposto nas linhas transatas é o de que as partes que celebram um contrato e que com ele atendem aos seus interesses, que ambas possuem, não podem, por meio desse contrato, causar prejuízos a outrem, e ainda que o prejuízo tenha sido causado diretamente apenas por uma das partes, já que, de todo modo, a outra, também se beneficiou, beneficia com isso, de plano, com as dificuldades/frustração do pagamento do devido aos atletas profissionais e também porque, não pagando, de maneira integral e escorreita o que aos mesmos é devido, tal circunstância produziu (*rectius*: refletiu) nos preços e demais condições do ajuste levado a efeito.

Destarte, possível vislumbrar, nesses casos, a existência de responsabilidade, porquanto houve um ilícito lucrativo na espécie, que reclama reparação. Com efeito, a entidade

(31) AZEVEDO, Antonio Junqueira de. *Estudos e Pareceres de Direito Privado*. São Paulo: Saraiva, 2004. p. 141-142.

(32) NEGREIROS, Teresa. *Teoria do Contrato* — Novos Paradigmas. 2. ed. Renovar, 2006. p. 226.

(33) TEIZEN JR., Augusto Geraldo. *A Função Social no Código Civil*. São Paulo: Revista dos Tribunais, 2004. p. 158-159.

esportiva acaba "podendo" ser vendida por menor valor, pois desconsidera o montante devido a atletas profissionais, e o(s) comprador(es) interessado(s) na transformação da entidade esportiva em SAF, ultimam o negócio mais "tranquilos", por não se enxergarem como responsáveis pela satisfação de dívidas dessa natureza. Pergunta (que exige mais estudos, sendo agora apenas lançada, como proposta para aprofundamentos): uma conduta assim pode ser tolerada, na medida em que gera prejuízos a outrem, e reação alguma a isso o ordenamento jurídico possibilita?

Em obra de fôlego, Nelson Rosenvald, à partida, assim se expressa(34):

> "*O grave problema da responsabilidade civil brasileira consiste na miopia de preservar o paradigma puramente compensatório, em detrimento do modelo plural e aberto que possa albergar a civilizada convivência de remédios reparatórios, restituitórios e punitivos, cada qual dentro de seus pressupostos objetivos. O esquema monolítico de reparação de danos é exclusivamente focado na fictícia restituição da vítima ao estado anterior à lesão, quando na verdade, o direito pode ir além de simplesmente resgatar o passado pela 'camisa de força' compensatória, transcendendo a epiderme do dano, para alcançar o ilícito em si, seja para preveni-lo, remover os ganhos indevidamente dele derivados ou, em situações excepcionais, punir comportamentos exemplarmente negativos.*"(35)

Contra o Direito do Trabalho sempre houve tentativas/investidas objetivando tornar frustradas, ou minimizar as disposições respectivas, mas de uns tempos aos dias que correm, esses tentames tornaram-se mais e/ou totalmente abertos/declarados, dique que precisa ser contido, para evitar que isso se torne um perigoso avanço para o passado! Uma das comportas para tanto é o adequado manejo da responsabilidade, quanto a atos que belisquem os direitos dos trabalhadores, aqui os atletas profissionais, visando comprimi-los, quando menos ou, "idealmente", suprimi-los, sempre que possível, por vias diretas ou indiretas, não importa, o que vale é o resultado! O recurso a responsabilidade pelo ilícito lucrativo aventada, em casos como o ora em foco, parece assaz proveitoso, nem sendo necessário gastar muita tinta (ou, em versão mais atualizada, muitas tecladas!) para justificá-lo, quando se quer, além de ver, enxergar, com o escopo de realçar o quanto uma decidida resposta/reação a comportamentos/atitudes/atos tomados/praticados em

(34) ROSENVALD, Nelson. *A Responsabilidade Civil pelo Ilícito Lucrativo*. Salvador: JusPodivm, 2019. p. 25-26.

(35) Em outra passagem, o respeitado jurista expõe: "*Afinal, a função restitutória da responsabilidade civil soma-se às de reparação de danos, prevenção de ilícitos e punição de ilícitos ultrajantes. Transcende a epiderme da compensação de prejuízos, alcançando a contenção de condutas aviltantes, e, por vezes, a repressão de ilícitos lucrativos, geradores de ganhos ou economias, pela via do resgate de vantagens e restituição de benefícios indevidamente obtidos pelo demandado, independentemente ou complementarmente à aferição do eventual prejuízo ao demandante ou da reprovabilidade subjetiva de sua conduta, sendo suficiente o resultado lucrativo para o seu autor*". ROSENVALD, Nelson. *A Responsabilidade Civil pelo Ilícito Lucrativo*. Salvador: JusPodivm, 2019. p. 526.

desfavor dos trabalhadores e que agridam seus direitos, de forma rude ou "sofisticada" são praticados.

Com esse desiderato, há ter uma visão mais alargada (talvez seja mais apropriada a palavra adequada!) do princípio da reparação integral (que deve ser considerado aqui!), para que, com mais fina e apurada visão, se possa, com e por meio dele atingir/enxergar novas situações/realidades que devem ser computadas/consideradas como passíveis de indenização; de grande proveito, neste passo, ter em conta os ensinamentos de Nelson Rosenvald, para quem:

> *"... o princípio da reparação integral merece ressignificação. Requer-se uma funcionalização do conceito de indenização, no sentido de que possa atender da melhor forma a dimensão relacional que inspira o princípio da reparação integral. O objetivo de 'reconstituição' hipotética das partes ao estado anterior ao ilícito demanda uma análise bilateral, que, para além do ofensor, compreenda a posição do agente. Na medida em que o ofensor obteve um lucro ilícito ou economizou despesas com a violação de uma certa posição jurídica, naturalmente a 'melhor indenização' terá que incluir dentre os seus critérios alternativos a restituição ou o resgate de benefícios econômicos, sob pena de violentarmos a justiça corretiva que anima a restitutio in integro."*[36]

Aliás, relativamente aos direitos dos trabalhadores, uma visão mais aberta, como a que se sugere, para incluir a responsabilidade pelo ilícito lucrativo, é ainda mais urgente, diante dos danos sofridos por eles, a qual, também, claro, deve ser utilizada sempre que cabível, quando houver alguma pessoa vulnerável envolvida, pois que aí, magoar um direito é tanto mais grave, pela (não raro gritante) assimetria de forças para evitar e/ou reagir a injusta agressão a um direito, beirando já, em incontáveis casos, a um ato de covardia! Ainda da lição de Nelson Rosenvald, se vê que: "*Temos que considerar que o direito privado não se resume à criação de justas regras de direito substantivo em prol da sociedade, trata-se também de ousar na inovação e experimento de tutelas que cumpram os objetivos das regras, quando aquelas que existam já não se mostrem eficazes*"[37]. Imagine- se só quando a regra não for justa...

Os contratantes, então e diante de um tal quadro, devem responder, de maneira solidária, pela indenização então devidas aos trabalhadores atletas profissionais.

Outrossim, pode-se visualizar a hipótese (já verificada?!) de uma entidade esportiva ser adquirida por um valor visível, clara e substancialmente inferior ao razoável, que correspondesse ao razoavelmente esperado/praticado e alguém, com olhar mais apurado,

(36) ROSENVALD, Nelson. *A Responsabilidade Civil pelo Ilícito Lucrativo*. Salvador: JusPodivm, 2019. p. 531-532.

(37) " Nelson Rosenvald, *A Responsabilidade Civil pelo Ilícito Lucrativo*. Salvador: JusPodivm, 2019. p. 26.

aí enxergasse/enxergar uma responsabilidade da SAF, por abuso do direito, valendo-se da necessidade/apuro/não ter como honrar suas dívidas e mesmo condenações judiciais a respectiva entidade esportiva, quanto a estas últimas, os supostos interessados mais tranquilos ainda ficariam, amparados pelo sentir de não lhes caber satisfazê-las do modo que normalmente seria compelido outro adquirente, em outra atividade/"ramo" a fazê-lo, daí se caracterizando um ilícito civil, gerando responsabilidade a impor reparação (inteligência dos arts. 186/187, do Código Civil); trata-se, logo se percebe, de outra razão para atribuição de responsabilidade, que não diz, diretamente, com o negócio envolvendo as partes, mas com a conduta adotada por aquele(s) que se interessa(m) pela compra da entidade esportiva, e abusa(m) do grave transe por que esta atravessa! Vale repisar que, em comenos algum neste simples estudo, se quer apresentar dificuldades para a transação que vise transformar a entidade esportiva em uma SAF, apenas se anela evitar que isso seja feito com prejuízos, muito provavelmente irrecuperáveis, ao menos em parcela em muito considerável, aos trabalhadores atletas profissionais com créditos a receber, seja com relação a própria entidade esportiva, quanto ao seu valor, em muito subavaliado.

Fique claro, outrossim, que não se pretende abrir novas espécies de responsabilidade civil, longe destas singelas linhas qualquer pretensão assim, apenas e com base nas normas (princípios e regras) já existentes, mostrar que o pretendido com as facilidades para a transformação de uma entidade esportiva em SAF, não apresentam tantas "facilidades" como se quer passar e/ou se acredita ou quer/interessa acreditar! De toda maneira, não será despropositado lembrar a advertência já feita por Francesco Donato Busnelli, visando os cuidados que se há de ter, para que não se abram flancos ao importantíssimo instituto da responsabilidade que, ao fim e ao cabo, sempre segura, em alguma medida, espíritos mais, digamos, pouco atentos ao ordenamento jurídico, mas muito desatentos aos outros, mormente se vulneráveis:

> *"El masivo assalto a la 'ciudadela' de la responsabilidad civil por parte de un legislador que cree en la posibilidad de prescindir de las contribuciones de la doctrina e de una Corte Constitucional que cree poder imponer su própria doctrina exige de los estudiosos — es decir, de la verdadera doctrina — un esfuerzo de 'reapropriación' de la materia, desde una renovada y armónica perspectiva de interación con el legislador y con los tribunales."*(38)

Aliás, tendo em mente a observação do ilustrado Ipojucan Demetrius Vecchi, de que: "*Conforme lembra Häberle, foi o movimento trabalhista que trouxe a ideia da dignidade das especulações filosóficas para dentro da prática jurídica. Afirma o autor: 'Na metade do século XIX a dignidade humana se tornou 'ideia-motriz-política' do movimento trabalhista'. Lassale*

(38) BUSNELLI, Francesco Donato. *La Parábola de La Responsabilidad Civil*. Obra coletiva. Peru. Aras Editores E.I.R.L. /Associación Civil ius et veritas, 2009. p. 140.

exige a melhoria das condições materiais das classes trabalhadoras e que se lhes proporcione uma existência verdadeiramente digna. Proudhon dá um passo adiante, ao incluir a dignidade da pessoa na ideia de justiça. Com isso, o pensamento da dignidade humana abriu-se a uma nova dimensão, a do Direito e da justiça, transitando do reino do 'pensamento puro' para a prática jurídica"(39), de considerar que, se se conseguiu fazer isso, o que certamente foi uma tarefa hercúlea, atento ao ambiente da época em que se verificou, em respeito a tal proeza e até como coerência e cumprindo sua vocação, cabe mesmo e não seria/será algo estranho/inusitado aos operadores do direito do trabalho, participar da tentativa de dar um melhor e mais atual contorno ao instituto da responsabilidade, para que possa atender, de uma maneira mais adequada, com vistas ao que sucede, aos fins que justificam a existência do Direito do Trabalho, máxime quando se pretende fazer vingar uma legislação contrária ao que pretendido/estabelecido pelo legislador constituinte, relativamente a centralidade do trabalho, o que, como é palmar, abrange o respeito aos direitos conferidos aos trabalhadores e buscá-los/recebê-los, com recurso ao Poder Judiciário, quando sem cerimônia alguma, com base em "argumentos de verniz" restam sonegados — e se pretende com amparo em uma lei! A ousadia de uma tal pretensão, clama por uma resposta à altura que, como é bem de ver, o ordenamento jurídico propicia/oferece!

Não empolga, quanto ao ponto ora desenvolvido, falar em violação ao princípio da legalidade, estatuído no art. 5º, II, da Magna Carta, pois há outros princípios e regras, que precisariam/precisam ser levados em consideração, de forma harmônica, na situação em tela, tais como o viver honestamente, sem prejudicar alguém, o de dar a cada um o que é seu, o da boa-fé objetiva, o da proteção da confiança, o da função social do contrato, o princípio da igualdade, o princípio da proporcionalidade, o princípio da proteção e, claro, o da dignidade da pessoa humana, atento a que há de se ter uma visão sistêmica do ordenamento jurídico, o que enfraquece condutas/posições diferentes, como a de, verbi gratia, pinçar uma norma para aplicá-la de forma isolada, sem uma visão de conjunto, de sistema; assim, também não sensibiliza o argumento de que, quando assim se age e tal se dá, não é por culpa dos contratantes, mas da previsão legal, o que não se presta a alforriar os envolvidos, como os diversos planos econômicos, no curso da história brasileira bem o demonstram, e mais ainda cuidando-se de lei que agride os valores, princípios e normas, constitucionais e infraconstitucionais e que, por conseguinte, não pode, na medida dessas agressões, amparar alguma conduta, algum concerto.

A não ser assim, poder-se-á indagar se está mudando, "in pejus" o conceito de confiança, que agora pode significar: confiança em não pagar, tornando-se uma SAF?!

Certamente, um tanto áspero falar em "institucionalização do calote", na situação em tela, há ser mais sútil, como a própria Lei n. 14.193/21 foi ao disciplinar a quaestio,

---

(39) HÄBERLE, Peter. *A dignidade humana como fundamento da comunidade estatal, apud* VECCHI, Ipojucan Demetrius. *Direito Material do Trabalho*. vol. I. Curitiba: Juruá, 2014. p. 310.

sendo, quiçá, mais adequado/apropriado/suave substituir referida elocução por "permissão/ faculdade para o calote", para estar a altura da arte e do engenho legislativo!

Elaborar uma lei não é como se preparar para um baile à fantasia, em que se pode colocar qualquer roupa, a que se queira, não!, há respeitar uma série de formalidades/ pressupostos, cabendo, neste comenos, realçar o respeito a Constituição Federal, o que pretende, seus objetivos, seu espírito, aos Tratados Internacionais que o nosso País seja signatário e as imprescindíveis racionalidade, ah... não se deve, jamais olvidar de sua racionalidade e também da proporcionalidade; enfim, conquanto se reconheça pode muito, muitíssimo, o legislador, não pode tudo!

Designadamente quanto a racionalidade, cuida-se de parâmetro a ser sempre e necessariamente observado, ou seja, com os olhos postos (e não desviando-os) no modo de ser e de viver da respectiva sociedade, além de, como, com pena de Mestre, afirmou Christiano Falk Fragoso[40] "*... não se pode estabelecer uma lei penal contra a Constituição Federal (que estabelece limitações materiais e formais ao poder), contra os tratados internacionais de direitos humanos e contra parâmetros de racionalidade que tomem em consideração dados da realidade*".

Outrossim, olvidar não se deve do devido processo legal substantivo, referido nas linhas transatas, já placitado pelo A. STF, como apontado por Elizabeth Maria de Moura[41]:

> "Existe decisão do Ministro Carlos Velloso do Supremo Tribunal Federal, em que ele entende existir o conteúdo substantivo do devido processo legal:
>
> Due process of law, com conteúdo substantivo — *substantive due process* — constitui limite ao Legislativo, no sentido de que as leis devem ser elaboradas com justiça, devem ser dotadas de razoabilidade (reasonableness) e de racionalidade (*rationality*), devem guardar, segundo W. Holmes, um real e substantivo nexo com o objetivo que se quer atingir. Paralelamente, *due process of law*, com caráter processual — *procedural due process* — garante às pessoas um procedimento judicial justo, com direito de defesa' (ADIN — 1.11 — 7 DF — Medida Liminar)".

Ainda sobre o devido processo legal substantivo, com referências a racionalidade e a proporcionalidade das leis, as quais já se fez menção neste estudo, cabe pontuar a

(40) FRAGOSO, Christiano Falk. *Autoritarismo e sistema penal*. Rio de Janeiro: Lumen Juris, 2016. p. 11-12.

(41) MOURA, Elizabeth Maria de. *O Devido Processo Legal na Constituição Brasileira de 1988 e o Estado Democrático de Direito*. São Paulo: Celso Bastos Editor/Instituto Brasileiro de Direito Constitucional, 2000. p. 77-788.

acentuada importância que lhes confere nossa Suprema Corte, quando do julgamento dos mais diversos assuntos, é conferir:

> Decisão monocrática no RE 374981. Relator(a): Min. CELSO DE MELLO: "Não se pode perder de perspectiva, neste ponto, em face do conteúdo evidentemente arbitrário da exigência estatal ora questionada na presente sede recursal, o fato de que, especialmente quando se tratar de matéria tributária, impõe-se, ao Estado, no processo de elaboração das leis, a observância do necessário coeficiente de razoabilidade, pois, como se sabe, todas as normas emanadas do Poder Público devem ajustar-se à cláusula que consagra, em sua dimensão material, o princípio do *"substantive due process of law"* (CF, art. 5º, LIV), eis que, no tema em questão, o postulado da proporcionalidade qualifica-se como parâmetro de aferição da própria constitucionalidade material dos atos estatais, consoante tem proclamado a jurisprudência do Supremo Tribunal Federal (RTJ 160/140-141 – RTJ 178/22-24, *v.g.*): "O Estado não pode legislar abusivamente. A atividade legislativa está necessariamente sujeita à rígida observância de diretriz fundamental, que, encontrando suporte teórico no princípio da proporcionalidade, veda os excessos normativos e as prescrições irrazoáveis do Poder Público. O princípio da proporcionalidade — que extrai a sua justificação dogmática de diversas cláusulas constitucionais, notadamente daquela que veicula a garantia do *substantive due process of law* — acha-se vocacionado a inibir e a neutralizar os abusos do Poder Público no exercício de suas funções, qualificando-se como parâmetro de aferição da própria constitucionalidade material dos atos estatais. A norma estatal, que não veicula qualquer conteúdo de irrazoabilidade, presta obséquio ao postulado da proporcionalidade, ajustando-se à cláusula que consagra, em sua dimensão material, o princípio do *substantive due process of law* (CF, art. 5º, LIV). Essa cláusula tutelar, ao inibir os efeitos prejudiciais decorrentes do abuso de poder legislativo, enfatiza a noção de que a prerrogativa de legislar outorgada ao Estado constitui atribuição jurídica essencialmente limitada, ainda que o momento de abstrata instauração normativa possa repousar em juízo meramente político ou discricionário do legislador." (RTJ 176/578-580, rel. Min. CELSO DE MELLO, Pleno)
>
> EMENTA: AÇÃO DIRETA DE INCONSTITUCIONALIDADE – LEI DISTRITAL N. 2.921/2002, QUE DISPÕE SOBRE A EMISSÃO DE CERTIFICADO DE CONCLUSÃO DE CURSO E QUE AUTORIZA O FORNECIMENTO DE HISTÓRICO ESCOLAR PARA ALUNOS DA TERCEIRA SÉRIE DO ENSINO MÉDIO QUE COMPROVAREM APROVAÇÃO EM VESTIBULAR PARA INGRESSO EM CURSO DE NÍVEL SUPERIOR – ATO LEGISLATIVO QUE REDUZ O TEMPO MÍNIMO PARA A CONCLUSÃO DO ENSINO MÉDIO, INSTITUINDO BENEFÍCIO A QUE NÃO TÊM ACESSO OS DEMAIS ESTUDANTES DOMICILIADOS EM OUTRAS UNIDADES DA FEDERAÇÃO – USURPAÇÃO DE COMPETÊNCIA LEGISLATIVA OUTORGADA À UNIÃO FEDERAL PELA CONSTITUIÇÃO DA REPÚBLICA – CONSIDERAÇÕES EM TORNO DAS LACUNAS PREENCHÍVEIS – NORMA DESTITUÍDA DO NECESSÁRIO COEFICIENTE DE RAZOABILIDADE – OFENSA AO PRINCÍPIO DA PROPORCIONALIDADE – ATIVIDADE LEGISLATIVA EXERCIDA COM DESVIO DE PODER – INCONSTITUCIONALIDADES FORMAL E MATERIAL DECLARADAS – AÇÃO DIRETA JULGADA PROCEDENTE. A USURPAÇÃO DA COMPETÊNCIA LEGISLATIVA, QUANDO PRATICADA POR QUALQUER DAS PESSOAS ESTATAIS, QUALIFICA-SE COMO ATO DE TRANSGRESSÃO CONSTITUCIONAL – A Constituição da República, nas hipóteses de competência concorrente (CF, art. 24), estabeleceu verdadeira situação de condomínio legislativo entre a União Federal, os Estados-membros e o Distrito Federal (RAUL MACHADO HORTA, "Estudos de Direito Constitucional", p. 366, item n. 2, 1995, Del Rey), daí resultando clara repartição vertical de competências normativas entre essas

pessoas estatais, cabendo à União estabelecer normas gerais (CF, art. 24, § 1º) e aos Estados-membros e ao Distrito Federal exercerem competência suplementar (CF, art. 24, § 2º). – A Carta Política, por sua vez, ao instituir um sistema de condomínio legislativo nas matérias taxativamente indicadas no seu art. 24 — entre as quais avulta, por sua importância, aquela concernente ao ensino (art. 24, IX) —, deferiu ao Estado-membro e ao Distrito Federal, em "inexistindo lei federal sobre normas gerais", a possibilidade de exercer a competência legislativa plena, desde que "para atender a suas peculiaridades" (art. 24, § 3º). – Os Estados-membros e o Distrito Federal não podem, mediante legislação autônoma, agindo "ultra vires", transgredir a legislação fundamental ou de princípios que a União Federal fez editar no desempenho legítimo de sua competência constitucional, de cujo exercício deriva o poder de fixar, validamente, diretrizes e bases gerais pertinentes a determinada matéria (educação e ensino, na espécie). TODOS OS ATOS EMANADOS DO PODER PÚBLICO ESTÃO NECESSARIAMENTE SUJEITOS, PARA EFEITO DE SUA VALIDADE MATERIAL, À INDECLINÁVEL OBSERVÂNCIA DE PADRÕES MÍNIMOS DE RAZOABILIDADE – As normas legais devem observar, no processo de sua formulação, critérios de razoabilidade que guardem estrita consonância com os padrões fundados no princípio da proporcionalidade, pois todos os atos emanados do Poder Público devem ajustar-se à cláusula que consagra, em sua dimensão material, o princípio do "substantive due process of law". Lei Distrital que, no caso, não observa padrões mínimos de razoabilidade. A EXIGÊNCIA DE RAZOABILIDADE QUALIFICA-SE COMO PARÂMETRO DE AFERIÇÃO DA CONSTITUCIONALIDADE MATERIAL DOS ATOS ESTATAIS – A exigência de razoabilidade — que visa a inibir e a neutralizar eventuais abusos do Poder Público, notadamente no desempenho de suas funções normativas — atua, enquanto categoria fundamental de limitação dos excessos emanados do Estado, como verdadeiro parâmetro de aferição da constitucionalidade material dos atos estatais. APLICABILIDADE DA TEORIA DO DESVIO DE PODER AO PLANO DAS ATIVIDADES NORMATIVAS DO ESTADO – A teoria do desvio de poder, quando aplicada ao plano das atividades legislativas, permite que se contenham eventuais excessos decorrentes do exercício imoderado e arbitrário da competência institucional outorgada ao Poder Público, pois o Estado não pode, no desempenho de suas atribuições, dar causa à instauração de situações normativas que comprometam e afetem os fins que regem a prática da função de legislar. (ADI 2667, relator(a): CELSO DE MELLO, Tribunal Pleno, julgado em 05.10.2020, PROCESSO ELETRÔNICO *DJe*-252 DIVULG 16.10.2020 PUBLIC 19.10.2020)

Ementa: AGRAVO REGIMENTAL EM HABEAS CORPUS. PROCESSO PENAL. TRÁFICO DE ENTORPECENTES. PRISÃO PREVENTIVA ASSENTADA NA QUANTIDADE DE DROGAS APREENDIDAS E FUNDO FALSO EM VEÍCULO. FUNDAMENTAÇÃO INIDÔNEA. INDÍCIOS DE QUE O PACIENTE ATUAVA COMO MERO TRANSPORTADOR DA DROGA. CONSTRANGIMENTO ILEGAL EVIDENCIADO. ORDEM CONCEDIDA PARA DETERMINAR A SOLTURA DO PACIENTE. MANUTENÇÃO DA DECISÃO. AGRAVO REGIMENTAL DESPROVIDO. 1. A inexistência de argumentação apta a infirmar o julgamento monocrático conduz à manutenção da decisão agravada. 2. A cláusula do devido processo legal substantivo (art. 5º, LIV, CF) orienta que as restrições às liberdades individuais pelo poder punitivo do Estado devem ocorrer somente na medida do necessário para o atingimento da finalidade almejada. Nesse sentido, a prisão preventiva é medida de ultima ratio, a ser aplicada somente quando as medidas cautelares dela diversas revelarem-se concretamente inadequadas (art. 282, § 6º, CPP). 3. A mera alusão à gravidade abstrata do delito e à quantidade da droga apreendida não é suficiente para demonstrar a periculosidade do agente e, consequentemente, não importa em risco à ordem pública que justifique a segregação cautelar. 4. A menção ao fundo falso no veículo utilizado para o transporte da droga, por si só, não indica que o acusado se dedica a atividades criminosas ou integra organização criminosa, sobretudo quando as circunstâncias do flagrante não são suficientes para atribuir a ele a propriedade do veículo ou a confecção das adaptações no veículo, havendo indicação de que a sua função era de mero transportador do entorpecente, que foi retirado em Ribeirão Preto/SP com o objetivo de ser entregue em Guaíra/SP. 5. Agravo regimental desprovido. (HC 222592 AgR, relator(a): EDSON FACHIN, Segunda Turma, julgado em 09.10.2023, PROCESSO ELETRÔNICO *DJe*-s/n DIVULG 1º.12.2023 PUBLIC 04.12.2023)

Ementa: *HABEAS CORPUS*. CRIME DE TENTATIVA DE FURTO AGRAVADO. PACIENTE REINCIDENTE ESPECÍFICO. DIRETIVAS DE APLICAÇÃO DO PRINCÍPIO DA INSIGNIFICÂNCIA. JUSTIÇA MATERIAL. PONDERABILIDADE NO JUÍZO DE ADEQUAÇÃO TÍPICA DE CONDUTAS FORMALMENTE CRIMINOSAS. SIGNIFICÂNCIA PENAL. CONCEITO CONSTITUCIONAL. ORDEM DENEGADA. 1. A norma legal que descreve o delito e comina a respectiva pena atua por modo necessariamente binário, no sentido de que, se, por um lado, consubstancia o poder estatal de interferência na liberdade individual, também se traduz na garantia de que os eventuais arroubos legislativos de irrazoabilidade e desproporcionalidade se expõem a controle jurisdicional. Donde a política criminal-legislativa do Estado sempre comportar mediação judicial, inclusive quanto ao chamado "crime de bagatela" ou "postulado da insignificância penal" da conduta desse ou daquele agente. Com o que o tema da significância penal confirma que o "devido processo legal" a que se reporta a Constituição Federal no inciso LIII do art. 5º é de ser interpretado como um devido processo legal substantivo ou material. Não meramente formal. 2. A insignificância penal expressa um necessário juízo de razoabilidade e proporcionalidade de condutas que, embora formalmente encaixadas no molde legal-punitivo, substancialmente escapam desse encaixe. E escapam desse molde simplesmente formal, como exigência mesma da própria justiça material enquanto valor ou bem coletivo que a nossa Constituição Federal prestigia desde o seu principiológico preâmbulo. Justiça como valor, a se concretizar mediante uma certa dosagem de razoabilidade e proporcionalidade na concretização dos valores da liberdade, igualdade, segurança, bem-estar, desenvolvimento, etc. Com o que ela, justiça, somente se realiza na medida em que os outros valores positivos se realizem por um modo peculiarmente razoável e proporcional. 3. A justiça não tem como se incorporar, sozinha, à concreta situação das protagonizações humanas, exatamente por ser ela a própria resultante de uma certa cota de razoabilidade e proporcionalidade na historicização de valores positivos (os mencionados princípios da liberdade, da igualdade, da segurança, do bem-estar, do desenvolvimento, etc.). Daí que falar do valor da justiça é falar dos outros valores que dela venham a se impregnar por se dotarem de um certo quantum de ponderabilidade, se por este último termo (ponderabilidade) englobarmos a razoabilidade e a proporcionalidade no seu processo de concreta incidência. Assim como falar dos outros valores é reconhecê-los como justos na medida em que permeados desse efetivo quantum de ponderabilidade (mescla de razoabilidade e proporcionalidade, torna-se a dizer). Tudo enlaçado por um modo sinérgico, no sentido de que o juízo de ponderabilidade implica o mais harmonioso emprego do pensamento e do sentimento do julgador na avaliação da conduta do agente em face do seu subjetivado histórico de vida e da objetividade da sua concreta conduta alegadamente delitiva. 4. É possível extrair do ordenamento jurídico brasileiro a premissa de que toda conduta penalmente típica só é penalmente típica porque significante, de alguma forma, para a sociedade e para a própria vítima. Em tema de política criminal, a Constituição Federal pressupõe lesão significante a interesses e valores (os chamados "bens jurídicos") por ela avaliados como dignos de proteção normativa. 5. Ao prever, por exemplo, a categoria de infrações de menor potencial ofensivo (inciso I do art. 98), a Constituição Federal logicamente nega a significância penal de tudo que ficar aquém desse potencial, de logo rotulado de "menor"; ou seja, quando a Constituição Federal concebe a categoria das infrações de menor potencial ofensivo, parece mesmo que o faz na perspectiva de uma conduta atenuadamente danosa para a vítima e a sociedade, é certo, mas ainda assim em grau suficiente de lesividade para justificar uma reação estatal punitiva. Pelo que estabelece um vínculo operacional direto entre o efetivo dano ao bem jurídico tutelado, por menor que seja, e a necessidade de uma resposta punitiva do Estado. 6. A *contrario sensu*, o dano que subjaz à categoria da insignificância penal não caracteriza, materialmente, sequer lesão de pequena monta; ou seja, trata-se de ofensividade factualmente nula, porquanto abaixo até mesmo da concepção constitucional de dano menor. Donde sua categorização como penalmente atípica. 7. É possível listar diretrizes de aplicação do princípio da insignificância, a saber: a) da perspectiva do agente, a conduta, além de revelar uma extrema carência material, ocorre numa concreta ambiência de vulnerabilidade social do suposto autor do fato; b) do ângulo da vítima, o exame da relevância ou irrelevância penal deve atentar para o seu peculiarmente reduzido sentimento de perda por efeito da conduta do agente, a ponto de não experimentar revoltante sensação de impunidade ante a não incidência da norma penal que, a princípio, lhe favorecia; c) quanto aos meios e modos de realização da conduta, não se pode reconhecer como irrelevante a ação que se manifesta mediante o emprego de violência ou ameaça à integridade física, ou moral, tanto da vítima quanto de terceiros. Reversamente, sinaliza infração de bagatela ou penalmente insignificante aquela que, além de não se fazer acompanhar do modus procedendi que estamos a denunciar como intolerável, revela um atabalhoamento ou amadorismo tal na sua execução que antecipa a sua própria frustração; isto é, já antecipa a sua marcante propensão para a forma não mais que tentada de infração penal, porque, no fundo, ditadas por um impulso tão episódico quanto revelador de extrema carência econômica; d) desnecessidade do poder punitivo do Estado, traduzida nas situações em que a imposição de uma pena se auto-evidencie como tão despropositada que até mesmo a pena mínima de privação liberdade, ou sua conversão em restritiva de direitos, já significa um desbordamento de qualquer ideia de proporcionalidade; e) finalmente, o objeto material dos delitos patrimoniais há de exibir algum conteúdo econômico, seja para efetivamente desfalcar ou reduzir o patrimônio da vítima, seja para ampliar o acervo de bens do agente. 8. No caso, o paciente é reincidente específico quanto ao crime de furto. Pelo que a tentativa de furto agravado de bens avaliados em R$ 180,00 (cento e oitenta reais), mediante a invasão de uma empresa, não se amolda à ponderabilidade de todas as diretivas acima listadas. 9. *Habeas corpus* denegado. (HC 107082, relator(a): AYRES BRITTO, Segunda Turma, julgado em 27.03.2012, PROCESSO ELETRÔNICO *DJe*-081 DIVULG 25.04.2012 PUBLIC 26.04.2012)

Vale insistir: o legislador deve atuar com imprescindíveis cuidados para com a racionalidade e a proporcionalidade, e sem olvidar e/ou arrostar/ignorar, (ainda que aparentando observá-los) a Lei Maior e o ordenamento jurídico todo, quando de vez que, se assim proceder, produzirá de imediato ou a curto/médio prazo, insegurança jurídica e todos os debates que sempre a acompanham, além de não poder perder de vista a cultura, o modo de ver e viver do povo, sob pena de produzir legislação estéril/nociva e que ao invés de harmonizar e pacificar a existência em sociedade, contribuirá para o aprofundamento das divergências/cizânias em seu território, o que provocará/levará a maiores e ingentes esforços — e vai saber depois das dificuldades para superá-las!

Disso decorre que esgrimir, "*verbi gratia*", com o argumento de que a lei não contém palavras vazias/inúteis, reclama melhor e mais aprofundada análise, uma vez que, não sendo vazias/inúteis, podem, entretanto, ser plenas de inconstitucionalidades, contrárias ao ordenamento jurídico, seus valores e princípios, e ao que dispõem os Tratados Internacionais aos quais o Brasil aderiu, não atenderem a racionalidade, nem a proporcionalidade que devem acompanhar uma qualquer lei e se apresentarem, ou melhor, assim não se apresentam, mas são mesmo "úteis" a interesses não respaldados pela ordem vigente(42); outrossim, certas comparações/justificativas, não empolgam, atento a que não se pode/não é válido fazê-las valendo-se de realidades diversas, destarte, menção a Lei n. 11.101/2005, como texto legal anterior e que inspirou a Lei n. 14.193/21, não se sustenta, "permissa venia", desde logo porque o credor trabalhista e seus créditos não se equiparam e nem tem a mesma natureza dos envolvidos e aos quais teve precipuamente em mira o legislador quanto aquele diploma legal. O trabalhador atleta profissional, não tem como esperar e se manter sem o que lhe é devido pela entidade esportiva, situação agravada pela curta duração de sua vida útil de atleta e pela realidade de que estratosféricos vencimentos recebem-nos apenas um percentual para lá de reduzido, reduzidíssimo, no já estreito/apertado mundo do futebol profissional, ou não é desse modo? Outro motivo que normalmente é apresentado, diz com a necessidade de ingressos financeiros por parte das entidades associativas, e que se as dívidas forem repassadas aos possíveis interessados, estes deixaram de sê-lo e por isso a necessidade de assim se proceder, entretanto, também essa "razão", não se mantém, pois com ela não se desmonta qualquer das objeções anteriores, ao reverso, encorpa-as, designadamente a da "permissão/faculdade do calote", além de fugir, a mais não poder, da proteção, já tão minguada, aos trabalhadores, aqui, os atletas profissionais, pois que, ao fim e ao cabo, o que se dá, em tal quadro, é desenhar-se, em maior (rectius: único) relevo o drama dos clubes, deixando apagado e/ou fora do quadro o sofrimento/abandono/desespero dos trabalhadores atletas profissionais e, claro, também os que deles dependem para o seu sustento, aqueles que, em verdade, ficam com o peso do insucesso/fracasso/má gestão das entidades esportivas altamente endividadas! Esse modo de ver se sustenta, se não se olvidar/ignorar, pura e olimpicamente, o ordenamento jurídico pátrio?

Aliás, o argumento de que é preciso tornar atraente uma entidade esportiva, para que possa ter interessados, visando torná-lá uma SAF, o que quase, ou praticamente é, uma necessidade para o futebol brasileiro, ao menos para um expressivo número de entidades esportivas, e outros que encarecem a importância disso, relegando, como dito,

(42) Como diz o Mestre Zaffaroni, em ensinamento voltado ao sistema penal, mas que pode, tranquilamente, ser estendido/aplicado ao ponto aqui examinado: *"Fica clara a negação da coerência interna do sistema jurídico-penal quando se esgrimem argumentos tais como: 'assim diz a lei', 'a faz porque o legislador quer' etc. Estas expressões são frequentemente usadas em nossa região e implicam a confissão aberta do fracasso de qualquer tentativa de construção racional e, por conseguinte, do exercício de poder do sistema penal".* ZAFFARONI, Eugenio Raúl. *Em Busca das Penas Perdidas*. 2. reimp. Revan, 2012. p. 17.

à penumbra (rectius: breu) as terríveis aflições dos trabalhadores atletas, me recordam passagem do ilustre Michel Miaille que, há lustros, já observara, em ilustrativa imagem, o que no tema em tela, se dá também, pelo que vale o contato com suas palavras:

> *"A visita a uma casa desconhecida, sob a orientação de um guia, é sempre uma estranha experiência: o guia introduz-vos na casa, faz-vo-la visitar, faz-vos, de facto, descobrir suas diferentes divisões. Mas há sempre portas que permanecem fechadas, zonas que se não visitam e, muitas vezes, uma ordem de visita que não corresponde à lógica do edifício. Em suma, vocês descobriram essa casa 'de uma certa maneira': essa introdução foi condicionada por imperativos práticos e não necessariamente pela ambição de dar um verdadeiro conhecimento do edifício."*[(43)]

O mesmo se passa, com as adaptações devidas, com a lei em foco, guiada pelos seus motivos e pela fala de seus defensores, no âmbito legislativo, mas não só, no ponto que nos importa: introduz-nos em suas disposições, e outrossim em suas motivações, sua razão de ser e com afirmações altissonantes, de que tinha de ser assim, em prol das entidades esportivas, diante das possibilidades analisadas e das prementes necessidades, que reclamavam uma inadiável tomada de posição, visando preservá-las, considerando sua relevância para o nosso País, sob variegados aspectos, mas (vocábulo bastas vezes "perigoso", talvez rivalizando apenas com o "se"...) só "abre" as portas que interessam/confirmam o que se quer aceito/admitido, fazendo com que outras permaneçam fechadas (a sete chaves), e nelas mantêm ocultas as aflições e os graves/sérios, ou melhor, gravíssimos/seríssimos prejuízos que acarretará aos futebolistas profissionais com direitos a serem satisfeitos.

Na quadra atual, fica mais fácil esse "convencimento" de que adotada a medida certa e na medida adequada para tirar as entidades esportivas do sério transe que atravessavam/atravessam, para o que muito oportuna a Sociedade do Espetáculo, que é a que ora se vive. Sociedade do Espetáculo, do entretenimento, da informação em forma de entretenimento, onde em apertadíssima síntese, a representação, as imagens, é o que se vive e/ou que importa, e não a realidade de fato. Aquilo que se passa — *que se quer passar, e por aqueles que podem e como querem fazê-lo* —, em forma de informação/noticia — de representação da vida, passa como real! Aparecer/parecer conta mais do que ser!

Procura-se introjetar no subconsciente das pessoas o que se quer seja tido como real, e isso (essa informação ou "direcionamento") é recebido sem uma maior (ou mesmo menor) reflexão crítica pela população (não em sua totalidade, mas em sua expressiva maioria!).

(43) MIAILLE, Michel. *Introdução Crítica ao Direito*. Lisboa: Editorial Estampa, 1994. p. 16.

Chegou ao Direito? O preclaro Rubens R. R. Casara, está pela sua verificação no processo penal, é ver:

> *"Em meio aos vários espetáculos que se acumulam na atual quadra histórica, estão em cartaz os 'julgamentos penais', um objeto privilegiado de entretenimento. Ó processo penal, que em dado momento histórico chegou a ser pensado como um instrumento de racionalização do poder penal, para que possa entreter, sofre profunda transformação. No 'processo penal do espetáculo', os valores típicos da jurisdição penal de viés liberal ('verdade' e 'liberdade') são abandonados e substituídos por um enredo que aposta na prisão e no sofrimento imposto a investigados e réus como forma de manter a atenção e agradar ao público."*[44]

O afamado Marçal Justen Filho, por sua vez, em substancioso artigo, discorre sobre "O Direito Administrativo do Espetáculo", em que após a Sociedade do Espetáculo, fala acerca do Estado do Espetáculo e, segue abordando o Direito Administrativo do Espetáculo, quando assim se expressa:

> *"A atividade administrativa do espetáculo consiste essencialmente na demonstração pública de grande azáfama governativa. Os administradores públicos produzem permanente informação à Plateia relativamente as ações imaginárias que desenvolvem (...)*
>
> *O Direito Administrativo do espetáculo é um instrumento essencial para o Estado do Espetáculo, eis que as ações imaginárias do governante envolvem a utilização de conceitos e expressões técnico-científicas, que são recepcionados pela Plateia com um misto de desconhecimento e espanto."*[45]

Como se pode inferir então, a Sociedade do Espetáculo já chegou ao Direito, valendo registrar que apresentar uma faceta da realidade apenas, silenciando outra(s), é trabalhar também por imagens, escolhendo/elegendo a que se acha interessante divulgar, notando que a imagem, aqui, não é algo que apenas se cria, de modo fantasioso, mas sim uma porção que se retira/recorta da realidade, por conveniente, para, adaptando-a com um discurso que interesse, empolgar melhor ainda, plantá-la na mente das pessoas, e fazê-la medrar no consciente de quantos mais indivíduos for possível!

---

(44) CASARA, Rubens R. R. *O Processo Penal do Espetáculo* (e outros ensaios). 2. ed. Florianópolis: Tirant lo Blanch, 2018. p. 28.

(45) JUSTEN FILHO, Marçal. O direito Administrativo do Espetáculo. In: ARAGÃO, Alexandre Santos de; MARQUES NETO, Floriano de Azevedo (Coords.). *Direito Administrativo e seus Novos Paradigmas*. Belo Horizonte: Fórum, 2008. p. 72.

Dito isso, parece que é possível referir a existência de um Direito do do Trabalho do Espetáculo, em suas dimensões individual e coletiva, o que os discursos sobre a autonomia da vontade, empreendedorismo, saltos na qualidade de trabalho no mundo digital, com maiores e melhores oportunidades para os trabalhadores, um mundo "fingido", em que o trabalho é bom, saudável e menos desgastante, mercê da IA, a negociação direta entre empregado e empregador, paridade de forças, quando os sindicatos foram previamente e estão alquebrados, prevalência do negociado sobre o legislado, entre outros, deixam claro, neles também contando mais (ou apenas?) o que se diz, do que a realidade "real", vale registrar que não se está criticando o que quer que seja contra empresa alguma, apenas realçando que o que se apresenta, para justificar alterações nas relações de trabalho, como se dá na Sociedade do Espetáculo e no Direito do Espetáculo, baseia-se mais nas imagens, nas notícias que se dá e como são dadas, sem maiores compromissos com a realidade "real", como retro-salientado.

O Direito do Trabalho Esportivo não passou/não passa imune ao modelo de sociedade em que se insere, de modo que se pode cogitar de um Direito do Trabalho Esportivo do Espetáculo, e para confirmar isso, a própria questão do presente estudo o atesta, como o quanto desenvolvido demonstra, e a Lei Geral do Esporte, em alguns dispositivos também.

Em realidade, certos fatos/acontecimentos e "explicações"/versões que se dão para apresentá-los/justificá-los, podem evocar a Idade Média!

Idade Média? Por que? Poderia indagar um paciente amigo que acompanha o raciocínio desenvolvido nestas linhas.

Porque, responderia/respondo, me recordo de que o escritor brasileiro Júlio César de Mello e Souza (nosso conhecido Malba Tahan), em uma de suas sempre agradáveis obras, à certa altura, observou que[46]:

> *"na Idade Média, firmam os historiadores, mais eminentes, dominavam as crendices e as superstições."*

Disse também, o que muito tem a ver com o que se vem de expor, que:

> *"É fácil falar claro quando não se vai dizer toda a verdade. Tagore. 48."*[47]

Há, por conseguinte, que ter um olhar abrangente, para "o quadro geral de necessidades", das entidades associativas, é certo, mas com a mesma intensidade e igualmente, também dos atletas profissionais, sendo, qualquer coisa fora disso, IMAGEM, selecionada

(46) TAHAN, Malba. *O Terceiro Motivo*. Coleção Saraiva, s/d, p. 13.

(47) *Idem*.

e para iludir a realidade! É preciso cuidado, muito cuidado, para que o Direito do Trabalho e também o Direito do Trabalho Esportivo, não tenham desfiguradas suas identidades/razão de ser, por balançadas suas estruturas, não promovendo mais a harmonia entre o capital e o trabalho!

É hora, ou já passa da hora, de acordar e lembrar que não há mais espaço para a elaboração de leis que ignorem e/ou não levem na devida conta ou, o que é mais grave, passem por cima da "real" realidade social, da pessoa humana dos mais vulneráveis (e quantos os que são!), que mais precisam da proteção do Estado, que não se pode, destarte, manter mais os olhos, com meiguice e docemente, voltados/fixados para um horizonte que não os veja e/ou os evite, sem olhar para o todo, de modo a abrangê-los/apanhá-los! Vivemos, nesta quadra, um momento em que, como disse Roberto José Vernengo: "*no se trata de conocer el derecho sino de hacer derecho*"(48);e a interpretação, que veja também todos os aspectos acima aludidos, que precisam ser considerados, há de ser o "despertador", colocado em ação pelos operadores do direito, ou se se preferir outra imagem, será a interpretação o sinal de alerta, o "sinalizador", que o operador do direito poderá/pode dispor, para clarear o todo, e com isso ampliar o horizonte, abarcando os mais vulneráveis, repita-se, aqui, os atletas profissionais, em sua para lá de esmagadora maioria!

Nota-se que vários são os diplomas legais que, de algum modo e/ou aspecto, incidem/têm aplicação na questão que ora se examina, aqui, portanto, fecundo espaço para aplicação da teoria do Diálogo das Fontes(49), atento a que:

> *"Essa teoria de Erik Jayme do diálogo das fontes tem se mostrado muito útil para a decisão de casos difíceis e jogado nova luz à solução dos conflitos de leis, assegurando uma aplicação simultânea e coordenada das leis brasileiras de forma a dar efetividade aos mandamentos constitucionais, em especial o da proteção aos mais fracos. Aplicar as leis, interpretá-las e colmatar eventuais lacunas, sem perder de vista os valores e mandamentos constitucionais, assegurando uma unidade valorativa das fontes e do ordenamento jurídico brasileiro é a tarefa difícil, mas necessária."*(50)

---

(48) VERNENGO, Roberto José. Curso de Teoria General del Derecho. BA, *Cooperadora de derecho y Ciencias sociales*, 1976, p. 415, *apud* PRADO, Lídia Reis de Almeida. Alguns Aspectos sobre a Lógica do Razoável na Interpretação do Direito (Segundo a visão de Luís Recaséns Siches) In: GIORGI, Beatriz di; CAMPILONGO, Celso Fernandes; PIOVESAN, Flávia (Coords.). *Direito, Cidadania e Justiça* — Ensaios sobre lógica, interpretação, teoria, sociologia e filosofia jurídicas. São Paulo: Revista dos Tribunais, 1995. p. 65.

(49) Neste ponto, o autor destas linhas se ampara em outro artigo de sua lavra, em obra contendo trabalhos seus e do ilustre Professor Guilherme Guimarães Feliciano, "Direito do Trabalho Para Inquietos", Campinas, Lacier Editora, 2014. p. 128-129.

(50) MARQUES, Cláudia Lima. A Teoria do 'Diálogo das Fontes' hoje no Brasil e seus Novos Desafios: uma Homenagem à Magistratura Brasileira. MARQUES, Cláudia Lima; MIRAGEM, Bruno (Coords.). *Diálogo das Fontes* — Novos estudos sobre a coordenação e aplicação das normas no direito brasileiro. São Paulo: Thomson Reuters Brasil/Revista dos Tribunais, 2020. p. 19.

Outrossim, a aplicação da teoria das fontes se encontra amplamente justificada, por conta de um fenômeno complexo e que pode ser objetivamente constatado nos ordenamentos jurídicos, que é o da pluralidade de fontes normativas, a essa altura, de ceder o passo ao culto processualista Daniel Mitidiero: "*É notória a complexidade dos ordenamentos jurídicos contemporâneos, marcados fortemente pela pluralidade de fontes normativas*"(51), e ainda na lição deste mestre(52): "*O Direito hoje, gravado que está pelo advento do Estado Constitucional, requer uma dogmática mais fluída e flexível, 'mitte', consoante aponta a doutrina, sendo de rigor alçar-se mão, para compreensão e aplicação do sistema jurídico, de um diálogo incessante entre as fontes do direito. O desiderato desse diálogo está na coordenação e na harmonia entre as soluções dimanadas dessa ou daquela manifestação do jurídico*".

Mais, pois levando em conta e/ou tendo que coerência bem pode ser tida como uma harmonia "elaborada", de bom proveito a transcrição de ensinamento da ilustre Cláudia Lima Marques, em que discorre sobre a importância, para um sistema jurídico, de coerência, suas, portanto, as palavras que se seguem:

> *"Como afirma Erik Jayme, no que tange à teoria, 'o sistema jurídico pressupõe uma certa coerência — o direito deve evitar a contradição', pelo que 'O juiz, na presença de duas fontes, com valores contrastantes, deve buscar coordenar as fontes, num diálogo das fontes."*(53)

Realmente, não se pode ignorar que, a cada dia mais, as leis se distanciam do interesse geral — ao qual, ao que parece e em verdade, não foram/não são totalmente ligadas e/ou consideram, e em muitos casos, nem se disfarça mais, procurando "dourar a pílula", pelo que há buscar, e aqui uma inestimável utilidade/relevância da teoria do diálogo das fontes, caminhos/fundamentos para uma necessária reaproximação com esse interesse geral, interesse esse que passa pela proteção dos mais vulneráveis da sociedade, em suas diversas manifestações, de modo que não me refiro apenas aos trabalhadores, mas a esmagadora maioria dos integrantes da sociedade. Note-se que em suas lições, a ilustre Professora Cláudia Lima Marques, não tem a vista voltada, direta e especificamente, aos trabalhadores, enquanto tais, mas aos mais fracos, de um modo geral!

Quantas não foram/são as vezes em que me surpreendo pensando que a teoria do Diálogo das Fontes em muito se aproxima, parece até ter se originado do princípio tão nosso conhecido da Aplicação da Norma Mais Favorável...

---

(51) MITIDIERO, Daniel. *Processo Civil e Estado Constitucional*. Porto Alegre: Livraria do Advogado, 2007. p. 78.

(52) *Idem*.

(53) MARQUES, Cláudia Lima. O Diálogo das Fontes' Como Método da Nova Teoria Geral do Direito: Um Tributo a Erik Jayme. MARQUES, Cláudia Lima (Coord.). *Diálogo das Fontes* — Do conflito à coordenação de normas no direito brasileiro. São Paulo: Revista dos Tribunais, 2012. p. 19.

Assim, não se pode simplesmente deixar de lado os arts. 10 e 448, do Diploma Consolidado, além dos demais referidos no curso deste modesto estudo, ao reverso, hão de ser, asinha e inevitavelmente, convocados, visando, com o manejo do Diálogo das Fontes, chegar à solução mais adequada e ajustada, e que considere a presença de trabalhadores vulneráveis abrangidos/atingidos, muito pesadamente, pelo resultado da negociação! Uma vez tudo considerado e sopesado, em sadia interpretação, que considere todo o ordenamento jurídico, como a Constituição, seus valores e princípios, Tratados Internacionais, legislação infraconstitucional, a falta de sua racionalidade e de sua proporcionalidade, neste apontadas, há inferir que os arts. 2º, 9º, 10 e 12, da Lei n. 14.193/21, que correspondem a uma "engenharia" que quer passar uma ideia de responsabilidade que, em verdade "não responde" pela satisfação das dívidas, como e na proporção devida, sendo, antes, um meio de "emudecer" a responsabilidade que há de ser pronunciada, não alforriam a SAF, uma vez constituída, de responder — e solidariamente —, de pronto e pela totalidade, pelos direitos reconhecidos aos atletas profissionais da respeitante entidade esportiva, ou, ao menos, por isso haverá de responder a própria SAF.

Dados Médicos e de Rendimento e o Direito Fundamental à Proteção dos Dados Pessoais no Desporto Profissional: Quem se Afoga em Poço Raso?

Guilherme Guimarães Feliciano[1]

A divulgação/retransmissão de informações médicas e de rendimento físico de atletas profissionais levantam questões relevantes em relação à proteção de dados sensíveis, quiçá não atinadas até 2018, mas de máxima urgência a partir da entrada em vigor da Lei Geral de Proteção de Dados (LGPD), sancionada em agosto de 2018 (Lei n. 13.709/2018).[2] A LGPD, como se sabe, tem o propósito de preservar a privacidade das pessoas naturais e de regular o tratamento de dados pessoais no Brasil — entre os quais a coleta, o armazenamento e compartilhamento de dados pessoais —, inclusive nos meios digitais (*"on line"*), e nas mais diversas esferas, incluindo a desportiva.

No contexto do mundo desportivo, o uso das informações médicas de atletas profissionais pelos clubes e associações exige, à luz da LGPD, tratamento transparente (art. 6º, VI) e, como regra, sob o consentimento dos respectivos titulares (art. 7º, I). Além disso, as entidades devem adotar todas medidas de segurança razoavelmente necessárias para proteger essas informações.

---

(1) Juiz do Trabalho (Titular da 1ª Vara do Trabalho de Taubaté). Professor da Faculdade de Direito da Universidade de São Paulo. Titular da Cadeira n. 53 da Academia Brasileira de Direito do Trabalho. Titular da Cadeira n. 81 da Academia Taubateana de Letras. Pós-Doutor pela Universidade de Coimbra (IGC/CDH). Livre-Docente pela Universidade de São Paulo. Doutor pela Universidade de São Paulo. Doutor pela Universidade de Lisboa. Presidiu a Associação dos Magistrados da Justiça do Trabalho da 15ª Região (Amatra XV) no biênio 2010-2012. Presidiu a Associação Nacional dos Magistrados da Justiça do Trabalho (Anamatra) no biênio 2017-2019.

(2) FELICIANO, Guilherme Guimarães. *Proteção de dados pessoais e os impactos nas relaçoes de trabalho.* São Paulo: Revista dos Tribunais, 2023, *passim*.

Com efeito, a LGPD estabelece diretrizes e normas para o tratamento de dados pessoais sensíveis, incluindo informações médicas, e se aplica a todas as entidades, incluindo clubes e associações desportivas, que geralmente — e cada vez mais frequentemente — realizam o tratamento desses dados. Nessa ordem de ideias, deve-se levar em consideração a finalidade específica para a qual os dados médicos são coletados, a minimização e a segurança do respectivo tratamento e a prestação de contas, a esse respeito, para os atletas e para a própria Autoridade Nacional de Proteção de Dados (*"accountability"* — LGPD, art. 6º, X). Para mais, o consentimento para o tratamento dessas informações médicas deve ser obtido de forma clara e objetiva, informando, por exemplo, como esses dados serão utilizados, quem terá acesso a eles — inclusive em contextos de transferência — e por quanto tempo serão armazenados. Além disso, é fundamental que os clubes adotem medidas de segurança para proteger essas informações, a fim de evitar vazamentos ou acessos não autorizados (LGPD, art. 6º, VII e VIII).

Em caso de vazamentos, adulterações ou outros atos/fatos anômalos com danos para os atletas (materiais ou extrapatrimoniais), por outro lado, vem a lume o regime de responsabilidade civil dos arts. 33 a 34 da LGPD. Quanto a esse particular aspecto, ainda não há um consenso quanto à classificação da responsabilidade no âmbito da legislação específica. Alguns autores defendem o modelo de responsabilidade civil aquilina ou subjetiva; outros, o modelo de responsabilidade civil objetiva; e outros ainda sugerem uma terceira via ou um novo regime de responsabilidade. Em nossa opinião, como dissemos alhures,

> [...] a LGPD possui as seguintes características:[...] **(e)** responsabilidade civil subjetiva (v. art. 42, *caput*, e art. 43, III), como regra, sem prejuízo de casos específicos de responsabilidade civil objetiva (assim, *e.g.*, se se tratar de dados financeiros, de dados bancários ou de outros dados pessoais que tenham sido mantidos em condições altamente vulneráveis, ou ainda nas hipóteses dos arts. 12 e 14 do CDC), considerando-se o tipo de tratamento de dados e o respectivo grau de risco; [...].(3)

No entanto, independentemente do modelo de responsabilidade civil adotado, a LGPD estabelece sanções para o descumprimento de suas disposições, o que reforça a importância de os clubes cumprirem as regras estabelecidas pela legislação, inclusive no que se refere ao tratamento de informações médicas de atletas profissionais.

Releva ponderar, com CESARIO e SEVERO, que

> [p]oucos clubes têm políticas de proteção de dados e, ainda menos, suas diretrizes são amplamente divulgadas e discutidas com os atletas e os torcedores. Isso levanta questionamentos sobre se os departamentos

(3) FELICIANO, Guilherme Guimarães. *Proteção de dados pessoais e os impactos nas relações de trabalho.* São Paulo: Revista dos Tribunais, 2023, *passim*.

médicos dos clubes possuem consentimento expresso dos atletas para a divulgação de suas informações de saúde, dados genéticos ou biométricos, considerados dados sensíveis pela LGPD.(4)

No caso relatado pelas autoras, a situação médica delicada do jogador Rodrigo Caio (à altura, do Flamengo e da Seleção Brasileira), em meados de 2022 — fora submetido a uma artroscopia e, diante da infecção de um dos pontos, retornou ao Rio de Janeiro durante as férias para ser internado, sob suspeita de "infecção por superbactéria" — gerou imensas especulações de mídia e de mercado, a ponto de se vaticinar o fim de uma promissora carreira futebolística e de se levar o diretor médico do Flamengo a um programa televisivo de grande audiência para "prestar informações" sobre os procedimentos clínicos pelos quais passou o jogador. Terá Rodrigo Caio consentido com isto? Ou, antes ainda, *poderia* ter validamente consentido, ante a irrenunciabilidade dos direitos trabalhistas (específicos e inespecíficos) e dos direitos humanos fundamentais (CRFB, art. 5º, LXXIX)?

Bem se vê que, no âmbito jurídico-desportivo, um problema cada vez mais pungente diz com a coleta, a produção, a classificação, a utilização, o acesso, a reprodução, a transmissão, o processamento, o arquivamento/armazenamento e a transferência de dados relativos à saúde e à capacidade física de atletas profissionais e amadores (art. 5º, X, da LGPD). Há décadas, clubes e associações desportivas têm realizado o tratamento desses dados para garantir a melhor performance de seus atletas, especialmente no âmbito do futebol profissional; e, nos últimos anos, essa prática espraiou-se inclusive entre clubes de médio porte, que sequer competem nas principais divisões do futebol brasileiro e estrangeiro. Sob a égide da LGPD, após 2018, com que legitimidade/liceidade podem fazê-lo?

O consentimento (LGPD, art. 11, I) é a primeira base legal que sempre vem à mente,(5) inclusive no campo trabalhista (e — diga-se — equivocadamente). Mas a LGPD define o consentimento como uma manifestação livre, informada e inequívoca na qual o titular concorda com o tratamento de seus dados pessoais para uma finalidade específica. Para ser válido, o consentimento deve atender a quatro critérios: (a) deve ser *livre,* i.e., o titular deve ter uma escolha real, sem sentir-se obrigado a consentir; (b) deve ser *informado,* i.e., o titular deve ter conhecimento para tomar uma decisão consciente; (c) deve ser *inequívoco*, i.e., o controlador deve poder comprovar que o titular concedeu autorização; e (d) deve ser dado para uma *finalidade determinada* (e não "genericamente",

(4) CESARIO, Kone Prieto Furtunato; SEVERO, Roberta Ferreira. LGPD e a proteção de dados sensíveis no esporte: Exposição de dados médicos de jogador do Flamengo acende debate sobre alcance da LGPD. Proteção de dados (coluna). *Jota*, 22 jan. 2022. Disponível em: https://www.jota.info/opiniao-e-analise/artigos/lgpd-protecao-dados-sensiveis-esporte-22012022. Acesso em: 9 fev. 2024.

(5) SOARES, Fernanda; SANTOS, Mariana Lucas Lourenço dos. LGPD no esporte: qual base legal é adequada para tratar dados de atletas? Opinião (coluna). *Consultor Jurídico*, 15 fev. 2022. Disponível em: https://www.conjur.com.br/2022-fev-15/opiniao-lgpd-esporte-base-legal-tratar-dados-atletas/#:~:text=Uma%20das%20alternativas%20%C3%A9%20a,contrato%20especial%20de%20trabalho%20desportivo . Acesso em: 9 fev. 2024.

para quaisquer usos). Outrossim, para além desses critérios, quando tratamos de dados pessoais sensíveis, há um quinto requisito: o consentimento deve ser *destacado*. Isso significa que o consentimento para dados sensíveis deve ser obtido de forma específica e destacada, em relação a cada possível uso específico (= glanularidade), para garantir uma maior proteção legal.

Uma maneira óbvia de garantir o consentimento destacado seria confirmar expressamente o consentimento em uma declaração por escrito. É dizer, o controlador deve ter ainda mais cautela ao obter o consentimento do titular para fins de tratamento de dados pessoais sensíveis. É importante que o controlador opte sempre pela máxima transparência possível, destacando explicitamente as disposições referentes ao tratamento de dados pessoais sensíveis e não "escondendo-as" em meio a outras disposições contratuais. Os requisitos de validade do consentimento, pois, não são tão simples. É mais complicado do que simplesmente perguntar aos indivíduos se seus dados podem ser processados. Há, inclusive, debate sobre a validade do consentimento quando há hierarquia entre as partes, como se dá nas relações de emprego. E, de resto, nos termos da LGPD, o consentimento pode ser retirado a qualquer momento. Então, se o atleta, retira o consentimento para o tratamento de seus dados pessoais coletados por meio do GPS de monitoramento, o clube deve cessar imediatamente a coleta; mas poderá, em razão disso, romper o contrato de trabalho, ainda que imotivadamente? Ou estaríamos diante de uma dispensa discriminatória (Lei n. 9.029/1995), já que o atleta estaria sendo dispensado por simplesmente exercitar um direito seu, constitucional e legal, a cujo propósito os demais atletas aceitam ceder?

Outra base legal a ser considerada pela ANPD é o *exercício regular de direitos em contratos*(6) (LGPD, art. 11, II, "*d*"), considerando-se as hipóteses em que o tratamento dos dados é necessário para a execução do contrato especial de trabalho desportivo. Põe-se então a questão: para o exercício de uma das dimensões inerentes ao poder hierárquico patronal, que é o *poder modulatório*(7) — i.e, o poder de determinar *como* o ofício será desempenhado pelo trabalhador, delineando os conteúdos da atividade e predeterminando os conteúdos do resultado —, o clube ou associação desportiva poderia captar, armazenar e processar livremente os dados médicos dos seus atletas? E poderia, com a mesma liberdade, transferi-los ou comercializá-los (o que já não diz propriamente com o poder modulatório, mas com um duvidoso direito de posse ou propriedade sobre dados pessoais alheios)?

Há ainda a possibilidade de se considerar como base de justificação a *obrigação legal e/ou regulatória*(8) (LGPD, art. 11, II, "*a*"), como, p. ex., a assistência médica exigida

---

(6) SOARES, Fernanda; SANTOS, Mariana Lucas Lourenço dos. LGPD no esporte: qual base legal é adequada para tratar dados de atletas? Opinião (coluna). *Consultor Jurídico*, 15 fev. 2022. Disponível em: https://www.conjur.com.br/2022-fev-15/opiniao-lgpd-esporte-base-legal-tratar-dados-atletas/#:~:text=Uma%20das%20alternativas%20%C3%A9%20a,contrato%20especial%20de%20trabalho%20desportivo . Acesso em: 9 fev. 2024.

(7) Cf. FELICIANO, Guilherme Guimarães. *Curso crítico de Direito do Trabalho:* Teoria Geral do Direito do Trabalho. São Paulo: Saraiva, 2013. subseção 4.2.

(8) SOARES, SANTOS, LGPD no esporte..., *cit.*

dos clubes por parte das entidades desportivas, como a própria Confederação Brasileira de Futebol. Confira-se, *e.g.*, o art. 82-A da Lei n. 9.615/1998 (Lei Pelé), pela qual *"as entidades de prática desportiva de participação ou de rendimento, profissional ou não profissional, promoverão obrigatoriamente exames periódicos para avaliar a saúde dos atletas, nos termos da regulamentação"*; ou ainda o art. 48-A da mesma lei, ao dispor sobre o *controle de dopagem*, que *" tem por objetivo garantir o direito de os atletas e as entidades participarem de competições livres de dopagem, promover a conservação da saúde, preservar a justiça e a igualdade entre os competidores"* (e que, portanto, pode ser realizado mesmo sem o consentimento do atleta, conquanto lhe invada a esfera da intimidade/privacidade); ou ainda o art. 84, VII, da **Lei n. 14.597/2023** (Lei Geral do Esporte), pelo qual *"[s]ão deveres da organização esportiva direcionada à prática esportiva profissional, em especial [...] promover obrigatoriamente exames periódicos para avaliar a saúde dos atletas, nos termos da regulamentação"*; ou, enfim — já no campo da regulamentação –, a Resolução da Presidência n. 01/2019, que estabelece normas para a emissão do Certificado de Clube Formador e obriga os clubes a proporcionar assistência médica aos jovens atletas,[(9)] o que pressupõe — e a normativa o prevê – a realização de inúmeros exames médicos e psicológicos.

E há, de resto, uma fronteira ainda relativamente inexplorada, em plagas brasileiras, no tema de proteção de dados pessoais: a do *interesse legítimo* do controlador de dados (art. 7º, IX, e 10 da LGPD — anotando-se que, **para dados pessoais *sensíveis*** — como são os dados médicos e biométricos —, **não se admite formalmente a base legal do interesse legítimo**), que foi oportunamente — ou dir-se-ia tardiamente — introduzida pela ANPD em um estudo preliminar de agosto de 2023, após o qual se seguiu uma consulta pública[(10)] e, por fim, em fevereiro de 2024, a publicação de um "Guia Orientativo sobre Legítimo Interesse".[(11)] Em suma, só se admitirá o tratamento por legítimo interesse se a hipótese (i) tiver compatibilidade com o ordenamento jurídico; (ii) apresentar lastro em situações concretas; e (iii) estiver vinculado a finalidades legítimas, específicas e explícitas, sendo certo que o tratamento de dados pessoais com base no legítimo interesse deve ser precedido de um *teste de balanceamento*, que deve levar em consideração a legitimidade do interesse, a necessidade do tratamento, os impactos sobre os direitos dos titulares e suas legítimas expectativas em comparação com os interesses envolvidos. Deve-se evitar o tratamento com base no legítimo interesse se o teste de balanceamento não for conclusivo ou se não forem identificadas medidas de segurança e de mitigação de risco adequadas à hipótese; e se, ao contrário, o tratamento de dados pessoais puder ser realizado com base no legítimo interesse, antecipa-se a necessidade de a atividade de tratamento também estar prevista no Registro das Operações de Tratamento, inclusive com a emissão de um Relatório de Impacto à Proteção de Dados

(9) /SOARES, SANTOS, LGPD no esporte..., *cit.*

(10) Disponível em: https://www.gov.br/participamaisbrasil/consulta-a-sociedade-de-estudo-preliminar-sobre-legitimo-interesse-1. Acesso em: 15 mar. 2024.

(11) Disponível em: https://www.gov.br/anpd/pt-br/assuntos/noticias/anpd-lanca-guia-orientativo-sobre-legitimo-interesse. Acesso em: 15 mar. 2024.

(RIPD), *"si et quando"* se cuidar de tratamento de alto risco. Cabe indagar: ainda que se admita, *"ad argumentandum tantum"*, a superação da primeira barreira formal[(12)] – o fato de o art. 11 da LGPD não prever o legítimo interesse como base legal adequada para dados pessoais sensíveis (como serão, em via de regra, os relativos à saúde e ao rendimento dos atletas)[(13)] –, quantos clubes e associações mantêm, hoje, registros de operações de tratamento ou expedem relatórios de impacto à proteção de dados?

Voltamos, enfim, à questão da coleta de dados pessoais por meio do GPS utilizado para monitorar o desempenho dos atletas. Como visto, esses dados são captados durante os treinos e jogos, fornecendo uma considerável quantidade de informações relacionadas à saúde. A análise desses dados é fundamental para permitir que os clubes de futebol mantenham seus atletas em boa forma física, armazenando dados pessoais sensíveis que permitiram inclusive *identificar pessoalmente o atleta:* extensão dos saltos, capacidade de aceleração, tempo de desaceleração etc.; pode-se inclusive captar um largo arco de informações para cada parte do corpo do atleta. Isso possibilita aos clubes antecipar problemas médicos, constatando lesões leves antes que se agravem. Outros dispositivos têm finalidades específicas, como monitorar os movimentos, velocidade, ângulos e aceleração de um goleiro, com o objetivo de aprimorar seu desempenho. Tais equipamentos são valiosos para responder questões importantes, como a preferência do goleiro por um lado específico da trave, no momento da cobrança de um pênalti, ou ainda o seu tempo de reação.

Qual o valor dessas informações no atual mercado de futebol? E, para além do interesse dos clubes que negociam o jogador — assim, *e.g.*, na transferência (ou não) desse pacote de dados —, qual o poder de decisão, de veto e/ou de barganha que a respeito deles terá *o próprio atleta*, titular dos dados pessoais sensíveis?

Com a palavra, a Autoridade Nacional de Proteção de Dados.

---

(12) O próprio estudo preliminar da ANPD ponderava que o tratamento de dados pessoais sensíveis com base na hipótese legal de garantia da prevenção à fraude e à segurança do titular (LGPD, art. 11, II, *"g"*) guarda semelhança com a hipótese legal com a do legítimo interesse; e, logo, as orientações sobre o teste de balanceamento também podem ser aplicadas no caso do uso da hipótese legal de garantia da prevenção à fraude e à segurança do titular (no caso, do atleta profissional), o que incluiria — em nossa percepção — as obrigações relativas ao Relatório de Impacto à Proteção de Dados (RIPD).

(13) Mas poderiam surgir dúvidas, p. ex., em relação a dados pessoais específicos e isolados que não permitissem, por si só, a identificação inequívoca da pessoa natural (e, logo, não seriam *dados biométricos,* assim entendidos aqueles que **identificam de forma individual, única e exclusivamente, uma pessoa natural, por suas características físicas ou comportamentais, como, p. ex.,** as **impressões digitais**, a **íris, a face ou a voz**), e que tampouco configurassem dados médicos (como, *e.g.,* dados sobre condições de saúde anteriores, ou sobre resultados de exames laboratoriais, ou ainda sobre diagnósticos passados ou tratamentos bem-sucedidos). Assim seria, *v.g.*, a informação *isolada* sobre o canto da trave estatisticamente mais buscado pelo goleiro em cobranças de faltas e penalidades máximas (pode-se supor que diversos goleiros, em um mesmo universo de atletas, pendam preferencialmente para o canto esquerdo ou para o direito); ou, ainda, a informação *isolada* sobre a força média que o artilheiro imprime à bola em um chute na pequena área (e que poderá corresponder à força média de outros jogadores).

A Manipulação de Resultados Esportivos, o Ônus e a Presunção de Veracidade das Provas na Justiça Desportiva

Guilherme Tavares Martorelli[1]

1. O que é a manipulação de resultados esportivos?

Podemos iniciar definindo a manipulação esportiva como atos dentro de um evento esportivo, no decurso ou com finalidade de um resultado final, com a intenção de lograr um resultado pré-determinado, dessa maneiro violando frontalmente as regras do jogo ou a lei.

A FIFA "Federátion International de Football Association", entidade máximo do futebol define a manipulação de partidas como "a influência ou alteraçao ilicita, direta ou por ato ou omissão, no percurso, resultado ou qualquer outro aspecto de uma partida ou competição de futebol".[2]

A CONMEBOL "Confederación Sudamericana de Fútbol" entidade continental que abrange as federações nacionais, entre elas a Confederação Brasileira de Futebol "CBF", e que dita as regras desportiva de futebol que acabam por atingir o nosso país, define a manipulação esportiva como "qualquer influência ou alteração intencional, direta ou indiretamente, individual ou em conjunto com terceiros, por ato ou omissão, no curso ou no resultado final de uma partida ou competição, com o propósito de obter ganhos financeiros, vantagens esportiva ou qualquer outro tipo de ganho".[3]

---

(1) Advogado. Doutorando e Mestre em *International Sports Law — Universitat de Lleida*. Auditor do Pleno do Tribunal de Justiça Desportiva da Federação Paulista de Futebol. Coordenador jurídico do Sindicato de atletas profissionais do Estado de São Paulo.

(2) Disponível em: https://www.fifa.com/legal/integrity/match-manipulation.

(3) Disponível em: https://www.conmebol.com/documentos/codigo-disciplinario-conmebol-2023/.

Assim, podemos definir que a manipulação deva ser considerada como qualquer ato estranho aos eventos que ocorrem dentro de uma partida que não visem simplesmente a vitória diretamente, alguma atitude premeditada que venha a gerar qualquer vantagem a o responsável pelo ato ou terceiros.

A manipulação esportiva pode ocorrer por vários motivos, sendo eles ganhos financeiros, vantagem esportiva ou outros fins.

Dentro do ganho financeiro, está relacionada a manipulação dos jogos vinculados a apostas esportivas, o que, geralmente, envolve uma pessoa de fora do campo que conspira para manipular um jogo ou competição, a fim de obter rendimentos financeiros através de plataformas de apostas esportivas. Nesse cenário, o padrão é que seja oferecida a indivíduos dentro do campo (árbitros, atletas, treinadores e etc.) uma vantagem financeira para influenciar ou alterar de maneira premeditada o jogo.

Na vantagem esportiva a manipulação de jogos busca obter uma vantagem para uma grande variedade de resultados, como garantir que uma equipe vença uma competição, ou que uma equipe avance em alguma determinada competição, ou se classifique para outra competição, ou para evitar o rebaixamento dentro da competição que participa no momento, ou inclusive que isso venha o ocorre com outra equipe que não faça parte diretamente da partida "manipulada" diretamente. Aqui podemos falar do que é denominada como "mala preta" ou "mala branca", no qual um terceiro com interesse desportivo em um resultado específico dentro da partida oferta para os atletas da equipe participante que venham a ganhar ou perder o jogo, para que um terceiro se beneficie deste resultado.

Por mais que exista muita discussão na imprensa e entre torcedores de que a "mala branca" não seria considerada uma manipulação, o entendimento das entidades esportiva assim como da justiça, com base no Código Brasileiro de Justiça Desportivo[(4)] em seu art. 242, e a Lei Geral do Esporte[(5)] nos arts. 177, 198 e 199 deixam claro que qualquer ato ou omissão que venham a gerar vantagem indevida, sim, é considerado manipulação esportiva.

Quando entramos mais a fundo no que tem se tornado a pandemia de manipulações esportiva se denota mais claramente o viés financeiro, seja ao atleta, árbitro, treinador ou terceiros que por qualquer motivo venham a conseguir influenciar os eventos dentro de uma partida.

Dentro dos mais recentes escândalos sobre o tema, sempre se tem por fundo o ganho financeiro, através de apostas esportivas em sites podemos esclarecer várias possibilidades que cada vez acabam por ser ainda mais extensa a lista de possibilidade de

(4) Disponível em: https://www.gov.br/mds/pt-br/composicao/orgaos-colegiados/cne/arquivos/codigo_brasileiro_justica_desportiva.pdf.

(5) Disponível em: https://www.planalto.gov.br/ccivil_03/_ato2023-2026/2023/Lei/L14597.htm.

manipulação, principalmente quando se fala em atos ou omissões que possam ocorrer no transcorrer das partidas, os chamados *"Spot-fixing"*.

Tal atitude ficou mundialmente conhecida quando do escândalo no críquete, em que atletas da seleção do Paquistão, em uma partida, no ano de 2010, frente a seleção Inglesa, receberam dinheiro para que deliberadamente lançassem bolas nulas em determinados momentos pré-determinados com os apostadores. No caso em questão 3 atletas paquistaneses foram suspensos do esporte com penas de até 10 anos.

No futebol, a ocorrência dos *"Spot-fixing"* se dá por conta das casa de apostas abrirem a possibilidade de apostar em eventos durante a partida que podem ser, entre eles, número de escanteios no primeiro tempo do jogo, número de cartões amarelos no jogo, número de faltas que ocorrerá na partida, o que ocorrerá no primeiro lance do jogo, qual time terá mais escanteios, quantos gols irão ocorrer nos últimos 15 (quinze) minutos da partida, e várias outras possibilidades, como por exemplo, apostas coligadas, como dois atletas, um de cada time tomar cartão amarelo na mesma rodada, assim pessoas mal-intencionadas apostam o que se define como *"sure bets"*, apostas certas, de que estes atos ocorrerão, levando os apostadores a ganharem muito dinheiro, pois estas apostas certas, tendem a ter uma retorno financeiro maior.

Desta maneira, por serem atos que por muitas vezes não acabam por incidir um resultado direto ao resultado final da partida, e por também não serem atos predominantes nas partidas, acabam por passar despercebidos dos espectadores, o que faz com que o convencimento do apostador para com o agente do ato em si pese de maneira mais "leve", levando estas pessoas a crer até mesmo que tal atitude não seria caracterizada como manipulação de resultado, uma vez, que não influi diretamente no resultado da partida.

2. A caracterização da manipulação na justiça desportiva

A justiça desportiva caracteriza a manipulação de resultados pelo "CBJD" pelos arts. 242, em que define a manipulação como "Dar ou prometer vantagem indevida a membro de entidade desportiva, dirigente, técnico, atleta ou qualquer pessoa natural, para que, de qualquer modo, influencie o resultado de partida, prova ou equivalente.", 243. "Atuar, deliberadamente, de modo prejudicial à equipe que defende.", e ainda 243-A. "Atuar, de forma contrária à ética desportiva, com o fim de influenciar o resultado de partida, prova ou equivalente".

Cabe esclarecer que os tribunais disciplinares entendem que por mais que atitudes caracterizadas como os *"Spot-fixing"* não tenham uma influência direta no resultado final da partida, ainda assim tais atitudes quando tomadas por atitudes que infrinjam os princípios desportivos máximos, o *"fair play"*, e aqui não se fala de como ficou conhecido de maneira rasa como jogo limpo, de devolver a bola ao adversário, e atos assim, mas sim na interpretação mais ampla que se tem de "fair play', que é a regra destinada a assegurar a sinceridade nas competições desportivas, isso é, que os atos sejam tomados em prol da competitividade, e não visando um ganho financeiro ou até desportivo sobre ele, mas sim buscando a ética no espírito esportivo de não querer tirar vantagem por um ato.

Logo, os julgamentos dentro das esferas da justiça desportiva acabam por julgar casos de atos no transcorrer da partida por mais que os artigos falem somente em resultado das partidas.

E isso se faz extremamente necessário para que se mantenha a ética e a justiça, também no sentido amplo, de ser justo com todos os que estão ali praticando esse desporto organizado. Em que todos buscam a vitória, porém sem que se passe por cima do que é correto, sem que se possa tirar vantagem de algo que não deveria.

3. A manipulação esportiva pelos regulamentos desportivos

A Confederação Brasileira de Futebol "CBF" também definiu o que deverá ser considerado manipulação em seu art. 65 do seu Regulamento Geral de Competições de 2023 "RGC"(6), vejamos:

> "Art. 65. Com o objetivo de evitar a manipulação de resultado de partidas, ou a ocorrência de um fato ou eventos específicos no seu decurso, considerar-se-á conduta ilícita praticada por atletas, técnicos, membros de comissão técnica, dirigentes e membros de equipe de arbitragem e todos aqueles que direta ou indiretamente, possam exercer influência no resultado das partidas, os seguintes comportamentos:
>
> I – apostar em si mesmo, ou permitir que alguém do seu convívio o faça, em seu oponente ou em partida de futebol;
>
> II – instruir, encorajar ou facilitar qualquer outra pessoa a apostar em partidas de futebol da qual esteja participando ou possa exercer influência;
>
> III – assegurar a ocorrência de um acontecimento particular durante partida de futebol da qual esteja participando ou possa exercer influência, e que possa ser objeto de aposta ou pelo qual tenha recebido ou venha a receber qualquer recompensa;
>
> IV – dar ou receber qualquer pagamento ou outro benefício em circunstâncias que possam razoavelmente gerar descrédito para si mesmo ou para o futebol;
>
> V – compartilhar informação sensível, privilegiada ou interna que possa assegurar uma vantagem injusta e acarretar a obtenção de algum ganho financeiro ou seu uso para fins de aposta;
>
> VI – deixar de informar de imediato ao seu clube, Federação Estadual ou à competente autoridade desportiva, policial ou judiciária, qualquer ameaça ou suspeita de comportamento corrupto, como por exemplo no caso de alguém se aproximar para perguntar sobre manipulação de qualquer aspecto de uma partida ou mediante promessa de recompensa financeira ou favores em troca de informação sensível."

---

(6) Disponível em: https://conteudo.cbf.com.br/cdn/202302/20230214221219_73.pdf.

Ainda no art. 135 do mesmo "RGC", em seu § 4º determina a "CBF" que "Para fins de verificação da ocorrência das condutas ilícitas elencadas no art. 65, a CBF poderá solicitar a produção de relatório por empresa especializada na detecção de manipulação de resultados, bem como de parecer técnico acerca da conduta desportiva dos envolvidos".

A Federação Paulista de Futebol "FPF", entidade de competência estadual de administração desportiva do futebol, em seu Regulamento Geral e Competições de 2023 "RGC"(7) também define o que deve ser considerado manipulação, definindo e proibindo a prática em seu art. 39 "É expressamente vedado a todos aqueles que direta ou indiretamente possam exercer influência no resultado das partidas, manipular lances ou eventos em uma partida, realizar apostas em si mesmo ou em partida de futebol, bem como compartilhar informação privilegiada ou assegurar que ocorra evento específico durante partida, que possam acarretar obtenção de ganho financeiro e/ou ser utilizados para fins de aposta."

4. Ônus da prova e presunção de veracidade das provas na justiça desportiva

No Código Brasileiro de Justiça Desportiva, em seu Capítulo VIII é reservado somente para tratar das provas aceitas e possíveis, e qual a prevalência que deve ser dada para as provas apresentadas em uma demanda judicial desportiva.

O art. 56 apresenta que todos os meios legais de prova são hábeis para provar a verdade dos fatos alegados no processo desportivo.

Já o art. 57 determina que a prova dos fatos alegados no processo desportivo incumbirá à parte que a requerer, inclusive arcando com seus custos de produção, e em seus incisos I, II e III estabelece que os fatos notórios, alegados por uma parte e confessados pela parte contrária e que gozarem da presunção de veracidade, independem de provas.

E no artigo seguinte, 58, determina que a súmula, o relatório e as demais informações prestadas pelos membros da equipe de arbitragem, bem como as informações prestadas pelos representantes da entidade desportiva, ou por quem lhe faça as vezes, gozarão da presunção relativa de veracidade. E nos § do art. 58 é definido que "a presunção de veracidade contida no *caput* servirá de base para a formulação da denúncia pela Procuradoria ou como meio de prova, NÃO CONSTITUINDO VERDADE ABSOLUTA".

E por último o art. 58-A determina que, nos Processos Disciplinares, o ônus da prova da infração incumbe à Procuradoria.

Assim, fica claramente estabelecido que caberá o ônus da prova na Justiça Desportiva à Procuradoria ou a parte que a requerer, ficando claro que a interpretação que se

(7) Disponível em: https://futebolpaulista.com.br/Repositorio/Competicao/Regulamento/1260/1260_638364462136208292.pdf.

dá na Justiça Desportiva é a da presunção de inocência, não podendo qualquer envolvido em denúncia ter que comprovar a sua inocência e sim aos acusadores comprovar, através das provas que lhe couberem a comprovar a culpa do denunciado.

Ainda, é importante esclarecer que os fatos confessos assim como os fatos que gozarem da presunção de veracidade não se fazem necessários comprovar, ou seja, se utilizar de outras provas para que seja determinado verdadeira. E que se define como com presunção de veracidade a Súmula, o Relatório e demais informações prestadas pelo árbitro e equipe de arbitragem, não deixando o "CBJD" qualquer possibilidade de margem à interpretação de qualquer outro documento a não ser os emanados da equipe de arbitragem.

5. Jurisprudência TAS/CAS — Caso 2016/A/4650 Klubi Sportiv Skenderbeu *vs.* UEFA

Por inúmeras vezes em julgamento de casos envolvendo atletas denunciados por manipulação esportiva, os auditores dos tribunais disciplinares acabam por se utilizar de relatórios de empresas de Sistemas de Detecção de Fraudes em Apostas, e por equívoco acabam por dar presunção de veracidade a tal documento, em direta confusão hermenêutica, ao comparar tal relatório ao relatório da equipe de arbitragem participante de uma partida, que se equipara a súmula, e essa sim tem presunção de veracidade de acordo com o "CBJD", art. 58, mencionado anteriormente. Ou ainda, em outro equívoco hermenêutico acabam por avalizar tal documento, dando equivalência de presunção de veracidade alegando Jurisprudência do *Tribunal Arbitral du Sport/ Court of Arbitration for Sport "TAS/CAS"* em que pesam ser o entendimento do tribunal máximo da esfera desportiva a validação direta deste tipo de relatório, porém, vale analisar o caso do clube Skenderbeu em que a sentença arbitral analisou diretamente a possibilidade de utilização deste tipo de relatório e definiu qual o tipo de peso deve ser dado a tal documento, em tradução livre da decisão exaurada pela Câmara Arbitral.

> "CAS 2016/A/4650 Klubi Sportiv Skenderveu *v.* Union Européenne de Football Association "UEFA", 21 de novembro de 2016."
>
> (...)
>
> 2. Tem sido consistentemente defendido na jurisprudência do CAS que o padrão de prova em casos de manipulação de resultados é a satisfação confortável. Este padrão foi definido como sendo maior do que um mero equilíbrio de probabilidade, mas menor do que uma prova além de qualquer dúvida razoável. A jurisprudência do CAS também estabeleceu claramente que, para alcançar esta satisfação confortável, um painel do CAS deve ter em mente a seriedade da alegação feita.
>
> 3. O papel do Sistema de Deteção de Fraude nas Apostas da UEFA (BFDS) consiste em detectar movimentos irregulares nas apostas, tanto antes do jogo como durante o jogo (ao vivo), nos principais mercados de apostas, através da monitorização das principais casas de apostas europeias e asiáticas. Se um jogo apresentar padrões de apostas irregulares, o jogo é "destacado" e é gerado um relatório. Os relatórios contêm uma análise

textual e uma conclusão das observações efetuadas pelos especialistas, bem como representações gráficas dos movimentos do mercado de apostas. Existem semelhanças entre os procedimentos seguidos relativamente ao BFDS e ao passaporte biológico do atleta (o "`PBA") em matéria de dopagem. Ambos se baseiam inicialmente em dados analíticos que são subsequentemente interpretados por peritos/analistas antes de se chegar a conclusões sobre a presunção de uma infração ou não. O BFDS analisa se a informação analítica relativa às apostas em jogos de futebol pode ser explicada por circunstâncias "normais". A conclusão de que a informação estatística não pode ser explicada por circunstâncias "normais" não implica necessariamente que se deva concluir que os resultados devem ser explicados pela manipulação de resultados. Para se chegar à conclusão de que um jogo foi combinado, a informação analítica tem de ser apoiada por outros elementos diferentes e externos que apontem na mesma direção, ou seja, deve ser feita uma diferenciação entre a chamada informação quantitativa e uma análise qualitativa da informação quantitativa, que também é necessária. Embora o sistema BFDS possa ser melhorado através de um regulamento *ad hoc* da UEFA, a informação analítica daí resultantes constitui provas valiosas que, especialmente se corroboradas por outras provas, podem ser utilizadas para concluir que um clube esteve direto ou indiretamente envolvido direta ou indiretamente na manipulação de resultados.

(...)"[8]

Logo, devemos ter em conta que os relatórios emanados por empresas que analisam o mercado de apostas esportivas devem ser considerados para que possa sim vir a abrir investigação, ou até mesmo uma denúncia que possa vir a gerar uma demanda judicial desportiva. Porém é de suma importância que os auditores responsáveis por casos de manipulação esportiva que irão julgar casos desta temática tenham em mente que tais documentos devem sim corroborar casos, porém não podem ser analisados com presunção de veracidade, porque desta maneira poderão estar decidindo por suspensões pesadas a atletas que podem não ser culpados de manipulação esportiva.

(8) Disponível em: https://jurisprudence.tas-cas.org/Shared%20Documents/4650.pdf.

Compliance e Futebol: Principais Fatores de Risco e a Implementação de um Programa Efetivo

Gustavo Delbin[(1)]
Mariana Chamelette[(2)]

"... cada terra faz a sua guerra, embora viajando pelo mundo se perceba que, além de muitas características que diferenciam todas as terras, no fundo todas as guerras acabam se parecendo."
Ferran Sorian — *A bola não entra por acaso*[(3)]

1. Introdução

O futebol, que ao longo de muito tempo teve a sua imagem associada majoritariamente à realização de sonhos e à paixão do torcedor, transcendeu tal imagem romântica para se transformar em uma indústria robusta, que movimenta cifras econômicas relevantes. Nesse contexto, a gestão do futebol, cada vez mais, vem sendo moldada e influenciada por princípios de governança corporativa e transparência.

(1) Advogado. Vice-Presidente da Federação Paulista de Futebol. Premiado pela Escola Superior de Advocacia de São Paulo e pelas publicações *Chambers and Partners — Chambers Global — The Client's Guide* e *Chambers and Partners — Chamber's Latin America*. Mestre em *Derecho Deportivo* pela *Universidad de Lleida* e *INEFC*, na Espanha. Pós-Graduado em Administração e *Marketing* Esportivo, em Direito e Processo Civil, em Gestão Esportiva e em Direito Desportivo. Professor. Árbitro. Membro do Conselho Fiscal do Comitê Paralímpico Brasileiro. Ex-Presidente e Conselheiro do Instituto Brasileiro de Direito Desportivo. Membro da Academia Nacional de Direito Desportivo.

(2) Advogada. Especialista em Direito Desportivo e *Compliance*. Ganhadora da edição 2018 do Prêmio *"Valed Perry"* do Instituto Brasileiro de Direito Desportivo com o artigo sobre *Compliance* e criminalidade no Futebol Brasileiro. Vice-Presidente do Instituto Brasileiro de Direito Desportivo — IBDD. Procuradora do Tribunal de Justiça Desportiva do Futebol de São Paulo e do Tribunal de Justiça Desportiva Antidopagem.

(3) SORIAN, Ferran. *A bola não entra por acaso:* estratégias inovadoras de gestão inspiradas pelo mundo do futebol. Tradução Marcelo Barbão. São Paulo: Ed. Larousse do Brasil. 2010. p. 16.

A indústria do futebol, embora possua uma série de elementos relevantes que a diferencie de outras esferas convencionais — o que demanda uma abordagem de governança corporativa diferente de outros setores —, tem se utilizado da experiência de outros campos para aprimorar os seus padrões. Afinal, como mencionado na nossa epígrafe, extraída do clássico "A bola não entra por acaso" de Ferran Sorian, apesar das *muitas características que diferenciam todas as terras, no fundo todas as guerras acabam se parecendo.*

No presente artigo, um dos principais aspectos da governança corporativa, qual seja, o *compliance* será apresentado como uma ferramenta crucial para auxiliar a boa gestão e garantir a integridade, a sustentabilidade financeira e a credibilidade do futebol. Ademais, serão abordadas as especificidades quanto aos principais fatores de risco a serem aferidos na implementação de um programa efetivo para o setor.

2. *Compliance*

Compliance, uma expressão inglesa derivada do verbo *to comply*, que significa "*cumprir com, obedecer*"(4), denota a ação de agir de acordo com uma regra, um pedido, um comando. Portanto, *estar em compliance* significa "*cumprir, satisfazer ou realizar uma ação imposta*"(5), referindo-se ao cumprimento, estrito e rigoroso, das normas legais, diretrizes e regulamentos, aplicáveis a determinada pessoa física ou jurídica(6).

Assim sendo, o objetivo central do *compliance* é a mitigação dos riscos atrelados à reputação, assim como às ameaças legais ou regulatórias(7), uma vez que ele é regido a partir de uma finalidade precípua preventiva, com base na programação de ações que estimulam a redução nos riscos de qualquer atividade(8). Isso porque, embora o conceito de *compliance* tenha surgido nas instituições financeiras com a criação do Banco Central dos Estados Unidos em 1913, atualmente, abrange todas as organizações, sejam públicas, privadas ou entidades do terceiro setor(9).

A implementação de instrumentos de *compliance* visa principalmente à redução dos riscos de penalização, incluindo, mas não se limitando, a aspectos criminais, trabalhistas e cíveis(10). Nesse contexto, um programa de *compliance* eficaz possibilita a prevenção, detecção e correção de irregularidades associadas às atividades em questão.

---

(4) CAMBRIDGE INTERNATIONAL. *Dictionary of English.* Disponível em: https://dictionary.cambridge.org/pt/dicionario/ingles-portugues/comply.

(5) GIOVANINI, Wagner. *Compliance* — A excelência na prática. São Paulo, LEC, 2014. p. 20.

(6) DELBIN, Gustavo N.; CHAMELETTE, Mariana. A relevância do Licenciamento de Clubes como ferramenta de governança e modernização do futebol. In: ZAINAGHI, Domingos Sávio (Coord.). *Estudos de Direito Desportivo.* Leme: Mizuno.

(7) COIMBRA, Marcelo Aguiar; MANZI, Vanessa Alessi. *Manual de* Compliance. São Paulo: Atlas, 2010. p. 2.

(8) SILVEIRA, Renato de Mello Jorge; SAAD-DINIZ, Eduardo. Criminal *Compliance*: os limites da cooperação normativa quanto à lavagem de dinheiro. *Revista de Direito Bancário e Mercado de Capitais*, n. 56. São Paulo, 2012, RT, p. 600.

(9) COIMBRA, Marcelo Aguiar; MANZI, Vanessa Alessi. *Op. cit.*, p. 1.

(10) SARCEDO, Leandro. Compliance *e responsabilidade penal da pessoa jurídica:* construção de um novo modelo de imputação, baseado na culpabilidade corporativa. [Tese]. São Paulo: USP; 2014. p. 57.

Para além do aspecto legal, a conformidade está intrinsecamente ligada a princípios éticos relacionados à honestidade e transparência. Assim, o *compliance* está associado a uma postura de observância e cumprimento de normas, envolvendo estratégias de prevenção de futuros perigos[(11)], que incluem não apenas a prevenção de riscos, mas também a detecção e correção de problemas.

Executada em conformidade com a legislação, regulamentos setoriais, regimentos internos e estatutos sociais, essa prática é igualmente interpretada como um ato de responsabilidade social. Com base nessa perspectiva, os agentes de governança, durante o desempenho de suas funções, devem considerar não apenas aspectos econômicos, mas também sociais e ambientais, buscando assegurar a sustentabilidade e longevidade da organização[(12)].

As entidades que não adotam práticas de conformidade enfrentam uma gama significativa de riscos, incluindo a exposição a fraudes, a possibilidade de vazamento de informações sensíveis e a vulnerabilidade a diversas ameaças[(13)]. É crucial ressaltar, ainda, o perigo associado à deterioração da imagem da organização, resultante de notícias relacionadas a envolvimento em casos de corrupção, lavagem de ativos e outras atividades ilícitas de natureza penal e administrativa. O panorama apontado enfatiza a importância crucial da implementação de estratégias e ferramentas voltadas para o *compliance*.

Os programas de *compliance* têm como premissa o desenvolvimento a partir de três pilares, quais sejam: (i) prevenção, (ii) detecção e (iii) sanção.

A prevenção concentra-se na elaboração e implementação proativa de políticas e procedimentos que visam evitar a ocorrência de condutas em desconformidade com as normas legais. Isso inclui a criação de códigos de ética, diretrizes internas e treinamentos regulares para conscientizar os membros da organização sobre os requisitos legais pertinentes. A ênfase na prevenção busca criar uma cultura interna que valorize a conformidade desde o início, reduzindo os riscos legais associados a comportamentos inadequados.

O segundo pilar do *compliance* reside na detecção de possíveis irregularidades. Isso implica na implementação de sistemas de monitoramento eficazes que possam identificar prontamente qualquer desvio das normas estabelecidas. A detecção envolve auditorias internas, análises de dados, relatórios de conformidade e mecanismos de denúncia, criando uma rede de vigilância que permita reações rápidas diante de comportamentos

(11) CABETTE, Eduardo Luiz Santos; NAHUR, Marcius Tadeu Maciel. Criminal compliance *e ética empresarial: novos desafios do direito penal econômico*. Porto Alegre: Nuria Fabris, 2013. p. 29.

(12) DELBIN, Gustavo N.; CHAMELETTE, Mariana. *Considerações sobre a importância de práticas de responsabilidade social corporativa e ESG no futebol.* (no prelo).

(13) DELBIN, Gustavo N.; CHAMELETTE, Mariana. Licenciamento de Clubes e gestão de risco em entidades desportivas. In: *Revista Academia Nacional de Direito Desportivo (ANDD)*, ano 7, n. 6 (jul./dez. 2021) Brasília: ANDD, 2021.

em não conformidade. Vale mencionar que a capacidade de detectar precocemente potenciais violações legais permite à organização tomar medidas corretivas oportunas, minimizando danos e fortalecendo sua postura de conformidade com a legalidade e a regulamentação.

O terceiro pilar, a sanção, representa a resposta às violações identificadas. Essa etapa do *compliance* envolve a implementação de medidas disciplinares e corretivas proporcionais à gravidade da não conformidade. Isso pode incluir desde treinamentos adicionais, advertências e suspensões até ações judiciais, quando necessário.

A finalidade da sanção não é apenas a de corrigir comportamentos desviantes, mas também serve como um elemento dissuasivo, transmitindo a mensagem clara de que a organização está comprometida com o cumprimento rigoroso das leis e não tolerará práticas contrárias aos seus princípios éticos e legais. É justamente a eficácia desse terceiro pilar que fortalece a integridade e a credibilidade da organização no cenário em que está inserida.

Outrossim, é possível frisar, ainda, que em uma dimensão institucional é imperiosa a existência de um *compliance officer* independente, que possua a função de resguardar pela eficiência, consolidação e aperfeiçoamento do programa de conformidade da entidade. Assim lhe é cabível criar os controles internos e processos, mapear riscos, gerir os canais de denúncias, aferir a gestão de conformidade, monitorar índices, fomentar a cultura de conformidade, criar estratégias de mitigação de impactos, dentre tantas outras atividades.

Nessa toada, embora a cultura de *compliance* abarque o conceito de *enforcement*, que implica em uma aplicação mais rigorosa das normas legais, ela deve ser observada muito mais a partir de uma criação de uma cultura institucional pedagógica, relacionada à adesão a valores de ética, legalidade e transparência, e muito menos vinculada a uma questão retributiva e sancionatória. Uma verdadeira cultura de *compliance* envolve mais do que apenas políticas e procedimentos. Afinal, a conformidade é um valor pertencente a todos e é dessa forma que ela deve ser encarada.

3. *Compliance* e futebol

Com relação ao futebol, a necessidade de estabelecer e aplicar políticas de conformidade em entidades esportivas não é apenas impulsionada pelo desejo generalizado de transparência e boa administração, nem exclusivamente pela necessidade de adaptação para garantir benefícios legais, como aqueles inerentes as Leis de Incentivo ao Esporte. Tais medidas, cada vez mais, tornam-se exigências do próprio mercado.

Grandes empresas, patrocinadoras de eventos e entidades esportivas evitam associar suas marcas a escândalos que possam prejudicar sua imagem, seu produto e credibilidade. Para preservar a possibilidade de investimentos futuros e garantir a gestão eficaz de recursos e a reputação das entidades, os gestores esportivos devem adotar uma abordagem proativa no desenvolvimento de programas de conformidade. Além disso, é crucial que sejam exemplos e envolvam todos os *stakeholders* no desenvolvimento de uma cultura ética nas entidades esportivas.

À luz de tal cenário, algumas das principais entidades do futebol no Brasil e no mundo vêm dando o exemplo na implementação de programas de conformidade, dentre as quais, destaca-se, neste texto, a FIFA.

Em 2015, após uma operação do DOJ dos Estados Unidos que descortinou um caso de corrupção que possuía funcionários e dirigentes da FIFA como principais personagens, a entidade iniciou um processo de reestruturação de seu Estatuto e normas internas, visando readequá-los para uma cultura de ética e transparência.

Assim, em 2016, a Divisão de *Compliance* da FIFA foi criada, ato contínuo consolidou o seu Código de Ética(14), que passa por constantes atualizações, e criou comitês específicos para fortalecerem a cultura de conformidade não apenas na entidade, mas no futebol como um todo.

Como medida para desenvolver e/ou aprimorar os programas de *compliance* de entidades de administração e prática de futebol ao redor do mundo, a FIFA publicou o "*FIFA Compliance Handbook*"(15). O documento foi projetado com a finalidade de apoiar a conformidade nas entidades de futebol, buscando auxiliá-las com estratégias, ideias e orientações nas melhores práticas, facilitando, desse modo, a criação de programas de *compliance* eficazes para cada contexto específico(16).

A FIFA destaca no manual que a maioria das abordagens modernas de programas de *compliance* é baseada no modelo das "três linhas de defesa", utilizado para implementar controles de conformidade em todos os níveis organizacionais, designando papéis e responsabilidades claros para os participantes em cada parte do campo(17).

A "primeira linha de defesa" é a premissa de que o *compliance* pertence a todos na organização. Nesse esteio, todos que trabalham na entidade de futebol devem agir de maneira correta e manifestar-se se algo não estiver funcionando, apoiados por diretrizes e processos adequados. A "segunda linha de defesa" é, justamente, o departamento de *compliance*, que tem o papel de apoiar a "primeira linha" com diretrizes, controles e treinamento de conformidade. Por fim, a "terceira linha de defesa" possui a função de garantia — avaliando a abordagem da organização e fornecendo garantias aos líderes de

(14) FIFA. *FIFA Code of Ethics* — Edition 2023. Disponível em: https://digitalhub.fifa.com/m/4f048486c1f7293c/original/FIFA-Code-of-Ethics-2023.pdf.

(15) FIFA. *Compliance Handbook* — October 2020 Edition. Disponível em: https://digitalhub.fifa.com/m/4a1daee06e72f0c6/original/lp015yxfdqesvrleo6ii-pdf.pdf.

(16) *Idem.*

(17) *Idem.*

que a conformidade está funcionando bem —, seja por meio de uma unidade interna de auditoria separada ou por um indivíduo ou auditoria independente[18].

O instrumento traz, ainda, alguns modelos de documentos e *checklists* que podem ser reproduzidos pelas entidades de administração e de prática do futebol ao redor mundo, tais como, políticas de presentes e hospitalidade, cláusulas anticorrupção, conflito de interesses, risco reputacional, proteção de dados, dentre outras.

Inspirada pela FIFA, no ano de 2017, a CBF, também tendo em vista o melhor desenvolvimento do desporto, publicou o seu primeiro Código de Ética, com o objetivo de "*orientar as condutas éticas nas relações profissionais e comerciais envolvendo o futebol, de forma a tornar mais rigorosa a manutenção de alto padrão de moralidade e definir responsabilidades*"[19].

Outras entidades brasileiras, como a Federação Paulista de Futebol, por exemplo, também já se adequaram ao mercado atual, buscando valorizar a transparência, as relações éticas e as boas práticas de gestão. Ademais, quatro clubes brasileiros (Atlético-MG, Athletico, São Paulo e Vasco) fundaram o grupo "Movimento pela Integridade no Futebol"[20] voltado à discussão e difusão de boas práticas de *compliance* no futebol brasileiro.

Portanto, a implementação de instrumentos de *compliance* nos entes desportivos relacionados ao futebol já é uma realidade e, sem qualquer dúvida, aqueles que não se adequarem, serão ultrapassados.

4. *Compliance* e futebol: principais fatores de risco e a implementação de um programa efetivo

No contexto do futebol, como já apontamos, as entidades desportivas enfrentam diversos desafios no que tange ao *compliance*. Em um ambiente que vai além da gestão financeira e do zelo pelos colaboradores, os riscos para a conformidade se multiplicam, especialmente quando adentramos o cenário do jogo profissional.

Notadamente, é impossível criar regras e regulamentos para cada situação que possa ocorrer em uma entidade de futebol. Contudo, destacamos aqui, alguns dos principais fatores de risco que podem ser levar em conta na construção de um programa de *compliance* voltado para o esporte.

(18) FIFA. *Compliance Handbook* — October 2020 Edition. Disponível em: https://digitalhub.fifa.com/m/4a1daee06e72f0c6/original/lp015yxfdqesvrleo6ii-pdf.pdf.

(19) CBF. *Código de Ética e Conduta do Futebol Brasileiro*. Disponível em: http://conteudo.cbf.com.br/etica/codigo.pdf.

(20) Disponível em: https://www.camara.leg.br/noticias/993598-comissao-promove-debate-sobre-a-integridade-no.

Inicialmente, destacamos dois pontos centrais, quais sejam, o cumprimento das normas financeiras, da legislação desportiva e das normativas trabalhistas. Assim sendo, a transparência na administração financeira, a manutenção de registros precisos, a adequada formulação de balanços e a adesão rigorosa às regulamentações fiscais são pontos cruciais. Assim como também é fundamental o cumprimento devido da legislação vigente, no que se refere a políticas de contratação, jornada de trabalho e contra o assédio.

Outrossim, há de se verificar que a Lei Federal n. 14.597/2023, conhecida como a Lei Geral do Esporte, revogou o Estatuto do Torcedor mas trouxe parte de crimes no esporte, com importante alteração à gestão desportiva no Brasil — e que demanda um dever de cuidado adicional e específico em termos de *compliance* —, prevendo em seu art. 165[(21)], o crime de "corrupção privação privada no Esporte". No *caput* do dispositivo, restou tipificada criminalmente a conduta análoga à corrupção ativa, nessa seara, ou seja, penaliza-se aquele que exige, solicita, aceita promessa ou recebe vantagem indevida, como representante de organização esportiva privada, para favorecer a si ou a terceiros, "*a fim de realizar ou omitir ato inerente às suas atribuições*". Por sua vez, o parágrafo único guarda relação com o crime de corrupção passiva, tipificando a conduta daquele que "*oferece, promete, entrega ou paga, direta ou indiretamente, ao representante da organização esportiva privada, vantagem indevida*".

Assim, políticas anticorrupção que estabeleçam limites claros e fornecem aos membros da entidade as ferramentas necessárias para a tomada de decisões mais acertada, são fundamentais a qualquer entidade. Com relação a tal temática, é imprescindível que se deixe claro que os membros da entidade não devem fazer ou aceitar pagamentos diretos e indiretos para obtenção de vantagens comerciais. E, ainda, que afiram a frequência, o *timing* e a intenção de presentes que sejam oferecidos por terceiros.

Outro fator de risco está relacionado à proteção de dados. As entidades esportivas, incluindo clubes de futebol, estão sujeitas às disposições da LGPD ao lidar com dados pessoais em várias situações, como a coleta de informações de torcedores durante a compra de ingressos, cadastros em programas de sócio torcedor e registros para recebimento de comunicações promocionais. Além disso, o tratamento de dados pessoais é evidente na contratação e registro de atletas, membros da comissão técnica, colaboradores e parceiros comerciais.

É importante observar que a LGPD estabelece cuidados especiais para dados considerados sensíveis, como informações relacionadas à saúde e desempenho dos atletas em campo. Diante desse cenário, as entidades esportivas devem adotar medidas de *compliance* rigorosas para garantir o tratamento adequado e em conformidade com a legislação, evitando penalidades e protegendo a privacidade dos envolvidos.

---

(21) BRASIL. *Lei Federal n. 14.597, de 14 de junho de 2023*. Disponível em: https://www.planalto.gov.br/ccivil_03/_ato2023-2026/2023/lei/L14597.htm.

Mais um ponto a ser aferido está relacionado à acessibilidade e inclusão, fundamentais para a realização de eventos e jogos. A garantia de que todos, independentemente de características individuais, possam desfrutar igualmente dos eventos, associada à implementação de políticas não discriminatórias, atende aos princípios da governança desportiva e de ESG.

A saúde e segurança, tanto para atletas quanto para espectadores, também estão intrinsecamente vinculadas ao *compliance*. O cumprimento de regulamentos específicos, como gestão de multidões, prevenção de incêndios e instalações de primeiros socorros, é vital para proporcionar ambientes seguros durante eventos, jogos e treinamentos.

A gestão adequada de seguros e riscos é um componente significativo do *compliance*, visando cobertura adequada para jogadores, funcionários e a própria entidade, a fim de mitigar possíveis riscos e responsabilidades. Além disso, a conformidade com regulamentos *antidoping* é imprescindível, exigindo testes regulares, educação antidopagem e garantia de que atletas não utilizem substâncias proibidas.

Para preservar a integridade do esporte, medidas robustas contra a manipulação de resultados são, da mesma forma, necessárias. Regulamentos internos, previsões de sanções severas, como multas expressivas, proibições e possibilidade de rebaixamento e banimento, formação e educação dos envolvidos, são medidas preventivas passíveis de serem tomadas pelas entidades.

Os clubes devem, ainda, atentar para as regras de registro e transferência de atletas, assegurando que as transações ocorram de maneira ética e em conformidade com os regulamentos pertinentes.

A proteção da propriedade intelectual, envolvendo marcas registradas, logotipos e outros materiais protegidos por direitos autorais, também merece destaque no escopo do *compliance*.

Em suma, a conformidade no universo do futebol envolve uma rede complexa de fatores. Desde a conformidade financeira até a proteção de menores, passando por leis trabalhistas, propriedade intelectual e regulamentações específicas, cada componente desempenha um papel crucial. Estes, quando observados em conjunto, representam os principais fatores de risco para o *compliance* no futebol, evidenciando a necessidade de uma abordagem abrangente e proativa para a governança desportiva.

Dessa forma, tendo em vista que a conformidade assume diversas formas e abordagens, enquanto entidades de maior porte podem optar por criar departamentos especializados para áreas específicas — por exemplo, equipes separadas para ética, *antidoping*, anticorrupção, integridades, sustentabilidade etc. —, entidades menores podem ter um único departamento, que centralize todas as questões.

O departamento de *compliance* e o *compliance officer* têm a competência de analisar riscos operacionais, mapeando atividades e processos, além de ter o dever de conhecer e interpretar a legislação e a regulação relacionadas ao futebol.

É possível mencionar, ademais, que é da referida área, dentre outras tarefas, o múnus de monitorar a segurar da informação, gerenciar controles internos, desenvolver projetos de melhoria contínua, elaborar e revisar manuais de conduta, fazer auditorias periódicas, implementar procedimentos de disseminação de cultura de *compliance*. Para além disso, caberá a ele encaminhar as infrações aos órgãos competentes internos, como um Comitê de Ética, e, se o caso, externos, como o Ministério Público.

5. Conclusão

Na epígrafe do presente texto, destaca-se que "*além de muitas características que diferenciam todas as terras, no fundo todas as guerras acabam se parecendo*", ou seja, o futebol — ainda que tenha características muito específicas — pode e deve se valer da experiência de outros setores em termos de gestão.

O *compliance* já é uma realidade em muitos setores da economia e vem ganhando espaço e sendo, cada vez mais, valorizado e essencial ao bom funcionamento de entidades de futebol.

Um programa de *compliance* efetivo deve observar o cumprimento de regras externas e internas, buscando gerir riscos, antecipar problemas e corrigir as intercorrências de maneira efetiva. Assim, é imprescindível conhecer as normas vigentes, adequando as atividades da entidade a elas, por meio da criação de normas internas, que sejam constantemente monitoradas e atualizadas, sancionando-se eventuais descumprimentos.

A implementação de um programa de *compliance* efetivo no contexto do futebol vai muito além do simples cumprimento de normas. Isso porque tal prática deve incorporar uma mudança cultural, promovendo valores éticos e de transparência em toda a organização esportiva. Os *stakeholders* do esporte, desde dirigentes até jogadores e demais colaboradores, devem internalizar a importância da conformidade como parte integral de suas responsabilidades.

Portanto, a interseção entre *compliance* e futebol demanda uma abordagem que engloba a construção de uma cultura ética, com a conscientização para riscos específicos e a promoção da transparência. Ao seguir esses princípios, as entidades esportivas de futebol estarão mais bem preparadas para enfrentar os desafios presentes e futuros, assegurando a sustentabilidade e o sucesso a longo prazo.

6. Referências

CABETTE, Eduardo Luiz Santos. NAHUR, Marcius Tadeu Maciel. Criminal compliance *e ética empresarial:* novos desafios do direito penal econômico. Porto Alegre: Nuria Fabris, 2013.

CAMBRIDGE INTERNATIONAL. *Dictionary of English*. Disponível em: https://dictionary.cambridge.org/pt/dicionario/ingles-portugues/comply.

CBF. *Código de Ética e Conduta do Futebol Brasileiro*. Disponível em: http://conteudo.cbf.com.br/etica/codigo.pdf.

COIMBRA, Marcelo Aguiar; MANZI, Vanessa Alessi. *Manual de* Compliance. São Paulo: Atlas, 2010.

DELBIN, Gustavo N.; CHAMELETTE, Mariana. A relevância do Licenciamento de Clubes como ferramenta de governança e modernização do futebol. In: ZAINAGHI, Domingos Sávio (Coord.). *Estudos de Direito Desportivo*. Leme: Mizuno. .

DELBIN, Gustavo N.; CHAMELETTE, Mariana. Licenciamento de Clubes e gestão de risco em entidades desportivas. In: *Revista Academia Nacional de Direito Desportivo (ANDD)*, ano 7, n. 6, (jul./dez. 2021). Brasília: ANDD, 2021.

DELBIN, Gustavo N.; CHAMELETTE, Mariana. *Considerações sobre a importância de práticas de responsabilidade social corporativa e ESG no futebol*. (no prelo).

FIFA. *FIFA Code of Ethics* — Edition 2023. Disponível em: https://digitalhub.fifa.com/m/4f048486c1f7293c/original/FIFA-Code-of-Ethics-2023.pdf.

______. *Compliance Handbook* — October 2020 Edition. Disponível em: https://digitalhub.fifa.com/m/4a1daee06e72f0c6/original/lp015yxfdqesvrleo6ii-pdf.pdf.

GIOVANINI, Wagner. Compliance — *A excelência na prática*. São Paulo: LEC, 2014.

SARCEDO, Leandro. Compliance *e responsabilidade penal da pessoa jurídica:* construção de um novo modelo de imputação, baseado na culpabilidade corporativa. [Tese]. São Paulo: USP; 2014.

SILVEIRA, Renato de Mello Jorge; SAAD-DINIZ, Eduardo. *Criminal Compliance*: os limites da cooperação normativa quanto à lavagem de dinheiro. *Revista de Direito Bancário e Mercado de Capitais*, n. 56, São Paulo, 2012, RT.

SORIAN, Ferran. *A bola não entra por acaso:* estratégias inovadoras de gestão inspiradas pelo mundo do futebol. Tradução Marcelo Barbão. São Paulo: Larousse do Brasil, 2010.

Atuação no Juizado Especial do Torcedor sob a Ótica da Defensoria Pública

Helena Pires de Oliveira[1]
Luiz Eduardo de Toledo Coelho[2]

O presente estudo tem por objeto expor, ainda que sucintamente, o trabalho desempenhado pela Defensoria Pública no âmbito do Juizado Especial do Torcedor. Para tanto, opta-se por iniciar com a apresentação da instituição Defensoria Pública, em seguida tratar do Juizado do Torcedor e a dinâmica da atuação da Defensoria Pública e, por fim, fazer uma reflexão sobre as audiências de custódia no âmbito do Juizado do Torcedor.

A Defensoria Pública é instituição permanente, essencial à função jurisdicional do Estado, incumbindo-lhe a orientação jurídica, a promoção dos direitos humanos e a defesa, em todos os graus, judicial e extrajudicial, dos direitos individuais e coletivos, de forma integral e gratuita, aos necessitados, na forma do inciso LXXIV do art. 5º da Constituição Federal (art. 134 da CF)[3].

---

(1) Defensora Pública do Estado de São Paulo, desde 2007. Aprovada no primeiro concurso público de ingresso na carreira, com atuação na área cível *lato sensu* e com designação para atuar em regime de plantão no Juizado do Torcedor pelo período de julho de 2022 a agosto de 2023.

(2) Defensor Público do Estado de São Paulo, desde 2007. Aprovado no segundo concurso público de ingresso na carreira, com atuação na área criminal, especialista e mestre em direito do Estado pela Pontíficia Universidade Católica de São Paulo e professor universitário.

(3) A *Defensoria Pública*, enquanto instituição permanente, *essencial* à função jurisdicional do Estado, qualifica-se como instrumento de concretização dos direitos e das liberdades de que são titulares as pessoas carentes e necessitadas. É por essa razão que a *Defensoria Pública* não pode (e não deve) ser tratada de modo inconsequente pelo Poder Público, pois a proteção jurisdicional de milhões de pessoas — carentes e desassistidas —, que sofrem inaceitável processo de exclusão jurídica e social, depende da adequada organização e da efetiva institucionalização desse órgão do Estado. – De nada valerão os direitos e de nenhum significado revestir-se-ão as liberdades, se os fundamentos em que eles se apoiam — além de desrespeitados pelo Poder Público ou transgredidos por particulares — também deixarem de contar com o suporte e o apoio de um aparato institucional, como aquele proporcionado pela *Defensoria Pública*, cuja função precípua, por efeito de sua própria vocação constitucional (CF, art. 134), consiste em dar efetividade e expressão concreta,

Enquanto instituição essencial à função jurisdicional do Estado, a Defensoria Pública se equipara à Magistratura e ao Ministério Público, tendo como princípios institucionais a unidade, a indivisibilidade e a independência funcional. Aos membros da Defensoria Pública deve ser reservado o mesmo tratamento dado aos Magistrados e demais titulares dos cargos das funções essenciais à justiça (arts. 44, inciso XIII e 128, inciso XIII, da LC n. 80/94).

Embora a Defensoria Pública seja incumbida de prestar a assistência jurídica integral e gratuita aos que comprovem insuficiência de recursos (art. 5º, LXXIV, da CF), no âmbito criminal é possível sua atuação em favor de qualquer pessoa, com arbitramento de honorários em relação aos não necessitados. Isso pois, os princípios da ampla defesa e do contraditório, aplicáveis também na esfera cível, no processo penal são regidos pela essencialidade e indispensabilidade da defesa técnica, conforme disposto no art. 261, do CPP: "Nenhum acusado, ainda que ausente ou foragido, será processado ou julgado sem defensor".

Assim, enquanto no processo civil a defesa técnica é assegurada, e exercida pela Defensoria Pública, apenas ao incapaz que não tenha representante legal ou se os interesses deste colidirem com os daquele; ao réu preso revel e ao réu revel citado por edital ou por hora certa (art. 72, CPC); no processo penal a defesa técnica deve ser assegurada a todos os acusados.

Essas eram as considerações a respeito da Defensoria Pública, em especial enquanto instituição responsável pela defesa técnica no processo penal, que mereciam destaque para o desenvolvimento sobre sua participação no Juizado Especial do Torcedor.

Obviamente, a atuação perante o Juizado do Torcedor é uma atuação inovadora e, desta feita, a participação da Defensoria Pública ganha destaque pois a imediatidade com que as coisas acontecem, a atuação *in loco* e logo após o fato quase que inviabiliza, por parte do investigado criminal, e das partes nos procedimentos cíveis, a contratação de um profissional com capacidade postulatória.

A Lei Geral do Esporte (Lei n. 14.597/2023), antecedida pelo ora revogado Estatuto do Torcedor (Lei n. 10.671/2003), dispõe em seu art. 180 que poderão ser criados pelos Estados e pelo Distrito Federal os Juizados do Torcedor, órgãos da justiça comum com competência cível e criminal para o processamento, o julgamento e a execução das causas decorrentes das atividades reguladas na referida lei. Portanto, referidos juizados são um importante instrumento para a promoção da cultura de paz no esporte.

---

inclusive mediante acesso do lesado à jurisdição do Estado, a esses mesmos direitos, quando titularizados por pessoas necessitadas, que são as reais destinatárias tanto da norma inscrita no art. 5º, inciso LXXIV, quanto do preceito consubstanciado no art. 134, ambos da Constituição da República. ADI n. 2.903.

Uma vez instituídos pelos Estados ou Distrito Federal, os juizados do torcedor regem-se pelo quanto determinado na Lei n. 9.099/95, que dispõe sobre os juizados especiais cíveis e criminais.

São da competência do juizado do torcedor os crimes previstos na Lei Geral do Esporte cuja pena máxima não seja superior a dois anos, bem como as demais infrações de menor potencial ofensivo (art. 61, da Lei n. 9.099/95).

O processo perante o Juizado do Torcedor rege-se pelos princípios da oralidade, simplicidade, informalidade, economia processual, celeridade, com o objetivo de reparar os danos sofridos pela vítima e evitar a aplicação de penas privativas de liberdade.

No Estado de São Paulo, o Juizado Especial de Defesa do Torcedor foi criado pelo Provimento n. 1.838/2010 do Conselho Superior da Magistratura, sendo uma unidade judiciária itinerante permanente da Comarca da Capital, posteriormente incorporado ao Provimento n. 2.203/2014.

Na prática, na sua forma itinerante, o Juizado Especial de Defesa do Torcedor funciona em instalações dentro dos estádios de futebol do time detentor do mando de jogo e é composto por, no mínimo, um Juiz, um servidor do Poder Judiciário, um representante do Ministério Público, um Defensor Público e um Delegado de Polícia.

A atuação do Juizado do Torcedor, em especial em grandes jogos cuja quantidade de expectadores é vultuosa, contribui para a cultura da paz na prática desportiva, tanto de forma preventiva, como pela resolução imediata de conflitos que ocorram dentro ou nas imediações dos estádios.

É inegável que a criação e instalação dos Juizados dos Torcedores é uma forma louvável de aproximação da justiça e de seus atores do cidadão comum, como forma de solução de litígios é, obviamente, uma manifestação clara do Estado Democrático de Direito.

No cumprimento de sua missão constitucional, os Defensores Públicos que atuam nos Juizados do Torcedor, uma vez verificada a existência de uma ocorrência criminal, realizam entrevista reservada com o acusado, momento em que prestam esclarecimentos sobre o crime ou contravenção o qual lhe é imputado e quanto à possibilidade de transação penal ou outro benefício, bem como buscam obter informações a respeito do acusado, tais como sua escolaridade, se possui residência fixa, se trabalha, se possui antecedentes criminais ou já usufruiu do benefício da transação penal, se é membro de torcida organizada e qual o seu perfil econômico, a fim de viabilizar a obtenção da melhor solução do conflito em conjunto com as demais autoridades.

Sem prejuízo da atuação criminal também é possível a atuação dos Defensores Públicos em demandas cíveis que surgirem durante o evento esportivo ou em razão dele, por exemplo, imagine-se uma demanda relacionada ao direito do consumidor no âmbito do Juizado do Torcedor — um determinado clube que venda substancias vencidas aos seus torcedores ou mesmo que realize propaganda enganosa durante o evento ou em razão dele.

Deve-se ter em mente, por óbvio, que a competência cível para o enfrentamento das demandas que ocorrerem em um evento esportivo ou em decorrência dele não é absoluta.[4] O indivíduo que sofrer uma lesão ao seu direito (durante o evento esportivo ou em decorrência dele) poderá fazer uso do mecanismo do Juizado do Torcedor, contudo, ele não está proibido de valer-se dos demais órgãos do Poder Judiciário, pensar de maneira diversa seria limitar o acesso à justiça e não facilitá-la, um dos propósitos para a criação de todos os Juizados Especiais.

Levando-se em conta que os Juizados do Torcedor se regem pela informalidade, simplicidade e celeridade com o intuito de reparar o dano e evitar a aplicação de penas restritivas de liberdade; a forma como o Defensor Público conduz a entrevista com o acusado reflete diretamente no melhor resultado para cada caso concreto.

---

(4) APELAÇÕES CÍVEIS. DIREITO DO CONSUMIDOR. AÇÃO COM PEDIDO DE OBRIGAÇÃO DE FAZER C/C INDENIZATÓRIA. CONSUMIDOR QUE ADERIU AO PROGRAMA SÓCIO-TORCEDOR DO CLUBE DE REGATAS DO FLA MENGO E QUE APESAR DE SE ENCONTRAR COM O PAGAMENTO EM DIA DAS MENSALIDADES NÃO LHE FOI ENCAMINHADA A CARTEIRINHA DE SÓCIO, CONFORME PREVISTO NO PLANO AO QUAL ADERIU. SENTENÇA DE PROCEDÊNCIA PARCIAL, NA QUAL A INSTITUIÇÃO RÉ FOI CONDENADA AO PAGAMENTO DE INDENIZAÇÃO POR DANOS MORAIS NO VALOR DE R$ 2.000,00 (DOIS MIL REAIS). IRRESIGNAÇÃO DE AMBAS AS PARTES. PRETENSÃO RECURSAL DO AUTOR PELA MAJORAÇÃO DA INDENIZAÇÃO POR DANOS MORAIS E PELA CONDENAÇÃO DO RÉU A PROCEDER À ENTREGA DA CARTEIRINHA DE SÓCIO. PRETENSÃO RECURSAL DA RÉ, PRELIMINARMENTE, PELA INCOMPETÊNCIA DO JUÍZO CÍVEL PARA O PROCESSAMENTO DA CAUSA ANTE A COMPETÊNCIA ABSOLUTA DO JUIZADO DO TORCEDOR E GRANDES EVENTOS. NO MÉRITO, ADVOGA A TESE DE AUSENCIA DE FALHA NA PRESTAÇÃO DO SERVIÇO E, CONSEQUENTEMENTE, DE OCORRÊNCIA DE DANOS MORAIS. POR FIM, EM CASO DE MANUTENÇÃO DA CONDENAÇÃO, REQUER A DIMINUIÇÃO DOS HONORÁRIOS DE SUCUMBÊNCIA PARA 10% DO VALOR DA CONDENAÇÃO. INCONFORMISMOS QUE NÃO MERECEM PROSPERAR. DESPROVIMENTO DE AMBOS OS RECURSOS. 1. O ato administrativo que instalou o Juizado do Torcedor e dos Grandes Eventos, através do Ato Executivo Conjunto TJ/CGJ/RJ 26/2013, não estabeleceu competência absoluta. Deve-se entender que a competência do Juizado do Torcedor é meramente concorrente, devendo a Lei n. 13.284/2016 ser interpretada em harmonia com as disposições do CDC, sob pena de se isentar o fornecedor de submeter-se às normas do CDC, o que não se compatibilizaria com a especial proteção ao consumidor, nos termos do art. 5º, XXXII da CRFB. 2. A prevalecer a tese de que a competência do Juizado do Torcedor é absoluta, o consumidor residente em comarca do interior teria de propor sua ação no "Juizado do Torcedor" na comarca da capital, e não em seu domicílio, obstando o acesso à Justiça, em flagrante violação do art. 101, inciso I, do CDC. 3. Falha na prestação do serviço configurada ante a não entrega do cartão de sócio ao torcedor associado, que estava em dia com o pagamento das mensalidades, apesar da previsão contratual neste sentido. 4. Dano moral configurado, conforme bem consignado na sentença, pois no caso em tela, a lesão à dignidade do autor está caracterizada, já que frustrada sua legítima expectativa quanto ao recebimento do cartão, que para um torcedor que se propõe a se associar ao clube de sua preferência tem valor afetivo. 5. Quantia arbitrada em R$ 2.000,00 que se mostra harmônica com os princípios da razoabilidade e proporcionalidade, não merecendo modificação. Incidência do verbete n. 343, da Súmula desta e. Corte: A verba indenizatória do dano moral somente será modificada se não atendidos pela sentença os princípios da proporcionalidade e da razoabilidade na fixação do valor da condenação 6. Desprovimento de ambos os recursos. Apelaçao / 0028959-16.2018.8.19.0205 / TJRJ

Cite-se como exemplo caso de atuação da Defensoria Pública em que três pessoas foram acusadas de promover tumulto, crime previsto no art. 201 da Lei Geral de Esporte, após entrevistas reservadas e em separado com cada um dos acusados, quando do momento da audiência preliminar foi possível requerer ao representante do Ministério Público ajustes na proposta de penas alternativas a privativa de liberdade adequadas a cada um dos acusados, principalmente em termos financeiros.

Há controvérsia, quando um cidadão é preso em flagrante por um dos crimes previstos na Lei Geral do Esporte, na Lei n. 9099/95 e nos delitos conexos se o mesmo deve ser submetido, imediatamente, a uma audiência de custódia e se esta deve ser realizada pelo Juizado Especial do Torcedor ainda dentro dos estádios.

A respeito da realização de audiências de custódia nos juizados especiais do torcedor, a problemática decorre, basicamente, de três questões específicas, a saber: 1. Há no juizado especial do torcedor competência para avaliar todos os tipos de crimes e ocorrências criminais? 2. Dada a imediatidade em que ocorre a atuação do referido juizado (durante o evento esportivo), o auto de prisão em flagrante estará completo, com todos os documentos necessários, inclusive exame de corpo de delito feito por médico? 3. O Juizado Especial do Torcedor foi criado para realizar referidas audiências?

Antes de enfrentarmos cada uma das questões acima mencionadas, é preciso contextualizar as audiências de custódia no mundo jurídico, somar tal conceito com a própria existência do Juizado Especial do Torcedor e fornecer nossas próprias conclusões.

As audiências de custódia são uma ferramenta processual mediante a qual o juiz analisará a regularidade da prisão em flagrante do indivíduo, isto significa que todos os presos em flagrante deverão ser levados, em até 24 horas, a presença de um juiz de direito. Originalmente tais audiências foram criadas para apurar e coibir a eventual violência policial ou tortura praticadas quando do momento da prisão e decidir a respeito da necessidade de prisão cautelar.

Atualmente tal audiência está prevista em lei — art. 310 do Código de Processo Penal:

> Art. 310. Após receber o auto de prisão em flagrante, no prazo máximo de até 24 (vinte e quatro) horas após a realização da prisão, o juiz deverá promover audiência de custódia com a presença do acusado, seu advogado constituído ou membro da Defensoria Pública e o membro do Ministério Público, e, nessa audiência, o juiz deverá, fundamentadamente:
>
> I – relaxar a prisão ilegal;
>
> II – converter a prisão em flagrante em preventiva, quando presentes os requisitos constantes do art. 312 deste Código, e se revelarem inadequadas ou insuficientes as medidas cautelares diversas da prisão; ou
>
> III – conceder liberdade provisória, com ou sem fiança.

Originalmente prevista na Convenção Americana de Direitos Humanos:

> Art. 7. Direito à liberdade pessoal.
>
> (...)
>
> 5. Toda pessoa detida ou retida deve ser conduzida, sem demora, à presença de um juiz ou outra autoridade autorizada pela lei a exercer funções judiciais e tem direito a ser julgada dentro de um prazo razoável ou a ser posta em liberdade, sem prejuízo de que prossiga o processo. Sua liberdade pode ser condicionada a garantias que assegurem o seu comparecimento em juízo.

No pacto internacional de direitos Civis e Políticos:

> Art. 9. (...)
>
> (...)
>
> 3. Qualquer pessoa presa ou encarcerada em virtude de infração penal deverá ser conduzida, sem demora, à presença do juiz ou de outra autoridade habilitada por lei a exercer funções judiciais e terá o direito de ser julgada em prazo razoável ou de ser posta em liberdade. A prisão preventiva de pessoas que aguardam julgamento não deverá constituir a regra geral, mas a soltura poderá estar condicionada a garantias que assegurem o comparecimento da pessoa em questão à audiência, a todos os atos do processo e, se necessário for, para a execução da sentença.

Implementada, inicialmente, pelo Conselho Nacional de Justiça (CNJ) Resolução n. 213 e referendada em decisão proferida pelo STF na ADPF 347[(5)]as audiências de custódia ocorrem em todo o Brasil, seja no âmbito Estadual, seja no âmbito Federal.

Na referida audiência não se deve discutir a autoria dos fatos ou a participação do indivíduo na suposta prática delitiva, a avaliação se limita à legalidade da prisão, as condições em que ela ocorreu — se houve ou não violência policial e a possibilidade ou não de concessão de liberdade provisória. Se a audiência de custódia não se realizar em até 24 horas da prisão em flagrante do preso é o caso de relaxamento da prisão.

Antes da audiência o preso tem o direito a entrevista reservada com seu advogado ou Defensor Público e ele também pode se valer do direito ao silêncio.

Alguns casos especiais precisam ser observados quando da realização da audiência de custódia — se for o custodiado 1. Maior de 80 anos 2. Doente com gravidade 3. Cuidador de pessoa com deficiência ou menor de seis anos 4. Gestante 5. Mulher com filho

(5) Decisão: O Tribunal, por maioria, julgou parcialmente procedente o pedido formulado na arguição de descumprimento de preceito fundamental para: 1. reconhecer o estado de coisas inconstitucional do sistema carcerário brasileiro; 2. determinar que juízes e tribunais: a) realizem audiências de custódia, preferencialmente de forma presencial, de modo a viabilizar o comparecimento do preso perante a autoridade judiciária em até 24 horas contadas do momento da prisão; b) fundamentem a não aplicação de medidas cautelares e penas alternativas à prisão, sempre que possíveis, tendo em conta o quadro dramático do sistema carcerário.

de até 12 anos 6. Pai único responsável por filho de até 12 anos, nos exatos termos do art. 318 do Código de Processo Penal.

Importante destacar que o profissional quer for participar da audiência de custódia deve, na medida do possível, apresentar os documentos que justifiquem ou embasem o pedido de conversão da prisão preventiva em prisão domiciliar, por exemplo — teste de gravidez, certidão de nascimento de filho, termo de guarda, atestado de doença grave, entre outros.

O Juizado Especial do Torcedor, como já mencionado anteriormente, tem competência cível e criminal para o processamento, o julgamento e a execução das causas decorrentes das atividades reguladas na Lei Geral do Esporte (Lei n. 14.597, de 14 de junho de 2023).

Assim, em uma leitura preliminar, o referido juizado não tem, em sua origem, competência ampla e irrestrita capaz de abordar todos os delitos praticados. A mensagem original seria julgar os delitos mencionados na Lei Geral do Esporte e os crimes de menor potencial ofensivo (Lei n. 9099/95) praticados em eventos futebolísticos ou em decorrência deles, sem prejuízo das regras de conexão do Código de Processo Penal, nos termos do Provimento CSM n. 2.203/2014.

Assim sendo, um homicídio doloso praticado durante um jogo de futebol não poderá ser processado e julgado perante o Juizado Especial do Torcedor, os crimes contra a vida têm competência constitucional e absoluta para serem julgados perante o Tribunal do Júri, no mesmo sentido, não teria competência para julgar e processar crimes praticados no âmbito doméstico ou relacionados à violência praticada no âmbito familiar.

Ocorre que, quando da prisão em flagrante de alguém, pela prática de um crime, é possível e bastante provável que não se tenha a exato enquadramento delitivo. O fato criminoso, por vezes, não foi investigado e não se tem certeza, por exemplo, se se trata de uma lesão corporal leve, uma lesão corporal seguida de morte (crime preterdoloso) ou mesmo de um crime de homicídio qualificado por motivação torpe ou fútil, como no caso da morte de um torcedor de uma torcida rival em uma partida de futebol.

A incerteza a respeito da capitulação delitiva pode levar o caso, em um primeiro momento, a ser submetido perante o Juizado Especial do Torcedor. Obviamente que este problema não é novo, é comum que um fato comece a ser investigado como lesão corporal e termine sendo julgado como um crime de homicídio ou vice e versa, contudo, tal incerteza, vai permitir aos atuantes perante o Juizado Especial do Torcedor a participação nestes mencionados delitos, ainda que de forma excepcional.

Por isto, é possível, de forma extraordinária e incomum que a competência do referido juizado abranja mais delitos do que os simples mencionados na Lei Geral do Esporte. A não fixação imediata da competência leva em conta as regras relacionadas à investigação delitiva e o seu próprio desenrolar.

Uma coisa, por óbvio, é definir a competência do Juizado Especial do Torcedor, outra é decidir se ele está ou não apto a promover as audiências de custódia, de forma ampla e irrestrita.

Como o Juizado atua durante o evento esportivo pode ocorrer de, naquele momento, de curto espaço de tempo, não existam condições técnicas para se instruir corretamente o auto de prisão em flagrante, por exemplo, é possível que não exista exame de corpo de delito, ou que as peças necessárias para a lavratura do auto de prisão em flagrante não se mostrem presentes, com a ausência do auto de avaliação dos bens. Nestes casos, nem há que se falar na realização da audiência de custódia.

O dever previsto no nosso ordenamento é que o indivíduo preso seja apresentado em até 24 horas à autoridade judicial, não existe a necessidade de ser apresentado, diretamente ao juiz presente no Juizado Especial do Torcedor. Tal como acontece todos os dias, o preso em flagrante que comete um delito não é apresentado a um juiz imediatamente.

A apresentação prematura poderá gerar nulidade (quando o auto de prisão estiver incompleto) e provocar o relaxamento da prisão em flagrante de alguém que, teoricamente, deveria responder a um processo preso.

Por outro lado, se todos os documentos estiverem presentes e houver clareza a respeito da eventual prática delitiva não existe óbice intransponível à realização da audiência de custódia e, neste sentir, a participação do Defensor Público ganha especial destaque pois trata-se de um profissional habilitado e experiente para atuar na defesa do preso que, assim como o juiz e o promotor de acusação, atua em regime de plantão no referido juizado.

Desta feita, apesar de não ter sido criado para esta finalidade, apesar de não ser este o papel do Juizado do Torcedor, é possível a realização de audiências de custódia perante o referido órgão, desde que se respeite todas as condições necessárias para a realização do ato, a saber: 1. Fornecimento para as partes de cópia integral de todos os documentos relacionados à prisão em flagrante (desde que o delito se enquadre nos crimes da lei geral do esporte, nos crimes de menor potencial ofensivo e sejam supostamente praticados com alguma relação ao evento esportivo) 2. Que garanta o direito a entrevista pessoal, prévia e reservada entre o preso e seu Defensor; 3. Que a defesa entenda conveniente tal participação imediata, devendo-se destacar que a presunção de inocência, a ampla defesa e o contraditório são princípios basilares do Ordenamento Jurídico e as regras do direito Penal e Processual Penal não foram criadas para punir a qualquer custo, elas são, acima de tudo, uma garantia de um processo justo, adequado e constitucional.

Quanto a realização de audiência de custódia no âmbito do Juizado do Torcedor, cite-se o episódio de dois torcedores argentinos presos em São Paulo pela prática de gestos racistas durante jogo pela Copa Sul-Americana, realizado no Estádio do Morumbi, em 10 de agosto de 2023[(6)]. Os gestos foram capitulados como injúria racial e feita a análise dos três pontos acima explanados, a defesa entendeu que seria no melhor interesse dos acusados a realização da audiência de custódia naquele momento. Vale destacar que a entrevista com os acusados contou com a presença de intérpretes de espanhol (autoridades argentinas presentes).

No tocante ao item 3 (conveniência de participação imediata em audiência de custódia), levou-se em consideração que, apesar de se tratar de crime inafiançável (Lei n. 14.532/2023), o volume de pena a ser aplicado em caso condenação poderia ser fixado no mínimo legal, já que os acusados são primários (ao menos perante a Justiça brasileira) e têm ocupação lícita. Ainda, mesmo se considerado que os acusados estrangeiros residem fora do país, vislumbrou-se que sua permanência em território nacional poderia ser assegurada com a aplicação de medidas menos graves que a privação de liberdade, como a retenção dos passaportes e a proibição de se ausentar da comarca sem prévia autorização judicial.

Realizada a audiência de custódia, apesar do quanto arguido pela defesa, decidiu-se naquele momento pela conversão da prisão em flagrante em prisão preventiva. Posteriormente, o Tribunal de Justiça revogou a custódia preventiva em sede de *habeas corpus*[(7)]. É importante destacar que, por vezes, no calor dos acontecimentos o Poder Judiciário sente-se pressionado à manutenção da custódia cautelar do investigado, afinal de contas para muitas pessoas leigas a justiça só é aplicada na hipótese de decretação da prisão cautelar.

Os Juizados de Defesa do Torcedor são instrumentos criados para a promoção da cultura de paz no esporte e a valorização da experiência desses juizados consta como uma das diretrizes do Plano Nacional pela Cultura de Paz no Esporte (art. 181, V, da Lei Geral do Esporte). A participação da Defensoria Pública, como mencionado anteriormente, ganha destaque nos Juizados do Torcedor, pois a imediatidade com que as coisas acontecem, a atuação *in loco* e logo após o fato quase que inviabiliza, por parte do investigado criminal, e das partes nos procedimentos cíveis, a contratação de um profissional com capacidade postulatória.

Inegável reconhecer que o usuário do Juizado Especial do Torcedor tem ao seu dispor uma gama de profissionais do direito aos quais não tem acesso no seu dia a dia e, sem dúvidas, é esta o grande ganho do referido Juizado, a desburocratização, o fácil acesso gratuito às pessoas que não tem condições de arcar com os custos decorrentes de um profissional capacitado.

---

(6) Disponível em: https://www.cnnbrasil.com.br/esportes/dirigente-e-torcedor-do-san-lorenzo-sao-presos-por-gestos-racistas-contra-torcida-do-sao-paulo/. Consulta em: 17 dez. 2023.

(7) Disponível em: https://www.espn.com.br/futebol/sul-americana/artigo/_/id/12462222/torcedores-do-san-lorenzo-presos-por-racismo-no-morumbi-sao-soltos-apos-8-dias. Consulta em: 17 dez. 2023.

Assim, a presença de um Defensor Público, profissional habilitado e experiente, para atuar na defesa dos seres humanos que não podem contratar um advogado e, também, na defesa do custodiado, é essencial para a realização do plantão itinerante do juizado do torcedor, já que a ausência de defesa técnica adequada viola os princípios constitucionais da ampla defesa e do contraditório. Sem a presença da Defensoria Pública no plantão itinerante do juizado do torcedor não se realizam audiências preliminares, audiências de custódias e transações penais. Sem a presença da Defensoria Pública não se faz justiça e o mecanismo criado nos juizados será de todo inútil.

A Inteligência Artificial no Esporte como Mecanismo de Integridade: O Monitoramento Via Algoritmo e suas Nuances

João Marcos Guimarães Siqueira(1)

Pedro Canellas Cavalcanti(2)

1. Introdução

A inteligência artificial é, inevitavelmente, um dos temas centrais e mais estudados no segmento esportivo nos últimos anos. Em tempos em que os debates acerca da realidade 5G e do metaverso ganham cada vez mais espaço nas prateleiras da sociedade, o esporte parece se aproximar da tecnologia de forma mais intensa, não apenas na busca de um melhor desempenho esportivo dos atletas, mas também como elemento de segurança e ferramenta de controle da integridade das competições esportivas.

A manipulação de resultados não é um fenómeno novo, pelo contrário. Sua relação com o esporte foi se intensificando, seja por uma crescente circulação monetária no segmento esportivo, seja por força do intenso fluxo de dados e informações nos dias de hoje. Esses fatores contribuíram, de maneira exponencial, para um maior dinamismo operacional e financeiro ao mercado, permitindo que episódios de *match-fixing* fossem cada vez mais recorrentes.

---

(1) Subprocurador Geral do Superior Tribunal de Justiça Desportiva do Futebol. Presidente do STJD da Confederação Brasileira de Tênis de Mesa. Pós-Graduado em Direito do Trabalho e Direito Desportivo. Procurador do Superior Tribunal de Justiça Desportiva da Confederação Brasileira de Vôlei. Membro da *International Sports Lawyers Association*. Especialista em Direito Desportivo e do Trabalho. Sócio do Escritório Bosisio, Macedo Soares e Advogados Advogados.

(2) Advogado de Direito Desportivo. Formado em Direito pela Fundação Getúlio Vargas. Pós-Graduado em Gestão Esportiva pela FIFA/CIES/FGV. Mestrando em Gestão Esportiva pelo *ISDE Business & Law School* em parceria com o FC Barcelona.

Segundo dados divulgados pela empresa de monitoramento Sportradar[3], em relação ao ano de 2022, a Europa continua sendo o continente afetado pelo maior número de partidas suspeitas (630), seguida pela Ásia (240) e pela América do Sul (225). É possível notar que, comparativamente com o ano de 2021, houve um substancial aumento, sobretudo em termos percentuais nos continentes da África (82%) e da América do Sul (72%).

O mesmo relatório confere um certo protagonismo ao Brasil em relação ao número de partidas suspeitas no ano de 2022, de acordo com a ilustração gráfica presente na Figura 1.

Figura 1: Países com maior número de partidas suspeitas em 2022.

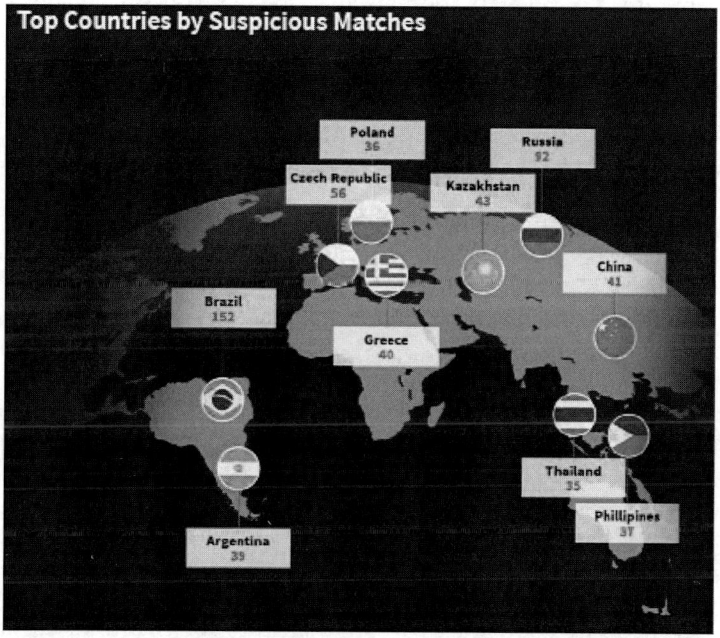

Há alguns motivos que contribuíram para essa realidade em nosso país. O primeiro deles é que a chancela legal para as apostas de quota fixa (Lei n. 13.756/2018[4]) passou a vigorar somente no ano de 2018, ou seja, assim como a permissão estatal era algo novo na realidade brasileira, era também uma novidade a forma como seriam instituídos e aprimorados os mecanismos de controle e integridade por parte dos entes públicos e das próprias entidades de administração do desporto. O segundo motivo, ao nosso sentir, foi a própria ausência de regulamentação nos dois anos seguintes à vigência da lei, fazendo do Brasil um mercado atrativo e convidativo para a simulação nas partidas de futebol.

---

(3) Disponível em: https://sportradar.com/wp-content/uploads/2023/03/Betting-Corruption-And-Match-Fixing-In-2022.pdf. Acesso em: 11 dez. 2023.

(4) Disponível em: https://www.planalto.gov.br/ccivil_03/_ato2015-2018/2018/lei/L13756.htm. Acesso em: 11 dez. 2023.

Os baixos salários pagos aos profissionais, a realidade social brasileira e a vulnerabilidade da grande massa de atletas no país foram a porta de entrada de criminosos no meio esportivo. O advogado e professor Milton Jordão, em seu artigo "Regulamentação de Apostas Esportivas e a Contenção da Criminalidade"(5), enfatizou o cenário de insegurança com a ausência de regulamentação legal no prazo originariamente previsto:

> A Lei n. 13.756/2018 trouxe expressa disposição sobre a legalização das apostas de quota fixa (art. 29) e, com isso, uma nova realidade se descortinou no Brasil: nascia a perspectiva de novo — e rentável — mercado, assim como uma fonte de recursos para o erário através da sua tributação. No entanto, o novel eldorado prescindia de regulamentação, nos termos da lei, a ser feito pelo Poder Executivo.
>
> Esse simples "detalhe", que tinha prazo definido em dois anos a partir da vigência da lei, para que fosse publicada a sua regulamentação — sendo renovável por igual período —, foi expirado ao final do governo anterior, sem que se tenha atingido a sua finalidade.
>
> O cenário existente é de uma verdadeira anomia, sem garantias legais para o Estado, para os operadores das Casas de Apostas e, também, nenhuma para o apostador/consumidor.
>
> Trazendo mais caos ao que se vive, tem-se o fenômeno da manipulação de resultados em visível a olhos nus pela sociedade, o que macula o Esporte, revela a impotência do Estado para controlá-lo e repreender os seus responsáveis e, por fim, onera os cofres das casas de apostas.
>
> O tema jogo no Brasil sempre foi tabu. Uma verdadeira mescla de incompetência do Estado para lidar com o assunto sob manto de rechaço religioso. No entanto, a realidade das apostas esportivas oprime quem quer seja para tentar obstar a sua regulamentação pelo Estado.
>
> Atualmente, com essa pasmaceira que se viveu em relação à inexplicável demora na regulamentação, o país perde bilhões de reais em receita, novos empregos formais deixam de ser criados e vê escapar entre os dedos investimentos e oportunidades. Pode-se dizer que, mesmo que sem querer, a legalização das apostas esportivas, ocorrida em 2018 com o advento da citada lei, demonstrou o poderio deste mercado com um (mais do que) significativo avanço de patrocínios deste segmento em campos esportivos e de entretenimento. Essa é a maior prova de que o setor precisa ser regulamentado de forma urgente.

(5) Disponível em: https://www.jusbrasil.com.br/artigos/regulamentacao-de-apostas-esportivas-e-a-contencao-da-criminalidade/1834835518. Acesso em: 11 dez. 2023.

> D'outro lado, com a inexistência de segurança jurídica aumenta exponencialmente a sensação de que este mercado foi apropriado pela criminalidade (se tornou espaço para a lavagem de dinheiro, crimes fiscais, dentre outros), afinal, se encontra lançado à margem da legalização. Com isso, não é incomum que as pessoas associem as apostas esportivas como potencial risco à integridade do esporte e que manipulação de resultados contam com sua participação ou estímulo. Em verdade, as casas de apostas esportivas são as que mais sofrem com as ações de manipuladores e com eventual perda de credibilidade do esporte de alto rendimento.

Infrações disciplinares, como o aliciamento de atletas, atuação de modo prejudicial à própria equipe e atuação contrária à ética desportiva com o fim de influenciar o resultado da partida (arts. 240, 243 e art. 243-A do CBJD[(6)]), passaram a ser cada vez mais recorrentes na Justiça Desportiva. A Operação Penalidade Máxima[(7)], promovida pelo Ministério Público de Goiás, incriminou jogadores e aliciadores em série.

A indústria de apostas esportivas, como um todo, sempre enfrentou desafios relacionados à prevenção de fraudes e manipulação de resultados, sendo a inteligência artificial uma aliada valiosa na identificação e redução de tais atividades ilícitas.

Andreas Krannich, Diretor Geral da Sportradar Integrity Services[(8)], já no ano de 2021, antevia um incremento no mercado de apostas fraudulentas em 2022:

> Não existe uma solução fácil de curto prazo para o problema da manipulação de resultados e provavelmente veremos números semelhantes de partidas suspeitas em 2022, se não mais. À medida que o mercado se desenvolveu, também evoluiu a ameaça da manipulação de resultados. Agora, os potenciais corruptos adotam uma abordagem cada vez mais direta à manipulação de resultados e à corrupção nas apostas, enviando mensagens diretamente aos atletas através das redes sociais.
>
> Em relação ao ano de 2021, temos que nos perguntar, como fãs do esporte, que lições podemos aprender? Na Sportradar, acreditamos na adoção de uma abordagem progressiva à proteção da integridade, através do monitoramento de apostas e coleta de dados. Foi comprovado que esse tipo de fiscalização gera sanções contra os envolvidos na manipulação de resultados. Medidas

(6) Disponível em: https://conteudo.cbf.com.br/cdn/201507/20150709151309_0.pdf. Acesso em: 11 de dez. de 2023.

(7) Disponível em: https://ge.globo.com/futebol/noticia/2023/05/11/penalidade-maxima-entenda-investigacao-sobre-esquema-de-apostas.ghtml.

(8) Disponível em: https://sportradar.com/match-fixing-on-the-rise-as-global-sports-betting-turnover-surpasses-e1-15-trillion for the first-time/ (traduzido do original).

preventivas, como a educação dos atletas e das partes interessadas, também são de importância crucial na luta a longo prazo contra a manipulação de resultados.

Ao analisar dados de várias fontes, incluindo padrões históricos de apostas, desempenho dos jogadores e o próprio sentimento nas redes sociais, os algoritmos de inteligência artificial podem identificar comportamentos de apostas suspeitas e fraudulentas, simplesmente pela comparação de probabilidades. Os modelos de aprendizagem automática podem ser treinados para apontar irregularidades e anomalias no mercado de apostas, alertando os operadores sobre potenciais casos de manipulação de resultados, ou abuso de informação privilegiada.

Além disso, os sistemas alimentados pela inteligência artificial podem também monitorar plataformas de redes sociais e fóruns online de discussões, fornecendo informações valiosas sobre ameaças potenciais. O monitoramento de apostas via algoritmo é capaz, portanto, de avaliar o sentimento público e detectar quaisquer indicações de manipulação ou desinformação que possam impactar os resultados das apostas.

O grande desafio é dimensionar o alcance da inteligência artificial no segmento esportivo, por se tratar de um setor cujo fluxo de dados é intenso. É preciso refletir, ainda, até que ponto os dados advindos do monitoramento via algoritmo permitem ao destinatário da informação extrair conclusões objetivas sobre uma possível implicação de um determinado atleta, ou mesmo de agremiação desportiva e seu dirigente.

Eventual desconformidade de determinado resultado de jogo, devidamente identificada pelo algoritmo, será, como regra, uma fonte auxiliar no controle da integridade desportiva. Os dados extraídos da inteligência artificial permitem, a partir deles, que seja iniciada uma linha investigativa, auxiliando os órgãos reguladores e as organizações esportivas na condução de investigações completas e na preservação de uma concorrência leal entre os participantes das competições.

O estudo desenvolvido no presente artigo tem o propósito de trazer uma análise conceitual acerca da inteligência artificial e delinear a sua aplicação no âmbito esportivo como ferramenta de integridade, apontando ao leitor as possíveis conclusões extraídas da leitura dos dados fornecidos pelas empresas de monitoramento via inteligência artificial.

2. Referencial teórico

2.1. A inteligência artificial

A inteligência artificial, conforme descrita por John McCarthy, um dos pioneiros na disciplina,

> é a ciência e a engenharia que consiste em criar máquinas inteligentes, especialmente programas de computador, estando relacionada com a tarefa

semelhante de utilizar computadores para compreender a inteligência humana, mas não se limitando a métodos que são biologicamente observáveis (McCARTHY, 1990).

A IA baseia-se principalmente em aprendizado automático, ou *machine learning*, e aprendizado profundo, o *deep learning*, para raciocinar, aprender e atuar em tarefas em que normalmente exige-se inteligência humana ou que envolvem dados em escala maior do que as pessoas poderiam analisar em um período razoável.

Stuart Russell e Peter Norvig, autores do livro *Artificial Intelligence: a modern approach*, estabelecem quatro categorias de IA, sendo "sistemas que agem racionalmente, sistemas que pensam racionalmente, sistemas que agem como seres humanos e sistemas que pensam como seres humanos" (RUSSELL; NORVIG, 2020). Outra forma de classificar a inteligência artificial é de acordo com suas quatro fases de desenvolvimento:(9)

> (a) Máquinas reativas: Trata-se da IA limitada, dado que apenas reage a diferentes tipos de estímulos com base em regras pré-programadas. Essa IA não utiliza memória e, por conseguinte, não pode aprender com novos dados. O Deep Blue da IBM, que venceu o campeão de xadrez Garry Kasparov em 1997, é um exemplo de máquina reativa.
>
> (b) Memória limitada: A maioria das IAs que vêm sendo utilizadas atualmente são consideradas de memória limitada. Essa categoria possui a capacidade de utilizar a memória para melhorar ao longo do tempo, sendo treinada com novos dados, normalmente através de uma rede neural artificial ou outro modelo de treino.
>
> (c) Teoria da mente: A IA de teoria da mente não existe atualmente, mas já existem pesquisas visando o seu desenvolvimento. Trata-se da IA que pode emular a mente humana e, portanto, tem capacidades de tomada de decisões iguais às de um ser humano, incluindo o reconhecimento e a recordação de emoções e a reação em situações sociais como um ser humano faria.
>
> (d) Autoconsciente: Um passo acima da IA da teoria da mente, a IA autoconsciente é definida como uma máquina que possui consciência da sua própria existência e tem as capacidades intelectuais e emocionais de um ser humano. Tal como a IA com teoria da mente, a IA autoconsciente não existe atualmente.

Uma forma mais simples de categorizar amplamente os tipos de inteligência artificial é através do que a máquina pode fazer. Em suma, tudo aquilo que atualmente se

(9) GOOGLE. *O que é inteligência artificial (IA)?* Disponível em: https://cloud.google.com/learn/what-is-artificial-intelligence. Acesso em: 08 dez. 2023.

costuma chamar de IA é considerado inteligência artificial "restrita", na medida em que só é possível realizar um conjunto limitado de ações com base na sua programação. A *Pesquisa Google* é um exemplo de IA restrita, tal como a análise preditiva ou os assistentes virtuais.

Tendo em vista o grande potencial e flexibilidade da IA, são inúmeras as vantagens que podem ser extraídas dessa tecnologia para aprimorar os processos de análise. Ao automatizar fluxos de trabalho e processos, a IA pode se tornar uma força de trabalho independente e autônoma de uma equipe humana.[10]

Ademais, essa tecnologia possui disponibilidade infinita, já que não é limitada à hora do dia, à necessidade de pausas ou a outras necessidades humanas e, com isso, pode processar mais informações mais rapidamente e de forma mais precisa do que uma pessoa, encontrando padrões e descobrindo relações entre dados que os humanos não conseguiriam.[11]

Por fim, a IA pode ainda eliminar consideravelmente as falhas humanas, visto que erros manuais no processamento de dados, análise e outras tarefas usando automação e algoritmos seguirão rigorosamente os mesmos processos todas as vezes.

2.2. Big Data

O conceito de *Big Data*, como delineado por Andrew Ng, autor do livro *Machine Learning Yearning*, representa uma progressão natural na maneira como lidamos com a imensa quantidade e variedade de dados produzidos nos dias de hoje. Ele se refere à prática de coletar enormes conjuntos de dados de várias fontes distintas e armazená-los de forma a possibilitar sua utilização por programas analíticos.[12]

A essência do *Big Data* reside na sua capacidade de processar e extrair valor desses dados brutos. Essa abordagem não se limita apenas à quantidade de informações, mas também engloba a diversidade de tipos e a velocidade com que são gerados. A ideia é que esses dados sejam transformados em insights significativos por meio de análises detalhadas.

Ao coletar dados de fontes diversas e armazená-los em estruturas acessíveis, o *Big Data* permite que programas analíticos realizem tarefas complexas de processamento, identifiquem padrões, estabeleçam correlações e forneçam informações valiosas para tomadas de decisão. Isso é fundamental não apenas para compreender os dados, mas também para prever tendências, desenvolver estratégias e impulsionar a inovação em diversos setores, desde negócios até pesquisas científicas e avanços tecnológicos.

(10) GOOGLE. *O que é inteligência artificial (IA)?* Disponível em: https://cloud.google.com/learn/what-is-artificial-intelligence. Acesso em: 08 dez. 2023.

(11) *Idem.*

(12) IBM. *What is big data?* More than volume, velocity and variety. *IBM Developer Blog*, 22 maio 2023. Disponível em: https://developer.ibm.com/blogs/what-is-big-data-more-than-volume-velocity-and-variety/. Acesso em: 08 dez. 2023.

Em suma, o *Big Data* não se limita apenas ao volume massivo de informações, mas sim à capacidade de coletar, armazenar e analisar esses dados de maneira a extrair conhecimentos significativos, permitindo uma compreensão mais profunda e detalhada do mundo ao nosso redor.

2.3. Machine Learning e Deep Learning *("Aprendizagem Profunda" e "Aprendizagem Automática")*

Tendo em vista que a aprendizagem profunda e a aprendizagem automática tendem a ser utilizadas indistintamente, é preciso notar as nuances que diferenciam as duas. Como mencionado anteriormente, tanto a aprendizagem profunda como a aprendizagem automática estão subdomínios do conceito IA e a aprendizagem profunda é, na verdade, um subcampo da aprendizagem automática.(13)

O machine learning é uma área da Inteligência Artificial e da ciência da computação focada na capacidade de programas e algoritmos aprenderem a partir de dados. Na conceituação dos autores Ian Goodfellow, Yoshua Bengio e Aaron Courville, em sua publicação *Deep Learning*, o *machine learning* é uma área da IA e da ciência da computação que se concentra no uso de dados e algoritmos para imitar a maneira como os humanos aprendem, melhorando gradualmente sua precisão.(14) Esse campo emprega métodos estatísticos para treinar algoritmos, permitindo que eles identifiquem padrões nos dados e gerem insights valiosos para tomada de decisões.

O *machine learning* clássico ou "não profundo" é mais dependente da intervenção humana para aprender. Nesse modelo, faz-se necessário que haja dados mais estruturados para que a IA possa aprender. Assim, a diferença fundamental entre a aprendizagem profunda e a aprendizagem automática reside na forma como cada algoritmo aprende.

O *deep learning* é um subcampo do machine learning que automatiza consideravelmente o processo de extração de características dos dados. Diferente do modelo clássico, o *deep learning* é capaz de lidar com dados não estruturados em sua forma bruta, como texto ou imagens, identificando automaticamente características distintivas entre diferentes conjuntos de dados.(15)

Essa capacidade de gerenciar dados brutos e não estruturados é uma das características marcantes do *deep learning*, permitindo que ele lide com conjuntos de

---

(13) IBM. *What is artificial intelligence (AI)?* Disponível em: https://www.ibm.com/topics/artificial-intelligence. Acesso em: 08 dez. 2023.

(14) GOODFELLOW, Ian; BENGIO, Yoshua; COURVILLE; Aaron. Deep Learning (Adaptive Computation and Machine Learning Series). Estados Unidos: *The MIT Press*, 18 nov. 2016. Disponível em: https://www.deeplearningbook.org/front_matter.pdf. Acesso em: 8 dez. 2023.

(15) IBM. *O que é Machine Learning?* Disponível em: https://www.ibm.com/br-pt/topics/machine-learning. Acesso em: 06 jul. 2023.

dados consideravelmente maiores e complexos. Pode-se pensar no *deep learning* como uma forma escalável de aprendizado automático, conforme descrito por Lex Fridman.[16]

A IA generativa, como exemplificado por modelos como GPT-3, BERT ou DALL-E 2, é uma aplicação do deep learning que consegue captar dados brutos extensos, como toda a *Wikipedia* ou obras de arte, e aprender a gerar resultados estatisticamente prováveis quando requisitados. Isso reduz a necessidade de estruturar os dados, facilitando a adoção de automação orientada por IA de maneira precisa e eficiente pelas empresas.[17]

Em resumo, o *machine learning* é a área geral que abrange a capacidade de aprender com dados, enquanto o *deep learning* é uma forma mais avançada e automatizada desse campo, especialmente adequada para lidar com grandes volumes de dados não estruturados.

Por isso, aprendizagem profunda automatiza grande parte do processo de extração de características, eliminando parte da intervenção humana manual necessária e permitindo a utilização de conjuntos de dados maiores.

2.4. Estudos sobre aplicações da IA ao Match Fixing

Um estudo conduzido por Dulani Jayasuriya, Jacky Liu e Ryan Elmore para identificar possíveis ocorrências de *match fixing* utilizou algoritmos de aprendizado de máquina para identificar padrões de resultados de basquete e identificar possíveis anormalidades em jogos subsequentes.[18] Com base nesses padrões estabelecidos, os algoritmos conseguiram prever os resultados prováveis de jogos futuros, de forma que divergências entre essas previsões e os resultados reais indicariam partidas potencialmente anômalas.

Para testar o modelo, foram analisadas as partidas dos playoffs da NBA de 2022, especialmente os confrontos entre Phoenix Suns e Dallas Mavericks. Ao comparar as previsões feitas pelo modelo com os resultados reais, foram identificadas anomalias, como a probabilidade mínima de 0,0000064 de Suns e Mavericks se enfrentarem na série semifinal da Conferência Oeste, que conta com 15 equipes. Além disso, o estudo detectou desempenhos de jogadores durante os playoffs que foram considerados particularmente anômalos com base em dados de suas partidas anteriores.[19]

---

(16) FRIDMAN, Lex. *Deep Learning Basics:* Introduction and Overview. Disponível em: https://www.youtube.com/watch?v=O5xeyoRL95U&ab_channel=LexFridman. Acesso em: 08 dez. 2023.

(17) IBM. *O que é o Deep Learning?* Disponível em: https://www.ibm.com/br-pt/topics/deep-learning. Acesso em: 08 dez. 2023.

(18) Disponível em: https://theconversation.com/machine-learning-can-level-the-playing-field-against-match-fixing-helping-regulators-spot-cheating-209392. Acesso em: 08 de dez. de 2023.

(19) *Idem.*

Tais alterações não indicavam necessariamente a ocorrência de manipulação de jogos, mas sim quais partidas e jogadores que poderiam ser investigados por órgãos reguladores, caso houvesse suspeita de manipulação — o que não foi o caso. Isto é, o objetivo do modelo era oferecer insights valiosos por meio da "identificação de partidas anômalas, auxiliando investigações e mantendo a integridade das competições esportivas.

O algoritmo, por melhor que seja a tecnologia aplicada na sua configuração, jamais alcançará o elemento humano, sendo uma ferramenta auxiliar no controle da integridade no âmbito do esportivo.

3. O modelo brasileiro disciplinar e a inteligência artificial

Um dos debates recorrentes nos Tribunais de Justiça Desportiva espalhados pelo país afora é justamente o alcance das informações condensadas pelas empresas de monitoramento de apostas esportivas através da inteligência artificial. Em muitas oportunidades os dados extraídos, embora apontem a existência de alguma desconformidade no mercado, não são capazes de implicar um determinado atleta, ou mesmo dirigente esportivo e essa circunstância, ao nosso ver, não pode ser desprezada, ou mesmo desconsiderada.

O Código Disciplinar da Fifa[20], em sua versão do ano de 2023, estabeleceu "qualquer pessoa que, direta ou indiretamente, por ação ou omissão, influenciar ou manipular o curso, resultado ou qualquer outro aspecto de uma partida e/ou competição ou conspiração ou tentativa de fazê-lo por qualquer meio deverá ser sancionada com uma proibição mínima de cinco anos na participação em qualquer evento relacionado com futebol, bem como uma multa de pelo menos CHF 100.000. Em casos graves, é possível estabelecer um período de proibição mais longo, incluindo uma possível proibiçao vitalícia de participar de quaisquer atividades relacionadas ao futebol.

O mesmo Código, permite nos arts. 39 e 40, uma ampla produção probatória no Procedimento Disciplinar, destacando-se a absoluta discricionariedade do painel julgador na avaliação das evidências, sendo certo que recairá sobre os relatórios oficiais da partida disputada a presunção de veracidade

Tanto a legislação nacional quanto o próprio Código Disciplinar da Fifa não trazem uma resposta clara quanto ao alcance probatório dos relatórios de monitoramento. O art. 58 do CBJD, é verdade, conferiu a presunção de veracidade à "súmula da partida", ao "relatório e as demais informações prestadas pelos membros da equipe de arbitragem", o que parece ser uma diretriz em perfeita consonância com as regras da Fifa. No entanto,

(20) Disponível em: https://www.google.com/url?sa=t&rct=j&q=&esrc=s&source=web&cd=&cad=rja&uact=8&ved=2ahUKEwitgY6Oks6DAxV5rpUCHeoxAtsQFnoECA4QAQ&url=https%3A%2F%2Fwww.ctfa.com.tw%2Fattachments%2Farticle%2F6386%2FFIFA%2520Disciplinary%2520Code_2023_EN.pdf&usg=AOvVaw33NmNFdUfBGFaVX4lJdzMP&opi=89978449.

em nossa singela opinião, não estava o legislador brasileiro, no ano de 2003, com a entrada em vigor do CBJD (Resolução n. 01/2003 do CNE), antevendo nos anos de 2022/2023 a criação de meios de controle da integridade desportiva através da IA.

Não que se esteja negando vigência aos relatórios de integridade de empresas de monitoramento, mas o que se defende no presente estudo é justamente o papel da inteligência artificial como fonte paralela na investigação de infrações criminais e disciplinares, mas não uma evidência por si só e desvinculada de outros meios complementares de prova.

Por exemplo, o número de vezes em que determinado atleta foi escalado em partidas suspeitas pode ser uma evidência, mas jamais um dado soberano de imputação de determinada conduta ilícita, desvinculada de outros meios de prova.

No plano prático, ao nosso sentir, é imprescindível que os relatórios de integridade sejam o ponto de partida para a instauração de outros meios de investigação, tanto na esfera criminal, quanto na disciplinar, com o intuito de reunir evidências complementares à conclusão de determinada prática de ilícito penal, ou mesmo desportivo. O trabalho em cooperação permite o alcance de um resultado efetivo.

A inteligência artificial aliada à análise humana, através de especialistas técnicos no segmento, inevitavelmente auxiliará na identificação de padrões irregulares de apostas. Os métodos empregados na manipulação do resultado fornecem, em muitos casos, pistas em diferentes graus, que podem permitir uma investigação ampla na busca de evidências específicas.

3.1. O caso envolvendo o árbitro Joseph Odartei Lamptey

Joseph Odartei Lamptey, natural de Gana e afiliado à Associação de Futebol de Gana foi um dos principais árbitros na Copa do Mundo do ano de 2018, pertencendo à elite da arbitragem mundial.

No dia 12 de novembro de 2016, em partida válida pelas eliminatórias da Rússia, a África do Sul venceu a partida por 2 a 1 contra a equipe do Senegal, com os dois gols da África do Sul marcados aos 42 e 45 minutos do primeiro tempo, sendo o primeiro deles de pênalti.

Especificamente, nos dias 14 e 15 de novembro de 2016, cinco empresas de monitoramento de apostas enviaram, de forma espontânea e independente, relatórios à FIFA informando sobre atividades de apostas suspeitas durante a referida partida, que apontavam o aumento exponencial das apostas nos minutos finais do primeiro tempo, conforme a Figura 2.

Figura 2: Aumento exponencial das apostas.

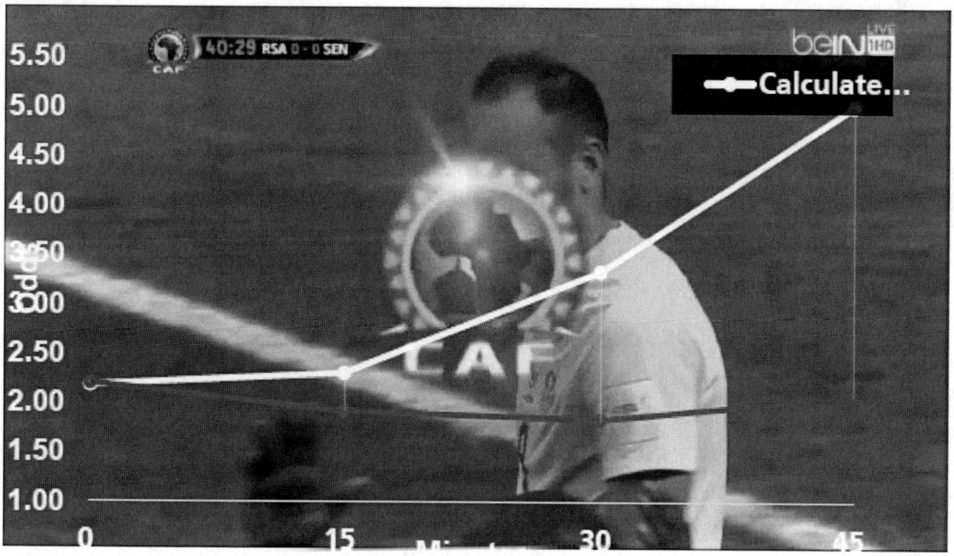

O relatório do árbitro auxiliar da partida disputada continha ressalvas em relação ao pênalti marcado pelo árbitro principal de campo que, na visão do árbitro auxiliar, influenciou diretamente o resultado da partida e seu desenrolar.

No dia 15 de novembro, o Comitê Disciplinar da FIFA recebeu carta da Federação Senegalesa de Futebol questionando a tomada de decisões pelo árbitro da partida, em especial a penalidade marcada no primeiro tempo de jogo. Tanto os árbitros como os auxiliares foram inquiridos, tendo o Comitê de Ética da Fifa concluído àquela altura que o Jogo em questão foi manipulado contrariamente à ética desportiva, e especificamente com implicações nas apostas — e que os Srs. Lamptey e Laryea desempenharam um papel preponderante.

Mas, mesmo diante todas as evidências encontradas, houve uma segunda parte da investigação envolvendo outros 6 jogos em que o Sr. Lamptey havia sido escalado e que continham suspeitas de manipulação.

É preciso ser dito que antes mesmo da prolação da primeira decisão por parte da FIFA, ao árbitro foi facultado o oferecimento de resposta escrita, sem que houvesse qualquer pronunciamento de sua parte naquela oportunidade.

O painel, portanto, passou a avaliar se as decisões de campo decorreram unicamente de um erro humano, ou se estavam ligadas a algum tipo de desvio de finalidade, conforme inicialmente apontaram os relatórios de integridade. A conclusão do painel, ratificada pelo CAS, considerou que as decisões tomadas não encontrariam ressonância na experiência do árbitro ao longo da carreira, além de reconhecer que as demais evidências não foram devidamente rechaçadas pelo árbitro em sua defesa.

Diante a tudo o que foi exposto, é preciso observar que os relatórios de integridade, no caso em comento, foram analisados juntamente com outros elementos de prova, preservando o contraditório e a ampla defesa.

Portanto, observa-se que, à luz da jurisprudência do CAS, é preciso que haja a conjugação dos relatórios de integridade com os demais fatores externos para que se possa analisar o arcabouço probatório de forma ampla e não apenas de maneira isolada — tão somente baseada na circulação de dados e informações nos mercados de apostas — para que se conclua sobre a ocorrência ou não de *match-fixing*.

4. Considerações finais

Em conclusão, a análise dos conceitos de Inteligência Artificial (IA), *Big Data* e *Machine Learning/Deep Learning* revela o vasto potencial dessas tecnologias e sua aplicação em diversos campos, incluindo a detecção de possíveis irregularidades em eventos esportivos, como o *match fixing*. Isso porque a IA, com base em aprendizado automático e profundo, representa uma revolução na capacidade de processamento de dados, possibilitando automação eficiente, eliminação de falhas humanas e a realização de tarefas complexas em larga escala.

Do ponto de vista prático, o que podemos notar através do presente estudo é que as decisões levadas a efeito não só pela FIFA como pelo próprio CAS, sempre deram aos relatórios de integridade extraídos através da inteligência artificial o status de indício de detecção de uma possível fraude, não se podendo em hipótese alguma negar vigência ao conteúdo da veracidade dos dados extraídos.

Essa conclusão pode ser facilmente extraída do caso CAS 2017/!/5173, objeto do presente estudo. Não quer dizer, de outro lado, que se possa considerar apenas essa fonte (relatórios de integridade) de detecção de desconformidade, como evidência soberana de determinada infração disciplinar, sem que haja a devida conexão com outros elementos probatórios.

Portanto, o controle de integridade das partidas e competições devem ser encaradas como instrumento chave, mas não definitivo, na detecção de prováveis simulações, conforme entendimento firmado pela Corte Arbitral do Esporte.

Por isso, em que pese o estudo sobre a aplicação da IA no combate ao *match fixing* destaque o papel crucial da tecnologia na identificação de padrões anômalos, é fundamental reconhecer que a IA permanece como uma ferramenta auxiliar, incapaz de substituir completamente o elemento humano na análise e interpretação de contextos complexos.

Consequentemente, a harmonia entre a inovação tecnológica e a expertise humana emerge como um caminho promissor para o aproveitamento pleno do potencial dessas ferramentas em benefício do esporte.

Referências

BARROS, Davi; ZARKO, Raphael. *Penalidade Máxima:* entenda investigação sobre esquema de apostas. 2023. Disponível em: https://ge.globo.com/futebol/noticia/2023/05/11/penalidade-maxima-entenda-investigacao-sobre-esquema-de-apostas.ghtml. Acesso em: 11 dez. 2023.

BRASIL. *Código Brasileiro de Justiça Desportiva: Livro I – Da Justiça Desportiva.* Disponível em: https://conteudo.cbf.com.br/cdn/201507/20150709151309_0.pdf. Acesso em: 11 dez. 2023.

______. *Lei n. 13.756, de 12 de dezembro de 2018.* Dispõe sobre o Fundo Nacional de Segurança Pública (FNSP), sobre a destinação do produto da arrecadação das loterias e sobre a promoção comercial e a modalidade lotérica denominada apostas de quota fixa. Diário Oficial da União: seção 1, Brasília, DF, 13 dez. 2018. Disponível em: https://www.planalto.gov.br/ccivil_03/_ato2015-2018/2018/lei/L13756.htm. Acesso em: 11 dez. 2023.

FIFA. *Código Disciplinar da FIFA: Edição 2023.* Disponível em: https://www.ctfa.com.tw/attachments/article/6386/FIFA%20Disciplinary%20Code_2023_EN.pdf. Acesso em: 08 dez. 2023.

GOODFELLOW, Ian; BENGIO, Yoshua; COURVILLE; Aaron. Deep Learning (Adaptive Computation and Machine Learning Series). Estados Unidos: *The MIT Press*, 18 nov. 2016. Disponível em: https://www.deeplearningbook.org/front_matter.pdf. Acesso em: 8 dez. 2023.

GOOGLE. *O que é inteligência artificial (IA)?* Disponível em: https://cloud.google.com/learn/what-is-artificial-intelligence. Acesso em: 08 dez. 2023.

IBM. *O que é Machine Learning?* Disponível em: https://www.ibm.com/br-pt/topics/machine-learning. Acesso em: 06 jul. 2023.

______. *O que é o Deep Learning?* Disponível em: https://www.ibm.com/br-pt/topics/deep-learning. Acesso em: 08 dez. 2023.

______. *What is artificial intelligence (AI)?* Disponível em: https://www.ibm.com/topics/artificial-intelligence. Acesso em: 08 dez. 2023.

______. What is big data? More than volume, velocity and variety. *IBM Developer Blog*, 22 maio 2023. Disponível em: https://developer.ibm.com/blogs/what-is-big-data-more-than-volume-velocity-and-variety/. Acesso em: 08 dez. 2023.

JORDÃO, Milton. *Regulamentação de Apostas Esportivas e a contenção da criminalidade.* Disponível em: https://www.jusbrasil.com.br/artigos/regulamentacao-de-apostas-esportivas-e-a-contencao-da-criminalidade/1834835518. Acesso em: 11 dez. 2023.

MACCARTHY, John. Formalizing Common Sense: Papers by John Maccarthy. Inglaterra: *Ablex Pub*, 1 dez. 1990.

RUSSELL, Stuart J.; NORVIG, Peter. *Artificial intelligence a modern approach.* London, 2010.

SPORTRADAR. BETTING CORRUPTION AND MATCH-FIXING IN 2022: *A review by Sportradar Integrity Services*, 2023. Disponível em: https://sportradar.com/wp-content/

uploads/2023/03/Betting-Corruption-And-Match-Fixing-In-2022.pdf. Acesso em: 11 dez. 2023.

SPORTRADAR. *Match fixing on the rise as global sports betting turnover surpasses €1.45 trillion for the first time.* 2022. Disponível em: https://sportradar.com/match-fixing-on-the-rise-as-global-sports-betting-turnover-surpasses-e1-45-trillion-for-the-first-time. Acesso em: 11 dez. 2023.

THE CONVERSATION. *Machine learning can level the playing field against match fixing* — helping regulators spot cheating. 2023. Disponível em: https://theconversation.com/machine-learning-can-level-the-playing-field-against-match-fixing-helping-regulators-spot-cheating-209392. Acesso em: 08 dez. 2023.

Governança Pública e Privada pela Sustentabilidade do Sistema Esportivo[1]

Leonardo Andreotti Paulo de Oliveira[2]

I – Introdução

Não há dúvidas de que o estudo relacionado às ciências do esporte atrai grande atenção e entusiasmo por parte daqueles que pretendam, seja qual for a vertente, pesquisá-lo, e sobretudo entendê-lo enquanto fenômeno, especialmente em suas perspectivas social e econômica, e em uma escala naturalmente global.

Há tempos a União Europeia, por seus órgãos legislativos ou, em certas ocasiões, por sua esfera judicial, se debruça sobre o fenômeno, e com grande intensidade sobre os limites de uma intervenção pública no âmbito esportivo, sendo certo que o esporte assume verdadeiro fenômeno social, com potencial imenso a promover verdadeira transformação na sociedade, para além da sua utilização em prol da formação e do desenvolvimento integral da personalidade de cada cidadão.

Da mesma forma, representa indiscutível fenômeno econômico, com impactos importantes na economia do Estado, e com maior razão, no âmbito comercial e no contexto da livre iniciativa do próprio sistema esportivo, sendo certo que, nas palavras do saudoso Professor Álvaro Melo Filho, o Esporte (em especial o futebol) transformou-se

---

(1) Artigo elaborado para publicação original no âmbito do I Congresso Nacional da Magistratura do Trabalho: A Jurisdição Social no Brasil e o Futuro do Direito do Trabalho.

(2) Árbitro do Tribunal Arbitral do Esporte (TAS). Doutorando em Direito do Trabalho pela *Sapienza Università degli Studi di Roma I*. Mestre em Direito Desportivo pelo *Institut Nacional d´Educació Fisica de Catalunya — INEFC* e *Universitat de Lleida — UdL*. Pós-Graduado em Direito Contratual pela Escola Paulista de Direito — EPD e em Direito Administrativo pelo Instituto Brasiliense de Direito Público — IDP. Presidente do Instituto Brasileiro de Direito Desportivo — IBDD (2016/2018 e 2019/2021). Titular da Cadeira n. 35 da Academia Nacional de Direito Desportivo. Membro da *Associazione Italiana Avvocati dello Sport*. Membro Fundador do Instituto Brasileiro de Direito Contratual — IBDCONT.

em um "*negócio global, integrado em um mercado global e com a lógica da globalização, jungido à democratização midiática das competições desportivas*".[3]

Dita globalização foi, sem dúvidas, responsável pela disseminação mundial do fenômeno esportivo, resultando no fortalecimento da estrutura e do papel das federações esportivas internacionais, sobretudo em termos regulatórios do sistema federativo, com finalidade preponderante de desenvolvimento das competições em um contexto transnacional, na medida em que a observância às mesmas regras, especialmente às regras de prática da modalidade esportiva pertinente, i.e., as regras de jogo, por partícipes do sistema oriundos dos mais diversos países, torna único o sistema esportivo e o coloca em uma posição diferenciada perante o Estado, visto sobretudo na perspectiva nacional de cada país, a justificar a existência do já há muito reconhecido princípio da exceção esportiva[4] ou da especificidade do esporte[5], entendidos no contexto da formação da *Lex Sportiva*.

A este propósito, é interessante observar que a novel legislação desportiva brasileira, a Lei n. 14.597, de 14 de junho de 2023, publicada no Diário Oficial da União no dia posterior, ao pretender garantir maior aderência do sistema esportivo brasileiro às nuances da *Lex Sportiva*, trouxe em seu bojo uma pretensa definição[6] do brocardo, centrando seu objetivo na garantia de autonomia do esporte.

Da análise do dispositivo, resta evidente a preocupação do legislador em garantir a higidez do sistema federativo internacional, sabedor de que eventual conflito ou incompatibilidade entre a regulação estatal nacional e as regras internacionais, ainda que privadas, resultaria, ao menos potencialmente, em grande risco à própria subsistência do esporte nacional, valendo a reflexão de que mesmo os aspectos sociais do esporte, estes de grande interesse do Estado, dependem, em larga medida, do sucesso da atividade esportiva de rendimento, *i.e.*, da atividade esportiva regrada, oriunda e componente do sistema

(3) MELO FILHO, Álvaro. *Nova Lei Pelé, Avanços e impactos*. Rio de Janeiro: Maquinária, 2011. p.28.

(4) PAPALOUKAS, Marios The Sporting Exemption Principle in the European Court of Justice's Case Law. *International Sports Law Journal*, vols. 3-4, p. 7-10, 2009. Disponível em: https://papers.ssrn.com/sol3/papers.cfm?abstract_id=1697568.

(5) Arbitration CAS 2014/A/3568 Club Deportivo La Equidad Seguros S.A. *v.* Santiago Arias Naranjo & Sporting Clube de Portugal & Fédération Internationale de Football Association (FIFA), award of 27 April 2015

(6) Da Autonomia Esportiva:

Art. 26. A autonomia é atributo da organização esportiva em todo o mundo, na forma disposta na Carta Olímpica, e limita a atuação do Estado, conforme reconhecido pela Assembleia Geral da Organização das Nações Unidas (ONU) e inscrito na Constituição Federal, e visa a assegurar que não haja interferência externa indevida que ameace a garantia da incerteza do resultado esportivo, a integridade do esporte e a harmonia do sistema transnacional denominado Lex Sportiva.

§ 1º Entende-se por Lex Sportiva o sistema privado transnacional autônomo composto de organizações esportivas, suas normas e regras e dos órgãos de resolução de controvérsias, incluídos seus tribunais.

§ 2º O esporte de alto rendimento é regulado por normas nacionais e internacionais e pelas regras de prática esportiva de cada modalidade, aceitas pelas respectivas organizações nacionais de administração e regulação do esporte.

federativo global, que legitima as competições esportivas e cria ídolos e inspirações do esporte, certamente o motor do interesse esportivo de jovens futuros desportistas.

E nesse contexto, a norma brasileira é enfática ao estabelecer a autonomia das organizações esportivas no quesito autorregulação, autogoverno e autoadministração, dando o tom do tratamento que considera adequado à dicotomia público-privada existente na relação com o esporte, evoluindo em certa medida aquilo que já fazia constar a Lei Pelé e reforçando a base e naturalmente o fundamento constitucional do Ordenamento Jurídico Desportivo brasileiro, a partir do que dispõe o art. 217[(7)] da Carta da República.

Em outros termos, é importante destacar que o modelo estrutural desportivo brasileiro se funda na liberdade associativa e na autonomia do sistema esportivo, o inserindo, de forma preponderante, em um contexto jus privatista, de forma antagônica ao que se verificava na vigência das primeiras normas públicas brasileiras sobre o esporte, como é o caso do Decreto-lei[(8)] n. 3.199, de 14 de abril de 1941, se bem que seus resquícios remanescem, ainda hoje, no espírito legislativo e executivo atinentes à regulação e administração pública do esporte, respectivamente.

O fato é que, embora se verifique uma realidade cotidiana bastante intervencionista por parte do Estado, parte-se da premissa de que o regime jurídico desportivo brasileiro deriva do preceito constitucional de sua autonomia, livre de intervenções públicas descabidas — e em certos casos, também privadas — e de modo a favorecer, ou prestigiar, o ambiente regulatório privado, que busca, ou ao menos deveria buscar, a sua própria sustentabilidade, a partir de uma construção normativa que possa garantir a aderência às especificidades do setor que se pretende regular, ouvidos, de forma democrática e participativa, os stakeholders do próprio sistema.

A propósito deste sistema esportivo privado, vale considerar que o rol de protagonistas é composto por sujeitos variados, em um espectro que alberga tanto pessoas físicas quanto pessoas jurídicas, inclusive órgãos despersonalizados, representando, no plano

---

(7) Art. 217. É dever do Estado fomentar práticas desportivas formais e não formais, como direito de cada um, observados:

I – a autonomia das entidades desportivas dirigentes e associações, quanto a sua organização e funcionamento;

II – a destinação de recursos públicos para a promoção prioritária do desporto educacional e, em casos específicos, para a do desporto de alto rendimento;

III – o tratamento diferenciado para o desporto profissional e o não profissional;

IV – a proteção e o incentivo às manifestações desportivas de criação nacional.

§ 1º O Poder Judiciário só admitirá ações relativas à disciplina e às competições desportivas após esgotarem-se as instâncias da justiça desportiva, regulada em lei.

§ 2º A justiça desportiva terá o prazo máximo de sessenta dias, contados da instauração do processo, para proferir decisão final.

§ 3º O Poder Público incentivará o lazer, como forma de promoção social.

(8) Disponível em: https://www.planalto.gov.br/ccivil_03/decreto-lei/1937-1946/del3199.htm.

brasileiro, a própria especificidade do desporto global, em um contexto de desenvolvimento do esporte regrado.

Em um rol exemplificativo do sistema esportivo, e para além dos atletas, técnicos, árbitros, profissionais do desporto em geral, dentre outras pessoas naturais, vale citar entidades como o Comitê Olímpico do Brasil; o Comitê Paralímpico Brasileiro; as Entidades Nacionais de Administração do Desporto (Confederações Desportivas); as Entidades Regionais ou Estaduais de Administração do Desporto (Federações Desportivas); as respectivas Ligas, Nacionais e Regionais, chanceladas ou não pelas respectivas entidades de administração; as Entidades de Prática Desportiva (Clubes, Institutos, e afins); o Comitê Brasileiro de Clubes e o Comitê Brasileiro de Clubes Paralímpicos, dentre outras.

Vale salientar que o novo regime jurídico nacional, a partir da promulgação da Lei n. 14.597/2023, estabeleceu a existência do atualmente denominado Sistema Nacional do Esporte (SINESP)[9], que dentre outras questões, tratou de compartimentalizar as

---

(9) § 1º As disposições do Título I desta Lei que imponham aos Estados, ao Distrito Federal ou aos Municípios a criação de órgãos, de fundos, de planos e de programas vincularão apenas os entes que, por meio de lei própria, aderirem ao Sinesp.

§ 2º O esporte master e suas organizações esportivas são reconhecidos como integrantes do Sinesp e desenvolvem-se nos níveis da excelência esportiva e do esporte para toda a vida.

Art. 15. (VETADO).

Art. 16. Compete à União:

I – (VETADO);

II – manter programas e projetos próprios ou em colaboração com o objetivo de desenvolvimento e manutenção de ações no nível da excelência esportiva;

III – coordenar o processo de monitoramento e de avaliação do PNEsporte, em colaboração com os Estados, o Distrito Federal, os Municípios e demais entidades e organizações previstas nas leis instituidoras dos planos decenais de esporte;

IV – coordenar o Sinesp e efetuar a formulação democrática da política nacional de esporte;

V – articular e coordenar os diferentes níveis e serviços de prática esportiva;

VI – prestar assistência técnica e financeira aos Estados, ao Distrito Federal e aos Municípios, com vistas a assegurar a oferta da prática esportiva de qualidade nos níveis e serviços esportivos, inclusive para a formação de recursos humanos;

VII – promover articulação com órgãos educacionais e com entidades representativas para formação de recursos humanos na área do esporte;

VIII – manter e gerir a Rede Nacional de Treinamento, com foco, principalmente, no serviço de excelência esportiva;

IX – manter e gerir o Cadastro Nacional de Organizações Esportivas;

X – manter e gerir banco de dados e informações para produção e divulgação de dados e informações que contribuam para o aprimoramento, a transparência e o controle social das políticas esportivas, orientando sua formulação e revisão;

XI – elaborar normas para regular as relações entre o Sinesp e as instituições privadas por meio de Planos de Desenvolvimento Institucional;

XII – estruturar e manter o SNIIE, de forma a assegurar o processo nacional de avaliação do esporte, em colaboração com os demais entes federativos. Parágrafo único. Compete ao Poder Executivo coordenar as ações intersetoriais no âmbito da União.

atribuições de cada ente ou entidade referenciados em sua composição, sobretudo os de natureza pública, até porque, como é natural, e decorrente de mandamento constitucional, é dever do Estado fomentar o Esporte brasileiro.

À evidência, o Estado tampouco estará alheio à regulação de matérias que interessam precipuamente à sustentabilidade do sistema esportivo, na medida em que dita sustentabilidade é de interesse social e, via de consequência, de interesse público, sendo certo que dos grandes desafios estará sempre a desafiadora missão regulatória público-privada que permita uma efetiva compatibilidade dicotômica.

II – Governança pela sustentabilidade do esporte

Em um ambiente regulatório, uma das ferramentas essenciais na busca por uma solidez administrativa e finalística das respectivas atividades é a Governança, cada vez

---

Art. 17. Compete aos Estados:

I – cofinanciar, por meio de transferência automática ou voluntária, o aprimoramento da gestão, dos serviços, dos programas e dos projetos esportivos em âmbito regional ou local;

II – atender às ações esportivas, prioritariamente nos níveis da formação esportiva e do esporte para toda a vida, em conjunto com os Municípios;

III – destinar recursos prioritariamente para programas e ações que visem ao desenvolvimento e à manutenção do esporte educacional;

IV – estimular e apoiar técnica e financeiramente as associações e os consórcios municipais na execução de políticas públicas na área do esporte;

V – executar políticas públicas cujos custos ou cuja ausência de demanda municipal justifiquem uma rede regional de serviços, desconcentrada, no âmbito do respectivo Estado;

VI – realizar o monitoramento e a avaliação do plano estadual do esporte e assessorar os Municípios para seu desenvolvimento;

VII – promover articulação com órgãos estaduais de educação e com entidades representativas para a formação de pessoas na área do esporte;

VIII – contribuir para a coleta de informações estaduais para a atualização do SNIIE, de forma a assegurar o processo nacional e estadual de avaliação do esporte;

IX – organizar e manter centros regionais de treinamento com a oferta do serviço de aperfeiçoamento esportivo no nível da excelência esportiva;

X – atuar na construção, na reforma, na implantação, na ampliação, na adaptação e na modernização da infraestrutura e dos equipamentos esportivos públicos para a população, com prioridade aos Municípios com baixo Índice de Desenvolvimento Humano (IDH).

Art. 18. Compete aos Municípios:

I – cofinanciar o aprimoramento da gestão, dos serviços, dos programas e dos projetos esportivos em âmbito local;

II – executar políticas públicas esportivas em todos os níveis, com fomento prioritário ao esporte educacional;

III – dispor de profissionais e de locais adequados para a prática esportiva, inclusive no ambiente escolar;

IV – realizar o monitoramento e a avaliação do plano municipal de esporte em seu âmbito;

V – organizar e manter centros municipais de treinamento com o serviço de especialização esportiva no nível da excelência esportiva;

VI – contribuir para a coleta de informações municipais para a atualização do SNIIE, de forma a assegurar o processo nacional, estadual e municipal de avaliação do esporte.

Art. 19. Ao Distrito Federal compete realizar as atividades previstas nos arts. 17 e 18 desta Lei e as que lhes sejam correlatas.

mais valorizada nos contextos público e privado do desporto. A esse propósito, já tivemos a oportunidade de defender a relevância de um verdadeiro Fair Play Administrativo no desporto, como salvaguarda da sustentabilidade do próprio sistema(10).

Por evidente, ainda passamos por um momento de discussão acerca de uma real existência da governança, do *compliance*, da transparência e da integridade no contexto esportivo, elementos ainda entendidos como inovadores e atuais, mas que sempre foram tratados de forma superficial a cumprir mera formalidade, nem sempre encontrando aderência na realidade da gestão de entidades desportivas, estas em sentido amplo, a abarcar tanto as entidades de prática desportiva como as entidades de administração do desporto.

Há que se ter em conta, porém, que a implantação de mecanismos de Governança e Integridade no sistema esportivo guarda relação direta com a própria necessidade de salvaguarda das competições esportivas, sendo certo que a finalidade protetiva visa combater os malefícios causados, dentre outras ameaças, pelo doping, pela violência no desporto, pela manipulação de resultados, pela discriminação, pela corrupção, pelo assédio moral, pelo assédio sexual e pelo abuso, principalmente no que se refere ao jovem praticante desportivo, que é, sem dúvidas, a própria representação da sustentabilidade do sistema.

O que se nota, sobretudo a partir da promulgação da Lei n. 14.193, de 06 de agosto de 2021, a famigerada Lei da Sociedade Anônima do Futebol (SAF), é que a busca por um terreno mais profissionalizado, em especial no contexto dos investimentos, inclusive estrangeiros, na atividade esportiva brasileira — precipuamente no futebol brasileiro — impulsiona a valorização e o desenvolvimento dos conceitos ligados à Governança no Esporte, encontrando atualmente, nos termos da própria Lei, aderência praticamente obrigatória, como condição para o gozo dos benefícios legais.

Do ponto de vista histórico, vale lembrar que o país testemunhou intensa atividade legislativa estatal acerca da temática em evidência, e em termos claros, sempre no intuito de resgatar ou salvar as entidades esportivas dos resultados oriundos das más gestões implementadas, i.e., independentemente do fracasso, da temeridade, e sobretudo da forma como as gestões eram conduzidas por essas entidades e respectivos gestores, geralmente sob o pretexto de que representam patrimônio nacional e que se ligam intimamente à paixão do brasileiro, resultando na crença de que um clube de futebol jamais poderia quebrar.

A recente Lei da Sociedade Anônima do Futebol, nada obstante as críticas que recebe, sobretudo em termos de equilíbrio com os direitos sociais, parece diferenciar-se de outras iniciativas que tiveram quase que exclusivamente finalidade de renegociação e

(10) Disponível em: https://www.migalhas.com.br/coluna/governan%C3%A7a-uma-boa-pratica/361514/artigos-18-e-18-a-da-lei-pele-governanca-e-fair-play-administrativo.

refinanciamento de dívidas no futebol, buscando, por outro lado, conduzir essas entidades esportivas a uma importante mudança cultural, na medida em que a simples transmutação societária não é, por si só, suficiente para o aprimoramento do sistema, sendo certo que a profissionalização propriamente dita não se alcança apenas com a promulgação de um texto legal, mas certamente com a implantação de uma cultura de gestão adequada, transparente e eficiente, que possa, de fato, gerar benefícios a toda a sociedade.

A promulgação da Lei, por si só, já demonstra o interesse estatal na regulação de um tema com viés eminentemente econômico, com a consequente demonstração de que a condução dos negócios esportivos, no âmbito societário, também deve observar o interesse público, daí a necessidade inafastável do aprimoramento do sistema com relação à transparência, à equidade, ao accountability, à integridade, à participação, dentre outros elementos que representam boas práticas de gestão, tanto no âmbito administrativo quanto no âmbito finalístico, que para além de proporcionar maior segurança ao investidor, tem o condão de potencializar a profissionalização do setor.

A propósito da profissionalização do setor, é oportuno destacar os adequados elementos e ferramentas trazidos pela Lei, a exemplo dos mecanismos de controle, da obrigatoriedade de constituição de conselho de administração e de conselho fiscal, dentre outros, cujo bom funcionamento, porém, vale refletir, dependerá sempre da mudança de cultura e da efetiva profissionalização que se busca com esse novo cenário no âmbito legislativo brasileiro, e que encontrará no próprio investidor, o controlador da exigência de atendimento obrigatório desses elementos disponibilizados pela Lei.

Não se pode olvidar, contudo, e no contexto do interesse público a justificar a regulação da questão, com a concessão de benefícios às empresas desportivas, da função social prestada pelo sistema e pela entidade de prática desportiva, exemplificada pela valorização do futebol feminino, obrigatoriedade no âmbito da legislação, pela valorização de programas que tenham finalidade educacional, com vistas à formação do jovem praticante desportivo, dentre outros exemplos, fazendo gerar a sustentabilidade e segurança, não apenas ao investidor, mas ao sistema em geral.

O debate acerca do tema ainda carece de elementos que o subsidiem integralmente, sendo certo que os efeitos e desdobramentos da Lei ainda serão sentidos no médio e longo prazo, mas já evidencia a relevância do setor e dos impactos econômicos e sociais derivados desta atividade, que conduz a uma clara percepção no sentido de que a regulação, e a executoriedade das ações, interessam às esferas pública e privada, em especial no quesito regulatório e no contexto de sua execução, onde a Governança exerce papel primordial para a salvaguarda de suas finalidades.

III – Conclusão

A modo de conclusão, vale recordar que o Esporte é um verdadeiro fenômeno social e econômico, e por suas próprias características, é regulado, em certas perspectivas, no contexto de um sistema específico e peculiar, cujas nuances conduzem a um natural cenário de autonomia, especialmente em termos de autorregulação, com uma participação estatal em maior ou menor grau, a depender da matéria regulada e do interesse público a justificar a sua participação.

Para além dos limites da contenção participativa estatal, e dos limites concedidos à autorregulação do sistema esportivo, é importante entender que o Estado não estará alheio à regulação do referido sistema, quando a matéria a ser regulada assim o justificar, sobretudo diante da existência de interesse público na regulação, que faz transcender os interesses meramente privados e interpartes do próprio sistema esportivo.

Nesse contexto, seja pela autorregulação ou pela regulação em si, as peculiaridades sistêmicas precisam ser observadas, em prol da própria eficiência daquilo que se pretende regular, sendo certo que no que se refere à Lei da Sociedade Anônima do Futebol, há clara finalidade de aprimoramento e profissionalização do sistema esportivo, de modo a propiciar terreno seguro para investimentos e a criar mecanismos de sua sustentabilidade, onde exercem papel fundamental os elementos de Governança, cada vez mais valorizados e implementados no plano empresarial.

E nesse sentido, com independência do maior ou menor grau de participação estatal, no âmbito da regulação, ou de sua intervenção, no âmbito da autorregulação, a Governança deve estar presente nas atividades regulatórias e executórias, com vistas ao alcance de maior êxito nas atividades previstas, de onde poderá resultar em maior garantia de sustentabilidade do sistema esportivo brasileiro.

Referências

APROBATO MACHADO, Rubens *et al. Curso de Direito Desportivo Sistêmico*. São Paulo: Quartier Latin, 2007.

DIREITO DESPORTIVO. *Temas selecionados*. Salvador: JusPodivm, 2010.

EZABELLA, Felipe Legrazie. *O Direito Desportivo e a imagem do atleta*. São Paulo, IOB, 2006.

GARDINER, Simon; O'LEARY, John; WELCH, Roger; BOYES, Simon; NAIDOO, Urvasi. *Sports Law*. Fourth Edition. Oxon: Routledge, 2012.

GARCÍA SILVERO, Emílio A. *La Extinción de la Relación Laboral de los Deportistas Profesionales*. Navarra: Thomson/Aranzadi, 2008.

HAMIL, Sean; CHADWICK, Simon. *Managing Football an international perspective*. Oxford: Elsevier, 2010.

LEWIS, Adam; TAYLOR, Jonathan. *Sport:* Law and Practice. 2. ed. Great Britain: Tottel, 2008.

MELO FILHO, Álvaro. *Novo Regime jurídico do Desporto*. Brasília: Brasília Jurídica, 2001.

______. *Direito Desportivo*. Aspectos teóricos e práticos. São Paulo: IOB Thompson, 2006.

______. *Nova Lei Pelé, avanços e impactos*. Rio de Janeiro: Maquinária, 2011.

OLIVEIRA, Leonardo Andreotti Paulo de (Coord.). *Direito do Trabalho e Desporto.* São Paulo: Quartier Latin, 2014.

______. *Direito do Trabalho e Desporto.* vol. II. São Paulo: Quartier Latin, 2015.

______. *Direito do Trabalho e Desporto.* vol. III. São Paulo: Quartier Latin, 2016.

______. *Direito do Trabalho e Desporto.* vol. IV – A Reforma Trabalhista e os Impactos no Labor Desportivo. São Paulo: Quartier Latin, 2019.

______. *Justiça Desportiva:* Perspectivas do Sistema Disciplinar Nacional, Internacional e no Direito Comparado. São Paulo: Quartier Latin, 2018.

Prevenção e Responsabilidade — Desportiva e Criminal — Nos Casos de Manipulação de Resultados

Manoel Francisco de Barros da Motta Peixoto Giordani[1]

1. Conceito e formas de manipulação

1.1. Conceito

A manipulação de resultados, ou *match-fixing*, é definida como uma combinação ou acordo para arranjar o resultado final e/ou interferir em determinados eventos de uma competição esportiva, removendo todo ou parte do grau de incerteza associado à partida.[2]

Em complemento a essa introdução inicial, podemos acrescentar que "a expressão manipulação de resultados se refere a um arranjo, ato ou omissão intencional que visa a alteração indevida do resultado ou do curso de uma disputa esportiva, removendo do desporto de maneira parcial, ou por completo, a sua imprevisibilidade, visando, a obtenção de vantagem indevida para si ou para outrem."[3]

Com isso, percebemos que a manipulação prejudica a imprevisibilidade do resultado e dos lances da partida, aspectos indissociáveis do jogo, produzindo um efeito negativo em cadeia, por refletir diretamente na credibilidade da partida e todas as demais instituições envolvidas na competição (clubes, federações e até mesmo os patrocinadores).

---

(1) Delegado de Polícia do Estado de São Paulo. Auditor do Tribunal de Justiça Desportiva de Futebol do Estado de São Paulo — TJD/SP. Membro do Conselho Fiscal da Associação dos Delegados de Polícia do Estado de São Paulo — ADPESP — Triênio 2024/2026. Coordenador de obras jurídicas e autor de artigos jurídicos.

(2) NISEMBAUM, Jessica; DIAZ, Luiz Felipe. Manipulação de Resultados no Futebol Brasileiro. In: VARGAS, Angelo (Org.). *Direito Desportivo:* contexto, globalização e conflito. Belo Horizonte: Casa da Educação Física, 2021. p. 228.

(3) DELBIN, Gustavo N.; CHAMELETTE, Mariana. *Manipulação de Resultados e sua Previsão Normativa.* Disponível em: https://ibdd.com.br/manipulacao-de-resultados-e-sua-previsao-normativa/?v=19d3326f3137. Acesso em: 11 jun. 2023.

Alterar de forma intencional e deliberada a dinâmica ou resultado do jogo fere de morte a imprevisibilidade da partida, afetando a chama que mantem viva a paixão pelo esporte, ameaçando o que o boleiro, a imprensa e os torcedores chamam de "11 x 11" (no caso do futebol).

Isso por que, "embora em uma partida de futebol possa haver um plantel favorito à vitória, sempre haverá a possibilidade de um placar inesperado. É justamente esse fator do "imponderável" que mantém o esporte vivo".(4)

1.2. Formas de manipulação

Dos conceitos acima apresentamos, podemos inferir que a manipulação pode ocorrer para **(i)** interferir no resultado da partida ou **(ii)** para interferir no andamento/ dinâmica do jogo, como por exemplo, por meio de lateral, escanteio, cartão, pênalti, gol contra, incorreta aplicação proposital das regras do jogo e outras).

2. Objetivos dos envolvidos com manipulação

Como é sabido, a manipulação de resultados não é um evento recente, mas tem crescido exponencialmente nos tempos mais recentes com a popularização da internet, e se tornado cada vez mais comum, com casos de grande repercussão nacional, como a "Máfia do Apito" no ano de 2005, esquema que envolveu árbitros e apostadores durante a disputa do Campeonato Brasileiro da Série A; a "Operação Cartola", que afetou a principal divisão do Campeonato Paraibano de Futebol Masculino no ano de 2018; e, mais recentemente, a Operação que ficou conhecida como "Penalidade Máxima", conduzida pelo Ministério Público de Goiás e que investigou um grupo — criminoso — organizado para concretizar esquemas de apostas esportivas com o aliciamento de diversos jogadores, inclusive da Série A.

Assim, como na maioria das atividades ilícitas, em sua essência os envolvidos com a manipulação possuem motivação econômica relacionada à possibilidade de ganho rápido de capital e também de lavagem de dinheiro.

Esses objetivos reforçam a imperiosa necessidade de intervenção severa nos casos de manipulação, em todas as suas vertentes (administrativa e criminal), por haver a possibilidade de grupos e organizações criminosas passarem a se valer dessas práticas para o cometimento de ilícitos e para a circulação de dinheiro oriundo de outras atividades criminosas.

3. Prevenção

A prevenção é indispensável para o enfrentamento da manipulação. A ideia central da prevenção, de forma prática e objetiva, é a de educar para não precisar punir.

---

(4) DELBIN, Gustavo N.; CHAMELETTE, Mariana. *Manipulação de Resultados e sua Previsão Normativa*. Disponível em: https://ibdd.com.br/manipulacao-de-resultados-e-sua-previsao-normativa/?v=19d3326f3137. Acesso em: 11 jun. 2023.

Nesse sentido, todos os envolvidos com o futebol (e o desporto no geral) — *em especial as entidades de administração do desporto e clubes* — precisam enxergar o momento atual, em que há aumento significativo de casos de manipulação, e tratar essa questão como um fator que pode gerar um grave problema de confiança e adotar medidas que permitam efetivar ações educativas, visando a disseminação de conhecimento sobre esse problema que também é social, com a orientação e educação dos atletas e demais envolvidos (árbitros e dirigentes) e, principalmente, as categorias de base.

Há de se destacar que essa perda de confiança pode afetar a credibilidade das instituições envolvidas e da própria competição, com repercussões negativas diversas, inclusive com o enfraquecimento das negociações (*business)* que giram em torno da competição, gerando perda de rendas, investimentos etc.

Por tratarmos a prevenção como ferramenta relevante no combate a manipulação, temos, de forma despretensiosa e acadêmica, que a prevenção deve se valer da orientação, da revisão, do diálogo e do monitoramento.

➔ PREVENÇÃO = orientação + revisão + diálogo + monitoramento de parceiras.

a) orientação — é levar conhecimento aos atletas e comissões técnicas — da base ao profissional —, aos árbitros e todas as demais pessoas envolvidas com o futebol, orientando todos os 'atores do desporto' sobre a possibilidade de responsabilização em âmbito administrativo e criminal no caso de envolvimento com manipulação, o que poderá arruinar a carreira daqueles que cedam às ofertas dos aliciadores;

b) revisão — a educação e os ensinamentos sobre todas as repercussões envolvendo a manipulação deve ser constante. A atualização dever ser permanente, e não apenas quando houver algum caso de repercussão;

c) diálogo — é indispensável que os clubes e demais entidades envolvidas com o desporto disponibilizem canais para que atletas, comissões e árbitros possam denunciar qualquer tentativa de aliciamento. É preciso que as entidades se coloquem à disposição para receber denúncias, de forma segura, e com isso estimulem aqueles que forem procurados a fornecerem informações. O diálogo estimula a cooperação em prol de um objetivo comum;

d) monitoramento — as entidades, em âmbito regional e nacional, devem monitorar as parcerias entre clubes e gestores de empresas que passem a subsidiar o futebol, com exigências que dificultem a participação de grupos criminosos com interesses obscuros.

Nessa linha, os dizeres da Dra. Alessandra Christine Bittencourt Ambrogi de Moura(5):

> "Importante fator para a prevenção, que deve ter investimento principalmente por parte das entidades desportivas, se dá na educação, na instrução social, psicológica e econômica junto aos atletas, dirigentes, árbitros, comissão técnica, organizadores, patrocinadores e todos aqueles envolvidos no deslinde do esporte, além do já existente monitoramento dos jogos e apostas por entidades de administração do esporte."

Feitos esses apontamentos, indispensável destacar o sério trabalho desenvolvido pela Federação Paulista de Futebol, que já atua, de forma pioneira, em todas essas vertentes, com a promoção de palestras nos clubes, organização de seminários, realização de campanhas, disponibilização de canais de comunicação para denúncias, além de contar com uma Corregedoria, um Comitê de Integridade e outras práticas que visam prevenir e coibir a manipulação.

Importa notar, também, a atuação do Sindicato dos Atletas, que desenvolve um trabalho corpo a corpo junto aos atletas e clubes com a finalidade de ensinar e orientar sobre esse tema, bem como resguardar os direitos e interesses dos atletas.

Ademais, pensamos ser indispensável que haja uma ação governamental — efetivamente estruturada e devidamente aparelhada — para tratar do assunto, capitaneada em âmbito federal, com suporte, estrutura e ações concretas para identificar, desmantelar e coibir a prática de manipulação, mas, enquanto isso não ocorre, é indispensável que os clubes e entidades de administração do desporto adotem providências imediatas.

Aqui, vale referir as palavras da Dra. Mariana Chamelette, para quem:

> "Uma autoridade nacional voltada à integridade desportiva teria o potencial de simplificar a troca de dados e o encaminhamento das informações para as agências governamentais de aplicação da lei e para as entidades desportivas nacionais. Ademais, possibilitaria a criação de um regramento unificado de diretrizes relacionadas à prevenção à manipulação de resultados a serem seguidas por todos os organizadores de competições desportivas disponibilizadas no mercado de apostas, bem como poderia disseminar informações importantes, realizar campanhas preventivas e fomentar a capacitação de

(5) AMBROGI DE MOURA, Alessandra Christine Bittencourt. Manipulação de Resultados e a Responsabilidade Trabalhista: Fórmula Efetiva Para a Ética Desportiva?. In: *Direito do Trabalho Desportivo:* panorama, crítica e porvir: estudos em homenagem aos ministros Pedro Paulo Teixeira Manus e Walmir Oliveira da Costa *in memoriam*. Campinas: Lacier Editora, 2024. p. 122.

todos os envolvidos na prática esportiva — e por que não? —, aumentar os recursos no combate das fraudes."(6)

Com efeito, uma ação governamental em âmbito nacional traria uma diretriz, uniformizando o tratamento e, consequentemente, fortalecendo a prevenção e o combate a manipulação.

4. Pena — Aplicação, fundamento e finalidade

É evidente que as medidas preventivas não vão exterminar essa nefasta prática de manipulação. Na mesma linha do que acontece com as infrações penais (crimes), a prevenção visa reduzir a ocorrência de determinada conduta, sendo praticamente impossível que não ocorra nenhum caso.

Em assim sendo, identificada e comprovada a ocorrência de manipulação, indispensável que todos os envolvidos sejam efetiva e rigorosamente punidos em todas as esferas, administrativa, no âmbito dos Tribunais de Justiça Desportiva e também criminalmente, na Justiça Comum, com as penas previstas na lei e regulamentos.

Nesse sentido, as sanções administrativas e penais são uma resposta dos Tribunais (desportivos e judiciais) ao sujeito que praticou uma infração disciplinar e/ou criminal.

A sanção é a consequência principal da infração disciplinar ou criminal que, após o devido processo legal, reconhece a autoria e materialidade, com a aplicação de uma pena.

4.1. Fundamento da pena

É o que legitima os tribunais a aplicarem as penas àqueles que praticarem uma infração, seja ela disciplinar, criminal ou ambas.

Assim, temos o fundamento legal e o fundamento de julgamento, que embasam a aplicação da pena:

a) fundamento legal — é a previsão de algumas condutas tipificadas abstratamente enquanto infração (disciplinar e penal), com a previsão da aplicação de uma pena para quem praticá-las;

b) fundamento de julgamento — consiste na hipótese em que o julgador, reconhecendo a prática da infração (disciplinar ou penal) e presentes os requisitos para condenação, aplica a pena ao caso concreto.

(6) CHAMELETTE, Mariana. Manipulação de resultados: o futebol brasileiro em xeque. *Estadão*, São Paulo, 04 maio 2023.

Cumpre observar que o julgador pode ser o auditor, em se tratando de Tribunal de Justiça Desportiva, ou o juiz na esfera judicial (Justiça Comum).

4.2. Finalidade da pena

É o objetivo que se busca alcançar com a aplicação da pena ou, em outras palavras, a função da pena.

Algumas teorias buscam explicar a finalidade da pena. A seguir, traremos algumas teorias para compreendermos os objetivos da pena e a teoria adotada no Brasil.

I. Teoria ABSOLUTA ou RETRIBUTIVA — entende a pena como um castigo. Para esta teoria a pena não possui nenhuma utilidade concreta.

Chama-se absoluta porque independente de qualquer utilidade, ela sempre será aplicada àqueles que praticarem uma infração.

II. Teoria RELATIVA ou UTILITÁRIA — para esta teoria a finalidade da pena é apenas de prevenir a prática de novas infrações.

Chama-se relativa por se basear na efetiva necessidade de aplicação da pena.

Esta prevenção pode ocorrer de diversas maneiras. Vejamos:

a) PREVENÇÃO NEGATIVA — é a que se vale da intimidação, e se verifica em dois aspectos: GERAL NEGATIVA e ESPECIAL NEGATIVA.

Na prevenção geral negativa, a intimidação se verifica por meio do exemplo que a pena transmite para toda a sociedade. Já na prevenção especial negativa, a intimidação é o exemplo individual dado ao infrator.

a) PREVENÇÃO POSITIVA — se baseia na ideia do aspecto construtivo da imposição da pena, e também possui dois aspectos: GERAL POSITIVA e ESPECIAL POSITIVA.

A prevenção geral positiva é a reafirmação da validade da norma (Código Brasileiro de Justiça Desportiva, Código Penal e Leis Extravagantes); é o reforço da consciência das pessoas, tais como os demais atletas, dirigentes, árbitros e todos os envolvidos com o desporto. Por sua vez, a prevenção especial positiva busca a reeducação do infrator.

Por fim, tem-se a teoria mista, que é a que foi adotada expressamente pelo Código Penal, em seu art. 59.[7]

III. Teoria MISTA ou INTERMEDIÁRIA — para esta teoria a finalidade da pena é a de prevenir e reprovar a infração, reforçando, assim, o viés preventivo (com a possibilidade de punição daqueles que violarem a lei), bem como reprovando os infratores com a aplicação de uma pena.

Ainda com relação a aplicação da pena, importa notar que no momento da sua fixação o julgador deve observar, obrigatoriamente, os limites — *mínimos e máximos* — estabelecidos em abstrato para aplicação no caso concreto, não podendo aplicar pena diversa, em observância ao princípio da anterioridade, segundo o qual não há pena sem prévia cominação legal, esculpido no art. 1º do Código Penal[8], também aplicável ao âmbito de Justiça Desportiva.

Por fim, temos que a fixação da pena deve ser sempre determinada de forma técnica, razoável e proporcional, inclusive para o aperfeiçoamento e avanço da justiça desportiva e do direito desportivo.

5. Responsabilização administrativa e penal

São diversas as normas aplicáveis as manipulações — Código da FIFA; Código de Movimento Olímpico sobre Prevenção da Manipulação de Competições; Códigos de Ética; Regulamentos, como o Regulamento Geral de Competições da CBF —, mas aqui iremos nos ater as previsões do Código Brasileiro de Justiça Desportiva, no âmbito dos Tribunais Desportivos e aos tipos penais que podem restar caracterizados.

Assim, importa notar que uma determinada conduta que vise a manipulação de resultado e/ou da dinâmica da partida pode gerar responsabilização em mais de uma esfera, sem que isso configure o vedado *bis in idem*, por se tratarem de esferas distintas e independentes.

Para a Justiça Desportiva, o agente pode ser responsabilizado por infração disciplinar prevista no Código Brasileiro de Justiça Desportiva, desde que seja uma das pessoas que se submetem ao Código Desportivo, nos termos do art. 1º, § 1º:

> § 1º Submetem-se a este Código, em todo o território nacional: (AC).
>
> I – as entidades nacionais e regionais de administração do desporto; (AC)

---

(7) Art. 59 – O juiz, atendendo à culpabilidade, aos antecedentes, à conduta social, à personalidade do agente, aos motivos, às circunstâncias e conseqüências do crime, bem como ao comportamento da vítima, estabelecerá, conforme seja necessário e suficiente para **reprovação e prevenção** do crime:

(8) Art. 1º Não há crime sem lei anterior que o defina. **Não há pena sem prévia cominação legal.**

> II – as ligas nacionais e regionais; (AC)
>
> III – as entidades de prática desportiva, filiadas ou não às entidades de administração mencionadas nos incisos anteriores; (AC)
>
> IV – os atletas, profissionais e não profissionais; (AC)
>
> V – os árbitros, assistentes e demais membros de equipe de arbitragem; (AC)
>
> VI – as pessoas naturais que exerçam quaisquer empregos, cargos ou funções, diretivos ou não, diretamente relacionados a alguma modalidade esportiva, em entidades mencionadas neste parágrafo, como, entre outros, dirigentes, administradores, treinadores, médicos ou membros de comissão técnica; (AC)
>
> VII – todas as demais entidades compreendidas pelo Sistema Nacional do Desporto que não tenham sido mencionadas nos incisos anteriores, bem como as pessoas naturais e jurídicas que lhes forem direta ou indiretamente vinculadas, filiadas, controladas ou coligadas. (AC)

Deste modo, podemos dizer que as infrações disciplinares previstas no Código Brasileiro de Justiça Desportiva são próprias, isto é, o código exige uma situação de fato ou de direito diferenciada por parte do sujeito ativo. Assim, apenas aquelas pessoas previstas no art. 1º, § 1º, do CBJD podem praticá-las.

Por outro lado, os crimes previstos no Código Penal e nas leis penais extravagantes são, em sua maioria, comuns, ou seja, podem ser cometidos por qualquer pessoa. O tipo penal não exige nenhuma condição especial do sujeito ativo.

5.1. Responsabilização administrativa — Código Brasileiro de Justiça Desportiva

A Justiça Desportiva se encontra prevista expressamente na Constituição Federal, art. 217, §§ 1º e 2º. Por essa razão, a Professora e Dra. Flávia de Almeida de Oliveira Zanini(9) utiliza a expressão "Justiça Constitucional Desportiva", expondo, na sequência, que:

> "A Justiça Desportiva é tema de alta importância, pois, se tratando de instituição ímpar no Direito Desportivo, é ponto principal de debates e estudos, haja vista a grande relevância de cada decisão proferida pela jurisdição desportiva na vida dos atletas, clubes e competições."

Impende destacar que a Justiça Desportiva não integra o Poder Judiciário, se tratando de entidade privada, cuja atribuição se limita ao processo e julgamento das infrações disciplinares e às competições desportivas.

---

(9) ZANINI, Flávia de Almeida de Oliveira. A Justiça Desportiva no Âmbito do Projeto de Lei Geral do Esporte (PL n. 1.153/2019). In: *Estudos em homenagem ao Prof. Dr. Paulo Sérgio Feuz*. Belo Horizonte, São Paulo: Editora D'Plácido, 2023. p. 32.

Feitas essas considerações, passemos as previsões do Código Brasileiro de Justiça Desportiva[10] que podem restar configurados em casos de manipulação de resultados e/ou da dinâmica da partida:

> Art. 242. Dar ou prometer vantagem indevida a membro de entidade desportiva, dirigente, técnico, atleta ou qualquer pessoa natural mencionada no art. 1º, § 1º, VI, para que, de qualquer modo, influencie o resultado de partida, prova ou equivalente. *(Redação dada pela Resolução CNE n. 29 de 2009)*
>
> PENA: multa, de R$ 100,00 (cem reais) a R$ 100.000,00 (cem mil reais), e eliminação.
>
> Parágrafo único. Na mesma pena incorrerá o intermediário.
>
> Art. 243. Atuar, deliberadamente, de modo prejudicial à equipe que defende.
>
> PENA: multa, de R$ 100,00 (cem reais) a R$ 100.000,00 (cem mil reais), e suspensão de cento e oitenta a trezentos e sessenta dias.
>
> § 1º Se a infração for cometida mediante pagamento ou promessa de qualquer vantagem, a pena será de suspensão de trezentos e sessenta a setecentos e vinte dias e eliminação no caso de reincidência, além de multa, de R$ 100,00 (cem reais) a R$ 100.000,00 (cem mil reais). (NR). § 2º O autor da promessa ou da vantagem será punido com pena de eliminação, além de multa, de R$ 100,00 (cem reais) a R$ 100.000,00 (cem mil reais).
>
> Art. 243-A. Atuar, de forma contrária à ética desportiva, com o fim de influenciar o resultado de partida, prova ou equivalente. *(Incluído pela Resolução CNE n. 29 de 2009)*
>
> PENA: multa, de R$ 100,00 (cem reais) a R$ 100.000,00 (cem mil reais), e suspensão de seis a doze partidas, provas ou equivalentes, se praticada por atleta, mesmo se suplente, treinador, médico ou membro da comissão técnica, ou pelo prazo de cento e oitenta a trezentos e sessenta dias, se praticada por qualquer outra pessoa natural submetida a este Código; no caso de reincidência, a pena será de eliminação. *(Incluído pela Resolução CNE n. 29 de 2009)*
>
> Parágrafo único. Se do procedimento atingir-se o resultado pretendido, o órgão judicante poderá anular a partida, prova ou equivalente, e as penas serão de multa, de R$ 100,00 (cem reais) a R$ 100.000,00 (cem mil reais), e suspensão de doze a vinte e quatro partidas, provas ou equivalentes, se praticada por atleta, mesmo se suplente, treinador, médico ou membro da comissão técnica, ou pelo prazo de trezentos e sessenta a setecentos e vinte dias, se praticada por qualquer outra pessoa natural submetida a este Código; no caso de reincidência, a pena será de eliminação. *(Incluído pela Resolução CNE n. 29 de 2009)*

Além desses tipos específicos, é possível que a conduta de manipulação gere responsabilidade também pelo art. 191 do Código Brasileiro de Justiça Desportiva, considerando que os regulamentos das competições trazem disposições referentes a manipulação, dando ensejo ao enquadramento no inciso III do referido dispositivo.

> Art. 191. Deixar de cumprir ou dificultar o cumprimento:
>
> (...)

---

(10) Código Brasileiro de Justiça Desportiva. Disponível em: https://futebolpaulista.com.br/TJD/Repositorio/_tjd_cod.pdf. Acesso em: 12 dez. 2023.

III – de regulamento, geral ou especial, de competição.

PENA: multa, de R$ 100,00 (cem reais) a 100.000,00 (cem mil reais), com fixação de prazo para cumprimento da obrigação.

Trazidos os principais dispositivos do Código Brasileiro de Justiça Desportiva que podem restar caracterizados nos casos de manipulação, vale observar as palavras do professor Álvaro Melo Filho[11], que defende serem duas as funções da Justiça Desportiva:

> (i) "contribuir para a integridade, equilíbrio e regularidade nas competições desportivas, salvaguardando a correta disputa sem manipulações;" e
>
> (ii) "resguardar a imprevisibilidade ou imponderabilidade do resultado das partidas ('incertitude sportive') pela necessidade de preservar o caráter aleatório das disputas, sem comprometer a pureza e autenticidade dos resultados."

Portanto, a Justiça Desportiva possui fundamental importância na manutenção da credibilidade da competição ao combater a manipulação, assumindo, assim, papel fundamental na prevenção e repressão, responsabilizando aqueles comprovadamente envolvidos com manipulação.

5.2. Responsabilização penal

No ano de 2023 foi publicada a Lei Federal n. 14.597 — Lei Geral do Esporte, um regramento multidisciplinar que em seu Capítulo V traz condutas previstas como Crimes Contra a Integridade e a Paz no Esporte, interessando-nos, para o tema ora tratado, a Seção I, que aborda os Crimes Contra a Incerteza do Resultado Esportivo.

Antes da publicação dessa lei, as condutas de manipulação estavam previstas no Estatuto do Torcedor — Lei Federal n. 10.671/2003, que foi revogado expressamente pela Lei Geral do Esporte, em seu art. 217, III.

Deste modo, identificamos o princípio da continuidade normativo típica, que ocorre quando uma norma penal é revogada, mas a conduta continua sendo prevista como crime no tipo penal revogador. Embora em outro dispositivo, a conduta permanece tipificada, ainda que em norma diversa da originária.

---

(11) MELO FILHO, Álvaro. *Novo CBJD:* marcos jurídicos e destaques. São Paulo, 2009. p. 8. *Apud* DELBIN, Gustavo N.; CHAMELETTE, Mariana. *Manipulação de Resultados e sua Previsão Normativa*. Disponível em: https://ibdd.com.br/manipulacao-de-resultados-e-sua-previsao-normativa/?v=19d3326f3137. Acesso em: 11 jun. 2023.

Nesse sentido os ensinamentos do Professor Cezar Roberto Bitencourt(12):

> "No denominado princípio da continuidade normativo típica ocorre a manutenção do caráter proibido da tipificação anterior, apenas com o deslocamento formal do conteúdo criminoso para outro tipo penal contido em uma lei posterior revogadora, tácita ou expressamente, da tipificação anterior. O objetivo do legislador, nesse caso, não é excluir referida tipificação do ordenamento jurídico, mas aperfeiçoá-la, atualizá-la ou, inclusive, ampliar ou diminuir a sua abrangência, sem desnaturá-la, mantendo a sua natureza proibitória."

Dito isso, a lei geral do esporte prevê como crime contra a incerteza do resultado esportivo as seguintes condutas:

> Art. 198. Solicitar ou aceitar, para si ou para outrem, vantagem ou promessa de vantagem patrimonial ou não patrimonial para qualquer ato ou omissão destinado a alterar ou falsear o resultado de competição esportiva ou evento a ela associado:
>
> Pena – reclusão de 2 a 6 anos e multa.
>
> Art. 199. Dar ou prometer vantagem patrimonial ou não patrimonial com o fim de alterar ou falsear o resultado de uma competição desportiva ou evento a ela associado:
>
> Pena – reclusão de 2 a 6 anos e multa.
>
> Art. 200. Fraudar, por qualquer meio, ou contribuir para que se fraude, de qualquer forma, o resultado de competição esportiva ou evento a ela associado:
>
> Pena – reclusão de 2 a 6 anos e multa.

A nosso ver, os tipos penais trazidos pela lei geral do esporte são suficientes para punir condutas que visem a interferência no resultado da partida ou na sua dinâmica, na medida em que comportamentos praticados deliberadamente contra o transcurso natural do jogo, por si só, podem refletir diretamente no resultado final.

Ao falar em resultado de uma competição, temos que o objetivo do legislador foi o de abarcar o jogo limpo, não viciado, sendo prescindível para a caracterização do tipo penal incriminador a análise do lance específico da partida. Vejamos: o jogador aliciado comete intencionalmente um pênalti, recebendo por isso determinada quantia em dinheiro. A nosso ver essa conduta já é suficiente para configuração da infração penal, não sendo necessário analisar se aquele pênalti foi convertido ou não, isso porque a lei fala em ação ou omissão, fraude ou contribuição para fraude, com o fim de alterar o falsear

(12) BITENCOURT, Cezar Roberto. *Princípio da continuidade normativo-típica e suas limitações*. Disponível em: https://www.conjur.com.br/2022-mar-10/cezar-bitencourt-irretroatividade-lei-penal-grave. Acesso em: 12 dez. 2023.

o resultado, e uma conduta que contribua para alterar ou falsear já é absolutamente suficiente para configuração da infração penal.(13)

Nesse sentido, vale lembrar que os tipos penais trazem em sua redação um elemento do tipo que deve ser praticado (os verbos, por exemplo, solicitar, aceitar, dar, prometer ou fraudar), além de possuírem objeto jurídico e objeto material. Objeto jurídico é o interesse ou valor protegido pela norma penal e o objeto material é a pessoa ou coisa sobre a qual recai a conduta criminosa.

Destarte, temos que, no exemplo acima, o atleta aliciado incorreu no núcleo do tipo (praticou o verbo aceitar, fraudar ou contribuir) e violou a objetividade jurídica, que é a lisura da competição, o jogo limpo, o *fair play*, bem como o objeto material, que é a própria competição que suporta a conduta criminosa.

São os chamados crimes formais (de consumação antecipada ou de resultado cortado), que são aqueles que independem da produção do resultado naturalístico para a sua consumação. Nas palavras do Professor Cleber Masson:(14)

> "são aqueles nos quais o tipo penal contém em seu bojo uma conduta e um resultado naturalístico, mas este último é desnecessário para a consumação. Em síntese, malgrado possa se produzir o resultado naturalístico, o crime estará consumado com a mera prática da conduta."

E mais, no exemplo acima, caso a penalidade fosse convertida, estaríamos diante do exaurimento do delito, isto é, do efeito lesivo que subsiste após o cometimento da infração, que em regra é um indiferente penal, uma vez que o crime já se consumou e o agente já pode ser punido. Nesse caminho, Cleber Masson pontua que o crime exaurido ou crime esgotado "é o delito em que, posteriormente à consumação, subsistem efeitos lesivos derivados da conduta do autor."(15)

Ademais, importa destacar que além dessas infrações penais previstas na lei geral do esporte, é possível que outros crimes estejam relacionados com a manipulação, como por exemplo, associação criminosa, art. 288 do Código Penal, organização criminosa, prevista na Lei n. 12.850/2013 e lavagem de dinheiro, nos termos da Lei n. 9.613/1998.

---

(13) Em sentido diverso, a posição externada pelo Dr. Vinicius Lapetina. Nem todo ato de manipulação no futebol configura crime. Disponível em: https://www.conjur.com.br/2023-ago-16/vinicius-lapetina-manipulacao-futebol-configuracao-crime. Acesso em: 26 out. 2023.

(14) MASSON, Cleber. *Direito Penal Esquematizado*. Parte Geral. Vol. 1. 7. ed., rev., atual. e ampl. São Paulo: Método, 2013. p. 196.

(15) *Ibidem*, p. 333.

6. Conclusão

Temos que a Justiça Desportiva e o Direito Desportivo vivenciam significativa e crescente evolução, e esses recentes acontecimentos concretos e midiáticos de manipulação acabam servindo como paradigmas, um divisor de águas para esse crescimento.

Assim, é preciso aproveitar a situação para avançar na estruturação de medidas duradouras que visem prevenir, identificar e reprimir essas condutas. Criar micros sistemas, em âmbito interno dos clubes, por exemplo, e macros sistemas, como no âmbito das federações e confederação, que identifiquem e ataquem fatores de vulnerabilidade que facilitam a ocorrência da manipulação (tais como, baixos salários, falta de estrutura, investidores suspeitos, falta de conhecimento sobre o tema e outros), dificultando ao máximo a sua ocorrência.

Por outro lado, identificada a prática dessas infrações, que sejam devidamente punidos os envolvidos, sendo inadmissível flexibilizar entendimentos que permitam com que o jogador, árbitro e dirigentes flertem com as seduções dos aliciadores e cedam a essa abjeta conduta que macula toda a competição.

Dessa forma, conforme concluí Dr. Paulo Marcos Schmitt, na obra coletiva "Código Brasileiro de Justiça Desportiva Comentado"(16):

> "(...) Tais condutas indignificantes merecem repúdio e reação vigorosa, impondo-se a quem as pratica o defenestramento do meio desportivo. Essas ações, comezinhas, desvirtuadas dos princípios basilares que regem a prática do desporto, são anormalidades que podem e devem ser combalidas, a fim de resguardar as relações de respeito, confiança e honestidade que devem existir entre os desportistas, competidores ou não, mantendo as incólume de qualquer malefício que as possam denegrir."

À luz de todo o exposto, concluímos que embora se trate de prática antiga, a manipulação cresceu exponencialmente em curto espaço de tempo em decorrência da globalização que se pôde verificar por meio da internet, fator que possibilitou um aporte substancial em apostas esportivas e alavancou o número de criminosos aliciadores em busca de seduzir os mais variados tipos de atletas.

Assim, indispensável que todos os envolvidos com o desporto assumam seu papel com energia para juntos adotarem medidas eficazes para prevenir e combater e manipulação, bem como identificar e minimizar os fatores que facilitam que atletas sucumbam a essas ofertas.

---

(16) SCHIMITT, Paulo Marcos (Coord.). *Código Brasileiro de Justiça Desportiva Comentado*. São Paulo. Quartier Latin, 2006. p. 290

Referências

AMBROGI DE MOURA, Alessandra Christine Bittencourt. Manipulação de Resultados e a Responsabilidade Trabalhista: Fórmula Efetiva Para a Ética Desportiva?. In: *Direito do Trabalho Desportivo:* panorama, crítica e porvir: estudos em homenagem aos ministros Pedro Paulo Teixeira Manus e Walmir Oliveira da Costa *in memoriam*. Campinas: Lacier Editora, 2024.

BITENCOURT, Cezar Roberto. *Princípio da continuidade normativo-típica e suas limitações*. Disponível em: https://www.conjur.com.br/2022-mar-10/cezar-bitencourt-irretroatividade-lei-penal-grave. Acesso em: 12 dez. 2023.

CBJD — *Código Brasileiro de Justiça Desportiva*. Disponível em: https://futebolpaulista.com.br/TJD/Repositorio/_tjd_cod.pdf. Acesso em: 12 dez. 2023.

CHAMELETTE, Mariana. Manipulação de resultados: o futebol brasileiro em xeque. *Estadão*, São Paulo, 04 maio 2023.

DELBIN, Gustavo N.; CHAMELETTE, Mariana. *Manipulação de Resultados e sua Previsão Normativa*. Disponível em: https://ibdd.com.br/manipulacao-de-resultados-e-sua-previsao-normativa/?v=19d3326f3137. Acesso em: 11 jun. 2023.

LAPETINA, Vinicius. *Nem todo ato de manipulação no futebol configura crime*. Disponível em: https://www.conjur.com.br/2023-ago-16/vinicius-lapetina-manipulacao-futebol-configuracao-crime. Acesso em: 26 out. 2023.

MASSON, Cleber. *Direito Penal Esquematizado*. Parte Geral. Vol. 1. 7. ed., rev., atual. e ampl. São Paulo: Método, 2013. p. 196 e 333.

MELO FILHO, Álvaro. *Novo CBJD:* marcos jurídicos e destaques. São Paulo, 2009. p. 8. *Apud* DELBIN, Gustavo N.; CHAMELETTE, Mariana. *Manipulação de Resultados e sua Previsão Normativa*. Disponível em: https://ibdd.com.br/manipulacao-de-resultados-e-sua-previsao-normativa/?v=19d3326f3137. Acesso em: 11 jun. 2023.

NISEMBAUM, Jessica; DIAZ, Luiz Felipe. Manipulação de Resultados no Futebol Brasileiro. In: VARGAS, Angelo (Org.). *Direito Desportivo:* contexto, globalização e conflito. Belo Horizonte: Casa da Educação Física, 2021. p. 228

SCHIMIDT, Paulo Marcos (Coord.). *Código Brasileiro de Justiça Desportiva Comentado*. São Paulo. Quartier Latin, 2006. p. 290

ZANINI, Flávia de Almeida de Oliveira. A Justiça Desportiva no Âmbito do Projeto de Lei Geral do Esporte (PL n. 1.153/2019), In: *Estudos em homenagem ao Prof. Dr. Paulo Sérgio Feuz*. Belo Horizonte, São Paulo. Editora D'Plácido, 2023.

O Direito Intertemporal, a Reforma Trabalhista e a Heterointegração no Direito do Trabalho e no Direito Desportivo do Trabalho

Marcos Ulhoa Dani[1]

Introdução

Em seus mais de 80 anos de existência, a Justiça do Trabalho tem e teve como seu principal arcabouço legislativo do Direito do Trabalho brasileiro a também octagenária CLT — Consolidação das Leis do Trabalho (Decreto-lei n. 5.452/43). Todavia, é errônea a interpretação, muitas vezes disseminada, de que o referido conjunto normativo estaria engessado e arcaico, jungido a uma realidade predominantemente rural que prevalecia no país no início dos anos 1940.

Em verdade, a legislação trabalhista como um todo vem sendo modernizada, como fruto das vontades dos legisladores no decorrer das décadas, sejam eles os Constituintes Originários; Constituintes Revisionais; Constituintes Derivados; ou legisladores ordinários, de acordo com o processo legislativo vigente em cada época no país. As primeiras modificações legislativas do texto da CLT já tinham ocorrido na mesma década de sua criação. Eventual modernização da CLT reflete até em outros Diplomas legislativos, como a Lei Pelé (Lei n. 9.615/98) e a nova LGE (Lei n. 14.597/23). Isto ocorre porque a Consolidação das Leis do Trabalho é fonte subsidiária para regramentos trabalhistas concernentes ao desporto.

O amoldamento paulatino da legislação é mero consectário da realidade social, jurídica e econômica de um país e não deve ser visto como prejudicial ou nefasto. Ao revés, o processo legislativo é legitimado pela vontade popular em eleger representantes

---

(1) Juiz do Trabalho do TRT da 10ª Região – DF/TO. Graduado pela UFMG. Membro da Academia Nacional de Direito Desportivo — ANDD — Cadeira 42. Pós-Graduado em Direito Material e Processual do Trabalho com formação para Magistério Superior, pela Faculdade Anhanguera-Uniderp.

que modificam a legislação como resultado da função precípua do Poder Legislativo. A Lei n. 13.467/17, também denominada Reforma Trabalhista, é, portanto, fruto da vontade popular de sua época, retratada pelos seus representantes eleitos, e deve ser vista como uma engrenagem dentro de um processo legislativo modernizador e paulatino, que é natural no decorrer dos anos, especialmente em uma sociedade mutante e globalizada como a brasileira. A referida lei, sem dúvidas, foi uma das maiores reformas legislativas trabalhistas gestadas no Parlamento brasileiro, senão a maior observada nos 80 anos da Justiça do Trabalho; mas, a sua magnitude não afeta a sua legitimidade. Nas palavras do Exmo. Juiz do Trabalho do TRT da 1ª Região, Professor Fábio Rodrigues Gomes, em sua magistral obra, *O Retorno ao Positivismo Jurídico: Reflexões críticas de um juiz desencantado:*

> A deliberação política detém a legitimidade popular, e, portanto, a primazia da produção normativa, da criação de normas válidas (GOMES, 2020, p. 95).

Complementando seu raciocínio, diz, ainda, o referido doutrinador:

> Dentro de um modelo institucional como o brasileiro, cujo poder popular é repartido entre os órgãos legislativos, executivos e judiciários, são os primeiros que protagonizam o papel criador do direito. Sendo mais direto: é o Parlamento, com a sua natureza deliberativa e com os seus representantes eleitos democraticamente pelo povo, o detentor da legitimidade primária e pressuposta para criar, modificar e revogar enunciados jurídicos (GOMES, 2020, p. 109).

Ou seja, as modificações legislativas trazidas no decorrer da história de um país são gênese de um processo legislativo legítimo, fruto de seu tempo, e, como tal, deve ser, *a priori*, respeitado. Existindo uma norma processual ou material posta, ela deve ser, como regra, observada. Ocorre que o mundo social é dinâmico e mutante e, muitas vezes, o processo legislativo não acompanha, com a celeridade desejada, a variabilidade econômica e social existente. Neste caso, cabe a observância de heterointegração do direito, no caso, por exemplo, de lacunas legislativas. Ao Judiciário, cabe garantir a observância das normas vigentes, e, na efetiva ausência de leis claras a respeito de uma determinada situação, aplicar regras de heterointegração das normas, previstas no próprio ordenamento, até o surgimento de novo regramento heterônomo estatal cogente aplicável à espécie. Ao Judiciário não cabe, como regra, a função de legislador positivo, sendo esta uma função anômala às suas atribuições primárias e que só deve ser usada em hipóteses específicas como: lacunas legislativas, antinomias normativas, conceitos jurídicos indeterminados e resultados absurdos, que permitem, por exemplo, a utilização de teorias como a da "Derrotabilidade das normas jurídicas", tal como foi feito em julgamento, perante o STF, que permitiu o aborto de feto anencefálico (ADPF 54-DF), hipótese não prevista originalmente na lei. Novamente cito Fábio Rodrigues Gomes, ao constatar que nenhum ordenamento jurídico é absoluto, com respostas claras e objetivas para a multiplicidade de situações que são apresentadas ao Judiciário para julgamento:

> De fato, a vida é muito rica, complexa, dinâmica e imprevisível para que o ser humano consiga construir um sistema jurídico absoluto. Chega a ser intuitiva a descrença em um ordenamento jurídico perfeitamente formulado (GOMES, 2020, p. 171).

Todavia, como resultado da proibição do juízo do *non liquet* (expressão cunhada originalmente na Roma Antiga em que o juiz romano, ao não encontrar uma clara resposta jurídica para um conflito posto para julgamento, deixava de julgar), nesses casos de lacunas normativas, antinomias, conceitos jurídicos indeterminados e resultados absurdos, próprios de todo sistema jurídico, o ordenamento se retroalimenta, criando soluções dentro de seus próprios limites de atuação. Exemplo daquela retroalimentação é o disposto no próprio art. 8º, *caput*, da CLT, que apresenta fontes subsidiárias à lei e ao contrato como possíveis mananciais de soluções de conflitos, evitando-se, pois, o juízo do *non liquet*. Da mesma forma os arts. 28, § 4º, da Lei Pelé, e art. 85, *caput*, da LGE, que possibilitam a aplicação subsidiária da legislação trabalhista e de seguridade social, naquilo que não for especificamente tratado naquelas leis especiais. Neste sentido, o art. 140 do CPC, que diz, em seus termos, que o *"juiz não se exime de decidir sob a alegação de lacuna ou obscuridade do ordenamento jurídico"*. De modo ainda mais esclarecedor, o parágrafo único do mesmo artigo preceitua que o juiz só decidirá por equidade nos casos previstos em lei, deixando explícito que fontes alternativas do direito, especialmente aquelas que flertam com o subjetivismo do julgador, só devem ser aplicadas de modo subsidiário, quando expressamente autorizadas pelo ordenamento.

Como regra, ao Judiciário cabe a função de intérprete e de legislador negativo, nos casos, por exemplo, de inconstitucionalidade formal ou material "chapada" de uma norma, expressão inicialmente utilizada pelo Exmo. Ministro Sepúlveda Pertence (Informativo 474 do STF – ADI 1.923 – MC), que significa uma inconstitucionalidade flagrante que possa ser verificada de plano, sem dificuldade de identificação do vício constitucional.

Caso aquele regramento mínimo e aquele processo hermenêutico não sejam observados, estamos diante de um cenário de insegurança jurídica, que prejudica todos os atores sociais e a própria legitimidade do sistema. Metajuridicamente, o aplicador do direito pode até não concordar com a norma posta, mas, não havendo inconstitucionalidade, dubiedade ou outro vício na legislação, deixar de aplicá-la não é, ou não deveria ser, uma opção. A desconsideração do ordenamento jurídico leva à ruína da crença em um Estado

Democrático de Direito, em que as instituições funcionam, primordialmente, pelo respeito àquele mesmo ordenamento, fruto de um Poder Legislativo legítimo, evitando-se subjetivismos e conveniências interpretativas de ocasião, ao atropelo da lei e do sistema como um todo. É o velho sistema de pesos e contrapesos. O debate de paixões, envolvendo aspectos morais e políticos, é próprio dos momentos da gênese das leis. Tal debate é função precípua e primária do Parlamento, em um momento anterior ao da aplicação das leis. É neste cenário que este estudo procura gravitar, exemplificando eventuais conflitos temporais da Lei n. 13.467/17 com situações pregressas de heterointegração normativa e o futuro, a partir do momento do surgimento de nova lei heterônoma estatal cogente.

A Reforma Trabalhista e o processo de heterointegração

A Lei n. 13.467/17 trouxe conflitos de leis no tempo. A respeito deste tipo de conflito e considerado o estudo em análise, extraio os ensinamentos do Professor César Fiuza:

> Dá-se conflito de leis no tempo quando não se souber que lei aplicar, se a nova ou a antiga. Assim, por exemplo, a um contrato de locação em vigor, celebrado sob a égide da lei de 1979, qual lei aplicaremos, a de 1979 ou a nova, de 1991?
>
> **Segundo a Lei de Introdução às Normas do Direito Brasileiro, nenhuma lei prejudicará direito adquirido, ato jurídico perfeito e coisa julgada. Em outras palavras, fica sacramentado o Princípio da irretroatividade das leis**.
>
> Direito adquirido é aquele que já foi concedido, mas ainda não foi concretizado, ainda não foi desfrutado pelo adquirente. É o direito conquistado, mas não usufruído. Suponhamos caso em que o juiz haja concedido a prisioneiro indulto de Natal. Suponhamos, ainda, que, antes de o prisioneiro desfrutar o indulto, venha nova lei extinguindo tal benefício. Ora, esta lei só poderá ser aplicada aos casos vindouros. Aqueles indultos já concedidos e ainda não desfrutados não poderão ser prejudicados pela lei nova.
>
> Ato jurídico perfeito é aquele já consumado, acabado e formalizado. (...) Vejamos, agora, um exemplo. Contrato de locação, celebrado em 1990, para vigorar por quatro anos, uma vez pactuado pelas partes, torna-se ato jurídico perfeito. Acontece que, em 1991, a lei antiga, sob a qual o contrato fora celebrado, foi revogada por nova Lei do Inquilinato. **Esta última não pode, sob nenhuma circunstância, retroagir para prejudicar contrato celebrado sob a lei antiga, que, para este continua em vigor**.

> Mas suponhamos que, sob a lei antiga, fosse permitido fixar o reajuste de aluguéis em salários mínimos. Suponhamos, ainda, que a lei nova tenha proibido tal índice de reajuste, substituindo-o por outro. Que aconteceria se o contrato em questão tivesse escolhido o salário mínimo como índice de reajuste de aluguéis? Seria ele afetado pela nova lei?
>
> **A resposta é afirmativa. Em relação aos aluguéis vencidos e não pagos antes da nova lei, o reajuste, é lógico, se fará com base no salário mínimo, pois a lei nova não pode retroagir. Já quanto aos aluguéis a vencer depois da lei nova, aplicar-se-á o novo índice. A lei nova não estará retroagindo nesse caso. Estará sendo aplicada a situação nova.** (FIUZA, 2015, p. 118-119) (grifei)

Ou seja, como regra, a norma legislativa material não penal não pode retroagir para momento anterior à sua criação. Todavia, pode incidir sobre as situações posteriores à sua criação, que se adéquem aos seus preceitos.

A relação empregatícia é de trato continuado, incidindo, por analogia, o disposto no art. 505, I, do CPC. Assim, considerados todos estes princípios e situações concretas de conflito das leis no tempo, extraio as seguintes conclusões: a Lei n. 13.467/17, como todas as leis que modificam questões materiais não penais, nos termos do art. 6º e parágrafos da LINDB (Lei de introdução às normas do Direito Brasileiro), deve obedecer o Princípio da irretroatividade das leis. Em outras palavras, a lei material não penal nova não incide sobre as situações concretas **consumadas** no período anterior à sua vigência, observados, ainda, os ditames do art. 14 do CPC. Todavia, pelo fato do contrato de trabalho tratar de relação jurídica de trato continuado, a lei nova tem incidência e aplicação sobre as ***situações novas (que podem dizer respeito a um mesmo contrato de trabalho)*** relativas à relação de emprego, ocorridas na vigência da novel legislação, respeitados o ato jurídico perfeito, a coisa julgada e o direito adquirido.

Aquele último conceito (direito adquirido) é concebido como o direito que já cumpriu os requisitos dos planos de existência, validade e eficácia (Escada Ponteana) na vigência da lei antiga e somente ainda não foi exercido, surgindo a pretensão de seu exercício somente na vigência da nova lei. Já quanto à matéria *exclusivamente* processual, esta entra em vigor de forma imediata, observadas as peculiaridades e exceções do art. 14 do CPC e da Teoria do Isolamento dos Atos Processuais já realizados antes da nova lei. Destaco, neste particular: a Lei n. 13.467 de 2017, com vigência a partir de 11 de novembro de 2017, não é aplicável, como regra, a atos processuais pretéritos e já finalizados, uma vez que o sistema pátrio adotou a teoria do isolamento dos atos processuais, segundo a qual o processo é único, mas há em seu curso uma série de atos ordenados e coordenados visando ao provimento final. Logo, ao entrar em vigor nova lei processual, ela incide sobre os atos processuais em curso (com as exceções da parte inicial do art. 14

do CPC), ficando preservados aqueles que já haviam sido praticados em conformidade com a lei revogada.

A insistência de estender, para além da data de 10.11.2017, a aplicação de entendimento sumular não vinculante superado pela novel legislação gera, além de uma violação aos ditames do art. 8º, *caput*, da CLT, uma ruptura com a legitimidade do processo legislativo, incidindo o Judiciário em função anômala de legislador positivo, o que não pode ser tolerado, excetuadas situações, por exemplo, de fraude, que podem levar a entendimentos diversos. Em verdade, segundo os termos do art. 5º, XXXVI, da CRFB-88, que consagram o Princípio da Segurança Jurídica, a lei nova não pode prejudicar "o direito adquirido, o ato jurídico perfeito e a coisa julgada.". A corrente que defende a inaplicabilidade da Lei n. 13.467/17 para os contratos de trabalho iniciados antes da sua vigência, com a devida vênia, não captou os conceitos básicos de direito adquirido e ato jurídico perfeito. Segundo os termos do art. 6º, §§ 1º e 2º da LINDB (Lei de Introdução às Normas do Direito Brasileiro), o ato jurídico perfeito é aquele já consumado segundo a lei vigente ao tempo em que se efetuou; já os direitos adquiridos são aqueles direitos que o seu titular, ou alguém por ele, possa exercer, como aqueles cujo começo do exercício tenha termo pré-fixo, ou condição pré-estabelecida inalterável, a arbítrio de outrem. Pois bem. Os atos jurídicos perfeitos são aqueles já consumados, ou seja, terminados durante a vigência da lei antiga, não podendo haver atingimento dos mesmos pela lei nova, até pelo princípio da irretroatividade das leis materiais não penais. Todavia, não se pode olvidar que a relação de emprego é uma relação de trato continuado no tempo, sendo, portanto, inadequado, de plano, a aplicação conceito de ato jurídico perfeito para a situação em concreto, pois tais atos repousam consumados no passado, sendo regulados pela normatização pregressa e inatingíveis pela nova legislação. Por outro lado, os atos continuativos, realizados já na égide da lei nova, a ela se submetem, a não ser que sejam imantados por situações específicas de direito adquirido. Ou seja, como regra, serão protegidas pelo direito adquirido aquelas situações em que o titular do direito já adquiriu, ainda na época da vigência da lei anterior, todos os requisitos para o exercício da sua pretensão, incorporando-a definitivamente ao seu patrimônio jurídico. Terceiros não podem se imiscuir ou impedir tal exercício, por seu simples arbítrio. Como regra, somente atos em contrário do titular da pretensão é que impediriam o seu exercício. Um exemplo muito claro disto são os casos dos empregados que recebem gratificação de função por mais de 10 anos e a perdem sem justo motivo. Na ausência de regulamentação específica à época, o TST editou a Súmula n. 372, garantindo estabilidade econômica para aqueles empregados que já tivessem cumprido 10 anos de recebimento de gratificação de função e fossem dispensados da mesma sem justo motivo. A Lei n. 13.467/17 estabeleceu modificação no art. 468, § 2º, da CLT, dizendo, em seus termos, que a retirada da função dos empregados não importaria em incorporação da gratificação de função, independentemente do tempo que tivessem exercido a função. Para aqueles empregados que já tinham cumprido o requisito de 10 anos na função *antes* da modificação trazida pela Lei n. 13.467/17, o conceito de direito adquirido a eles se aplica no caso da dispensa da função, mesmo que esta se dê na vigência da nova lei, pois já tinham cumprido todos os requisitos temporais necessários para a incorporação de gratificação de função, em caso de retirada sem o justo motivo. Somente o exercício de tal direito adquirido estava diferido no tempo, pois alguns desses trabalhadores poderiam ser dispensados somente depois da vigência da nova lei. Todavia, em relação àqueles empregados que não tinham completado dez anos de função gratificada antes da vigência da nova lei, por se tratar de relação de trato continuativo e pelo fato dos requisitos necessários para o exercício do direito não terem sido completados na vigência do regramento antigo, não se pode falar em direito adquirido. Assim, esses trabalhadores seriam atingidos pela nova lei, no caso de só completarem 10 anos de gratificação de função após a vigência da novel legislação. Em situações como estas, não há falar de ultratividade do ordenamento revogado, pois o conceito de direito adquirido não se amolda ao caso. Neste sentido já se manifestou a 4ª Turma do TST, sobre a lavra ilustre do Exmo. Ministro Ives Gandra Martins Filho, que rememorou a clássica definição de direito adquirido de Gabba:

> Ora, a clássica **definição de direito adquirido** de **Gabba**, ilustre jurista italiano que influenciou diretamente nosso Código Civil de 1916, e que é repetida unissonamente pela doutrina pátria, se expressa nos seguintes termos: É adquirido cada direito que: a) é consequência de um **fato idôneo a produzi-lo, em virtude de a lei do tempo no qual o fato se consumou**, embora a ocasião de fazê-lo valer não se tenha apresentado antes da atuação de uma lei nova em torno do mesmo; e que b) **nos termos da lei sob cujo império ocorre o fato do qual se origina**, passou imediatamente a fazer parte do patrimônio de quem o adquiriu. (**Carlo Francesco Gabba**, "*Teoria della Retroattività delle Leggi*", Utet - 1891 - Torino, 3. ed., p. 191). (AIRR-94-38.2019.5.06.0341, 4ª Turma, relator Ministro Ives Gandra da Silva Martins Filho, *DEJT* 19.12.2022) (grifos nossos)

Um outro exemplo muito claro desta dinâmica ocorreu com a questão dos intervalos intrajornada. No período anterior à Lei n. 13.467/17, não havia um regramento claro acerca da natureza jurídica de horas extras deferidas em caso de intervalos intrajornada parcialmente ou totalmente suprimidos. Também não havia regra clara se a supressão parcial do intervalo implicaria no pagamento, como extra, de toda a hora intervalar ou somente dos minutos suprimidos. A jurisprudência vacilava entre a natureza indenizatória ou salarial, bem como vacilava a respeito do pagamento integral, ou não, no caso de intervalos parcialmente suprimidos. A celeuma surgiu especialmente quando considerados os ditames não totalmente esclarecedores da Lei n. 8.923/94, que introduziu a redação original do § 4º, do art. 71, da CLT, que dizia, à época de sua vigência primeva:

> § 4º Quando o intervalo para repouso e alimentação, previsto neste artigo, não for concedido pelo empregador, este ficará obrigado a remunerar o período correspondente com um acréscimo de no mínimo cinqüenta por cento sobre o valor da remuneração da hora normal de trabalho.

A dubiedade da norma jurídica posta, abre espaço para o exercício de interpretação jurídica do hermeneuta. Depois de uma série de julgamentos e edição de orientações jurisprudenciais a respeito, houve a edição, no TST, da Súmula n. 437 que, em seus itens I, III e IV, pacificou, na época, a jurisprudência a respeito do assunto. Disse:

> SUM-437 INTERVALO INTRAJORNADA PARA REPOUSO E ALIMENTAÇÃO. APLICAÇÃO DO ART. 71 DA CLT (conversão das Orientações Jurisprudenciais ns. 307, 342, 354, 380 e 381 da SBDI-I) – Res. n. 185/2012, DEJT divulgado em 25, 26 e 27.09.2012
>
> I – Após a edição da Lei n. 8.923/94, a não concessão ou a concessão parcial do intervalo intrajornada mínimo, para repouso e alimentação, a empregados urbanos e rurais, implica o pagamento total do período correspondente, e não apenas daquele suprimido, com acréscimo de, no mínimo, 50% sobre o valor da remuneração da hora normal de trabalho (art. 71 da CLT), sem prejuízo do cômputo da efetiva jornada de labor para efeito de remuneração.
>
> (...)
>
> III – Possui natureza salarial a parcela prevista no art. 71, § 4º, da CLT, com redação introduzida pela Lei n. 8.923, de 27 de julho de 1994, quando não concedido ou reduzido pelo empregador o intervalo mínimo intrajornada para repouso e alimentação, repercutindo, assim, no cálculo de outras parcelas salariais.
>
> IV – Ultrapassada habitualmente a jornada de seis horas de trabalho, é devido o gozo do intervalo intrajornada mínimo de uma hora, obrigando o empregador a remunerar o período para descanso e alimentação não usufruído como extra, acrescido do respectivo adicional, na forma prevista no art. 71, *caput* e § 4º da CLT.

Ou seja, em 2012, o TST firmou um posicionamento sumulado de que, em caso de supressão, ainda que parcial de intervalo intrajornada, o período integral do intervalo deveria ser remunerado como extra, com natureza salarial. Em outras palavras, exemplificativamente, se a jornada de um trabalhador fosse de mais de 06 horas, e só usufruísse de 40 minutos de intervalos diários, deveria ser compensado com o pagamento de uma hora integral extra diária, com reflexos em outras parcelas, como trezenos, férias+1/3 e FGTS.

Este tipo de interpretação podia ser feita, pois havia uma lacuna normativa na questão, autorizando o intérprete a utilizar do permissivo do art. 8º, *caput*, da CLT:

> Art. 8º As autoridades administrativas e a Justiça do Trabalho, na falta de disposições legais ou contratuais, decidirão, conforme o caso, pela jurisprudência, por analogia, por eqüidade e outros princípios e normas gerais de direito, principalmente do direito do trabalho, e, ainda, de acordo com os usos e costumes, o direito comparado, mas sempre de maneira que nenhum interesse de classe ou particular prevaleça sobre o interesse público.

Ou seja, a dubiedade da norma jurídica editada pela Lei n. 8.923/94, revelando efetiva lacuna legislativa e conceitos jurídicos indeterminados, autorizou o intérprete a estabelecer parâmetros sobre a matéria, em especial, a extensão da compensação e a natureza da parcela. Isto gerou a edição da Súmula retrocitada. A partir daí, como fruto do processo heterointegrativo, e na ausência de outras normas legais, os juízes puderam aplicar a jurisprudência consolidada na referida súmula como fonte do direito, exatamente como prevê o art. 8º, *caput*, da CLT. Assim, em se constatando no caso em concreto a supressão, ainda que parcial, do intervalo intrajornada, o trabalhador seria compensado com o período integral do intervalo, com natureza salarial. A técnica de heteorintegração ocorre quando a ordem jurídica se completa, lançando-se mão de outras fontes do direito diversas da legal. No caso, utilizava-se a jurisprudência, nos exatos termos do regramento do art. 8º, *caput*, da CLT, pois não havia norma legal regulando aqueles aspectos tratados pelo enunciado sumular. Desta maneira, constatada a lacuna legal, outras fontes do direito podem ser utilizadas.

A situação se modifica quando vem a lume o novo regramento legal a respeito, trazido pela Lei n. 13.467/17, dando nova redação ao § 4º, do art. 71 da CLT. O dispositivo legal passou a ser redigido da seguinte forma:

> § 4º A não concessão ou a concessão parcial do intervalo intrajornada mínimo, para repouso e alimentação, a empregados urbanos e rurais, implica o pagamento, de natureza indenizatória, apenas do período suprimido, com acréscimo de 50% (cinquenta por cento) sobre o valor da remuneração da hora normal de trabalho.

Ou seja, a partir de 11.11.17, data da vigência da nova legislação, as questões antes tratadas pela Súmula n. 437 do TST passaram a ter novo regramento legal claro, deixando de existir, pois, a lacuna legal e a possibilidade do hermeneuta fazer uso de outras fontes alternativas do direito. Como regra, e aqui se lembra da importante exceção dos instrumentos coletivos que prevalecem sobre o legislado caso não abordem direitos indisponíveis (Tema n. 1.046 – STF), a norma heterônoma estatal cogente tem preferência sobre as fontes alternativas do direito, como a jurisprudência, os princípios e os costumes. Isto está expresso nos termos do *caput* do art. 8º, da CLT, que diz que *somente* quando não haja normas legais ou contratuais a respeito (estas últimas, obviamente, que não sejam colidentes com normas estatais cogentes), é que o intérprete poderá lançar mão de fontes alternativas do direito.

Como já dito, a relação de emprego é de trato continuado e, em havendo uma nova realidade legislativa clara, e constitucional, a respeito do tema, cessa a atividade interpretativa para além do texto. Neste sentido, o Exmo. Ministro Ives Gandra Martins Filho, do TST, em palestra sobre lógica jurídica para servidores no TST:

> "**Diante da clareza e literalidade de um preceito legal, cessa a interpretação**. E não se pode substituir, em matéria de exegese constitucional, a vontade do Constituinte pela vontade do intérprete, pois a Constituição só

tem sentido se for a preservação, no tempo, dos valores, princípios e ideais de uma sociedade politicamente organizada, votados pelos seus representantes eleitos. **A hermenêutica jurídica, como ciência de interpretação da lei, tem especial relevância quando as correntes políticas representadas no Parlamento só conseguem editar normas dúbias, por não se conseguir a prevalência de uma das correntes**. A interpretação sistemática, que lança mão dos princípios gerais quando há lacunas legais, ou a interpretação sociológica, quando a norma não se coaduna com a nova concepção que se tem da sociedade, podem representar ativismo judicial e voluntarismo jurídico, quando se toma silêncio eloquente por omissão legislativa, e vontade própria e minoritária por vontade social e popular (grifei) (instagram @ivesgandramartins em: 10 set. 2022. Acesso em: 09 jan. 2023).

Portanto, em um mesmo contrato de trabalho, poder-se-ia ter uma hipotética condenação em horas extras intervalares sob vestes diversas. Supondo, por exemplo, que um trabalhador tenha atuado de 2016 até 2021 em um emprego com jornada de mais de 06 horas diárias e que só tenha usufruído, durante toda a contratualidade, de intervalos de somente 40 minutos, estar-se-ia diante de uma potencial condenação em horas extras intervalares da seguinte forma, desconsideradas eventuais alegações de prejudiciais de prescrição: 01 hora extra intervalar diária, por dia de labor em que o trabalhador tenha cumprido jornada de mais de 6 horas, com feição salarial e reflexos incidentes da admissão até a 10.11.2017, com lastro na Súmula n. 437, itens I, III e IV do TST; e, a partir de 11.11.2017, data inicial da vigência da Lei n. 13.467/17, 20 minutos remanescentes intervalares extras, por dia de trabalho em que cumprida jornada de mais de 6 horas, de feição indenizatória e, portanto, sem reflexos.

Neste sentido, o C. TST, em acórdão da lavra da Exma. Ministra Delaíde Miranda Arantes, perante a 8ª turma:

> **[...] II – RECURSO DE REVISTA DO RECLAMANTE. TRANSCENDÊNCIA JURÍDICA. SUPRESSÃO DE INTERVALO PARA RECUPERAÇÃO TÉRMICA. HORAS EXTRAS. EFEITOS DO ART. 71, § 4.º, DA CLT. VIGÊNCIA DA LEI N. 13.467/2017. 1.** Sobre o intervalo em questão, esta Corte Superior tem entendimento firmando, em período anterior à Lei n. 13.467/2017, que no caso de não fruição do intervalo para recuperação térmica, o tempo deve ser pago como hora extraordinária, observado o art. 71, § 4º, da CLT. **2. A controvérsia dos autos envolve período anterior e posterior à Lei n. 13.467/2017, sendo típico caso de subsunção das normas de aplicação da lei no tempo. A antiga redação do § 4º do art. 71 da CLT não constitui direito adquirido, vez que a questão deve ser solucionada de acordo com a legislação em vigor em cada época, ou seja, para os fatos ocorridos antes de 11.11.2017 incide a referida redação anterior, bem como a Súmula n. 437, I, do TST; por sua vez, para os fatos ocorridos após essa data, devem ser observadas as alterações materiais trazidas pela Lei n. 13.467/2017, conforme preceitua o art. 6º, §§ 1º e 2º, da LINDB. 3. A nova redação estabelece que a concessão parcial do intervalo intrajornada implica o pagamento**

> **apenas do período suprimido, de forma indenizatória, diretriz que deve ser aplicada a partir de 11/11/2017. Recurso de revista conhecido e não provido.** (TST-RRAg-1000190-57.2021.5.02.0024, 8ª Turma, relª. Minª. Delaíde Miranda Arantes, julgado em 16.8.2022) (grifei)

Também nesta linha, a 3ª turma do E. TRT da 10ª Região, na lavra autorizada da Exma. Desembargadora Cilene Ferreira Amaro Santos:

> EMENTA 1. INTERVALO INTRAJORNADA. APLICAÇÃO DA LEI N. 13.467/2017. CONTRATO DE TRABALHO INICIADO ANTES DA REFORMA TRABALHISTA E RESCINDIDO POSTERIORMENTE A SUA ENTRADA EM VIGOR. **O fato de o contrato de trabalho ter se iniciado antes de 11.11.2017 não possui aptidão jurídica para afastar a aplicabilidade da legislação, devendo ser analisada cada parcela em discussão.** No caso do intervalo intrajornada não havia na legislação anterior previsão de sua natureza salarial nem de pagamento integral em caso de supressão parcial do intervalo, sendo esse entendimento decorrente da Súmula n. 437 do TST. **Contudo, para as jornadas cumpridas a partir de 11.11.2017, na vigência da nova lei, não prevalece o entendimento jurisprudencial, haja vista que ele não se sobrepõe à previsão expressa de natureza indenizatória e de remuneração apenas do período suprimido. Não havendo direito adquirido a entendimento jurisprudencial e não se aplicando às súmulas as regras de direito intertemporal, não viola o art. 5º, XXXVI, da CR a aplicação imediata da Lei n. 13.467/2017 ao período laborado sob sua vigência.** (0000588-61.2018.5.10.0005 RECURSO ORDINÁRIO TRABALHISTA – RELATORA: DESEMBARGADORA CILENE FERREIRA AMARO SANTOS. *DJe*: 17.02.2020) (grifei)

O campo do Direito Desportivo do trabalho, até pela aplicação subsidiária da CLT à *lex desportiva*, conforme disposto no art. 28, § 4º, da Lei n. 9.615/98 (Lei Pelé) e no art. 85, *caput*, da Lei n. 14.597/23 (Nova LGE), também foi afetado. A jurisprudência anterior à Lei n. 13.467/17, por uma interpretação sistemática do art. 31, § 1º, da Lei Pelé, considerava a parcela denominada "bichos" pagos aos atletas como uma parcela salarial. Os chamados "bichos", surgidos nos idos das décadas de 1920/1930, no futebol, ainda amador, do Rio de Janeiro, eram incentivos para que os jogadores se esforçassem mais durante as pelejas desportivas. Como o futebol ainda era amador, os prêmios, usualmente, eram em forma de animais, como vacas, coelhos, ovelhas e porcos, dependendo do adversário a ser enfrentado e sua relevância desportiva no campeonato. Trata-se de clara premiação, pelo desempenho desportivo superior.

Entretanto, a mudança da CLT, na Reforma Trabalhista, mais especificamente no art. 457, §§ 2º e 4º, deu nova roupagem ao instituto. Neste sentido, já nos posicionamos em nossa obra, *Transferências e Registros de Atletas Profissionais de futebol, responsabilidades e direitos*, em sua 2ª edição:

> Todavia, a redação do art. 457 da CLT modificou-se por ocasião das mudanças da Lei n. 13.467/17. Tal modificação, a nosso sentir, superou a antiga

jurisprudência do STF e a atual jurisprudência trabalhista. Diz a nova redação do artigo da CLT e de alguns de seus parágrafos:

> Art. 457 – Compreendem-se na remuneração do empregado, para todos os efeitos legais, além do salário devido e pago diretamente pelo empregador, como contraprestação do serviço, as gorjetas que receber. *(Redação dada pela Lei n. 1.999, de 1.10.1953)*
>
> § 1º Integram o salário a importância fixa estipulada, as gratificações legais e as comissões pagas pelo empregador. *(Redação dada pela Lei n. 13.467, de 2017)*
>
> § 2º As importâncias, ainda que habituais, pagas a título de ajuda de custo, auxílio-alimentação, vedado seu pagamento em dinheiro, diárias para viagem, prêmios e abonos não integram a remuneração do empregado, não se incorporam ao contrato de trabalho e não constituem base de incidência de qualquer encargo trabalhista e previdenciário. *(Redação dada pela Lei n. 13.467, de 2017)*
>
> (...)
>
> § 4º Consideram-se prêmios as liberalidades concedidas pelo empregador em forma de bens, serviços ou valor em dinheiro a empregado ou a grupo de empregados, em razão de desempenho superior ao ordinariamente esperado no exercício de suas atividades. *(Redação dada pela Lei n. 13.467, de 2017)*

O § 4º do novel art. 457 da CLT diz que os prêmios são liberalidades concedidas pelo empregador em forma de bens, serviços ou valor em dinheiro a empregado ou a grupo de empregados, em razão de desempenho superior ao ordinariamente esperado no exercício de suas atividades. Neste conceito, a nosso sentir, se enquadram, perfeitamente, os "bichos". Ocorre que o novo § 2º, do art. 457 diz que as importâncias, ainda que habituais, pagas a título de prêmios, não integram a remuneração do empregado, não se incorporam ao contrato de trabalho e não constituem base de incidência de qualquer encargo trabalhista e previdenciário. Em vista da nova legislação, nos parece que os "bichos" deixaram de ter natureza salarial, sendo que, em nossa visão, não há falar em aplicação do Princípio da Especialidade, de forma a tentar prevalecer o § 1º, do art. 31 da Lei Pelé, como elemento autorizador da classificação dos "bichos" como salário, pois o próprio § 1º, do art. 31, disse que a consideração de prêmio como salário *seria somente para a interpretação dos casos do* caput *do art. 31*, ou seja, no caso de caracterização, ou não, da rescisão indireta. Conclui-se que, nesta situação, a legislação desportiva é silente a respeito da natureza da parcela para outros efeitos, diversos da caracterização, ou não, da rescisão indireta, autorizando-se, assim, a aplicação da legislação trabalhista comum, conforme autorizativo do art. 28, § 4º, da Lei Pelé. Não há aplicação dos princípios da norma mais favorável ou do *in dubio pro misero*, uma vez que tais princípios só se aplicariam em caso de normas que tratassem da exata mesma matéria, o que não nos parece

> ser o caso, uma vez que a Lei Pelé trata de hipóteses de rescisão indireta e a norma celetista trata da natureza de parcelas recebidas pelo trabalhador. Assim, respeitadas as opiniões em contrário, entendemos, em face da nova legislação, que a natureza jurídica dos "bichos" é indenizatória, equivalente aos prêmios que são, não servindo de base de cálculo para reflexos trabalhistas nem para a composição da base de cálculo das cláusulas indenizatórias e compensatórias desportivas. Por óbvio, deve haver o cuidado necessário de se evitar situações de fraude, vedadas pelo art. 9º, da CLT, em que o empregador tente disfarçar verdadeira contraprestação salarial ordinária sob a camuflagem de prêmios, situação que só pode ser aferida no caso em concreto (DANI, 2019, p. 68-69).

Concluindo diferentemente do que fizemos naquela oportunidade, haja vista nossa visão mais consentânea com a evolução legislativa e jurisprudencial, e com os conceitos de direito adquirido e ato jurídico perfeito, entendo que a interpretação da natureza salarial dos bichos só é juridicamente aceitável até a modificação legislativa levada a efeito pela Reforma Trabalhista, passando, a partir daí, a um entendimento pela natureza indenizatória do instituto, a bem da segurança jurídica sobre fatos pretéritos e futuros, considerado o marco temporal da modificação da legislação. Isto foi posteriormente confirmado expressamente pela nova LGE, em seu § 1º, do art. 85, que foi clara ao estabelecer a natureza indenizatória dos prêmios por performance.

O Exmo. Ministro Alexandre de Moraes reforça a importância da segurança jurídica aos jurisdicionados, ao trabalhar com o conceito de súmula vinculante:

> (...) surgem a partir da necessidade de reforço à ideia de uma única interpretação jurídica para o mesmo texto constitucional ou legal, de maneira a assegurar-se a segurança jurídica e o princípio da igualdade, pois os órgãos do Poder Judiciário não devem aplicar as leis e atos normativos aos casos concretos de forma a criar ou aumentar desigualdades arbitrárias, devendo, pois, utilizar-se de todos os mecanismos constitucionais no sentido de conceder às normas jurídicas uma interpretação única e igualitária (MORAES, 2005, p. 506).

A mudança da legislação é uma das hipóteses de mudança da aplicação da norma, oportunidade em que se autoriza a revisão da decisão firmada em julgamento de recursos repetitivos quando se alterar a situação econômica, social ou jurídica (CLT, art. 896-C, § 17º). Ademais, lembra-se que, nos termos do art. 8º, § 2º, da CLT, os tribunais não podem editar enunciados de jurisprudência que restrinjam direitos legalmente previstos, sem que haja a declaração de inconstitucionalidade sobre o dispositivo legal na nova redação, por exemplo, do § 4º, do art. 71 da CLT, incidindo a vedação do art. 97 da CRFB-88. Finalmente, pontuo, com a devida e máxima vênia, que não é possível a declaração de inconstitucionalidade para somente suprimir uma "expressão" do § 4º, do art. 71, da CLT ou dos demais dispositivos legais exemplificados, uma vez que as normas detêm caráter unívoco, que não admite outras interpretações. Neste sentido, o STF, na lavra autorizada do Exmo. Ministro Moreira Alves:

> **Impossibilidade, na espécie, de se dar interpretação conforme à Constituição, pois essa técnica só é utilizável quando a norma impugnada admite, dentre as várias interpretações possíveis, uma que a compatibilize com a Carta Magna, e não quando o sentido da norma é unívoco, como sucede no caso presente. Quando, pela redação do texto no qual se inclui a parte da norma que é atacada como inconstitucional, não é possível suprimir dele qualquer expressão para alcançar essa parte**, impõe-se a utilização da técnica de concessão da liminar 'para a suspensão da eficácia parcial do texto impugnado sem a redução de sua expressão literal', técnica essa que se inspira na razão de ser da declaração de inconstitucionalidade `sem redução do texto' em decorrência de este permitir `interpretação conforme à Constituição. (ADI 1.344-MC, rel. min. Moreira Alves, julgamento em 18.12.1995, *DJ* de 19.4.1996) (grifei)

Neste particular, cabe dizer que o Poder Judiciário não se presta ao papel de legislador positivo, função anômala ao seu mister, salvo exceções, como, por exemplo, no caso de Mandado de Injunção. Não se pode, a partir da supressão seletiva de expressões do texto legal, criar-se uma outra regra legal que vai contra ao intuito material do legislador. Tal expediente, em verdade, cria nova norma legal, ao arrepio do processo legislativo. Neste sentido, o STF, na lavra autorizada do Exmo. Ministro Celso de Mello:

> **SUSPENSÃO SELETIVA DE EXPRESSÕES CONSTANTES DA NORMA LEGAL – CONSEQUENTE ALTERAÇÃO DO SENTIDO DA LEI – IMPOSSIBILIDADE DE O SUPREMO TRIBUNAL FEDERAL AGIR COMO LEGISLADOR POSITIVO** (...) O STF como legislador negativo: A ação direta de inconstitucionalidade não pode ser utilizada como o objeto de transformar o Supremo Tribunal Federal, indevidamente, em legislador positivo, eis que o poder de inovar o sistema normativo, em caráter inaugural, constitui função típica da instituição parlamentar. Não se releva lícito pretender, em sede Federal, **a partir da supressão seletiva de fragmentos do discurso normativo inscrito no ato estatal impugnado, proceda a virtual criação de outra regra legal, substancialmente divorciada do conteúdo material que lhe deu próprio legislador**. (...) **Ação direta de inconstitucionalidade e impossibilidade jurídica do pedido: não se declara a inconstitucionalidade parcial quando haja inversão clara do sentido da lei, dando que não é permitido ao Poder Judiciário agir como legislador positivo**. (Ação Direta de Inconstitucionalidade n. 1.063-8 – Medida liminar – Relator: Ministro Celso de Mello. *DJU* 27.04.2001, SEÇÃO 1, p. 57) (grifei)

Não se nega que, nos dias atuais, a dicotomia entre *Common Law* e *Civil Law* vem sendo abrandadas não só pela prática nos tribunais, mas pelo próprio sistema legislativo, com a positivação de regras de obediência vinculante a decisões em Súmulas Vinculantes e Recursos Repetitivos. Todavia, este tipo de enunciado sumular vinculante é fruto da própria opção legislativa e detém modos de tramitaçao próprios, que não se aplicam a enunciados sumulares sem vestes vinculantes que se encontrem superados por uma nova legislação estabelecida por um Poder Legislativo legítimo, representante de seus constituintes eleitores. Entendimento em contrário pode levar a um ambiente de insegurança jurídica. Destaca-se que tal entendimento não pressupõe um engessamento do Poder Judiciário na aplicação da lei, mas sim uma racionalidade na interpretação do ordenamento, com a solidificação de um sistema de segurança jurídica dinâmica, já por mim abordado em um outro artigo, cujo trecho destaco:

> Já o ambiente de Segurança Jurídica Dinâmica é aquele que permite a revisão do entendimento pacificado pela existência de modificações de âmbito jurídico, econômico e social, bem como permite a distinção de uma determinada situação jurídica pacificada de um caso concreto em específico. Friso, nesta esteira, que a própria Lei n. 11.417, de 19 de dezembro de 2006, já previu os procedimentos para revisão de, inclusive, súmulas vinculantes do STF. Nestes casos, em que pese haver previsibilidade das decisões judiciais e segurança jurídica para os atores sociais pela aplicação das decisões pacificadas aos novos casos, não há risco de engessamento do sistema, pois há a abertura que, em casos especiais, o entendimento jurisprudencial pacificado não seja aplicado, podendo, inclusive, ser revisado, com a devida modulação de efeitos, evitando surpresas imprevisíveis e indesejáveis aos jurisdicionados (DANI, 2014, p. 366).

Conclusão

Como regra, a incidência de novo regramento normativo material não penal, apesar de dotado de irretroatividade quanto aos fatos consumados no passado, é aplicável de imediato aos contratos de trabalho em curso, inclusive aos contratos especiais de trabalho esportivos, mesmo aqueles iniciados antes da modificação legislativa, respeitados os direitos adquiridos, os atos jurídicos perfeitos e a coisa julgada. Isto se dá especialmente nos casos em que o comando normativo heterônomo estatal é de sentido unívoco, sem dubiedades que possam levar a interpretações distintas do texto. Havendo uma clara disposição legal a respeito, sem inconstitucionalidades chapadas ou outros vícios inarredáveis que possam ser declaradas de ofício, negar a aplicação da lei em prol de fontes alternativas como a jurisprudência e os princípios fere de morte a técnica hermenêutica integrativa insculpida no art. 8º, *caput*, da CLT, e cria um ambiente de insegurança jurídica para todos os atores das relações de trabalho cujas resoluções de conflitos se submetam à análise da Justiça do Trabalho.

Referências

BRASIL. Constituição (1988). *Constituição da República Federativa do Brasil*. Brasília, DF: Senado Federal: Centro Gráfico, 1988.

______. *Decreto-lei n.4.657, de 4 de setembro de 1942.* Lei de Introdução às normas do Direito Brasileiro. Diário Oficial da União, Rio de Janeiro, DF, 09 set. 1942. Disponível em: http://www.planalto.gov.br/ccivil_03/Decreto-Lei/Del4657.htm. Acesso em: 17 jan. 2023.

______. *Decreto-lei n. 5.452, de 1º de maio de 1943.* Aprova a Consolidação das Leis do Trabalho. Lex: coletânea de legislação: edição federal, São Paulo, v. 7, 1943.

______. *Lei n. 9.615, de 24 de março de 1998.* Institui normas gerais sobre desporto e dá outras providências. Diário Oficial da União, Brasília, DF, 25 mar. 1998. Disponível em: https://www.planalto.gov.br/ccivil_03/leis/l9615consol.htm. Acesso em: 23 jan. 2023.

______. *Lei n. 13.105, de 16 de março de 2015.* Código de Processo Civil. Diário Oficial da União, Brasília, DF, 17 mar. 2015. Disponível em:https://www.planalto.gov.br/ccivil_03/_ato2015-2018/2015/lei/l13105.htm. Acesso em: 23 jan. 2023.

______. *Lei n. 10.406, de 10 de janeiro de 2002.* Institui o Código Civil. Diário Oficial da União: seção 1, Brasília, DF, ano 139, n. 8, p. 1-74, 11 jan. 2002.

DANI, Marcos Ulhoa. Os recursos de embargos no TST sob a égide da Lei n. 13.015/2014: a influência do novo CPC e o princípio da segurança jurídica dinâmica. *Revista do Tribunal Superior do Trabalho*, São Paulo, v. 80, n. 4, p. 349-368, out./dez. 2014.

______. *Transferências e registros de atletas profissionais de futebol:* responsabilidades e direitos. 2. ed. São Paulo: LTr, 2019.

FIUZA, César. *Direito civil:* curso completo. 18. ed., rev., atualizada e ampliada. São Paulo: Revista dos Tribunais, 2015.

GOMES, Fábio Rodrigues. *O Retorno ao Positivismo Jurídico:* Reflexões críticas de um juiz desencantado. 1. ed. Niterói, RJ: Arthe Comunicação Gráfica, 2020. p. 95

MARTINS FILHO, Ives Gandra. 10 set. 2022. *Instagram: @ivesgandramartins.* Disponível em: https://www.instagram.com/p/CiUZ4ZlOMcM/. Acesso em: 09 jan. 2023.

MORAES, Alexandre de. *Direito constitucional.* 17. ed. São Paulo: Atlas, 2005.

TST. *Livro de Súmulas, OJs e PNs.* Disponível em: https://www.tst.jus.br/documents/10157/63003/LivroInternet+%282%29.pdf/8d181062-503a-54c5-97fa-b66208a7e-39b?t=1667941194801 Acesso em: 23 jan. 2023.

Normas Desportivas X Normas Jurídicas: O Nó da Questão

Rinaldo José Martorelli[1]

Quem não é afeto ao Direito Desportivo quando se depara com uma análise de um caso específico geralmente estranha a relação de regras e ordenamentos que o compõem.

Há a necessidade de esclarecer que o que se pretende desenvolver nesse trabalho diz diretamente respeito às aplicações cujas repercussões se dão nas relações de trabalho.

Para melhor entendimento há que se recorrer à realidade trazida em alguns exemplos.

Exemplos práticos

Casos como a suspensão automática, aquela situação em que o atleta profissional trabalhador jogador de futebol, se não julgado no espaço de tempo entre até a próxima partida, fica alijado dessa participação e sem direito ao princípio da ampla defesa e contraditório.

Ou, como vem ocorrendo em território nacional, o banimento do esporte daquele atleta profissional trabalhador jogador de futebol que comprovadamente se envolveu em manipulação de resultados das partidas. Como permitir o banimento do esporte, ainda mais daquela função que dá condição de sustento ao jogador de futebol se está sumariamente proibido na Constituição Federal em seu art. 5º, inciso XLVII, *"d"*? Banimento que, considerando o segmento e a atividade, também pode significar "pena de morte" já que retira desse trabalhador qualquer possibilidade de continuidade de carreira.

O que dizer quando, para a disputa de uma competição profissional de futebol, há no regulamento da competição a limitação de 23 anos na idade dos trabalhadores cuja justificativa é o de revelar novos talentos. A questão se prende ao fato de saber que o regulamento dessa competição esportiva tem a capacidade para limitar a idade de um

(1) Atleta Profissional de Futebol. Presidente do Sindicato de Atletas Profissionais do Estado de São Paulo. Advogado. Pós-Graduado em Direito Desportivo. Mestre em Direitos Fundamentais. Doutorando em Direito Desportivo.

trabalhador, um profissional, em um segmento que há outros jogadores trabalhadores levando suas carreiras aos 40 anos de idade.

Quanto a questão em tela, assim se manifestou o Ministério Público em seu parecer:

> (...)
>
> Por fim, indaga-se: se o Campeonato Paulista de Futebol Profissional da Segunda Divisão concede acesso para a disputa do Campeonato Paulista de Futebol – Série A3 e sucessivamente para as Séries A2, e A1, por qual razão somente há limitação de idade naquela divisão e não das demais?
>
> Como se vê, tal prática ofende os valores de isonomia e, principalmente, de justiça, que competições profissionais sejam tratadas de forma desigual.
>
> Deve ser, ainda, considerado o respeito ao princípio da segurança jurídica e que, na esfera judicial, não se decidirá com base em valores jurídicos abstratos sem que sejam consideradas as consequências práticas da decisão, nos termos do art. 20, do Decreto-lei n. 4.657/1942, com a redação dada pela Lei n. 13.655/2018.
>
> (...)
>
> Ainda deve ser reconhecida a ilegalidade do art. 20 do Regulamento do Campeonato da Federação Paulista de Futebol Profissional – Segunda Divisão – 2017.

Parecer não acatado pelo Juiz que decidiu por sua incompetência material.

E o exemplo mais marcante.

A condição que obriga o jogador de futebol profissional, que esteja discutindo o término do seu contrato, mesmo entendendo que foi a parte contrária que deu causa ao rompimento, ter de recorrer ao Poder Judiciário para obter a liberação desse contrato e, caso não o faça, ficará impedido de continuar sua carreira porque o sistema associativo do futebol não aceitará o registro de um novo vínculo, condição que lhe tirará a possibilidade de aperfeiçoar essa nova relação.

Que se recorra a um exemplo prático, o caso do atleta profissional Gustavo Scarpa quando de sua tentativa de rescisão de contrato com o Fluminense Football Club.

A ação ajuizada pelo atleta em face do clube empregador tinha valor de R$ 9,282 milhões e tinha como base atraso no pagamento de vencimentos, como direitos de imagem e FGTS. "... e como o Fluminense não estava me negociando de jeito nenhum, não me vendia, não me pagava, não me vendia, não me pagava, falei: "Ah, não dá para ficar aqui." E aí decidi sair", afirmou, Scarpa"[(2)].

---

(2) Redação *O Dia*. Gustavo Scarpa explica decisão de deixar o Fluminense: 'Não me vendia, nem me pagava'. Rio de janeiro. Publicado 1º jun. 2022. Disponível em: https://odia.ig.com.br/esporte/2022/06/6413643-gustavo-scarpa-explica-decisao-de-deixar-o-fluminense-nao-me-vendia-nem-me-pagava.html. Acesso: 25 nov. 2023.

Esse tipo de situação impõe o requerimento de medida liminar para a quebra do vínculo e para evitar a perda de nova oportunidade de trabalho, já que no futebol as contratações acontecem porque há a necessidade de compor o elenco, necessidade tal que não se satisfaz com nenhuma demora. Desde que um atleta profissional, mesmo sendo muito desejado, não ofereça a condição de poder ser inscrito no novo clube empregador de maneira imediata, busca-se uma nova opção, alijando o profissional de continuidade de carreira.

Mesmo com o clube devendo salários e demais verbas de caráter alimentar, que fundamentam sobejadamente o deslinde provisório do litígio, a Juíza(3) que havia concedido decisão liminar reconsiderou sua decisão. Negativa essa que impôs ao trabalhador um período de três meses de inatividade e muitas incertezas.

A Juíza do Trabalho Dalva Macedo, titular da 70ª Vara do Trabalho do Rio de Janeiro, julgou improcedente a ação movida pelo atleta profissional de futebol, Gustavo Scarpa, o qual tentava se desvincular do Fluminense Football Club.

> (...)
>
> No fim de 2017, o atleta Gustavo Scarpa requereu o reconhecimento de rescisão indireta junto ao Fluminense, com pedido de tutela antecipada, alegando o atraso por 6 (seis) meses do pagamento do FGTS e por 3 (três) meses o pagamento do contrato de imagem, a fim de se ver livre do vínculo com o clube carioca e exercer sua profissão em outro clube.
>
> A tutela antecipada foi deferida pelo Tribunal Regional do Trabalho da 1ª Região/RJ, oportunidade em que o Scarpa foi contratado para jogar na Sociedade Esportiva Palmeiras, porém, tal medida foi cassada após dois meses da nova contratação.
>
> Por sua vez, em 11.06.2018, a Juíza do Trabalho julgou a ação trabalhista totalmente improcedente, bem como condenou o jogador no pagamento de custas processuais, no valor de R$ 22.583,20, assim como honorários de sucumbência em favor dos advogados do Fluminense Football Club, no valor de R$ 100.000,00.
>
> O argumento utilizado por Dalva Macedo para afastar alegação de rescisão indireta foi fundamentado no princípio da imediatidade "segundo o qual o empregador, logo que tome conhecimento da prática de ato faltoso pelo empregado, deve providenciar a sua apuração e aplicação da penalidade, sob pena de, não o fazendo, ficar demonstrado o perdão tácito.", situação esta que supostamente ocorreu no presente caso, uma vez que a "demora no ajuizamento da ação pelo empregado indica que a relação contratual ainda é tolerável, ficando demonstrado, de igual modo, o perdão tácito.". A magistrada entendeu, portanto, que o fato do atleta renovar o vínculo com o Fluminense, quando já havia valores atrasados, consistiu em perdão tácito, demonstrando tolerar o cenário dos atrasos.

---

(3) WERLANG, Hector. Caso Scarpa: Justiça considera reclamação improcedente e dá ganho de causa ao Flu. *Globoesporte*. 11 jun. 2018. Disponível em: https://ge.globo.com/rj/futebol/noticia/justica-julga-improcedente-reclamacao-de-scarpa-e-da-ganho-de-causa-ao-flu.ghtml. Acesso em: 20 nov. 2023.

> Outro ponto destacado na sentença é no sentido de que o principal fundamento da ação trabalhista é a intenção do Sr. Scarpa deixar o Fluminense Football Club sem efetuar o pagamento da multa rescisória no valor de R$200.000.000,00, o que por certo caracterizaria no enriquecimento ilícito do atleta.(4)
>
> (...) (grifos nossos)

A fundamentação da Juíza, como se percebe na matéria trazida ao contexto, teve por base "o perdão tácito e o enriquecimento ilícito", cuja alegação era que o trabalhador ao aceitar renovar seu contrato teria perdido a oportunidade de pleitear a rescisão indireta.

Evidente que a magistrada desconsiderou questões importantes. A primeira é que o atleta profissional, obrigatoriamente, assina contratos por prazo determinado, ou seja, para que Gustavo Scarpa continuasse trabalhando, mesmo em condições precárias, ele teria que dessa forma proceder. Depois, incinerou os fundamentos trazidos nos Princípios Gerais do Direito do Trabalho, principalmente o da "Primazia da Realidade" e o da "Proteção" que comumente são aplicados a casos análogos quando o reclamante não é um trabalhador atleta profissional.

Com essa decisão, a Juíza obrigou a um trabalhador atleta profissional a "negociar" com seu antigo patrão inadimplente para continuar trabalhando. E para piorar, ainda o forçou a indenizar esse empregador que lhe devia verbas de caráter alimentar.

> Flu receberá R$ 6,7 milhões em acordo com Scarpa, que exigiu termo "conduta correta" em nota(5).
>
> Quantia será paga pelo Palmeiras ao Tricolor e descontada do valor das luvas que clube paulista pagaria ao atleta.
>
> (...)

Seria apenas uma falta de qualidade jurídica e despreparo no julgamento ou a permissão que faz com que as normas desportivas se sobreponham, indevidamente, sobre as normas legais?

A Constituição Federal em seu art. 5º, XIII prevê que é livre o exercício de qualquer trabalho, ofício ou profissão. Essa liberdade não alcança o jogador de futebol

---

(4) LION, Mauricio Pepe de. Felsberg Advogados. *Caso Gustavo Scarpa:* Juízo de primeira instância declara improcedente pedido de rescisão indireta e atleta continua vinculado ao Fluminense. São Paulo. 13 de junho de 2018. Disponível em: https://www.felsberg.com.br/caso-gustavo-scarpa-juizo-de-primeira-instancia-declara-improcedente-pedido-de-rescisao-indireta-e-atleta-continua-vinculado-ao-fluminense/. Acesso em: 25 nov. 2023.

(5) SIQUEIRA, Felipe; WERLANG, Hector. Flu receberá R$ 6,7 milhões em acordo com Scarpa, que exigiu termo "conduta correta" em nota. *Globoesporte.com.* out. 2018. Disponível em: https://globoesporte.globo.com/futebol/times/fluminense/noticia/flu-recebera-r-67-milhoes-em-acordo-com-scarpa-que-exigiu-termo-conduta-correta-em-nota.ghtml. Acesso em: 10 nov. 2023.

profissional? E de profissional sabe-se que esse trabalhador sobrevive dessa função. Assim fica a questão a ser respondida: se pode impedir a continuidade de trabalho de um profissional?

A magistrada poderia entender pela aplicação do controle difuso de constitucionalidade, também denominado controle concreto ou incidental de constitucionalidade, aquele que permite ao julgador singular ou órgão colegiado analisar, no caso concreto, a compatibilidade de uma lei ou ato normativo perante a Constituição(6). Controle de constitucionalidade que nas lições de Luís Roberto Barroso é:

> "Um dos fundamentos do controle de constitucionalidade é a proteção dos direitos fundamentais, inclusive e sobretudo a proteção dos direitos fundamentais, inclusive e sobretudo os das minorias, em face das maiorias parlamentares eventuais. Seu pressuposto é a existência de valores materiais compartilhados pela sociedade que devem ser preservados das injunções estritamente políticas."

Ainda, como esquecer, como a magistrada esqueceu, do axioma ensinado desde os bancos da Faculdade de Direito enquanto o jurista em formação aprimora seus estudos acadêmicos que ensina: "*Da mihi factum, dabo tibi ius* — Dá-me os fatos que lhe darei o Direito"!.

No exemplo do atleta profissional trabalhador jogador de futebol, Gustavo Scarpa, explode um questionamento, um tanto dicotômico como antagônico, que merece uma séria reflexão: o que seria pior para um cidadão trabalhador, ser forçado a trabalhar ou ser forçado a não trabalhar?

Alguém ainda irá perguntar: mas qual outro trabalhador fica impedido de trabalhar para um novo empregador mesmo que, ao sair do último empregador deixe um saldo financeiro negativo em sua rescisão contratual que tenha que satisfazer? Ou uma outra questão, o que poderia ser melhor para um empregador descumpridor? Qual a mensagem que a justiça dá para os clubes inadimplentes senão a de "podem descumprir à vontade"!

Cabe aqui um parêntesis. Interessante também entender, sem maiores aprofundamentos, como os Tribunais vêm tratando com rigor a questão dos inadimplementos.

Em decisão recente o Superior Tribunal de Justiça(7) decidiu que até mesmo salários de qualquer valor podem ser penhorados para pagar dívidas. Ou, ainda, a decisão

(6) BARROSO, Luís Roberto. *Controle de Constitucionalidade no Direito Brasileiro*. 2. ed. Rio de Janeiro: Saraiva, 2006.

(7) Por Redação. Salário de qualquer valor pode ser penhorado para pagar dívidas? Entenda decisão do STJ. *Estadão*. São Paulo, 28 abr. 2023. Disponível em: https://www.estadao.com.br/economia/stj-salario-qualquer-valor-pode-ser-penhorado-pagar-dividas-npre/. Acesso em: 19 nov. 2023.

recente do Supremo Tribunal Federal(8) que validou a lei que permite a retomada de imóveis de devedores sem necessidade de decisão judicial. Seguindo nessa linha em que o rigor contra o inadimplemento impera há também a decisão do Tribunal Superior do Trabalho corroborada pelo Supremo Tribunal Federal(9) que determina bloqueio do passaporte e da Carteira Nacional de Habilitação do devedor no sentido de o impelir a satisfação da dívida.

Haveria de se perguntar: por que esse mesmo rigor não se aplica àqueles empregadores, devedores contumazes, do mundo do esporte, principalmente os do futebol? Os Tribunais com a palavra.

Voltando ao tema que o exemplo do atleta profissional jogador de futebol Gustavo Scarpa traz, vale salientar que toda a redundância se fez necessária para registrar que essa situação somente é possível pela arbitrariedade estampada na legislação — a cláusula indenizatória, que exatamente por isso lhe outorga uma vestimenta enganosa de coerência que, então, passa a ser aceita por parte do judiciário como se a vida desse trabalhador não tivesse validade. “Está na lei temos que aplicar”, essa é a fundamentação mais lida nas sentenças desfavoráveis ao cidadão trabalhador atleta profissional jogador de futebol.

O exemplo do caso do atleta profissional jogador de futebol Gustavo Scarpa se reveste de significado e fecha a questão daquilo em que se baseia a argumentação que se pretende demonstrar no presente artigo.

Nos exemplos trazidos o que valeria mais, o trabalho, a vida, ou os resultados esportivos?

Por essas e por outras é que se pode perceber que é, na falta de entendimento e razoabilidade adequada na aplicação, que se deve maior rigor na observação para a ponderação que possa evitar qualquer confusão e atropelo entre as normas jurídicas e normas desportivas.

Cada uma tem o seu espaço legítimo, mas limitado ao resultado que se pretenda alcançar. Nunca demais afirmar que o cidadão, em sua dignidade, é que deve ser o primeiro bem jurídico a ser protegido.

---

(8) RICHTER, André. STF valida retomada extrajudicial de imóvel de devedor. *Agência Brasil*. Brasília, 26 out. 2023. Disponível em: https://agenciabrasil.ebc.com.br/justica/noticia/2023-10/stf-valida-retomada-extrajudicial-de-imovel-de-devedor. Acesso em: 19 nov. 2023.

(9) *Estadão* conteúdo. Inadimplente vai perder CNH e passaporte de forma automática? STF decidiu que é constitucional artigo do Código de Processo Civil (CPC), que existe desde 2015 e prevê medidas coercitivas contra devedores. *Infomoney*, 21 fev. 2023. São Paulo. Disponível em: https://www.infomoney.com.br/minhas-financas/inadimplente-vai-perder-cnh-e-passaporte-de-forma-automatica-entenda/ Acesso em: 19 nov. 2023.

Norma Jurídica (Sistema Legal) *X* Norma Desportiva (Sistema Associativo)

A sobreposição entre norma desportiva e norma jurídica que tem por base, para uma corrente do direito desportivo, na *lex sportiva*(10) cujo fundamento se encontra estampado no art. 217 constitucional:

> Art. 217. É dever do Estado fomentar práticas desportivas formais e não formais, como direito de cada um, observados:
>
> I – a autonomia das entidades desportivas dirigentes e associações, quanto a sua organização e funcionamento;
>
> II – a destinação de recursos públicos para a promoção prioritária do desporto educacional e, em casos específicos, para a do desporto de alto rendimento;
>
> III – o tratamento diferenciado para o desporto profissional e o não profissional;
>
> IV – a proteção e o incentivo às manifestações desportivas de criação nacional.
>
> § 1º O Poder Judiciário só admitirá ações relativas à disciplina e às competições desportivas após esgotarem-se as instâncias da justiça desportiva, regulada em lei.
>
> § 2º A justiça desportiva terá o prazo máximo de sessenta dias, contados da instauração do processo, para proferir decisão final.
>
> § 3º O Poder Público incentivará o lazer, como forma de promoção social.

E a argumentação tem como alvo principal o estatuído no inciso I, naquilo que diz respeito à autonomia das entidades desportivas dirigentes. Porém, tal defesa deveria levar em consideração o complemento do próprio inciso que a limita quanto a organização e funcionamento.

Autonomia desportiva tratadas da seguinte maneira por Silvio Torres, relator, e Aldo Rebelo, presidente da CPI da Nike no relatório final(11) daquela Comissão Parlamentar de Inquérito:

> (...)
>
> Autonomia não se confunde com soberania, e o mundo esportivo não é uma terra sem lei. Respeitar a autonomia das entidades esportivas não significa compactuar com vícios cristalizados no tempo, com a manutenção de estruturas administrativas estioladas na defesa dos interesses escusos, aceitação passiva do cumprimento meramente formal dos estatutos, conformar-se com a perpetuação de elites dirigentes nos poderes da entidade.

---

(10) Pode se entender como *lex sportiva* o conjunto de normas e regras que regulam as atividades esportivas. Regras formais, como leis e regulamentos estabelecidos pelas organizações esportivas, ou informais, como as tradições culturais que regulam o comportamento dos participantes do esporte.

(11) REBELO, Aldo; TORRES, Silvio. *CBF/NIKE*. São Paulo: Casa Amarela, 2001. p. 243.

> Nenhuma entidade desportiva pode considerar-se dona de uma seleção, de uma delegação, de um atleta ou grupo de atletas. Entidade desportiva é pessoa jurídica de direito privado, mas tem evidente interesse público.
>
> (...)
>
> A autonomia verdadeira é enquadramento na ordem jurídica geral, é prestação de contas à sociedade, é probidade administrativa, é respeito às regras do jogo democrático, é transparência nos processos eleitorais, é compromisso com o bom nome do país no estrangeiro, é empenho na consecução dos objetivos estatutários. Interessante lembrar que nossas entidades desportivas proclamam alto e bom som sua autonomia com relação ao poder público (a não ser que se trate de pedir facilidades tributárias ou o perdão dos débitos fiscais e parafiscais), mas não se importam de ficar submetidas a entidades burocráticas como federações e confederações, aí incluída a FIFA, que não toleram o pensamento divergente, sob pena de exclusão de campeonato, desfiliação, etc. "Burocráticas", no caso, quer dizer: não praticam o desporto, não formam atletas e não participam diretamente do espetáculo desportivo; apenas registram contratos, recolhem taxas, arrecadam contribuições, fornecem infraestrutura física e administrativa aos órgãos da Justiça Desportiva.

Até mesmo o Supremo Tribunal Federal em decisão recente se deixou levar por tal argumento, contrariando até suas próprias posições anteriores.

Na Ação Direta de Inconstitucionalidade (ADI 5.450 DF – 20.09.2017) o relator Ministro Alexandre de Moraes, proferiu assim seu voto, um tanto quanto contraditório em sua essência, mas que foi acompanhado pelos demais:

> (...) "CONSTITUCIONAL. AUTONOMIA DAS ENTIDADES DESPORTIVAS. LEI N. 13.155/2015. PROGRAMA DE RESPONSABILIDADE FISCAL DO FUTEBOL BRASILEIRO – PROFUT. Atuação legítima do legislador visando à probidade e à transparência da gestão democrática e participativa do desporto. Constitucionalidade. <u>Impossibilidade de exigência de regularidade fiscal como requisito técnico para habilitação em competições.</u> Sanção política. Inconstitucionalidade. Procedência parcial.
>
> 1. As condições impostas pela Lei n. 13.155/2015 para a adesão e manutenção de clubes e entidades desportivas no Programa de Responsabilidade Fiscal do Futebol Brasileiro, PROFUT, <u>mostram-se necessárias e adequadas para a melhoria da gestão responsável e profissional dessas entidades, afirmada a relevância e o interesse social do futebol e de outras práticas desportivas como patrimônio público cultural (art. 216 da CF)</u>.
>
> 2. Não bastasse o caráter voluntário da adesão, as exigências estabelecidas no PROFUT <u>atenderam ao princípio da razoabilidade, uma vez que respeitadas as necessárias proporcionalidade, justiça e adequação entre os dispositivos impugnados e as normas constitucionais protetivas da autonomia desportiva, preservando-se a constitucionalidade das normas, pois a atuação do legislador visando à probidade e à transparência da</u>

> gestão do desporto foi legítima, estando presentes a racionalidade, prudência, proporção e a não arbitrariedade.
>
> 3. O art. 40 da norma impugnada, na parte em que altera o art. 10, §§ 1º, 3º e 5º da Lei n. 10.671/2003, ao impor o atendimento de critérios de âmbito exclusivamente fiscal ou trabalhista para garantir a habilitação nos campeonatos, independentemente da adesão das entidades desportivas profissionais ao PROFUT, podendo acarretar o rebaixamento de divisão dos clubes que não cumprirem tais requisitos, caracteriza meio indireto e coercitivo de cobrança de tributos e outras obrigações ("sanção política"), pelo que é inconstitucional. (grifos nossos)

Como já citado, essa decisão desconsiderou posição pacificada do próprio Supremo Tribunal Federal. Traz-se aqui outras duas decisões:

> (ADI 2937 DF – 29/05/2012 – Relator Ministro Cezar Peluso)
>
> (...) "A autonomia desportiva não é absoluta, devendo-se avaliar o limite entre liberdade de organização e independência administrativa, de um lado, e o respeito ao ordenamento jurídico pátrio, de outro. Deve-se harmonizar a autonomia desportiva com a fixação de normas gerais sobre desporto, pois não se pode confundir aquela com ausência anárquica de normas. As entidades desportivas e associações "devem respeito integral às normas previstas na legislação. (...) Ao mesmo tempo em que são livres para decidir sobre questões *interna corporis* de suas organizações, não estão desobrigadas do cumprimento dos demais ditames constitucionais, bem como das diretrizes estabelecidas pelas legislações civil, tributária, trabalhista, penal e previdenciária"
>
> (...)
>
> No que tange à autonomia das entidades desportivas, ao direito de livre associação e à não intervenção estatal, tampouco assiste razão ao requerente. Seria até desnecessário a respeito, mas faço-o por excesso de zelo, relembrar a velhíssima e aturada lição de que nenhum direito, garantia ou prerrogativa ostenta caráter absoluto. Como acentua VIEIRA DE ANDRADE, que se debruça largo sobre as três vertentes da limitação a que estão sujeitos, não "é novidade afirmar... que os direitos fundamentais não são absolutos nem ilimitados"
>
> (Supremo Tribunal Federal STF – RECURSO EXTRAORDINÁRIO: RE 935482 SP – SÃO PAULO – 24 de fevereiro de 2016. Ministra Rosa Weber Relatora)
>
> (...) "Normas de caráter geral, que impõem limitações válidas à autonomia relativa das entidades de desporto, sem lesionar direitos e garantias individuais".
>
> (...) "Logo, é imprescindível ter-se em conta, na análise das cláusulas impugnadas, a legitimidade da imposição de limitações a essa autonomia desportiva, não, como sustenta o requerente, em razão de submissão dela à legislação infraconstitucional (fls. 15), mas como exigência do prestígio e da garantia do direito ao desporto, constitucionalmente reconhecido (art. 217, *caput*). (...)

O que se pode concluir ao se confrontar essas decisões é que a primeira não considerou a interpretação sistêmica constitucional, pois, o que deveria prevalecer ali e sempre é o valor do trabalho e do interesse coletivo sobrepujando o interesse individual. A lei impugnada privilegiou os clubes inadimplentes que receberam benefícios fiscais e, ao receberem tais benefícios se obrigavam, para tanto, como contrapartida, o simples cumprimento dos salários de maneira tempestiva, fato que é dever de todo empregador.

Não bastasse isso, a decisão não considerou ainda o princípio da diferenciação insculpido no inciso III, mandamental, entre o desporto profissional e o não profissional.

Se o esporte nem é contemplado constitucionalmente como privilegiar o desporto não profissional em detrimento ao desporto profissional, essa atividade relacionada diretamente com trabalho que sustenta o cidadão? Trabalho, valor social, somado a dignidade da pessoa humana, que a constituição, já em seu art. 1⁰ impõe como fundamento do Estado Democrático de Direito. E o traz também em relevância como direito e garantia individual; direito social; na ordem econômica, na ordem social, entre outros.

Pois bem, quanto à Norma Jurídica que compõe o Sistema Legal, como bem esclarece a atual Lei de Introdução às Normas do Direito Brasileiro, outrora, Lei de Introdução ao Código Civil, em seu art. 3⁰, a ninguém pode se escusar de cumprir a lei, alegando que não a conhece. E quanto à Norma Desportiva que se estabelece no âmago do Sistema Associativo?

Há que se entender esse Sistema Associativo e suas particularidades.

O Sistema Associativo do Futebol tem origem no conceito do associativismo, portanto, se torna natural o entendimento, mesmo que simples, do conceito base.

De forma geral, desde o início dos tempos, as pessoas se reúnem com o intuito de se ajudarem entre si para satisfazerem as necessidades, sejam elas individuais, sejam elas comuns do grupo em que participa. Com o passar do tempo foram surgindo incontáveis meios de associação. Desta maneira, o associativismo surgiu com o objetivo de centralizar forças pelo interesse comum de um conjunto de pessoas, podendo atuar em diferentes setores.

Importante mencionar a lição de Jaqueline Bertoldo(12) quanto ao tema que assenta que "o Associativismo é um instrumento vital para que uma comunidade saia do anonimato e passe a ter maior expressão social, política, ambiental e econômica".

Quanto ao futebol, o associativismo revela algumas diferenças.

Como visto, o associativismo se forma iniciando pela base da pirâmide que tem a convergência em seus interesses comuns.

---

(12) BERTOLDO, Jaqueline. Cartilha Associativismo. *Incubadora Social*. Santa Maria – RS. 2015. Disponível em: http://w3.ufsm.br/estudosculturais/arquivos/incubacao-cartilhas/CARTILHA%20ASSOCIATIVISMO.pdf. Acesso em: 16 nov. 2023.

No futebol profissional também aconteceu assim no início, em 21 de maio de 1904, a FIFA foi fundada, em Paris, pelas federações nacionais da Bélgica, Dinamarca, Espanha, França, Holanda, Suécia e Suíça.

A ideia de sua organização surge a partir da realização dos primeiros jogos de futebol internacionais. Em 1º de maio de 1904, aconteceu a primeira partida oficial de futebol a nível internacional entre Bélgica e França. Interessante curiosidade é que como já havia organizado a sua associação de futebol desde 1863, a Inglaterra, considerada como o país que criou o futebol, não aceitou participar da fundação de uma federação internacional, o que somente foi acontecer em 1905.

Hoje ela possui 211 organizações esportivas associadas representando o esporte em países ou territórios e se vangloria de superar até mesmo o número de associados da Organização das Nações Unidas (193 membros).

Hoje a FIFA é considerada como uma das grandes forças políticas e financeiras em termos mundiais. Líderes políticos e religiosos se curvam a ela.

Para promover campeonatos mundiais a FIFA faz exigências que chegam a alterar as leis dos países, leis que são acatadas sem contestação pelos governos, como aconteceu quando da realização da Copa do Mundo de 2014 no Brasil, que promoveu no calendário escolar(13) e no Estatuto do Torcedor(14), modificações legais significativas.

Assim, com tamanha força política e nível de influência, a FIFA reverteu o sentido do associativismo sendo que o "interesse comum" seja estabelecido no topo da pirâmide que vai descendo até a base.

Então, tudo o que a FIFA determina é imposto e deve ser acatado pelas confederações continentais, depois pelas associações nacionais, e por fim pelos clubes. Recentemente estabeleceu que todos os clubes que disputem competições continentais, no nosso caso aquelas organizadas pela Confederação Sul-americana de Futebol (CONMEBOL), devem constituir em seus quadros a equipe de futebol feminino, sem se importar se tais clubes tem condição técnica e financeira para tanto. Até em seu Estatuto, no art. 68, ela proíbe que a Justiça Comum seja acionada para apreciar e julgar conflitos desportivos, que pode acontecer somente com sua autorização. Ou seja, essa regra impede que ligas, entidades de administração e prática desportiva filiadas à entidade máxima do futebol, e respectivos membros, jogadores ou árbitros acione as cortes judiciais, ou seja, a jurisdição

(13) Educação. *Agência Brasil*. Escolas têm calendários diferenciados em 2014 em razão da Copa. 1º fev. 2014. Disponível em: https://agenciabrasil.ebc.com.br/educacao/noticia/2014-02/escolas-tem-calendarios-diferenciados-em-2014-em-razao-da-copa . Acesso em: 19 nov. 2023.

(14) ALBUQUERQUE, Tiago.. *JUSBRRASIL*. A Lei da Copa matou 29 artigos do Estatuto do Torcedor. Ressuscitá-los, só com outro estatuto. Sem data de publicação. Disponível em: https://www.jusbrasil.com.br/noticias/a-lei-da-copa-matou-29-artigos-do-estatuto-do-torcedor/121266732#:~:text=A%20lei%20que%20ordena%20a,da%20Lei%20Geral%20da%20Copa. Acesso em: 19 nov. 2023.

estatal, em busca de resoluções de questões internas, sob pena de incorrer em sanção como, por exemplo, a possibilidade de exclusão de competições organizadas por ela, que são todas as que estão embaixo de seu guarda-chuva.

Em âmbito nacional acontece o mesmo, a CBF determina novas regras, desde que compatíveis aos ditames da confederação continental (CONMEBOL) e FIFA, e impõe o acatamento às federações estaduais e, essas por sua vez, seguem com a imposição aos clubes filiados.

Os clubes e jogadores, por sua vez, ao definirem as condições contratuais, desportivas e de trabalho, que posteriormente são levados a registro no sistema da CBF, aderem, em cadeia, às regras e regulamentos estabelecidos pelo mundo do futebol.

O Sistema Associativo do Futebol se apresenta um tanto quanto avesso às questões democráticas. Fica claro, portanto, a tentativa de impor sua condição absoluta, condição contrariada e com seu limite estabelecido na própria Constituição Federal.

É nesse quadro que o confronto de normas se apresenta e que cria o nó a se desatar.

Norma Jurídica *versus* Norma Desportiva: um nó que pode ser desatado?

Esse nó estabelecido entre a aplicação da Norma Jurídica e Norma Desportiva é passível de ser desatado? Sim, perfeitamente.

Qual teria mais "força", qual norma se deve privilegiar, a Norma Jurídica ou a Norma Desportiva? Qual se deve privilegiar?

Para tal deslinde há que se recorrer aos princípios jurídicos, que são o âmago e a essência das normas jurídicas, o propósito que fundamenta cada construção de lei. São os princípios jurídicos que espelham a cultura sociojurídica de uma sociedade em um dado momento de sua história, sendo ele, o princípio, o conteúdo principal que se formou pelos valores superiores aceitos como verdade por essa sociedade. Há predominância na doutrina como fundamento que eleva os princípios a serem considerados como as normas jurídicas que legitimam os valores aceitos e realizados no tempo a partir da vivência e experiência social.

Desta forma, dentro do contexto trazido nesse trabalho, que se comece com os princípios constitucionais insculpidos no art. 217.

Quanto ao princípio da autonomia da a autonomia das entidades desportivas dirigentes e associações, quanto à sua organização e funcionamento estampado no inciso I, já ficou demonstrado que tal condição não é, tampouco poderia, ser absoluta. Ela sofre limitações, primeiro, do próprio inciso que prevê sua atuação quanto à organização e funcionamento das entidades dirigentes; depois, a limitação se dá no contexto da interpretação sistemática da própria constituição Federal e na quase totalidade das decisões do Supremo tribunal Federal.

O princípio trazido no inciso III, clama pelo tratamento diferenciado para o desporto profissional e o não profissional. Em se tratando desse princípio, seria coerente entender que legislador constituinte pensou em tal diferenciação para privilegiar as atividades desportivas, aquelas que não se destinam ao sustento do cidadão? O razoável e justo se concentra no entendimento que tal destinação privilegie a atividade profissional. Lembrando que o trabalho — na condição do sustento do cidadão, conforme também já destacado, mostra sua importância constitucional elencado em vários artigos em detrimento do não aparecimento do esporte. Aliás, o que se poderia considerar em termos constitucionais, seria o aparecimento do esporte englobado como lazer no art. 6º constitucional.

Quanto à distinção entre a atividade profissional e a não profissional pode-se recorrer a Alonso Oléa[15] que fez magnífica distinção entre a participação no futebol como um jogo e a participação como trabalho:

> (...)
>
> O desportista amador, ainda que participe de um esporte coletivo e ainda que se integre para a sua prática em uma organização ou clube, não trabalha, joga, que é coisa muito diferente — não percebe, por tanto, retribuição, não tem ânimo de comprometer frente a ninguém sua atividade: não está ligado consequentemente a um contrato de trabalho, nem, provavelmente, por contrato algum.
>
> Porém, o desportista profissional, há de dizer-se justamente o contrário; este não joga, senão trabalha; não pratica o esporte por pura paixão e divertimento, sem ânimo profissional e de lucro, senão com ânimo de obter os meios necessários para a sua subsistência, com o que seu trabalho é produtivo; e enquanto se ofereça a um terceiro mediante uma retribuição que por sua vez oferece ao público mediante a um preço como espetáculo, trabalha por conta alheia, sendo assim o contrato, é um contrato de trabalho.
>
> (...)

Para reforçar o que se defende aqui, ainda se traga à baila o conceito da hierarquia das normas que mostra, em resumo, que uma norma é hierarquicamente inferior à outra quando recebe seu fundamento de validade, no aspecto formal e no aspecto material, desta norma que, por fundamentar a sua validade em ambos os sentidos, formal e material, é hierarquicamente superior àquela. Hans Kelsen[16], em sua Teoria Pura do Direito, defendia que a pirâmide da hierarquia das leis divide o sistema jurídico em três níveis: as leis constitucionais, as leis ordinárias e os costumes. Para ele a norma hierarquicamente superior é aquela que fundamenta a norma inferior. O fundamento de vigência, dentro

(15) OLEA, Alonso. En torno al concepto de contrato de trabajo. *Anuario de Derecho Civil.* Madrid: 1967, p.139-140.

(16) KELSEN, Hans. *Teoria Pura do Direito*. Tradução João Baptista Machado. 8. ed. São Paulo; Martins Fontes, 2011.

dessa Teoria, é um pressuposto de validade do Estado de Direito, no que se refere à sua organização e regulação das suas atividades, no qual o Estado se submete às leis por ele criadas. As normas constitucionais ocupam o topo da pirâmide, o que significa que elas têm maior hierarquia que as leis ordinárias e os costumes. Portanto, os princípios elaborados no art. 217 da Constituição Federal têm prevalência aos demais.

Ultrapassado os princípios constitucionais, o socorre vem dos Princípios Gerais do Direito do Trabalho, principalmente os da Primazia da Realidade e o da Proteção.

O Princípio da Primazia da Realidade, assim como os demais princípios do Direito do Trabalho, se baseia na hipossuficiência do trabalhador com a finalidade de garantir a ele uma proteção no que diz respeito às divergências entre a prestação de serviços e o que está documentado, pois no ato da contratação ou no decorrer do contrato de trabalho, pode ocorrer de o empregado assinar diversos documentos formais expressando condições divergentes daquelas de fato ocorridas As decisões judiciais devem se utilizar deste princípio para assegurar a prevalência dos fatos verídicos, isto é, os que realmente ocorrem na prática em face das formalidades e documentações. Assim, vale mais a realidade, do que o que está formalizado no contrato. Quanto a valer mais a realidade do que está formalizado ou argumentado e distorcido, em termos da hipossuficiência, o que se percebe em alguns debates jurídicos é que se tenta impor a ideia de que um jogador de futebol com um alto salário — ressalte-se que menos de 3% da categoria, mesmo que essa informação seja irrelevante — perde a condição de hipossuficiência. Ora, nisso tenta-se jogar às trevas a essência do conceito que está fincado na sujeição e dominação existente, na realidade, desta relação. Se um jogador recebe alto salário e por isso é "poderoso", essa quantia advém de um empregador que paga, não somente esse como tantos outros altos salários, então, quem seria mais "poderoso"?

Quanto ao Princípio da Proteção no Direito do Trabalho seu conceito foi criado, também na realidade da relação de trabalho, que estabelece uma maneira de evitar abusos por parte do empregador, sendo assim uma proteção ao trabalhador conferida pelo Estado, ainda se trata de um direito irrenunciável pelo empregado por isso de grande importância no âmbito do Direito Trabalhista. Princípio que entende o empregador como detentor do poder econômico, ficando assim em situação elevada e vantajosa na relação, desta forma, ao se aplicar o conceito, ao empregado será atribuída uma igualdade jurídica que buscará equiparar as partes e suprir esta diferença.

E o que se diria quanto à prevalência do negociado sobre o legislado.

Foi publicado, no dia 28 de abril de 2023, acórdão da decisão do ARE 1.121.633, em que o STF reafirma a supremacia do negociado sobre o legislado, fixando ainda a seguinte tese de repercussão geral para o tema:

> "São constitucionais os acordos e as convenções coletivas que, ao considerarem a adequação setorial negociada, pactuem limitações ou afastamentos de direitos trabalhistas, independentemente da explicitação especificada de vantagens compensatórias, desde que respeitados os direitos absolutamente indisponíveis"[17].

(17) BRASIL. SUPREMO TRIBUNAL FEDERAL. Brasília. Relator: MIN. GILMAR MENDES. Número Único: 0000967-13.2014.5.18.0201. Publicação: 28 de abril de 2023.

Será que o direito à livre escolha de seu (novo) empregador e o direito de recebimento de salários em dia não se enquadrariam nos direitos absolutamente indisponíveis citados no acórdão?

Ou até mesmo, naquilo que diz respeito ao conflito entre direitos fundamentais, em que Robert Alexy(18) elaborou tese que contempla a implicação ao conflito existente entre regras de direito que defende que o choque entre princípios, assumidos como direitos fundamentais, deve ser resolvido por critérios de valoração. Afirma ainda que, na ocorrência de colisão entre princípios, o reconhecimento da preponderância de um sobre outro não resulta na declaração de invalidade do que possui menor "peso". Para ele, fica determinado o critério de ponderação ou precedência em que há interesses resguardados por princípios colidentes. Esse critério busca avaliar qual dos interesses, "abstratamente do mesmo nível", possui maior peso diante das circunstâncias do caso concreto".

Assim, entende-se por Direitos Fundamentais aqueles inerentes à própria condição humana previstos pelo ordenamento jurídico. Quanto a isso, o Professor Fiorillo(19) pondera que "uma vida com dignidade reclama a satisfação dos valores (mínimos) fundamentais descritos no art. 6º da Constituição Federal, de forma a exigir do Estado que sejam assegurados, mediante o recolhimento de tributos, educação, saúde, trabalho, moradia, segurança, lazer, entre outros direitos básicos, indispensáveis ao desfrute de uma vida digna. Desta feita, temos que o art. 6º da Constituição fixa um piso vital mínimo de direitos que devem ser assegurados pelo Estado (que o faz mediante a cobrança de tributos), para o desfrute da sadia qualidade de vida".

É esse o ponto de interesse no presente trabalho. O direito do atleta profissional jogador de futebol se enquadra naqueles considerados fundamentais que são essenciais para que o ser humano realize plenamente suas atividades e potencialidades O trabalho (sua escolha, a permanência e o rompimento, todos movimentos executados de forma livre) se encaixa nas condições que o eleva a um direito fundamental, aquele que o ser humano necessita para viver e sobreviver. Alguém consegue vislumbrar um direito de um clube empregador do mesmo nível, um direito fundamental? Lembrando que um clube, quando despede um atleta profissional jogador de futebol, faz a reposição de maneira imediata, sendo que o trabalhador atleta profissional jogador de futebol, caso queira e opte pelo rompimento, seja qual for o motivo, tem que buscar o socorro na Justiça Laboral. E como se viu no exemplo do jogador Gustavo Scarpa, mesmo com todas as possibilidades de aplicação, legal e principiológica, para salvaguardar o direito de um cidadão que não via cumprido pelo seu empregador o acordo estabelecido livremente entre as partes para o recebimento de seus salários, ficou alijado de trabalhar por três meses,

---

(18) ALEXY, Robert. *Teoría de los Derechos fundamentales*. Tradução de Ernesto Garzón Valdés. Madri: Centro de Estudios Políticos y Constitucionales, 2001. p. 295.

(19) FIORILLO, Celso Antonio Pacheco. *Curso de Direito Ambiental Brasileiro*. 8. ed., ampl. e rev. São Paulo: Saraiva, 2007. p. 68-69.

foi forçado a indenizar o empregador que lhe devia verbas salariais, tudo por ordem da Justiça do Trabalho, órgão público encarregado de proteger o seu direito ante a força econômica de seu empregador, mas não o fez.

Lembrando que esse exemplo trazido, esse que se refere ao impedimento de o trabalhador atleta de futebol profissional poder romper seu contrato, mesmo quando esse contrato não é cumprido por seu empregador, é grotesco, mas não o único, é quase uma constante. Lembrando ainda, que a essência principiológica teria que se fazer presente nas decisões exaradas nos demais exemplos demonstrados nesse trabalho e em tantas outras que acontecem no mundo real do futebol.

Evidente que o caminho para o desatamento desse nó depende de cada ser humano que venha a lidar com um caso concreto.

Depende de cada consciência; de como essa pessoa enxerga o mundo em suas diferenças; de como acreditar na construção de um mundo melhor sem que haja interesses pessoais sobrepujando o interesse coletivo.

Depende de lutar contra a ideia de querer levar vantagem de qualquer jeito e em todas as circunstÂncias.

Depende de seguir Matheus (7:12) "Assim, em tudo, façam aos outros o que vocês querem que eles façam a vocês".

Depende de não querer ser a ovelha do rebanho, que se regozija e se alegra quando o lobo come a ovelha do lado, como bem professorou Arthur Schopenhauer, filósofo alemão.

O que se espera é que um dia o equilíbrio e a justiça não sejam maquiados em prol de amizades e conchavos fazendo assim do futebol um segmento que orgulhe a todos aqueles que vivem e trabalham pelo seu crescimento.

Justiça Desportiva — Estrutura e Competência

Ronaldo Botelho Piacente[1]

Nenhuma ação desportiva poderá ser proposta diretamente no Poder Judiciário, antes de esgotadas todas as instâncias da Justiça Desportiva.

A Justiça Desportiva é regida pela Constituição Federal (art. 217 § 1º e § 2º) e (art. 5º, LV), Lei Ordinária (Leis ns. 9.615/98 e 14.597/23), Resolução do Conselho Nacional do Esporte — Código de Justiça Desportiva (Resolução CNE n. 29/2009), Normas regulamentares nacional e internacional, princípios e regras gerais de hermenêutica, guardando verdadeira especificidade quanto à sua estrutura, instrumentalidade, formação e julgamentos.

De início é importante destacar o reconhecimento da Justiça Desportiva na Constituição Federal que em seu art. 217 § 1º e § 2º dispõe sobre a obrigatoriedade das ações desportivas relativas às questões disciplinares, ocorridas nas competições, serem apreciadas pelo tribunal desportivo.

> Art. 217 da Constituição Federal
>
> É dever do Estado fomentar práticas desportivas formais e não formais, como direito de cada um, observados:
>
> I – a autonomia das entidades desportivas dirigentes e associações, quanto a sua organização e funcionamento;
>
> § 1º O Poder Judiciário só admitirá ações relativas à disciplina e às competições desportivas após esgotarem-se as instâncias da justiça desportiva, regulada em lei.
>
> § 2º A justiça desportiva terá o prazo máximo de sessenta dias, contados da instauração do processo, para proferir decisão final.

---

(1) Ex-Presidente do Tribunal de Justiça Desportiva do Futebol do Estado de São Paulo. Ex-Presidente do Superior Tribunal de Justiça Desportiva do Futebol. Atual Procurador Geral do Superior Tribunal de Justiça Desportiva do Futebol e advogado.

Em que pese a Constituição Federal reconhecer a Justiça Desportiva, ela não integra o Poder Judiciário, eis que não consta no rol do art. 92 da Carta Magna.

O art. 24 CBJD dispõe sobre a competência da Justiça Desportiva, nos seguintes termos: os órgãos da Justiça Desportiva, nos limites da jurisdição territorial de cada entidade de administração do desporto e da respectiva modalidade, têm competência para processar e julgar matérias referentes às competições desportivas disputadas e às infrações disciplinares cometidas pelas pessoas naturais ou jurídicas mencionadas no art. 1º, § 1º.

O STF – Supremo Tribunal Federal em Controle concentrado de constitucionalidade reconheceu a exceção do exaurimento da Justiça Desportiva antes de chegar-se ao Poder Judiciário.

No inciso XXXV do art. 5º, previu-se que "a lei não excluirá da apreciação do Poder Judiciário lesão ou ameaça a direito". (...) O próprio legislador constituinte de 1988 limitou a condição de ter-se o exaurimento da fase administrativa, para chegar-se à formalização de pleito no Judiciário. Fê-lo no tocante ao desporto, (...) no § 1º do art. 217 (...). Vale dizer que, sob o ângulo constitucional, o livre acesso ao Judiciário sofre uma mitigação e, aí, consubstanciando o preceito respectivo exceção, cabe tão só o empréstimo de interpretação estrita. Destarte, a necessidade de esgotamento da fase administrativa está jungida ao desporto e, mesmo assim, tratando-se de controvérsia a envolver disciplina e competições, sendo que a chamada Justiça desportiva há de atuar dentro do prazo máximo de sessenta dias, contados da formalização do processo, proferindo, então, decisão final — § 2º do art. 217 da CF. (**ADI 2.139 MC** e **ADI 2.160 MC**, voto do red. do ac. Min. Marco Aurélio, j. 13.5.2009, P, *DJE* de 23.10.2009)

O STJ — Superior Tribunal de Justiça também reconhece a competência da Justiça Desportiva, inclusive em 27.11.2022 publicou matéria sobre o tema em sua página, conforme abaixo descrito;

> **"A Justiça e o esporte mais popular do mundo: o futebol na jurisprudência do STJ**
>
> Casos de indisciplina, violência e ofensas morais, em campo ou nas arquibancadas, frequentemente acabam se transformando em processos judiciais — mas não necessariamente no Poder Judiciário, pois o esporte, no Brasil, tem sua Justiça própria.
>
> As comissões disciplinares, os Tribunais de Justiça Desportiva e o Superior Tribunal de Justiça Desportiva (STJD) formam uma estrutura de direito privado — são órgãos arbitrais —, porém de interesse público, previstos na Constituição Federal. E é o texto constitucional que determina: o Poder Judiciário só deve atuar depois que estiverem esgotadas todas as instâncias da Justiça Desportiva."[2]

(2) Disponível em: https://www.stj.jus.br/sites/portalp/Paginas/Comunicacao/Noticias/2022/27112022-A-Justica-e-o-esporte-mais-popular-do-mundo-o-futebol-na-jurisprudencia-do-STJ.aspx.

É bem verdade que alguns casos ocorridos no Desporto podem ser apreciados diretamente pelo Poder Judiciário, isso quando a conduta do ofensor não configurar transgressão de cunho estritamente esportivo, como exemplo: um atleta que agride o árbitro responderá na Justiça Desportiva por agressão física durante a partida à luz do disposto no art. 254-A § 3º e 4º do CBJD, porém se desse ato resultou responsabilidade civil, ele responderá pelas regras do Código Civil.(3)

Em casos que a infração extrapola a esfera desportiva, a Justiça Comum, corretamente tem admitido ação independentemente de passar pelo crivo da Justiça Desportiva, até porque esta justiça especializada não tem competência para apreciar e julgar casos de competência cível como uma indenização por dano material e moral ou de competência criminal. Porém a ação de indenização proposta diretamente na Justiça Comum não obsta a denúncia do infrator na Justiça Desportiva, que inclusive é um dever legal da Procuradoria.

O STJ já apreciou casos de responsabilidade civil relacionados ao esporte, conforme abaixo transcrito:

> RECURSO ESPECIAL N. 1.762.786-SP (2018/0087018-1)
>
> RELATOR : MINISTRO RICARDO VILLAS BÔAS CUEVA
>
> EMENTA
>
> RECURSO ESPECIAL. AÇÃO DE INDENIZAÇÃO POR DANOS MORAIS. AGRESSÕES. FÍSICAS E VERBAL. MORAL. ÁRBITRO. PARTIDA DE FUTEBOL. RESPONSABILIDADE CIVIL. JOGADOR. ATO ILÍCITO. CONFIGURAÇÃO. CONDUTA. DESPROPORCIONALIDADE. DANO À HONRA E IMAGEM. CONFIGURAÇÃO. REPARAÇÃO DEVIDA. JUSTIÇA COMUM. CONDENAÇÃO. JUSTIÇA DESPORTIVA. IRRELEVÂNCIA.
>
> 1. Recurso especial interposto contra acórdão publicado na vigência do Código de Processo Civil de 2015 (Enunciados Administrativos ns. 2 e 3/STJ).
>
> 2. A controvérsia a ser dirimida no recurso especial reside em verificar se as agressões físicas e verbais perpetradas por jogador profissional contra árbitro de futebol, na ocasião de disputa da partida final de importante campeonato estadual de futebol, constituem ato ilícito indenizável na Justiça Comum, independentemente de eventual punição aplicada na esfera da Justiça Desportiva.
>
> 3. Nos termos da Constituição Federal e da Lei n. 9.615/1998 (denominada "Lei Pelé"), a competência da Justiça Desportiva limita-se a transgressões de natureza eminentemente esportivas, relativas à disciplina e às competições desportivas.
>
> 4. O alegado ilícito que o autor da demanda atribui ao réu, por não se fundar em transgressão de cunho estritamente esportivo, pode ser submetido ao crivo do Poder Judiciário Estatal, para que seja julgado à luz da legislação que norteia as relações de natureza privada, no caso, o Código Civil.

---

(3) Art. 254-A, CBJD. Disponível em: https://www.gov.br/mds/pt-br/composicao/orgaos-colegiados/cne/arquivos/codigo_brasileiro_justica_desportiva.pdf.

5. A conduta do jogador, mormente a sorrateira agressão física pelas costas, revelou-se despropositada e desproporcional, transbordando em muito o mínimo socialmente aceitável em partidas de futebol, apta a ofender a honra e a imagem do árbitro, que estava zelando pela correta aplicação das regras esportivas.

6. O evento no qual as agressões foram perpetradas, final do Campeonato Paulista de Futebol, envolvendo dois dos maiores clubes do Brasil, foi televisionado para todo o país, o que evidencia sua enorme audiência e, em consequência, o número de pessoas que assistiram o episódio.

7. Recurso especial conhecido e provido.

Como vimos, mesmo diante da ação proposta na Justiça Comum, o atleta que agredir o árbitro ou assistente, responderá na Justiça Desportiva, podendo ser condenado com uma pena mínima de suspensão por 180 dias.(4)

Outra questão que é decidida pela Justiça Desportiva e Justiça Comum é a questão da segurança no estádio, pois havendo falha na segurança o clube mandante responsável pelo evento ou o clube visitante serão denunciados na Justiça Desportiva por deixar de tomar providências capazes de prevenir e reprimir a desordem na sua praça de desporto, respondendo por infração ao art. 213 do CBJD, podendo ser punido com multa de até R$ 100.000,00 (cem mil reais),

Caso a desordem seja de elevada gravidade o clube ainda poderá ser punida com a perda de mando de até 10 (dez) partidas.(5)

Na mesma pena responderá o clube visitante caso tenha contribuído para o fato.

Porém caso os autores da desordem sejam identificados, apresentados à autoridade policial e lavrado boletim de ocorrência contemporâneo ao evento, o clube ficará isento da responsabilidade.

No caso cível, a falta de segurança é analisada na questão da indenização por danos materiais e morais, conforme julgado do STJ que abaixo se transcreve.

RECURSO ESPECIAL N. 1924527 -PR (2020/0243009-2)

RELATORA : MINISTRA NANCY ANDRIGHI

EMENTA: CIVIL. RECURSO ESPECIAL. AÇÃO DE COMPENSAÇÃO DE DANOS MATERIAIS E MORAIS. ESTATUTO DE DEFESA DO TORCEDOR. PREQUESTIONAMENTO PARCIAL. NEGATIVA DE PRESTAÇÃO JURISDICIONAL. INOCORRÊNCIA. OBRIGAÇÃO DA AGREMIAÇÃO MANDANTE DE ASSEGURAR A SEGURANÇA DO TORCEDOR ANTES, DURANTE E APÓS A PARTIDA. DESCUMPRIMENTO. REDUZIDO NÚMERO DE SEGURANÇAS NO LOCAL. FATO EXCLUSIVO DE TERCEIRO. INEXISTÊNCIA. DISSÍDIO JURISPRUDENCIAL. AUSÊNCIA DE SIMILITUDE FÁTICA. JULGAMENTO: CPC/2015.

---

(4) § 2º art. 254-A CBJD.

(5) Art. 213 §§ 1º, 2º e 3º do CBJD. Disponível em: https://www.gov.br/mds/pt-br/composicao/orgaos-colegiados/cne/arquivos/codigo_brasileiro_justica_desportiva.pdf.

1. Ação de compensação de danos materiais e morais proposta em 07.04.2015, da qual foi extraído o presente recurso especial interposto em 18.11.2019 e atribuído ao gabinete em 02.02.2021.

2. O propósito recursal é decidir acerca da ocorrência de negativa de prestação jurisdicional e se, na hipótese dos autos, o clube de futebol recorrente é responsável pelos danos experimentados por torcedores em decorrência de atos violentos perpetrados por membros da torcida rival.

3. A jurisprudência deste Superior Tribunal de Justiça é firme no sentido de que não há ofensa ao art. 1.022 quando o Tribunal de origem, aplicando o direito que entende cabível à hipótese, soluciona integralmente a controvérsia submetida à sua apreciação, ainda que de forma diversa daquela pretendida pela parte. Precedentes.

4. O Estatuto de Defesa do Torcedor (EDT) foi editado com o objetivo de frear a violência nas praças esportivas, de modo a assegurar a segurança dos torcedores. O direito à segurança nos locais dos eventos esportivos antes, durante e após a realização da partida está consagrado no art. 13 do EDT. A responsabilidade pela prevenção da violência nos esportes é das entidades esportivas e do Poder Público, os quais devem atuar de forma integrada para viabilizar a segurança do torcedor nas competições.

5. Em caso de falha de segurança nos estádios, as entidades responsáveis pela organização da competição, bem como seus dirigentes responderão solidariamente, independentemente da existência de culpa, pelos prejuízos causados ao torcedor (art. 19 do EDT). O art. 14 do EDT é enfático ao atribuir à entidade de prática desportiva detentora do mando de jogo e a seus dirigentes a responsabilidade pela segurança do torcedor em evento esportivo. Assim, para despontar a responsabilidade da agremiação, é suficiente a comprovação do dano, da falha de segurança e do nexo de causalidade.

6. Segundo dessume-se do conteúdo do EDT, o local do evento esportivo não se restringe ao estádio ou ginásio, mas abrange também o seu entorno. Por essa razão, o clube mandante deve promover a segurança dos torcedores na chegada do evento, organizando a logística no entorno do estádio, de modo a proporcionar a entrada e a saída de torcedores com celeridade e segurança.

7. Na hipótese dos autos, o episódio violento ocorreu no entorno do estádio, na área reservada especialmente aos torcedores do Goiás Esporte Clube. Tanto é assim que o segundo recorrido e seus amigos conseguiram correr para dentro do estádio para se proteger, local que também acabou sendo invadido pelos torcedores adversários. Sendo a área destinada aos torcedores do Goiás, o recorrente deveria ter providenciado a segurança necessária para conter conflitos entre opositores, propiciando a chega segura dos torcedores daquela agremiação no local da partida. Mas não foi o que ocorreu, porquanto o reduzido número de seguranças no local não foi capaz de impedir a destruição do veículo de propriedade do primeiro recorrido.

8. Para que haja o rompimento do nexo causal, o fato de terceiro, além de ser a única causa do evento danoso, não deve apresentar qualquer relação com a organização do negócio e os riscos da atividade. Na espécie, não está configurada tal excludente de responsabilidade, porquanto a entidade mandante tem o dever legal de assegurar a segurança do torcedor no interior e no entorno do estádio antes, durante e após a partida

e essa obrigação foi descumprida pelo recorrente, à medida em que não disponibilizou seguranças em número suficiente para permitir a chegada ao estádio, em segurança, dos torcedores do time do Goiás Esporte Clube, o que permitiu que eles fossem encurralados por torcedores da agremiação adversária, os quais, munidos de foguetes e bombas, depredaram o veículo em que estavam o segundo recorrido e seus amigos. Ademais, os atos de violência entre torcedores adversários são, lamentavelmente, eventos frequentes, estando relacionados com a atividade desempenhada pela agremiação.

9. Entre os acórdãos trazidos à colação, não há similitude fática, elemento indispensável à demonstração da divergência.

10. Recurso especial parcialmente conhecido e, nessa extensão, desprovido.

ACÓRDÃO

Vistos e relatados estes autos em que são partes as acima indicadas, acordam os Ministros da TERCEIRA TURMA do Superior Tribunal de Justiça, por unanimidade, conhecer em parte do recurso especial e, nesta parte, negar-lhe provimento, nos termos do voto do(a) Sr(a). Ministro(a) Relator(a).

Os Srs. Ministros Paulo de Tarso Sanseverino (Presidente), Ricardo Villas Bôas Cueva, Marco Aurélio Bellizze e Moura Ribeiro votaram com a Sra. Ministra Relatora.

Brasília, 15 de junho de 2021.

MINISTRA NANCY ANDRIGHI Relatora.

Dos efeitos das decisões desportivas

Como já mencionado, as questões disciplinares do esporte serão obrigatoriamente apreciadas pela Justiça Desportiva, sendo suas decisões finais impugnáveis nos termos gerais de direito, podendo ser submetidas ao crivo do Poder Judiciário somente quando esgotadas todas as instâncias da Justiça Desportiva, porém há duas peculiaridades a serem observadas, sendo uma o § 2º do art. 52 da Lei n. 9.615/98 e a segunda o art. 231 do CBJD, vejamos;

O § 2º do art. 52 da Lei n. 9.615/98 dispõe sobre a questão dos efeitos da decisão desportiva, a qual não poderá ser prejudicado pelo recurso apresentado ao Poder Judiciário. Entendem-se que os efeitos desportivos na competição devem prevalecer, e assim sendo, nos parece que eventuais prejuízos desportivos, somente poderão ser resolvidos em perdas e danos.(6)

Por sua vez, o art. 231 do CBJD impõe sanção de exclusão de campeonato ou torneio e multa de até R$ 100.000,00 (cem mil Reais) caso algum jurisdicionado ingresse na Justiça Comum ou se beneficie de decisão de terceiro referente às questões de disciplina, antes de esgotadas todas as instâncias da Justiça Desportiva.(7)

(6) O § 2º do art. 52 da Lei n. 9.615/98

(7) Art. 231 do CBJD

Lei n. 9.615/98 — Lei Pelé

A Lei Pelé em seu art. 50 dispõe sobre a organização, o funcionamento e as atribuições da Justiça Desportiva, limitadas ao processo e julgamento das infrações disciplinares e às competições desportivas, conforme definidos nos Códigos de Justiça Desportiva.

Por sua vez o art. 1º do CBJD dispõe sobre a organização, o funcionamento, as atribuições da Justiça Desportiva brasileira e o processo desportivo, bem como a previsão das infrações disciplinares desportivas e de suas respectivas sanções, no que se referem ao desporto de prática formal, regulam-se por lei e por este Código.

A regra é que a Justiça Desportiva tem competência para apreciar e julgar infrações disciplinares esportivas, porém essa competência não se limita apenas aos atletas ou ao que ocorre dentro do campo de jogo, ela é mais ampla, podendo analisar questões de regulamentos, resoluções, organizações desportivas (administração nacional e estadual do desporto, ligas, clubes), árbitros, empregados, cargos ou funções, diretivos ou não, dirigentes, administradores, treinadores, médicos ou membros de comissão técnica, pessoas naturais e jurídicas que lhes forem direta ou indiretamente vinculadas, filiadas, controladas ou coligadas ao sistema nacional do desporto.[8]

A Justiça Desportiva processa e julga as infrações disciplinares relativas à disciplina dos seus jurisdicionados, aplicando as seguintes penalidades:[9]

I – advertência;

II – eliminação;

III – exclusão de campeonato ou torneio;

IV – indenização;

V – interdição de praça de desportos;

VI – multa;

VII – perda do mando do campo;

VIII – perda de pontos;

IX – perda de renda;

X – suspensão por partida;

XI – suspensão por prazo.

As penalidades disciplinares acima descritas não se aplicam aos menores de quatorze anos e aos atletas não profissionais.

(8) § 1º do art. 1º do CBJD.

(9) Art. 50, § 1º da Lei n. 9615/98.

Por sua vez, as sanções administrativas de suspensão, desfiliação ou desvinculação somente poderão ser aplicadas pela entidade de administração do desporto após decisão definitiva da Justiça Desportiva.(10)

Autonomia dos tribunais desportivos

A entidade de administração do desporto, atualmente denominada pela Lei Geral do Esporte como organização esportiva, possui autonomia para elaborar suas próprias normas, regras, regulamentos, estatutos e seus próprios tribunais, visando assegurar a harmonia do sistema transnacional Lex Sportiva.(11)

Entendem-se por Lex Sportiva o conjunto de regras elaborado pelas organizações esportivas da prática do esporte e das competições nas suas respectivas modalidades. (Confederação, Federações e Ligas)

Por força do art. 50, § 4º da Lei n. 9.615/98, o custeio para o funcionamento dos órgãos da Justiça Desportiva deve ser arcado pela organização desportiva de cada modalidade. Como sabemos o futebol, basquete, vôlei, automobilismo entre tantas outras modalidades do esporte deve compor seu próprio tribunal.(12)

O custeio do tribunal desportivo envolve despesas operacionais como um local, água, luz, funcionários, impostos, computadores, impressoras, passagens aéreas, hospedagem, entre outros, ou seja, tudo o quanto necessário for para a existência, manutenção e funcionamento do tribunal.

Em que pese a dependência econômica e funcionamento da justiça desportiva junto às organizações desportivas, estas possuem autonomia e independência própria em relação àquelas e nem poderia ser diferente, sob pena de admitir-se interferências de terceiros nas decisões do tribunal.

Composição e dos tribunais desportivos

A Justiça Desportiva é composta por Comissões Disciplinares, Tribunal de Justiça Desportiva e Superior Tribunal de Justiça Desportiva, bem como por uma Procuradoria.

Os Tribunais de Justiça Desportiva, funcionam junto às entidades regionais da administração do desporto, ou seja Federações, sendo que cada estado (Federação) possui seu próprio Tribunal.

O Tribunal de Justiça Desportiva Regional julga casos do Campeonato Estadual, funcionando em julgamentos de 1ª e 2ª Instância, sendo que os julgamentos de 1ª instância são proferidos pela Comissão Disciplinar, composta por cinco auditores e um

(10) Art. 48, § 2º da Lei n. 9615/98.

(11) Art. 52 da Lei n. 9615/98 e art. 26 da Lei n. 14.597/2023.

(12) § 4º do art. 50 da Lei n. 9.615/98.

Procurador e a 2ª instância julga os recursos através da composição do Pleno composto por nove auditores e o Procurador-Geral.

O Superior Tribunal de Justiça Desportiva, funciona junto à entidade nacional da administração do desporto, ou seja Confederação.

O Superior Tribunal de Justiça Desportiva julga casos dos Campeonatos Nacionais, ou seja, aqueles administrados pela Confederação, funcionando em julgamentos de 1ª e 2ª Instância, sendo que os julgamentos de 1ª instância são proferidos pela Comissão Disciplinar, composta por cinco auditores e um Procurador e a 2ª instância julga os recursos através da composição do Pleno composto por nove auditores e o Procurador-Geral.

Das decisões proferidas pelo Pleno dos Tribunais Regionais, cabe recurso ao Pleno do Superior Tribunal de Justiça Desportiva, funcionando nesses casos como terceira instância.

Formação Do Tribunal Pleno

O Pleno é formado pelo Superior Tribunal de Justiça Desportiva (STJD) e os Tribunais de Justiça Desportiva (TJD), sendo compostos por nove membros que devem ter como requisitos para o cargo, saber jurídico desportivo e conduta ilibada, sendo:

> I – dois indicados pela entidade de administração do desporto; (Confederações e Federações)
>
> II – dois indicados pelas entidades de prática desportiva; (clubes)
>
> III – dois advogados indicados pela Ordem dos Advogados do Brasil; sendo que a OAB Estadual indica os auditores para o TJD e a OAB Federal indica os auditores para o STJD;
>
> IV – 1 (um) representante dos árbitros, indicado pela respectiva entidade de classe;
>
> V – 2 (dois) representantes dos atletas, indicados pelas respectivas entidades sindicais. (atletas — sindicato)

Formada a composição do Pleno, os auditores sugerem nomes para formação das Comissões Disciplinares, os quais devem ser apresentados e aprovados pela maioria, sendo formadas tantas quantas necessárias para o funcionamento do tribunal.

Procuradoria – Estrutura – Função e formação

A Procuradoria é um órgão independente com seu próprio regimento interno.

A sua autonomia se mostra presente como titular da ação, podendo oferecer denúncia ou se entender pela inexistência da infração, pode determinar o arquivamento de uma súmula da partida ou uma notícia de infração, sem que haja possibilidade de recursos.

Outro ponto que mostra a autonomia da Procuradoria é o fato do Procurador Geral ser indicado pela entidade de administração do desporto (Confederação ou Federação) e mesmo diante dessa indicação, a Procuradoria poderá denunciar seus dirigentes.

A Procuradoria será dirigida por um Procurador Geral, escolhido por votação da maioria absoluta do Tribunal Pleno dentre três nomes de livre indicação da respectiva entidade de administração do desporto.

A Confederação ou Federação apresentam uma lista tríplice indicando três nomes entre os quais o Pleno do Tribunal fará a escolha de um nome mediante votação.

Os procuradores são indicados pelo Procurador Geral e os nomes são homologados pelos auditores do Pleno.

Cada Comissão Disciplinar possui um Sub-Procurador, nomeado pelo Procurador-Geral, os quais ficam responsáveis por sua equipe de procuradores.

O mandato do Procurador-Geral será idêntico ao estabelecido para o Presidente do Tribunal, ou seja, dois anos.

A Procuradoria da Justiça Desportiva tem como função promover a responsabilidade das pessoas naturais ou jurídicas(13) que violarem as disposições do Código Brasileiro de Justiça Desportiva, através dos seus procuradores.(14)

Os procuradores têm como função junto ao respectivo Tribunal (STJD ou TJD):

> I – oferecer denúncia
>
> II – dar parecer no processo
>
> III – formalizar as providências legais e processuais
>
> IV – requerer vistas dos autos
>
> V -interpor recursos
>
> VI – instauração de inquérito
>
> VII – exercer outras atribuições que lhe foram conferidas por lei, pelo código e pelo regimento interno.

Ainda participa em casos de intervenção e correições nos tribunais regionais, auxiliando na correta formação e sanando eventuais irregularidades.

Ainda, cabe à Procuradoria propor medidas que visem à preservação dos princípios que regem a Justiça Desportiva; (art. 2º, incisos I a XVII) do CBJD, como exemplo:

(13) Art. 1º, § 1º do CBJD.

(14) Art. 21 do CBJD.

devido processo legal, ampla defesa, contraditório, celeridade, legalidade, moralidade, publicidade dos atos, prevalência das competições (pro competitione) e *fair play* (espírito desportivo)

Como se inicia uma denúncia

A denúncia se inicia de forma geral através da súmula da partida.

Após o jogo o árbitro da partida entrega a súmula de forma digital ou física para organização esportiva (Confederação ou Federação), constando todas as ocorrências, como exemplo: cartão amarelo, cartão vermelho e ocorrências;

As ocorrências são descritas no campo específico, constando: invasão de campo, briga generalizada, agressões, atos racistas, cantos discriminatórios, comportamento indevido da torcida, ofensas, desrespeito, etc.

A súmula é encaminhada para Confederação ou Federação que faz uma análise no documento, observa as ocorrências e o encaminha para a Procuradoria que através de um procurador analisará os fatos e oferece ou não a denúncia.

Oferecida a denúncia, autua-se o processo, o qual é distribuído para o auditor da comissão disciplinar para julgamento em primeira instância, nesse julgamento o sub-procurador ou um procurador por ele indicado para participar da sessão de julgamento (como parte ou como custos legis/fiscal da lei) se manifesta sobre a denúncia, as partes apresentam defesa através dos seus advogados, os quais também fazem sustentação oral e o processo é julgado.

Caso o Procurador não concordar com a decisão da Comissão Disciplinar ele pode ingressar com recurso voluntário para o Pleno.

Além da interposição do recurso para o Pleno, a Procuradoria ainda apresenta ao final um parecer (seja como recorrente ou recorrido)

Notícia de infração

Outra forma da Procuradoria apresentar uma denúncia é através da notícia de infração.

A notícia de infração deve ser apresentada à Procuradoria, por qualquer pessoa física ou jurídica que tenha legítimo interesse e legitimidade.[15]

Legitimidade: para que uma notícia de infração seja recebida é necessário que o noticiante esteja inserido no sistema nacional do desporto.

---

(15) Art. 74 do CBJD.

Interesse: O legítimo interesse do noticiante estará presente quando demonstrar que a suposta infração cometida por outra pessoa física ou jurídica pode lhe beneficiar ou prejudicar na competição.

Com esses requisitos, o interessado notícia uma suposta infração disciplinar à Procuradoria, a qual incumbi "exclusivamente" avaliar se promoverá ou não a denúncia(16).

As notícias de infrações mais comuns são: atleta irregular — art. 214 do CBJD o que pode acarretar perda de pontos da equipe, ato discriminatório que pode acarretar perda de mando de campo, multa e dependendo da gravidade até perda de pontos. Por vezes trata-se de fatos não relacionados na súmula.

Como Procurador Geral do STJD do futebol eu adotei o sistema de receber todas as notícias de infração e faço uma análise preliminar, após eu determino a intimação da parte contrária para se manifestar antes de distribuir a medida para um Procurador, as vezes determino alguma diligência, com isso temos mais elementos para avaliar a conveniência de oferecer ou não a denúncia.

Recebida a notícia de infração, o procurador sorteado avalia se há elementos para oferecer a denúncia, entendo que sim, ele assim o faz, e o processo é levado a julgamento. Caso o procurador entenda que não há elementos para o oferecimento de denúncia, ele opina pelo arquivamento da notícia de infração (17). Dessa decisão cabe pedido de reexame da matéria ao Procurador Geral, o qual pode determinar a denúncia ou manter o arquivamento.

Se o Procurador Geral manter a decisão de arquivamento, a notícia de infração será arquivada, sendo que dessa decisão nao cabe recurso. (18)

Já existe uma decisão na Corte Arbitral Internacional (TAS/CAS) que analisando recurso interposto pelo S.C. Internacional (RS) contra a decisão do Procurador Geral do STJD do futebol na época Dr. Felipe Bevilacqua que manteve a decisão de arquivamento da notícia de infração. A Corte Arbitral decidiu que arquivado o processo pela Procuradoria, não cabe recurso dessa decisão.(19)(20)

Esse entendimento já está pacificado no Pleno do STJD do Futebol.

---

(16) § 1º do art. 74 do CBJD.

(17) § 2º do art. 74 do CBJD.

(18) § 3º do art. 74 do CBJD.

(19) Notícia de Infração 71/2016 – STJD.

(20) CAS 2017/A4950 Sport Club Internacional v. Esporte Clube Vitória da Bahia & CBF & STJD & STJD General Prosecutor (decision n. 425/2016)

CAS 2017/A4951 Sport Club Internacional v. Esporte Clube Vitória da Bahia & CBF & STJD & STJD General Prosecutor (decision n. 71/2016) – Lauseanne, 5 May 2017/WS/mc.

Denúncia por imagens — Parágrafo único do art. 58-B do CBJD

O art. 58-B do CBJD, em seu parágrafo único autoriza a Procuradoria oferecer denúncia com base em imagens quando haja uma infração grave que tenha escapado à atenção da equipe de arbitragem, ou quando houver notório equívoco destes na aplicação das decisões disciplinares ocorridas nas partidas.

Não é qualquer fato ocorrido em campo ou fora dele que deve ser considerado para efeito de denúncia com base em imagem, é necessário que seja um ato grave, como exemplo uma agressão fora da disputa da bola, uma briga no túnel de acesso aos vestiários, um ato de racismo que o árbitro não conseguiu ver e por isso não constou na súmula.

Na questão de notório equívoco na aplicação das decisões disciplinares, tenho que a análise acaba sendo subjetiva, porque o árbitro pode aplicar a advertência com cartão amarelo, mas ao ver do Procurador a gravidade do fato deveria ser punida com cartão vermelho. Nesse caso, precisa cautela para que o tribunal desportivo não acabe reapitando a partida. É sempre bom lembrar que as decisões disciplinares tomadas pela equipe de arbitragem durante a disputa da partida, são definitivas, não sendo passíveis de modificação pela justiça desportiva (art. 58-B do CBJD), todavia essa regra abre uma exceção (parágrafo único do art. 58-B do CBJD).

Procuradoria — Formalizar as providências legais e processuais

A Procuradoria entendendo necessário pode requerer diligências legais e/ou processuais, tem o poder/dever de solicitar o que entender de direito para o cumprimento da lei e dos atos processuais. Como exemplo uma irregularidade das partes, petição apócrifo, ausência de procuração, estatuto, ata de eleição do presidente do clube que assinou a procuração para o advogado representá-lo, nesses casos a Procuradoria determina a regularidade e ainda a intimação da parte contrária para se manifestar, entre outras providências.

Em caso da parte descumprir uma transação disciplinar ou uma conversão de pena em medida interesse social, a Procuradoria adota como medida, intimar a parte para comprovar o cumprimento da obrigação ou cumpri-la no prazo em prazo fixado, sob pena de denúncia no art. 223 do CBJD, que dispõe sobre o descumprimento de decisão, resolução ou transação disciplinar, podendo acarretar penalidade de multa de até R$ 100.000,00 (cem mil reais) e quando o infrator for pessoa natural a pena prevê sua suspensão automática até o cumprimento da decisão, além de suspensão de 90 a 360 dias e na reincidência eliminação.

Além disso, no caso da pessoa jurídica, a Procuradoria encaminha ofício junto à entidade de administração do desporto, solicitando a proibição do clube de registrar e transferir atletas, bem como para bloquear e descontar o valor devido de eventual crédito existente em favor do infrator.

Da transação disciplinar desportiva

A transação disciplinar é uma prerrogativa da Procuradoria, e pode ser oferecida nas infrações dos arts. 206, 250 a 258-C e arts. 259 a 273, do CBJD, antes da denúncia, após o julgamento da comissão disciplinar (1ª instância) até a data da sessão de julgamento do recurso no pleno. (art. 80-A do CBJD).(21)

A especificidade da transação disciplinar é que a Procuradoria sugere a aplicação imediata de uma das penas previstas no art. 170, incisos II a IV do CBJD, quais sejam: multa, suspensão por partida e suspensão por prazo.(22)

A Procuradoria do STJD do futebol, tem flexibilizado a regra do art. 80-A do CBJD, admitindo que a parte interessada ofereça proposta de transação disciplinar, a qual é analisada pelo Procurador Geral que pode aceitá-la ou fazer uma contraproposta, porém sempre respeitando a regra do art. 80-A "*caput*" do CBJD, ou seja, imediata aplicação das penas previstas no art. 170, incisos II a IV do CBJD.

Oferecida e aceita a proposta de transação disciplinar, esta obrigatoriamente deve ser homologada por um auditor do pleno. Homologada a proposta, o relator aplica a pena que não importará em reincidência. Se o relator negar a transação disciplinar desportiva, caberá recurso ao Pleno.(23)

Não se admitirá proposta de transação disciplinar, quando o infrator já tiver sido beneficiado com outra medida nos trezentos e sessenta dias anterior à infração, quando o infrator não possuir bons antecedentes e boa conduta desportiva e quando a gravidade do fato não comportar a adoção da medida.(24)

Após o julgamento do Pleno, não haverá mais possibilidade de transação disciplinar, isso para evitar uma manobra da parte em aguardar o julgamento final, e se não lhe for favorável pretender fazer uma transação que lhe seja mais favorável que o resultado do julgamento.

Do inquérito

A Procuradoria, o Presidente do tribunal ou a parte interessada podem requerer a instauração de inquérito.(25)

O pedido de abertura de inquérito é requerido quando não há elementos suficientes para oferecer a denúncia de forma direta, sendo necessário a produção de provas para

(21) § 7º do art. 80-A do CBJD.

(22) § 3º do art. 80-A do CBJD.

(23) §§ 4º, 5º e 6º do art. 80-A do CBJD.

(24) Incisos I, II, III, § 2º do art. 80-A do CBJD.

(25) Art. 81 do CBJD.

verificar a existência da infração disciplinar e de sua autoria. Requerida a abertura de inquérito pela Procuradoria, o pedido é remetido ao Presidente do tribunal que poderá deferir ou indeferir o pedido. O indeferimento ocorre quando o Presidente do tribunal verificar a inexistência de elementos indispensáveis ao procedimento.(26)

Quando o inquérito é requerido pela parte interessada, obrigatoriamente a Procuradoria deve ser ouvida, para opinar: pela rejeição do inquérito ou por acompanhar o feito até conclusão.(27)

Sendo deferido o pedido, é sorteado um auditor denominado como — relator processante — o qual analisará a existência de infração disciplinar e sua autoria. O prazo para conclusão do inquérito é de quinze dias, prorrogáveis por mais quinze dias.

Se o relator processante concluir pela existência de infração disciplinar e autoria, o inquérito é remetido para Procuradoria para tomar as providências cabíveis, ou seja, oferecer a denúncia.(28)

Em 2023, a Procuradoria do STJD utilizou muito o inquérito para apurar as manipulações de resultados, porque não havia materialidade dos fatos, embora houvesse os relatórios da empresa Sport Radar, estes apenas trazem elementos de "suspeitas", então o inquérito era instaurado para apurar se realmente houve a infração disciplinar e autoria.

Impugnação de partida

O pedido de impugnação de partida pode ser requerido até dois dias depois da entrada da súmula na entidade de administração do desporto, pelas pessoas naturais ou jurídicas que tenham disputado a partida, bem como para quem tenha imediato e comprovado interesse no seu resultado, desde que participante da mesma competição, estando limitado à duas hipóteses: modificação de resultado e anulação de partida.(29)

A petição inicial poderá ser liminarmente indeferida pelo Presidente do Tribunal competente quando: I – manifestamente inepta; II – manifesta a ilegitimidade da parte; III – faltar condição exigida pelo Código para a iniciativa da impugnação; IV – não comprovado o pagamento dos emolumentos.

Sendo recebida a impugnação, o Presidente do Tribunal, dará à entidade de administração do desporto conhecimento da instauração do processo, para que não homologue o resultado da partida até a decisão final da impugnação. Essa comunicação é importante e necessária, pois havendo decisão que possa anular a partida, poderá haver uma nova partida entre as equipes envolvidas e alterar o resultado do jogo como pontos

(26) Art. 82 do CBJD.

(27) Inciso I, II, § 2º do art. 81 do CBJD.

(28) § 3º do art. 82 do CBJD.

(29) Art. 84 do CBJD.

e número de gols, e com isso os efeitos poderá alterar a classificação do campeonato, poderá influenciar no acesso ou descenso de um clube, na premiação, na entrega da taça, entre outros, por isso é prudente que não se homologue o resultado da partida até decisão final do tribunal.

Não caberá pedido de impugnação de partida no caso de inclusão de atleta sem condição legal de jogo, porque para esse caso, há previsão específica no art. 214 do CBJD, sendo o clube punido com a perda de número máximo de pontos atribuídos a uma vitória no regulamento da competição.

Ainda a impugnação de partida pressupõe um erro de direito, não sendo admitido erro de fato, se o árbitro da partida assinalou uma penalidade máxima, puniu um atleta com cartão vermelho, não será possível o tribunal alterar o resultado da partida ou anular a partida.

Do mandado de garantia

Conceder-se-á mandado de garantia sempre que, ilegalmente ou com abuso de poder, alguém sofrer violação em seu direito líquido e certo, ou tenha justo receio de sofrê-la por parte de qualquer autoridade desportiva. O interessado terá o prazo de vinte dias a contar da prática do ato, omissão ou decisão para ingressar com o mandado de garantia.[30]. A autoridade coatora será notifica, para no prazo de três dias prestar informações. Os processos de mandado de garantia têm prioridade sobre os demais casos.

O Presidente do Tribunal ao receber a inicial, entendendo que a demora da decisão poderá torná-la sem efeito, poderá conceder liminar.

Se o Presidente do Tribunal, indeferir a petição inicial, caberá recurso para o Tribunal Pleno do respectivo Tribunal, mantida a decisão a parte interessada poderá renovar seu pedido porque não houve a apreciação do mérito.

Como exemplo podemos citar caso em que um determinado clube foi impedido pela Federação de participar da reunião do Conselho Arbitral de uma determinada competição. Nesse caso, o clube poderá impetrar mandado de garantia comprovando o abuso do poder, a violação do seu direito líquido e certo e pleitear a concessão liminar para participar da reunião.

Outro exemplo de possibilidade de impetração de mandado de garantia, é quando o clube não pretende liberar o seu atleta para convocação da seleção brasileira fora das datas FIFA, porque precisa desse atleta para integrar sua equipe nos jogos da competição que está participando.

---

(30) art. 88 e parágrafo único do CBJD.

Da medida inominada

O CBJD prevê em seu art. 119 a possibilidade da Medida Inominada, que é utilizada para casos que não há previsão no código desportivo, porém essa medida é permitida em casos excepcionais e no interesse do desporto e deve ser requerida no prazo máximo de três dias contados da decisão, do ato, do despacho ou da inequívoca ciência do fato.

O Presidente do Tribunal poderá conceder efeito suspensivo ou liminar quando entender que há fundado receio de dano irreparável, desde que se convença da verossimilhança da alegação.

Caberá recurso voluntário da decisão do Presidente do Tribunal (STJD ou TJD) que deixar de receber a medida a que se refere este artigo.

Como exemplo, podemos citar a questão de um clube mandante que não quer fornecer ao clube visitante sua carga de ingressos que faz jus à luz do Regulamento Geral das Competições.

O art. 98 do RGC/2023 da CBF dispõe:

> Art. 98 – O Clube visitante terá o direito de reservar à sua torcida a quantidade máxima de ingressos correspondente a 10% (dez por cento) da capacidade do estádio ou da capacidade permitida pelos órgãos de segurança, desde que se manifeste em até 3 (três) dias úteis antes da realização da partida, por meio de ofício dirigido ao Clube mandante, obrigatoriamente com cópia às Federações envolvidas e à DCO.
>
> Parágrafo único – Caso os órgãos de segurança informem, após inspeção, quantidade diferente à prevista no *caput*, esta prevalecerá, cabendo ao Clube mandante repassar o relatório da referida inspeção à CBF no prazo de 10 (dez) dias de antecedência da partida ou, em caso de partida eliminatória (mata-mata), antes da partida de ida do confronto.

Nesse caso, a excepcionalidade do caso autoriza a Medida Inominada e a concessão liminar para fazer valer o direito do interessado.

Mulher Atleta no Futebol à Luz da Nova Lei Geral do Esporte

Talita Garcez[(1)]

1. Introdução

A falsa ideia de que o mundo do futebol não é lugar para mulheres persegue na nossa sociedade. Em que pese o futebol feminino venha, cada vez mais, ganhando visibilidade no Brasil — e, felizmente, não há sinais de isso irá parar — há ainda um logo caminho a ser percorrido busca da igualdade e no combate à discriminação.

À vista disso, torna-se relevante compreendermos como a legislação e as diretrizes emanadas de entidades de administração do desporto protegem e incluem a mulher nesse ambiente.

O presente artigo visa identificar as dificuldades enfrentadas pelas mulheres atletas no futebol, enfocando, de modo particular, as recentes alterações legislativas que sinalizam um dos caminhos a serem percorridos a fim de se promover uma igualdade substancial e a prevalência do pluralismo.

2. A participação das mulheres no futebol: um recorte histórico

A história nos mostra que o futebol no Brasil sempre foi dominado por fatores políticos e estruturais da sociedade brasileira, uma vez que, desde o início de sua popularização, havia exclusões, seja de cunho racial ou de renda, e também, posteriormente, a exclusão de gênero.

No país em que futebol é sinônimo de paixão nacional, mulheres foram proibidas de praticar a modalidade de 1941 a 1979. O art. 54 do Decreto-lei n. 3.199 de 14 de abril de 1941 dizia que "Às mulheres não se permitirá a prática de desportos incompatíveis com

(1) Advogada. Especialista em Direito e Processo do Trabalho. Especialista em Direito Desportivo. Presidente da Comissão Disciplinar da Liga Campineira de Futebol. Auditora Suplente da Comissão Disciplinar da Federação Paulista de Volleyball. Membro da Comissão Estadual de Direito Desportivo da OAB/SP e IBDD.

as condições de sua natureza, devendo, para este efeito, o Conselho Nacional de Desportos baixar as necessárias instruções às entidades desportivas do país".[(2)]

Entre os argumentos para proibição, estava o de que a violência dentro dos gramados prejudicaria a maior missão delas na sociedade — ser mães. Uma cotovelada no seio, diziam, poderia impedi-las de amamentar. Uma bolada na região do útero poderia retirar-lhes a capacidade de gerar filhos.

Afirmava-se que o corpo das mulheres era delicado demais para o esporte e que, por isso, aquelas que entrassem nesse mundo ficariam masculinizadas no corpo e no comportamento.

Também se dizia que as jogadas desleais e os xingamentos em campo levariam à degeneração moral do "sexo frágil", que perderia a capacidade ser boa esposa, mãe e dona de casa. Para os inimigos do futebol feminino, era inaceitável que as mulheres trocassem o lar pelo gramado.

Como muitas mulheres insistiam em ignorar a proibição velada, em 1965, o Conselho Nacional do Desporto baixou uma norma proibindo os tais esportes incompatíveis. Além do futebol, elas ficaram expressamente proibidas de praticar futsal, futebol de praia, polo aquático, rúgbi, beisebol, halterofilismo e qualquer tipo de luta.

Assim, somente em 1983, ou seja, há apenas 40 anos, a prática de futebol entre mulheres foi regulamentada, sendo que a primeira Copa do Mundo Feminina só veio a ocorrer em 1991.

Dessa forma, boa parte da sociedade brasileira não foi acostumada a ver mulheres jogando futebol, ao contrário, foi ensinada e condicionada a compreender que essa prática não era condizente com o gênero feminino, e o protagonismo desse esporte foi ininterruptamente masculino, pois jamais ocorreu qualquer momento de destaque da modalidade feminina.

Como consequência da repressão e do proibicionismo, as atletas permaneceram por décadas no esquecimento e na invisibilidade e, ainda hoje, enfrentam barreiras para receberem a mesma valorização e proteção que é oferecida à prática masculina do esporte.

Embora no plano histórico, uma grande discriminação contra as mulheres em outros esportes também tenha ocorrido, como por exemplo nas lutas, o futebol por se tratar do esporte nacional símbolo da nossa identidade, se revela como espaço de poder que pertence aos homens.

---

(2) *Câmara dos Deputados*. (s.d.). Fonte: Portal Câmera dos Deputados: https://www2.camara.leg.br/legin/fed/declei/1940-1949/decreto-lei-3199-14-abril-1941-413238-publicacaooriginal-1-pe.html.

Assim, o futebol sempre esteve associado à masculinidade e, muitas vezes segue acompanhado de frases como: "futebol é coisa de macho", "futebol não é coisa de menina", "mulher é na cozinha, e não jogando futebol", corroborando com o viés preconceituoso que abarca não só a mulher, mas também o homem homossexual e transexual.

3. A discriminação: a reprodução do machismo estrutural no futebol

A Constituição Federal prescreve, no seu art. 3º, inciso IV que "constituem objetivos fundamentais da República Federativa do Brasil, promover o bem de todos, sem preconceitos de origem, raça, sexo, cor, idade e quaisquer outras formas de discriminação."

Na mesma linha, o *caput* do art. 5º da Carta Magna diz que "todos são iguais perante a lei, sem distinção de qualquer natureza."

O Ministro Alexandre Agra Belmonte nos ensina que "discriminar é tratar alguém de forma desigual por motivo desqualificante, ou seja, por preconceito ou estigma, pelo fato da raça, origem, cor, gênero, idade, ideologia, crença ou orientação sexual, nacionalidade ou naturalidade" (Belmonte, 2022).

Dito isso, podemos distinguir igualdade de equidade, na medida em que igualdade está vinculada ao direito de não ser discriminado, e equidade implica o tratamento justo entre homens e mulheres baseado em suas respectivas necessidades (OIT).

Entender tal distinção entre equidade e igualdade é fundamental para respeitar verdadeiramente as diversidades e ser, de fato, inclusivo.

Nesta senda, diversas das discussões judiciais nos últimos anos envolvendo a temática da atleta do sexo feminino no mundo do futebol diziam respeito ao reconhecimento delas como profissionais, na medida em que a modalidade era por muitos enfrentada como amadora.

O art. 28 da Lei n. 9615/98 (Lei Pelé) descrevia a atividade do atleta profissional como aquela "caracterizada por remuneração pactuada em contrato especial de trabalho desportivo, firmado com entidade de prática desportiva,(...)."

Logo, se a atleta mulher não tivesse contrato especial de trabalho desportivo celebrado com o clube, ela era considerada amadora, e consequentemente não teria direitos inerentes à relação, situação essa que foi alvo de diversas discussões perante a Justiça do Trabalho.

No ano 2023, o TRT da 14ª Região reconheceu o vínculo empregatício de três jogadoras com o clube Real Ariquemes. Na decisão, a Magistrada destacou que: "A prática do desporto no Brasil é regida precipuamente pela Lei n. 9.615/98 (Lei Pelé), que em seu art. 3º, § 1º, faz a diferenciação do jogador profissional e do não profissional (...) Segundo os ditames da lei, atua de forma profissional o atleta que recebe remuneração pactuada em contrato de trabalho, enquanto o jogador não profissional é identificado pela ausência do pacto contratual, podendo, no entanto, receber incentivos materiais e de patrocínio (...) Observa-se, portanto, que não há distinção de gênero entre os atletas desportivos na conceituação de atletas profissionais e atletas não profissionais, (...). Além disso, o reconhecimento de direitos trabalhistas ao time masculino, mas a negativa de tais vantagens às jogadoras do gênero feminino, não obstante a identidade da forma de atuação, resulta em conduta discriminatória, em total afronta ao art. 5º, I, e 6º, inciso XXX, da CRFB" (Campo, 2023).

Igualmente, em 2021, a 23ª Vara do Trabalho do Rio de Janeiro, do TRT da 1ª Região reconheceu o vínculo de emprego entre jogadora do futebol feminino e o Fluminense, ocasião em que a Juíza afirmou que "Da análise dos dispositivos supra transcritos não há distinção entre o trabalho do atleta profissional de futebol masculino e feminino. (...) Resta, ainda, comprovado que a autora desempenhou atividade não amadora, já que, conforme noticiado às fls. 46 e ss e depoimento da ré, participou de campeonato oficial em nome da entidade esportiva. No mais, incabível a discussão sobre o gênero para que se verifique a existência dos requisitos configuradores da relação de empregatícia, como faz entender a reclamada em defesa. (...)". (TRT 1, 2021)

De tal modo, a lacuna legislativa na era da Lei Pelé e o contexto social propiciaram o tratamento dessas atletas como amadoras, marginalizando seus direitos pelo simples critério de gênero.

4. Princípio da isonomia: proteção do trabalho da mulher, utopia ou possível realidade

A Copa do Mundo Feminina de 2023, realizada na Austrália, nos mostrou que o futebol feminino está em processo de franca evolução. Um dos indicativos nesse sentido é o público presente nos estádios, que chegou ao número de 1.978.274, o que significa quase o dobro da Copa do Mundo Feminina de 2019, que contou com público de 1.1313.12. Já os prêmios foram de 10,5 milhões de dólares, face aos 4 milhões da edição anterior (Football, s.d.).

Em contrapartida, estudos realizados pela CNN apontam que as jogadoras de futebol da Copa do Mundo Feminina de 2023 ganharam, em média, apenas 25 centavos para cada dólar ganho pelos homens na Copa do Mundo do ano de 2022. (CNN, 2023)

Em que pese as controvérsias que envolvem a temática, é relevante o destaque para o fato de que as mulheres no desporto vindicam a isonomia no que diz respeito à igualdade de direitos e o que pode implicar valorização salarial, mas não significa equiparação salarial como alguns ousam entender.

Sobre a equiparação salarial, Maurício Corrêa da Veiga nos ensina que "para o atleta de futebol, via de regra, não há como aplicar a regra do mesmo salário para o exercício do mesmo trabalho. (...) Isso porque, o contrato de atleta profissional do futebol possui características próprias, sendo um trabalho artístico-intelectual, impossível de ser comparado (...)" (Veiga, 2020).

É também verdade que a remuneração de um atleta pode ser composta por vários elementos, tais como salário, gratificações, luvas, além de possível negociação da cessão onerosa da sua imagem, bem como contratos de patrocínio, o que torna um desafio tal temática.

Entretanto, a Lei n. 14.597/2023, que instituiu a Lei Geral do Esporte, traz uma luz para as entidades desportivas adotem medidas para solucionar a discrepância salarial, ao dispor no art. 36, XI que "somente serão beneficiadas com repasses de recursos públicos federais da administração direta e indireta e de valores provenientes de concursos de prognósticos e de loterias, nos termos desta Lei e do inciso II do *caput* do art. 217 da Constituição Federal, as organizações de administração e de prática esportiva do Sinesp que garantam isonomia nos valores pagos a atletas ou paratletas homens e mulheres nas premiações concedidas nas competições que organizarem ou de que participarem".

Ainda, no que diz respeito à proteção da mulher, a Constituição Federal de 1988 traz normas de duas naturezas. De um lado, aponta a necessidade de igualdade dos gêneros no mundo do trabalho, estabelecendo a proibição de diferença de salários, de exercício de funções e critério de admissão, por motivo de sexo (art. 7º, XXX). E, de outro, os direitos relativos à singularidade feminina, como o direito à licença para gestantes, sem prejuízo do salário, com a duração de 120 dias (art. 7º, XVIII).

Nesse sentido, a FIFA lançou, no ano de 2020, os padrões mínimos trabalhistas para as atletas de futebol feminino, regulamentações que passariam a vigorar em 2021, como parte do Regulamento de Status e Transferências dos Atletas da FIFA, e, consequentemente, refletir para todas as confederações e federações filiadas.

O art. **18quater** do RSTP, dispôs que a validade de um contrato não pode estar vinculada ao fato de a jogadora estar grávida ou engravidar durante a sua vigência, estar em licença maternidade ou estar em gozo de direitos relativos à maternidade (Fifa, s.d.).

Com isso, se um clube rescindir unilateralmente um contrato com base no fato de uma jogadora estar grávida ou vier a engravidar, estar em licença maternidade ou utilizar direitos relacionados à maternidade em geral, será considerada rescisão do contrato sem justa causa ocasionada pelo clube.

As normas da FIFA iniciaram um movimento de evolução do futebol feminino no Brasil, e a Lei Geral do Esporte visando adequar tal situação prevê no *caput* do art. 53-A. "A garantia às atletas gestantes ou puérperas, no âmbito da Bolsa-Atleta, o respeito à maternidade e aos direitos que as protegem." Apesar disso, há que se reconhecer que a referida lei avançou e passou a dispor que tais direitos também se aplicam na hipótese de adoção.

De tal modo, embora a Lei Geral do Esporte não mencione de forma específica aludida obrigação dos clubes para com as atletas profissionais de futebol, é certo que referida Lei ao prever no art. 70 que "no nível da excelência esportiva, as relações econômicas que advêm da prática do esporte devem basear-se nas premissas do desenvolvimento social e econômico e no primado da proteção do trabalho, da garantia dos direitos sociais do trabalhador esportivo e da valorização da organização esportiva empregadora" para efetivação de referidos pilares, as relações de trabalho no esporte deverão ser constituídas nos termos do art. 7º da Constituição Federal.

De tal modo, a evolução legislativa busca reparar as equivocadas interpretações que desrespeitavam a isonomia da atleta profissional mulher do homem, trazendo mecanismos legais para garantir o direito social da atleta do futebol feminino.

5. Conclusão

A proibição das mulheres praticarem futebol no Brasil, bem como a cultura patriarcal e misógina que ainda permeia nossa sociedade provocou discriminação histórica com graves consequências, tais como desigualdades sociais, econômicas e jurídica.

Neste sentido, notadamente as mulheres que atuam no esporte, historicamente, são alvos de diferentes formas de violação de direitos e discriminação. No entanto, as mulheres vêm percorrendo longo caminho na busca da igualdade e garantia e acesso aos seus direitos. Não temos dúvida que houve progresso nessa caminhada, e que a evolução legislativa, bem como as diretrizes do desporto estão buscando reparar tal desigualdade.

Apesar dessas conquistas, há ainda muito a percorrer para igualdade real entre homens e mulheres no futebol, pois a FIFA ou alguma confederação de futebol nunca teve uma presidenta na história; as mulheres representam apenas 9% da tomada de decisões executivas nas associações nacionais do futebol; no mundo só 7% das treinadoras são mulheres (Football, s.d.).

Assim, precisamos avançar não só na efetivação dos direitos fundamentais das mulheres atletas profissionais, mas como assegurar a representatividade da mulher nos espaços de poder, tomada de decisões e liderança relacionada ao futebol.

Referências

BELMONTE, A. A. (2022). *Direito Desportivo*. Domingos Sávio Zainaghi (Organizador). Leme/SP: Mizuno.

BRASIL, D. L. (1943). *CLT*. Fonte: https://www.planalto.gov.br/ccivil_03/decreto-lei/del5452.htm.

______, L. 1. (03 de julho de 2023). Fonte: https://www.planalto.gov.br/ccivil_03/_ato2023-2026/2023/lei/L14611.htm.

CAMPO, L. e. (23 de agosto de 2023). *Lei em Campo*. Fonte: https://leiemcampo.com.br/justica-do-trabalho-reafirma-que-futebol-feminino-e-profissional-ao-reconhecer-vinculo-empregaticio-de-jogadora/.

CNN. (22 de julho de 2023). *CNN*. Fonte: CNN: https://www.cnnbrasil.com.br/esportes/disparidade-salarial-entre-homens-e-mulheres-e-real-destaque-da-copa-do-mundo-feminina/.

FIFA. (s.d.). *Fifa Regulations-on-the-Status-and-Transfer-of-Players*. Disponível em: https://digitalhub.fifa.com/m/cb37201b05fe8f7/original/Regulations-on-the-Status-and-Transfer-of-Players-July-2022-edition.pdf.

FOOTBALL, L. W. (s.d.). *Leadership Woman Football Academy*. Fonte: https://leadershipwomanfootball.es/en/leadership-woman-football-en/.

OIT. Organização Internacional do Trabalho. Disponível em: (s.d.). *Gender Equality*. https://www.ilo.org/wcmsp5/groups/public/---americas/---ro-lima/---ilo-brasilia/documents/publication/wcms_233904.pdf.

Portal Câmara dos Deputados. (s.d.). Disponível em: https://www2.camara.leg.br/legin/fed/declei/1940-1949/decreto-lei-3199-14-abril-1941-413238-publicacaooriginal-1-pe.html.

SENADO AGÊNCIA. Futebol feminino já foi proibido no Brasil, e CPI pediu regularização. Disponível em: https://www12.senado.leg.br/noticias/especiais/arquivo-s/futebol-feminino-ja-foi-proibido-no-brasil-e-cpi-pediu-legalizacao.

TRT 1. (21 de junho de 2021). Disponível em: https://bibliotecadigital.trt1.jus.br/jspui/bitstream/1001/2631202/1/01006702720205010023-DEJT-21-06-2021.pdf.

VEIGA, M. d. (2020). *Manual de Direito Desportivo do Trabalho*. São Paulo: LTr.

Integridade no Esporte: Análise Jurídica das Manipulações e Estratégias de Prevenção

Terence Zveiter(1)

Pedro Sousa(2)

1. Introdução

A prática do esporte, campo de competição e entretenimento global, enfrenta desafios significativos relacionados à manipulação de resultados, que podem comprometer não apenas a essência competitiva, mas também a integridade inerente aos valores esportivos. No Brasil, em que pese a recente publicação da nova legislação que procura regulamentar as apostas esportivas, há um longo e tortuoso caminho a ser percorrido até que a manipulação no esporte seja, inicialmente, controlada e posteriormente erradicada.

O esporte enfrenta desafios complexos relacionados à integridade e ética. Manipulações esportivas, que comprometem a legitimidade e a honestidade das competições, emergem como uma preocupação crítica no contexto jurídico nacional, apontando-se que o registro de casos de manipulação esportiva brasileiros datam dos anos 70 em solo nacional, e muito antes disso no cenário internacional.

Destaca-se a Operação Penalidade Máxima, posto que ainda em andamento, iniciada pelo Ministério Público do Estado do Goiás após uma denúncia feita pelo presidente de um clube de futebol, tendo apontado que a corrupção esportiva alcança patamares jamais vistos, afetando jogos das diferenciadas camadas do futebol brasileiro e envolvendo, inclusive, jogadores de clubes que competiram na Série A do Campeonato Brasileiro 2023.

---

(1) Presidente da Academia Nacional de Direito Desportivo. Advogado.

(2) Presidente da ANDD-Lab. Doutorando em Direito Internacional pela Universidade do Estado do Rio de Janeiro (UERJ). Mestre em Direito Internacional pela Universidade Católica Portuguesa (UCP-Lisboa/Portugal). *Fellow* da *Chartered Institute of Arbitrators* (United Kingdom). Membro da Comissão Nacional de Direito Desportivo — Conselho Federal da Ordem dos Advogados do Brasil. Árbitro. Advogado.

Este artigo busca uma análise da manipulação esportiva no Brasil, explorando diversos aspectos sob a lente jurídica acadêmica. Ao adentrar neste panorama, é imperativo examinar a regulamentação legal existente no país que tipifica e que se destina a coibir tais práticas. Perguntas como "de que forma as leis brasileiras se alinham para enfrentar o desafio da manipulação esportiva?" ou "quais dispositivos legais são acionados para salvaguardar a integridade das competições?" são necessárias para entender o cenário.

No cerne desta investigação está a questão da responsabilidade penal, e como as figuras envolvidas em manipulações esportivas podem ser enquadradas no âmbito da justiça desportiva, cível e penal, e de que forma os indivíduos que participam de atividades fraudulentas podem ser punidos.

Não obstante, cumpre-se apontar que a prevenção é inquestionavelmente um componente fundamental na salvaguarda da integridade esportiva. Assim, cabe a análise das medidas preventivas adotadas no esporte brasileiro.

Antecipando as conclusões que emergirão ao longo deste trabalho, vislumbramos não apenas uma análise crítica desses elementos isolados, mas uma síntese integrada que busca fornecer uma compreensão abrangente do combate à manipulação esportiva no Brasil.

2. A manipulação esportiva

A manipulação no esporte ocorre quando há um acerto entre um terceiro e um indivíduo que participe diretamente no evento esportivo, para alterar o resultado do evento ou praticar atos que possam ter influência no resultado. Pode ocorrer de várias maneiras: mediante vantagem financeira ou não, e com o propósito de ganho financeiro de terceiros ou até mesmo somente a vantagem esportiva. Por análise dos últimos casos registrados, a mais comum tem sido a do aliciamento de atletas com a promessa de pagamento de uma quantia, com o propósito de ganhos financeiros, através da realização de um alto volume de apostas.

Como dito, os registros de manipulação esportiva no cenário internacional são bem anteriores ao brasileiro. No continente europeu, o Conselho da Europa editou a Convenção sobre a Manipulação das Competições Desportivas, conhecida como "Macolin Convention"(3), com a finalidade de combater tais práticas. Segundo a Convenção, a manipulação esportiva é definida como sendo:

> (...) um acordo, ato ou omissão intencionais, destinados a alterar indevidamente o resultado ou o desenrolar de uma competição desportiva, a fim de

(3) Council of Europe Treaty Series - No. 215. *Council of Europe Convention on the Manipulation of Sports Competitions*. Disponível em: https://rm.coe.int/16801cdd7e.

eliminar total ou parcialmente o carácter imprevisível da referida competição desportiva, com o objetivo de obter uma vantagem indevida para si próprio ou para outrem. (Livre tradução)

Na sequência, foi publicado um relatório explicativo da Convenção (e que a complementa), destrinchando as palavras e expressões contidas na definição acima, que auxilia o entendimento da essência da manipulação esportiva:

> 51. As palavras "com o objetivo de" indicam que a definição inclui não só os acordos, atos ou omissões que alteram indevidamente o resultado ou o desenrolar de uma competição, mas também os atos cometidos com a intenção de alterar indevidamente o resultado ou o desenrolar de uma competição, mesmo que o acordo, ato ou omissão não tenha êxito (por exemplo, se um jogador sobre o qual foi exercida pressão não for efetivamente selecionado para a competição).
>
> 52. O termo "a fim de" indica a intenção de obter uma vantagem indevida para si ou para outrem, mesmo que este acordo, ato ou omissão intencional, destinado a alterar indevidamente os resultados ou o desenrolar de uma competição desportiva, não consiga obter a vantagem pretendida (por exemplo, se a competição em questão for objeto de um alerta emitido pelo regulador e os operadores de apostas desportivas se recusarem a aceitar apostas na competição, impedindo assim a obtenção da vantagem indevida).
>
> 53. O termo "indevido" refere-se a um acordo, ato ou omissão que viola a legislação em vigor ou os regulamentos da competição desportiva ou da organização em causa. Pode ter por objetivo alterar o desenrolar ou o resultado de uma competição que seria sancionada apenas pelos regulamentos desportivos.
>
> 54. O termo "intencional" significa que o acordo, ato ou omissão visa deliberadamente influenciar de forma imprópria o curso natural e justo (nomeadamente através de uma falta, penalidade ou ação no campo que altere o resultado intermédio ou a fase do jogo) ou o resultado de uma competição desportiva (através da pontuação, marcas, tempo ou classificação, por exemplo).
>
> 55. O objetivo de um tal acordo, ato ou omissão é obter uma vantagem indevida (indevida porque resulta de um acordo, ato ou omissão indevidos) para si próprio ou para outra pessoa: esta vantagem pode assumir a forma de um ganho financeiro (por exemplo, um bônus pago ao vencedor pelo organizador da competição, um bônus pago a um concorrente pelo seu empregador, um suborno aceito por um interveniente na competição, os ganhos de uma aposta desportiva feita na competição em causa ou um ganho de capital realizado pelo proprietário de um clube qualificado que vende as suas ações), ou qualquer outra vantagem tangível ou intangível, como a passagem para um nível superior na competição, ou simplesmente a "glória" de ganhar. A expressão "vantagem indevida" não implica, portanto, que todas as manipulações estejam relacionadas com infracções penais como a fraude ou a corrupção. (Livre tradução)

A explicação das definições acima acerta ao demonstrar que a manipulação não presume somente ganho financeiro, mas também outras formas de resultado que representem ganho ou vantagem indevida.

A partir da Convenção Macolin e do relatório explicativo, a Associação Mundial de Loterias (em inglês *World Lottery Association — WLA*) realizou um estudo onde propõe quatro classificações em relação à manipulação esportiva: i) manipulação não relacionada à aposta esportiva, onde não há contrapartida direta concedida aos atores esportivos; ii) manipulação não relacionada à aposta esportiva, conexa ao ganho direto concedido aos atores esportivos; iii) manipulação relacionada às apostas esportivas, onde não há contrapartida direta concedida aos atores esportivos; iv) manipulação relacionada às apostas esportivas, conexa ao ganho direto concedido aos atores esportivos(4).

Ao fim e ao cabo, a manipulação esportiva pressupõe um resultado inafastável: a alteração indevida, tentada ou consumada, do resultado de uma partida ou evento esportivo, que não se traduz somente em vitória, empate ou derrota, mas também nos eventos ocorridos no decurso da partida ou evento esportivo.

3. Breve histórico da manipulação no esporte brasileiro

Como citado alhures, o mais recente episódio da manipulação esportiva brasileira foi desencadeado com a consecução da Operação Penalidade Máxima, que será em breve analisada.

Contudo, esse não foi o primeiro episódio de repercussão nacional, tendo-se registro de pelo menos dois episódios anteriores de notório conhecimento e que, em um dos casos, ocasionou nada menos do que a anulação de 11 partidas do Campeonato Brasileiro de 2005.

Importante mencionar a existência de alguns casos de menor repercussão nacional, que merecem a pesquisa do atento leitor, como a Operação Jogada Ensaiada (Sergipe) e a Operação *Game Over* (São Paulo).

Além disso, a manipulação no esporte por óbvio não é uma exclusividade brasileira, tendo-se registros no cenário internacional desde a concepção do esporte organizado.

Nesse sentido, antes de se adentrar na discussão da legislação, punição e prevenção da manipulação esportiva, cabe apontar os exemplos nacionais e internacionais para tentar traçar uma evolução em sua prevenção e demonstrar a evolução até a chegada do cenário atual.

O primeiro grande escândalo esportivo relacionado à manipulação de resultados ocorreu no ano de 1982, a chamada Máfia das Loterias Esportivas. A loteria esportiva(5)

(4) World Lottery Association. *WLA Discussion Paper:* Sports integrity and lotteries. Disponível em: https://www.world-lotteries.org/volumes/downloads/Download_Center/Discussion_and_Position_Papers/Discussion_Papers/20141014_WLA_Discussion_Paper_Sports_integrity_and_Lotteries.pdf.

(5) Hoje conhecida como "Loteca". Disponível em: https://loterias.caixa.gov.br/Paginas/Loteca.aspx e https://pt.wikipedia.org/wiki/Loteca.

era o principal jogo de azar vigente à época, e consistia na tentativa de acertar o maior número de resultados possíveis das partidas apontadas em um determinado concurso. A escolha dos jogos que participariam do concurso era realizada por uma empresa especializada, contratada pela Caixa Econômica Federal[(6)].

No ano de 1979, o renomado jornalista Juca Kfouri iniciou uma investigação após uma conversa informal com o então diretor da Revista Placar, Milton Coelho da Graça, que havia identificado algumas coincidências na loteria esportiva[(7)]. Com a saída de Milton do posto de diretor da revista e a indicação de Juca Kfouri para o seu cargo, coube ao repórter Sérgio Martins a concepção da reportagem, que foi publicada em 22 de outubro de 1982[(8)], apontando o envolvimento de pelo menos 125 pessoas na manipulação dos resultados dos jogos relacionados para os concursos da loteria esportiva

Tratavam-se de jogadores, árbitros, dirigentes, técnicos e personalidades da época que, embora denunciados e investigados, não foram presos. A manipulação era iniciada na escolha dos jogos que iriam formar o concurso da loteria esportiva: Flavio Moreira, um dos denunciados e responsável pela escolha dos jogos à época, selecionava partidas em que os grupos que formavam a "máfia" tinham facilidade de acesso aos clubes e jogadores, que iriam promover o resultado esperado.

Aliado à escolha dos jogos, o jornalista relata que também havia a manipulação na escolha dos árbitros e jogos, para garantir a efetividade no resultado almejado. Além disso, igualmente ocorria a prática do suborno a alguns dos atletas, especialmente goleiros.

A conclusão do inquérito à época não apontou para um grande grupo organizado agindo em prol da manipulação, mas sim a atuação de grupos isolados[(9)]. Os tipos penais objeto da investigação foram (i) corrupção ativa, (ii) corrupção passiva, (iii) formação de quadrilha, (iv) operação fraudulenta de câmbio e (v) recebimento de vantagem indevida, uma vez que não havia qualquer tipificação exclusiva voltada para a manipulação esportiva.

Em prosseguimento, no ano de 2005, sobreveio o episódio da Máfia do Apito, que teve como personagem central o árbitro Edilson Pereira de Carvalho e foi fruto da investigação e publicação do jornalista André Rizek para a Revista Veja[(10)]. O árbitro

---

(6) A Loteria Esportiva Federal foi instituída pelo Decreto-lei n. 594/69 e a execução ficou por conta do Conselho Superior das Caixas Econômicas Federais, através da Administração do Serviço de Loteria Federal, com a colaboração das Caixas Econômicas Federais (art. 2º). Com a edição do Decreto-lei n. 759/69, foi constituída a Caixa Econômica Federal e lhe foi passada a exploração com exclusividade, os serviços da Loteria Federal do Brasil e da Loteria Esportiva Federal nos termos da legislação pertinente (art. 2º, alínea "d").

(7) ALENCAR Carlos. *Juca Kfouri:* O Militante da Notícia. São Paulo: Imprensa Oficial do Estado de São Paulo: 2006.

(8) Placar (648). São Paulo: Editora *Abril*. 22 out. 1982.

(9) Disponível em: https://placar.com.br/coluna/tbt-placar/ha-40-anos-placar-revelou-a-mafia-da-loteria-esportiva/.

(10) Veja (648). São Paulo: Editora *Abril*, 23 set. 2005.

não foi o único envolvido na parte "interna" do futebol, tendo a investigação apontado a participação de outro árbitro, Paulo José Danelon, que atuava somente em jogos da Série B do Campeonato Brasileiro.

Os árbitros foram responsáveis, por orientação do empresário Nagib Fayad, pela manipulação de diversos jogos das mais variadas competições sul-americanas: Copa Libertadores, Copa Sul-Americana, Campeonato Paulista de Futebol, além dos Campeonatos Brasileiros das Séries A e B.

A repercussão jurídica do caso se deu tanto na esfera desportiva, quanto na judicial. No tocante à Justiça Desportiva, após procedimento no Superior Tribunal de Justiça Desportivo, cuja presidência era exercida por Luís Zveiter, 11 partidas do Campeonato Brasileiro Série A foram anuladas, mantendo-se irretocadas as partidas disputadas nas demais competições. A explicação dada pelo STJD guardou relação com a fase em que os campeonatos se encontravam, alguns já tendo sido encerrados e outros em fase mais avançada, com que inviabilizaria a remarcação de novas partidas e reclassificação das equipes já classificadas para as fases posteriores.

Na esfera judicial, os árbitros foram denunciados pelo Ministério Público por (i) estelionato, (ii) formação de quadrilha e (iii) falsidade ideológica. A ação penal foi suspensa em 2007 e, em agosto de 2009, foi trancada, considerando que os fatos apurados não traduziam crime de estelionato, o que determinou o fim da investigação na esfera judicial. Embora não condenados na esfera judicial, os árbitros foram banidos do futebol.

O Tribunal de Justiça do Estado de São Paulo também entendeu que as ações praticadas pelos árbitros não tinham tipificação penal e, assim, não havia de se falar em responsabilização criminal; novamente, a condenação esbarrou na ausência de tipificação específica voltada para o esporte. Na esfera cível, sobreveio sentença de procedência em uma ação civil pública movida contra a CBF, a Federação Paulista de Futebol e os árbitros, condenando-os ao pagamento de danos morais difusos em soma superior a R$ 20 milhões. Em 2020 o Superior Tribunal de Justiça reformou a decisão, entendendo que os danos morais não estavam configurados, julgando improcedente a demanda.

A anulação das partidas apitadas pelo árbitro Edilson Pereira de Carvalho teve como motivação um fator peculiar: o Ministério Público teve conhecimento, através de escutas telefônicas, de que o árbitro estava atuando tanto em favor do líder de seu grupo, o empresário Nagib Fayad, como para terceiros que tinham interesse na manipulação em sentido oposto ao seu grupo, atuando assim como agente duplo.

A anulação das 11 partidas com as consequentes remarcações influenciou diretamente no resultado do Campeonato Brasileiro Série A, demonstrando que as consequências da manipulação no esporte abrangem não só os aspectos financeiros, mas também os esportivos, de forma extremamente gravosa.

Com o evento do ano de 2005, identificou-se um importante e novo elemento inserido na questão da manipulação esportiva: a utilização de apostas esportivas em *sites* de internet, e não mais fisicamente nas lotéricas.

Referido fato é determinante para a evolução das apostas esportivas no território nacional e, consequentemente, na manipulação de resultados, como se verá no próximo caso. Hoje, estima-se que mais de 500 sites de apostas operam no Brasil, embora sediados no exterior.

Em julho de 2010, como consequência do caso Máfia do Apito, as condutas foram tipificadas na Lei n. 12.299/2010 (Estatuto do Torcedor), que alterou o art. 41 do Estatuto e incluiu as penas para cada tipificação.

Passados 17 anos, em 14 de fevereiro de 2023, foi iniciada a Operação Penalidade Máxima, que ainda se encontrava em andamento quando da produção do presente ensaio. Trata-se de um conjunto de operações realizadas pelo Grupo de Atuação Especial de Combate ao Crime Organizado da Polícia Militar do Estado de Goiás (GAECO) em conjunto com o Ministério Público de Goiás (MPGO), que contou (e ainda conta) com a participação da Polícia Federal brasileira e pode ter alcance em outros países como Estados Unidos, Lituânia e Grécia(11).

Inicialmente, a operação foi iniciada para investigar uma organização criminosa que atuava para manipular jogos da Série B do Brasileirão, acreditando-se que os responsáveis teriam lucrado cerca de R$ 2 milhões.

O *modus operandi* do grupo de apostadores mostrou-se organizado, estruturado e com objetivo que não buscaria tão somente no resultado do jogo, *i.e.,* quem ganharia, perderia ou se seria um empate, mas também no número de cartões amarelos e vermelhos recebidos pelos atletas, o número de escanteios marcados.

Com o crescimento da oferta de sites de aposta em partidas brasileiras, os mercados de aposta(12) igualmente cresceram, migrando do simples resultado da partida para as mais diversas possibilidades, além das enumeradas no parágrafo anterior, como recebimento de cartões antes de um determinado minuto na partida (*v.g.* um número X de cartões antes dos 10 minutos iniciais), número de laterais na partida ou em um dos tempos, quantidade de faltas no primeiro ou segundo tempo, além do número total da partida, etc.

---

(11) Disponível em: https://www.uol.com.br/esporte/futebol/ultimas-noticias/2023/05/12/mafia-das-apostas-cruza-fronteiras-e-cita-acordos-nos-eua-e-grecia.htm.

(12) "Mercados de aposta esportiva" são formas já determinadas de apostar nas partidas que estão disponíveis nas casas de apostas esportivas, representando uma categoria específica onde a aposta pode ser realizada como, por exemplo, número de gols/pontos da partida, número de escanteios, se ambos os times marcam, etc. Disponível em: https://oddspedia.com/br/apostas/mercado-de-apostas, e em: https://www.jb.com.br/jogos-online/2023/02/1042492-guia-de-apostas-esportivas-sobre-mercados-de-apostas-para-iniciantes.html.

Um representante do grupo de apostadores então buscava jogadores para que os mesmos pudessem executar o objetivo desejado — receber um cartão, cometer um determinado número de faltas etc. — em contrapartida a uma participação no lucro das apostas. Em alguns casos, eram realizados pagamentos antecipados para encorajar os jogadores.

Com a negociação acertada, os apostadores então realizavam um alto volume de apostas, em grandes valores, certos de que o sucesso estava garantido por conta do combinado com os atletas. Quando o acertado não era concluído, acarretando uma grande perda de dinheiro pelos apostadores, sobrevinham graves ameaças aos jogadores. E justamente em razão de uma aposta não concluída e das ameaças sofridas por um jogador que a operação se iniciou.

Em novembro de 2022, o então presidente do Vila Nova Futebol Clube (Goiás) teve conhecimento de um possível "esquema" entre um de seus jogadores e um grupo de apostadores, quando o referido jogador não conseguiu cumprir com o que foi acertado na aposta[13] e estava sendo ameaçado pelos apostadores. O presidente, ciente dessa situação e tendo, inclusive, realizado contato com os apostadores, decidiu realizar a denúncia ao MPGO.

Segundo o MPGO, as investigações realizadas concluíram a ocorrência da "*manipulação de resultados nas competições esportivas perpetrada por uma verdadeira organização criminosa especializada em corromper atletas profissionais de futebol para assegurar a ocorrência de eventos determinados nas partidas e, com isso, angariar elevados ganhos em apostas esportivas*".

Com as evidências de manipulação de partidas da Série B do Campeonato Brasileiro, o MPGO, em conjunto com o GAECO e com a Coordenadoria de Segurança Institucional e Inteligência (CSI), ampliou seu escopo de investigação (Operação Penalidade Máxima II), e passou a investigar as partidas da Série A, devido aos indícios surgidos de manipulação de pelo menos 05 partidas do campeonato. Foram expedidos mandados de prisão direcionados ao grupo de apostadores e 17 jogadores passaram a ser investigados. Com o desenrolar das investigações, o número de partidas e atletas investigados apenas aumentaria.

Com a nacionalização das investigações, foram expedidos mandados de busca e apreensão para cumprimento em todas as regiões do Brasil, e outras divisões do Campeonato Brasileiro e Campeonatos Estaduais passaram a ser investigados. Em maio de 2023, a operação já investigava mais de 50 atletas que atuavam em todas as divisões do futebol brasileiro.

---

(13) O atleta Marcos Vinicius Alves Barreira, conhecido como "Romário", aceitou uma oferta de R$ 150 mil para cometer um pênalti no jogo contra o Sport pelo Campeonato Brasileiro da Série B. Contudo, o mesmo não foi relacionado e, assim, não teria como cumprir com o acordado. O atleta tentou, ainda, cooptar colegas de time, sem lograr êxito.

A consequência desportiva foi imediata: clubes com jogadores envolvidos nas investigações passaram a tomar decisões sobre o futuro dos atletas, suspendendo ou afastando esses atletas e, em alguns casos, emprestando-os para outros clubes, inclusive estrangeiros.

Ainda no âmbito desportivo, em decorrência das conclusões iniciais do MPGO, foram feitas as primeiras denúncias perante a Justiça Desportiva, que optou pela ampla utilização das provas pré-constituídas pelo MPGO. Os casos foram tratados casuisticamente, uma vez que as condutas dos atletas se mostravam diferentes, tanto nos valores, condutas e situação de cada atleta, não podendo ser tratados de forma coletiva.

Em julho de 2023, o STJD já havia julgado mais de 15 atletas, proferindo diferentes penas para os casos: (i) multas de até R$ 80 mil, (ii) suspensão dos atletas por períodos até 720 dias e (iii) eliminação do futebol nacional.

Jonathan Doin e Onitsali Moraes foram afastados por 720 dias; Paulo Sérgio Marques Corrêa, André Luiz Guimarães Siqueira Junior e Mateus da Silva Duarte receberam penas de 600 dias; Fernando José da Cunha Neto, Eduardo Bauermann e Kevin Lomónaco foram suspensos por 360 dias.

Em setembro de 2023, as condenações imputadas pelo STJD foram ampliadas pela *Fédération Internationale de Football Association* (FIFA), afetando inicialmente 13 jogadores. A FIFA determinou ainda a eliminação do esporte para os atletas Ygor Catatau, Gabriel Tota e Matheus Philipe[(14) (15)]. Na esfera judicial, a Operação Penalidade Máxima logrou êxito em tornar réus 16 dos investigados na operação, processos que permanecem em curso no judiciário, facilitada nesta oportunidade em razão da existente tipificação das condutas o que, como demonstrado, inexistia nos exemplos anteriores.

Já no âmbito internacional, diferentemente dos registros nacionais, há registros de casos de manipulação esportiva nos mais variados esportes: baseball, futebol americano, futebol, badminton, golfe, basquete, boxe, críquete, *i.a.*, e nos mais variados países do planeta, em datas muito anteriores aos casos brasileiros.

Um dos primeiros registros data de 1865, em uma partida de baseball disputada entre a equipe do Eckford of Brooklin e do New York Mutuals[(16)]. O receptor do New York Mutuals confessou ter recebido 100 dólares para alterar o resultado da partida com a alteração de sua performance em campo. Para garantir a efetividade da manipulação, outros dois jogadores do Mutuals foram cooptados e igualmente apresentaram uma

---

(14) Disponível em: https://oglobo.globo.com/esportes/noticia/2023/09/11/quem-sao-os-tres-jogadores-banidos-do-futebol-pelo-resto-da-vida-por-envolvimento-com-apostas.ghtml.

(15) Até o término da produção do trabalho os autores não tinham conhecimento de interposição de recurso da decisão perante a Corte Arbitral do Esporte.

(16) GINSBURG, Daniel E. The Fix Is. In: *A History of Baseball Gambling and Game Fixing Scandals*. North Carolina: McFarland. 2004, p. 7. ISBN 0786419202.

performance bem abaixo do usual; tão abaixo que os espectadores conseguiram perceber o que se passava em campo, o que culminou em uma investigação formal sobre a partida.

Em 1919 ocorreu um dos mais conhecidos casos na história dos Estados Unidos, especialmente pelo suposto envolvimento interno na equipe do Chicago White Sox. Uma investigação apurou que diversos jogadores da equipe teriam recebido para que perdessem partidas da World Series, equivalente à final do campeonato, que na época foi disputada no formato de *playoff* em melhor de um total de 09 partidas. Após as investigações, 08 jogadores foram banidos do esporte sem, contudo, serem presos. O caso ficou conhecido como "*Black Sox*", em alusão ao nome do clube.

No boxe, uma suposta manipulação foi denunciada por um repórter no ano de 1890, onde um dos pugilistas foi acusado de ter caído propositadamente para garantir sua derrota(17).

No futebol, o "grande escândalo britânico" foi descoberto em 1964, onde uma rede de apostadores mantinha controle de diversos jogadores da *Football League* para manipular o resultado das partidas. A partida mais conhecida do caso foi uma disputada entre o Sheffield Wednesday, que contava com jogadores titulares da seleção inglesa, contra o Ipswich Town, em 1962, tendo-se descoberto que os próprios jogadores tinham apostado na derrota da sua equipe. O episódio acarretou na prisão e banimento do futebol para os jogadores.

Esses são alguns dos mais conhecidos escândalos de cada modalidade, sendo certo que o número de registros disponíveis é impressionantemente maior e, em alguns casos, com estratagemas para a manipulação ainda mais complexos.

O leitor não encontrará dificuldades em achar documentários relatando casos de manipulação no esporte. A rede *Netflix* lançou no ano de 2021 o documentário "Jogo Comprado", cujo escopo foi a abordagem de casos notórios de manipulação no esporte, em diferentes esportes: basquete, futebol, patinação no gelo e críquete.

Os casos acima servem para demonstrar que o problema da manipulação esportiva não é recente, sendo enfrentado há mais de um século pelas autoridades, em defesa da integridade esportiva.

4. O cenário brasileiro

4.1. Evolução da tipificação das condutas na legislação nacional

Para se discorrer sobre a legislação aplicável aos casos de manipulação no esporte, importante que se foque somente no cenário nacional, dada a vasta diversidade de jurisdições que enfrentam o problema mundialmente.

---

(17) Disponível em: https://cdnc.ucr.edu/?a=d&d=SFC18900614.2.122&srpos=29&e=-------en--20--21--txt-txIN-bribe+boxing-------1.

Importante apontar que a Justiça Desportiva já dispunha da tipificação de tais práticas desde o ano de 2009, conforme se depreende do Código Brasileiro de Justiça Desportiva (CBJD)(18):

> Art. 242. Dar ou prometer vantagem indevida a membro de entidade desportiva, dirigente, técnico, atleta ou qualquer pessoa natural mencionada no art. 1º, § 1º, VI, para que, de qualquer modo, influencie o resultado de partida, prova ou equivalente.
>
> PENA: multa, de R$ 100,00 (cem reais) a R$ 100.000,00 (cem mil reais), e eliminação.

Fora da esfera desportiva, como já mencionado, a tipificação das práticas relacionadas à manipulação esportiva somente ocorreu no ano de 2010, com a alteração do art. 41 do Estatuto do Torcedor, que passou a ter a seguinte redação:

> Art. 41-C. Solicitar ou aceitar, para si ou para outrem, vantagem ou promessa de vantagem patrimonial ou não patrimonial para qualquer ato ou omissão destinado a alterar ou falsear o resultado de competição esportiva:
>
> Pena – reclusão de 2 (dois) a 6 (seis) anos e multa
>
> Art. 41-D. Dar ou prometer vantagem patrimonial ou não patrimonial com o fim de alterar ou falsear o resultado de uma competição desportiva:
>
> Pena – reclusão de 2 (dois) a 6 (seis) anos e multa.
>
> Art. 41-E. Fraudar, por qualquer meio, ou contribuir para que se fraude, de qualquer forma, o resultado de competição esportiva:
>
> Pena – reclusão de 2 (dois) a 6 (seis) anos e multa.

Em 2015 os artigos supracitados foram complementados para incluir a expressão "ou evento a ela associado" ao final da redação.

Importante mencionar que a lei geral do desporto vigente à época das ocorrências da Máfia do Apito, a Lei n. 9.615/98 (Lei Pelé), não trazia em seu conteúdo qualquer previsão sobre a manipulação esportiva, contribuindo para a dificuldade de condenação penal dos envolvidos, posto que as práticas não se enquadravam nos tipos penais vigentes: estelionato e formação de quadrilha.

Em 2023, o Estatuto do Torcedor foi revogado com a publicação da Lei n. 14.597/2023 (Lei Geral do Esporte), replicando os dispositivos na Seção I do Capítulo V: "Dos Crimes contra a Incerteza do Resultado Esportivo", arts. 198 a 200. A nova Lei

(18) Resolução CNE n. 29 de 2009.

Geral igualmente trouxe um dispositivo específico que trata da prevenção e do combate à manipulação no esporte:

> Art. 177. A prevenção e o combate à manipulação de resultados esportivos têm por objetivo afastar a possibilidade de conluio intencional, ato ou omissão que visem a alteração indevida do resultado ou do curso de competição esportiva, atentando contra a imprevisibilidade da competição, prova ou partida esportiva com vistas à obtenção de benefício indevido para si ou para outros.
>
> Parágrafo único. A administração pública federal estabelecerá parcerias com as organizações esportivas que administram e regulam a prática do esporte para promover mecanismos de monitoramento das competições esportivas com vistas a possibilitar a prevenção e o combate à manipulação de resultados esportivos.

Cuida-se mencionar que se encontra em tramitação no Senado Federal um projeto de lei que dobra as atuais penas de reclusão previstas na Lei Geral do Esporte em casos de manipulação esportiva. Até a data da conclusão do ensaio, o PL n. 2.667/2023, de autoria do Senador Jorge Kajuru, se encontrava em tramitação na Comissão de Constituição, Justiça e Cidadania do Senado. O projeto buscava inicialmente a alteração do Estatuto do Torcedor que, com a edição da Lei Geral do Esporte, foi revogado. Assim, o PL foi emendado para se adequar à nova lei e incluir o art. 200-A no seu texto:

> Art. 200-A. Aplicam-se em dobro as penas cominadas nos arts. 198, 199 e 200 se o crime é cometido com o intuito de obter vantagem patrimonial em jogo de azar ou em aposta de qualquer natureza, inclusive loterias.

Em sua justificativa, o Senador citou os casos mencionados no capítulo anterior deste trabalho, apontando ainda o surgimento e aumento dos sites especializados em apostas esportivas. Assim explicou o Senador:

> Mais de 15 pessoas, entre jogadores, aliciadores, investidores e apostadores, já foram denunciadas à justiça pela prática dos crimes de associação e organização criminosa, por lavagem de dinheiro e pelos crimes de corrupção previstos no Estatuto do Torcedor quando praticados para alterar ou falsear o resultado de uma competição desportiva ou evento a ela associado (arts. 41-C e 41-D da Lei n. 10.671, de 2003). Alguns dos acusados estão presos e outros fizeram colaboração premiada.

O Senador aponta como principal objetivo do PL a justa repressão e o incentivo da prevenção aos crimes apontados nos arts. 198 a 200 da Lei Geral do Esporte.

Referido dispositivo mostra-se importante devido ao fato de que a manipulação no esporte nem sempre é motivada por ganhos financeiros com apostas, como ocorrido nos casos da Máfia da Loteria Esportiva, Máfia do Apito e na corrente Máfia das Apostas.

Como demonstrado no Capítulo 2 deste ensaio, a manipulação pode objetivar um ganho esportivo como, por exemplo, o caso de um clube tentar influenciar o resultado de outro que pode lhe beneficiar com uma posição melhor na tabela para participação em outra competição, para alcançar o título ou, ainda, não ser rebaixado.

Nesse aspecto, entra em discussão a questão das "malas" no esporte brasileiro: a mala preta e a mala branca, mais comumente ocorrida no futebol.

4.2. As "Malas" no Esporte Brasileiro

A "mala preta" é a vantagem oferecida a um dos competidores para que percam a partida (ou o evento), através da falsa participação, seja não realizando movimentos ofensivos, não defendendo ou de qualquer forma forçando o resultado negativo.

Já a "mala branca" se apresenta na oferta de vantagens para que o competidor vença uma partida (ou evento) em benefício de um terceiro, que se favorecerá esportivamente daquele resultado. Por um lado, poder-se-á argumentar que a vantagem não se dá para que o competidor efetivamente perca e, assim, o mesmo não tem controle do resultado — hipótese em que poderia se argumentar como sendo um caso de mala preta —, nem mesmo para que os jogadores tomem cartões, realizem faltas, laterais, etc., de forma indevida. Assim, não haveria de se falar em punição da prática.

Contudo, levando-se ao pé da letra o tipo penal, indiscutível o enquadramento no art. 199 da Lei Geral do Esporte: dar ou prometer vantagem patrimonial ou não patrimonial com o fim de alterar o resultado de uma partida. *In casu*, para forçar a vitória (ou até mesmo o empate) do atleta que recebe a mala branca.

Nos parece acertada a segunda análise pois, independentemente do controle que o competidor terá no resultado na partida, o *objetivo* da oferta é o mesmo: modificar o resultado da partida para beneficiar um terceiro, quando tal resultado deveria ser, somente, uma consequência das condições de jogo e dos atletas, tanto físicas quanto técnicas, além da conhecida "sorte" inerente às situações vivenciadas no esporte – uma disputa de bola dentro da área que resulte em uma penalidade ou um gol, por exemplo.

A questão já foi enfrentada pelo STJD em diversas oportunidades. Em 2014, o goleiro Fernando Prass foi denunciado em razão do suposto recebimento de incentivo no ano de 2013[19]. O atleta, entretanto, foi absolvido por unanimidade.

No ano de 2015 o tribunal condenou o presidente do clube River Atlético Clube (Piauí) por oferecer vantagem aos jogadores do Interporto Futebol Clube (Piauí) em caso de vitória contra o Moto Club (Piauí). Na oportunidade, o dirigente foi afastado de todas as atividades do clube por 180 dias, além de receber multa de R$ 30 mil[20].

---

(19) Disponível em: https://placar.com.br/esporte/fernando-prass-e-denunciado-no-stjd-por-mala-branca/.

(20) Disponível em: https://www.stjd.org.br/resultados-julgamento/noticias/presidente-do-river-e-punido-por-mala-branca.

Em 2019, o STJD decidiu o caso do ex-presidente do Botafogo Futebol Clube (Paraíba), que durante a Copa do Nordeste teria oferecido vantagem ao clube Associação Atlética de Altos (Piauí) para vencer ou empatar com o Clube Náutico Capibaribe (Pernambuco) e possibilitar a classificação do Botafogo para a próxima fase da competição. O tribunal condenou o dirigente com uma suspensão de 365 dias e multa de R$ 50 mil(21).

Recentemente, no Campeonato Brasileiro da Série A de 2023, uma situação peculiar levantou suspeitas quanto à ocorrência de mala branca na equipe do América Futebol Clube (Minas Gerais), quando um torcedor do Santos Futebol Clube (São Paulo) publicou em uma rede social que daria R$ 50 mil para o atleta do América-MG que fizesse o gol da vitória na partida contra o Esporte Clube Bahia (Bahia). Realizada a partida, a mesma terminou com a vitória do América-MG e o atleta responsável pelo terceiro gol, que garantiu a vitória, respondeu o torcedor na rede social solicitando o pagamento da quantia. Além desse episódio, diversos torcedores realizaram depósitos nas contas do América-MG para incentivar o clube a ganhar do Bahia(22).

O caso não foi objeto de denúncia e procedimento perante o STJD e o clube publicou uma nota repudiando quaisquer transferências feitas por torcedores, e que os valores seriam doados.

Cumpre-se ressaltar que a prática não deve ser confundida com aquela comumente conhecida no meio futebolístico como “bicho”. Segundo Rafael Teixeira Ramos(23):

> Os bichos se destacam como uma compensação financeira adicional no salário do atleta em virtude do alcance de resultados positivos nas partidas, competições, sendo montante associado à remuneração contratual, proveniente exclusivamente da entidade empregadora desportiva, que arca com os seus ônus laborais e tributários.

O autor, citando o saudoso professor Álvaro Melo Filho, segue explicando o que se apresenta, que essa figura não pode ser confundida com as “malas”:

> Os bichos não podem ser equiparados às malas, aqueles são parcelas trabalhistas lícitas, estas são parcelas indesejadas, ilícitas, mesmo que na sua

(21) Disponível em: https://www.stjd.org.br/noticias/stjd-pune-caso-de-mala-branca.

(22) Disponível em: https://www.uol.com.br/esporte/colunas/lei-em-campo/2023/12/04/mala-branca-e-proibida-no-futebol-e-pode-gerar-punicao-grave.htm.

(23) RAMOS, Rafael Teixeira. *Mala preta e mala branca:* Ilicitude trabalhista desportiva e a Medida Provisória n. 984, de 2020. Disponível em: https://ibdd.com.br/mala-preta-e-mala-branca-ilicitude-trabalhista-desportiva-e-a-medida-provisoria-n-o-984-de-2020/?v=19d3326f3137.

versão branca, podendo ensejar justa causa quando descobertas. Como descreveu o professor Álvaro Melo Filho, "mala preta e mala branca são as duas faces da mesma moeda".

Nesse sentido, forçoso apontar que o bicho não deve ser equiparado às "malas" para efeitos de consideração como manipulação esportiva, ao passo que as "malas" inquestionavelmente se inserem nas tipificações apresentadas pela Lei Geral do Esporte.

4.3. Prevenção e a evolução legislativa

Como visto nos casos recentes, a manipulação esportiva ocorre através do aliciamento de atletas para garantir o sucesso nas apostas realizadas nos mais de 600 sites disponíveis na internet. Além disso, o foco dos apostadores é voltado para os atletas com baixíssimos salários, em campeonatos pouco fiscalizados e sem qualquer fiscalização preventiva.

Em um estudo realizado pela CBF no ano de 2016, apurou-se que mais de 80% dos atletas profissionais registrados na entidade, cerca de 23 mil atletas, recebia menos de R$ 1 mil de salário; 13%, quase 4 mil atletas, recebia entre R$ 1 mil e R$ 5 mil; 1,35% tinha salário entre R$ 5 mil e R$ 10 mil e; somente 2,57%, ou seja, 725 atletas, recebia mais de R$ 10 mil(24). Em 2021, outro estudo demonstrou números semelhantes: 55% dos atletas recebia menos de R$ 1 mil de salário; 33% recebia entre R$ 1 mil e R$ 5 mil; 4% tinha salário entre R$ 5 mil e R$ 10 mil e; 8% recebia mais de R$ 10 mil(25). Estima-se que o percentual não tenha mudado para o ano de 2023.

Assim, o cenário mostra-se muito favorável para os apostadores, que conseguem aliciar jogadores com promessas de pagamento de valores que são inexpressivos para o volume de apostas, mas que para o grande número de atletas — superior a 90% — mostra-se extremamente atrativo; em diversos casos, o valor representa o ganho anual do atleta. Apurou-se na Operação Penalidade Máxima que os pagamentos prometidos aos atletas variavam entre R$ 50 mil e R$ 500 mil(26).

Contudo, não há formas céleres e objetivas de mudar a realidade salarial no futebol brasileiro, de forma com que o combate à manipulação esportiva deva ser realizado em

---

(24) Confederação Brasileira de Futebol. *Raio-X do Futebol:* salário dos jogadores. Disponível em: https://www.cbf.com.br/a-cbf/informes/index/raio-x-do-futebol-salario-dos-jogadores.

(25) Disponíveis em: https://www.terra.com.br/esportes/futebol/brasil-paga-salario-minimo-para-mais-da-metade-dos-jogadores,06bbf3f03234c2200cb04184ea30c268zd1kr12y.html, https://www.moneytimes.com.br/no-brasil-55-dos-jogadores-de-futebol-ganham-1-salario-minimo/ e em: https://www.blogdobg.com.br/no-brasil-55-dos-jogadores-de-futebol-ganham-1-salario-minimo-pesquisa-releva-a-media-salarial-dos-atletas-no-brasil/.

(26) Disponível em: https://gauchazh.clicrbs.com.br/esportes/noticia/2023/05/como-funciona-o-esquema-de-apostas-revelado-na-operacao-penalidade-maxima-clhjeafay006m015boo9pi7ev.html.

sintonia com essa realidade. Um dos aspectos necessários para a prevenção da manipulação esportiva é a regulamentação do mercado de apostas, o que somente teve início no ano de 2018.

A aposta esportiva, dentro do contexto jurídico brasileiro, é considerada um jogo de azar. Em 2018, a Lei n. 13.756/2018 trouxe a licitude das apostas esportivas, com o objetivo atrair os apostadores brasileiros, que utilizam operadores não licenciados e sediados no exterior, para o mercado legal e regulamentado[(27)].

Contudo, regulamentar a aposta esportiva em abstrato não foi suficiente para inibir a atuação dos apostadores dispostos a manipular os resultados esportivos. Isso porque a questão dos sites onde as apostas eram realizadas não foi objeto de escrutínio da lei.

Em 2023, certamente motivado pelo impulso dado pela Operação Penalidade Máxima, o Ministério da Fazenda publicou a Portaria Normativa MF n. 1330/2023, tendo em vista o texto da Lei n. 13.759/18, estabelecendo o seguinte:

> Art. 6º Somente poderá ser autorizada a explorar apostas de quota fixa a pessoa jurídica que atender aos requisitos e condições estabelecidos em regulamento específico, que conterá, no mínimo, as seguintes exigências: (...)
>
> IX- adotar mecanismos de integridade na realização das apostas de quota fixa, conforme regulamento específico;
>
> X- integrar organismos nacionais ou internacionais de monitoramento de integridade esportiva;
>
> XI- implementar política de prevenção à manipulação de resultados, à lavagem de dinheiro, ao financiamento do terrorismo e à proliferação de armas de destruição em massa, conforme regulamento específico; (...).

Contudo, depreende-se que a Portaria Normativa MF n. 1.330/2023, ao dispor sobre "as condições gerais para exploração comercial da modalidade lotérica de aposta de quota fixa no território nacional, nos termos na Lei n. 13.756/2018" incorria no mesmo problema: a ausência de regulamentação dos sites de internet.

O primeiro esboço de tentativa de regulamentação dos sítios eletrônicos somente veio a ocorrer em 2023, com a edição da Medida Provisória 1.182/23, que incluiu o art. 33 e seguintes na Lei n. 13.756/2018. A Medida Provisória, no entanto, teve seu prazo de vigência encerrado no dia 21 de novembro de 2023.

---

(27) SECKELMANN, Udo. *Considerações jurídicas sobre a regulamentação das apostas esportivas no Brasil.* Disponível em: https://www.bicharaemotta.com.br/consideracoes-juridicas-sobre-a-regulamentacao-das-apostas-esportivas-no-brasil/.

Em 30.12.2023 foi sancionada a Lei n. 14.790/23, responsável pela regulamentação da aposta esportiva, oportunidade na qual o legislador enfrentou a questão dos *sites* de aposta:

> Art. 2º Para fins do disposto nesta Lei, considera-se: (...)
>
> IV – canal eletrônico: plataforma, que pode ser sítio eletrônico, aplicação de internet, ou ambas, de propriedade ou sob administração do agente operador de apostas, que viabiliza a realização de aposta por meio exclusivamente virtual;
>
> V – aposta virtual: aquela realizada diretamente pelo apostador em canal eletrônico, antes ou durante a ocorrência do evento objeto da aposta; (...).

Decerto, a prevenção da manipulação de jogos é mais viável num mercado regulamentado em que (i) as casas de apostas têm licenças para perder, (ii) os participantes no desporto têm acesso a formação sobre os seus direitos e deveres em matéria de apostas e (iii) é implementado um sistema de monitorização para identificar atividades suspeitas[28].

O Comitê Olímpico Brasileiro (COB) editou o "Código de Prevenção e Combate à Manipulação de Competições"[29] no ano de 2021, com objetivo de desenvolver mecanismos eficazes de proteção para as mais diversas competições em todas as modalidades dentro da jurisdição e competência da entidade. Segundo a entidade[30]:

> O Código estimula ainda a implementação de mecanismos de estímulos a denúncias por meios de canais de ouvidoria, assim como a proteção aos denunciantes; a atuação em cooperação com o COI e junto aos serviços de inteligência para identificar e informar casos de manipulação no esporte olímpico brasileiro e encaminhar ao órgão competente para as providências cabíveis; além de criar uma rede de embaixadores atletas que se beneficiam de uma imagem positiva e possam ajudar a transmitir mensagens relevantes para outros atletas no combate a manipulação de resultados.

Faz-se necessária nova menção da Convenção Macolin, que traz em seu texto diversas provisões quanto à prevenção da manipulação esportiva, como disposto em seu Capítulo II. Grande parte das medidas dependente de uma constante integração entre os interessados na integridade esportiva em relação aos casos de manipulação de resultados:

---

(28) SECKELMANN, Udo. *Hedging your bets:* how to regulate Brazil's multi-billion-dollar sports betting market. Disponível em: https://www.lawinsport.com/topics/sports/paralympic/item/hedging-your-bets-how-to-regulate-brazil-s-multi-billion-dollar-sports-betting-market?category_id=180

(29) Comitê Olímpico Brasileiro. *Código de Prevenção e Combate à Manipulação de Competições*. Disponível em: https://www.cob.org.br/pt/documentos/download/cd660c170bb9d/.

(30) Disponível em: https://www.cob.org.br/pt/galerias/noticias/cob-lanca-politica-de-enfrentamento-a-manipulacao-de-resultados/.

os *stakeholders* da competição — atletas, comissão técnica e oficiais —, organizações desportivas, operadores de apostas desportivas, organizadores de competições e outras organizações relevantes.

A Convenção define de forma abrangente aqueles que se inserem na categoria de "oficiais": qualquer pessoa que seja proprietária, acionista, dirigente ou membro das entidades que organizam e promovem competições desportivas, bem como os árbitros e quaisquer outras pessoas acreditadas.

Uma das medidas que a Convenção aponta para a prevenção da manipulação esportiva é a *educação* em relação ao tema, determinando que as partes interessadas devem incentivar a sensibilização, a educação, a formação e a investigação para reforçar a luta contra a manipulação das competições desportivas (art. 6º). O texto traz ainda sugestões mais objetivas como a proibição dos stakeholders de apostar em competições desportivas em que estejam envolvidos (art. 7º, 1, "a") e a obrigação de os mesmos reportarem imediatamente qualquer atividade, incidente, incentivo ou abordagem suspeitos que possam ser considerados uma infração às regras contra a manipulação das competições desportivas (art. 7º, 1, "c").

A educação como forma de prevenção é um dos estandartes do COB, como define Paulo Schmitt: "O conhecimento é a nossa proteção. A integridade é um fator de sobrevivência no esporte"(31).

Além disso, com a recente regulamentação, espera-se uma maior adesão dos operadores de aposta ao mercado brasileiro, possibilitando a fiscalização dos apostadores, do fluxo de apostas e da identificação de atividades suspeitas. Em um passo futuro, será possível bloquear o acesso aos operadores não regularizados, dificultando ainda mais a prática da manipulação esportiva.

Outra providência que pode ser tomada pelos interessados na prevenção da manipulação esportiva é a contratação de empresas especializadas na análise, detecção e inteligência voltadas ao combate da manipulação de resultados. No entanto, em que pese a CBF ter contratado, desde 2017, uma empresa para monitorar as partidas disputadas, tendo a mesma identificado mais de 130 partidas como suspeitas(32), não foi possível prevenir as ocorrências verificadas na Operação Penalidade Máxima.

Não se pode negar que somente a atuação de uma empresa de análise e detecção não é suficiente para a prevenção, mostrando-se imperiosa a união de todas as formas possíveis: regulamentação, educação e cooperação.

(31) Comitê Olímpico Internacional. Palestra *"COB [NOC Brazil] POLICY and CODE to prevent and combat manipulation of competitions"*. Disponível em: https://www.cob.org.br/pt/galerias/noticias/paulo-schmitt-representa-o-cob-em-seminario-do-coi-sobre-manipulacao-de-resultados/.

(32) Disponível em: https://www.cnnbrasil.com.br/esportes/empresa-ligada-a-cbf-detecta-139-jogos-suspeitos-de-manipulacao/.

4.4. O papel das operadoras de apostas e dos sítios eletrônicos

O aumento da ocorrência de manipulação esportiva vinculada às apostas esportivas teve um aumento exponencial com o advento da internet e o crescimento incontrolável dos sites que oferecem apostas esportivas. Como explicado no estudo realizado pela WLA:

> O crime organizado alcança o esporte e as apostas através de operadores de apostas ilegais sediados em países que são conhecidos como paraísos para o jogo. Inúmeros operadores de apostas foram criados em países e territórios como Alderney, Antígua, Cagayan, Gibraltar, Ilha de Man, Kahnawake e Malta, para citar alguns. Está provado que o jogo online, especialmente o jogo online ilegal, também tem sido utilizado como meio de lavagem de dinheiro. Como a Internet desafia as fronteiras soberanas, tem sido difícil levar à justiça os autores de tais atividades criminosas. Consequentemente, a incidência da manipulação de resultados e da fraude nas apostas aumentou nos últimos 15 anos. (Livre tradução)

Quase a totalidade das apostas esportivas dos casos de manipulação foi realizada em *sites* na internet, onde a fiscalização é mais difícil — para não afirmar que seja impossível na atualidade.

Além da facilidade da aposta através da internet, a WLA identificou alguns cenários ideais para a manipulação, como eventos em que haja dependência de apenas uma pessoa para manipular o resultado (um árbitro, um goleiro, um atleta de um esporte não coletivo — tênis, surfe, etc.) e partidas com valor esportivo insignificante e que dificilmente terão cobertura esportiva, destacando que é operador que decide quais jogos serão oferecidos em sua plataforma.

Tornou-se comum a afirmação de que os operadores de apostas estariam envolvidos nos casos de manipulação esportiva sem, contudo, qualquer indício nesse sentido. No esteio da regulamentação das apostas e dos operadores de aposta, cumpre-se apontar que os operadores guardam especial interesse nas medidas de prevenção à manipulação esportiva, tanto quanto os stakeholders.

Isso porque a própria atividade do operador depende da livre flutuação do risco em cada aposta, ao passo que o resultado manipulado representa um conhecimento prévio do resultado da aposta pelo apostador fraudulento e, por consequência lógica, um prejuízo para o operador: o lucro do apostador é o prejuízo do operador.

Resguardados os operadores que efetivamente participam da manipulação esportiva, cuja identificação será facilitada pela regulamentação citada, é possível afirmar que as casas de aposta podem se mostrar com um interessante aliado no combate à manipulação esportiva. A Associação Nacional de Jogos e Loterias (ANJL)[33] foi enfática ao responder o questionamento sobre o interesse no combate à manipulação esportiva, afirmando que "*as casas de apostas são as grandes prejudicadas pela manipulação de resultados. A manipulação de qualquer aspecto de eventos esportivos traz prejuízo às casas de apostas, seja financeiro, seja de imagem, uma vez que elas são as primeiras vítimas desses atos ilegais*".

A entidade apresenta, inclusive, 10 medidas de integridade que devem ser seguidas pelos seus associados, merecendo destaque as seguintes orientações:

> (...) 3. Adotar ações de conscientização e educação sobre o combate à manipulação de resultados;
>
> 4. Adotar procedimentos transparentes e previamente estabelecidos para identificação, investigação e envio às autoridades dos relatórios sobre situações suspeitas de manipulação de resultados e de apostas ilegais;
>
> 5. Estar comprometido em comunicar os entes competentes sobre as atividades não usuais e suspeitas de fraude ou lavagem de capitais ocorridas em plataformas, *sites* e/ou aplicativos do operador;
>
> 6. Implementar e divulgar canal de relatos, aberto à sociedade, para registros de casos de suspeita de manipulação de resultados;
>
> (...)
>
> 9. Não disponibilizar o serviço de apostas esportivas para dirigentes desportivos, técnicos desportivos, treinadores, praticantes desportivos, profissionais e amadores, juízes, árbitros, empresários desportivos e os responsáveis das entidades organizadoras das competições e provas desportivas e das competições e corridas de cavalos objeto de aposta, quando, direta ou indiretamente, tenham ou possam ter qualquer intervenção no resultado dos eventos; (...).

Nesse sentido, não se mostra razoável cravar que os operadores sejam responsáveis pela manipulação esportiva ou, até mesmo, que favorecem a criação de cenários para que a manipulação ocorra, mostrando-se importantes para a identificação das ocorrências e auxílio no combate da prática ilícita.

5. Conclusão

Como visto, a manipulação esportiva busca, sob diversas formas e disfarces, a alteração do resultado de uma partida ou evento esportivo, de forma com que isso represente uma vantagem indevida para um (ou todos) dos envolvidos.

---

(33) Associação Nacional de Jogos e Loterias representa os operadores GaleraBet/PlayTech, Kaizen, Betano, BIG/Ceaser's Sportbook, F12, PagBet, BetNacional, Mr. Jack, Primtemps, BetFast, Okto, Aposta Ganha, Liderança Capitalização e Parimatch.

Sua prática atenta contra a integridade esportiva em todos os aspectos, devendo ser combatida sem esforços por todos aqueles que participam, de alguma forma, do esporte como um todo.

Muito embora os registros nacionais de manipulação no esporte datam dos anos 70, verifica-se que a prática ocorre desde os primórdios do esporte moderno e não se mostra como uma novidade, propriamente dita. Por um lado, esses casos servem (ou deveriam servir) como base de aprendizado para a luta contra a manipulação esportiva. Por outro, o avanço da tecnologia, aliado à própria realidade do esporte (principalmente, o brasileiro), traz novos desafios que antes não foram enfrentados. Não obstante, qualquer que seja o enfrentamento realizado, a prevenção à manipulação no esporte deve ser encarada sob a ótica da educação e conscientização dos participantes do esporte, com o auxílio do arcabouço jurídico representado pela regulamentação e legislação pertinente à matéria.

O trabalho teve como objetivo apresentar os exemplos conhecidos, questões práticas já enfrentadas pelo judiciário e que apresentam grande potencial de ainda serem debatidas, não se permitindo realizar uma conclusão específica, mas permitir o início do debate na comunidade especializada.